Qiaoliang Jiance yu Jiagu Jishu

桥梁检测与加固技术

姚国文 主 编
吴海军 李世亚 副主编

人民交通出版社股份有限公司
China Communications Press Co.,Ltd.

内 容 提 要

本书是在土木工程专业课程体系改革的基础上,根据交通运输部最新的桥梁检测评定、维修加固技术标准组织编写的。全书共 11 章,主要内容包括:桥梁病害检查,桥梁技术状况评定,桥梁承载能力评定,桥梁缺陷与裂缝修复,梁桥加固技术,拱桥加固技术,桥梁下部结构加固技术,桥梁抗震加固技术等。书中附有典型桥梁病害与检测、加固工程实例,具有较强的实用性。

本书可作为高等院校土木工程专业检测与维护方向、桥梁工程方向专业课教材,亦可作为高职、高专、函授学校相关专业教材及参考书,同时可供桥梁检测评定、维修加固技术人员参考。

图书在版编目(CIP)数据

桥梁检测与加固技术/姚国文主编. —北京:
人民交通出版社股份有限公司,2014.7
ISBN 978-7-114-11477-9

Ⅰ.①桥… Ⅱ.①姚 Ⅲ.①桥梁结构—检测②桥梁结构—加固④Ⅳ.①U443

中国版本图书馆 CIP 数据核字(2014)第 128003 号

书 名	桥梁检测与加固技术
著 作 者	姚国文
责任编辑	刘永芬
出版发行	人民交通出版社股份有限公司
地 址	(100011)北京市朝阳区安定门外外馆斜街 3 号
网 址	http://www.ccpcl.com.cn
销售电话	(010)59757973
总 经 销	人民交通出版社股份有限公司发行部
经 销	各地新华书店
印 刷	北京市密东印刷有限公司
开 本	787×1092 1/16
印 张	23.75
字 数	550 千
版 次	2014 年 8 月 第 1 版
印 次	2023 年 2 月 第 6 次印刷
书 号	ISBN 978-7-114-11477-9
定 价	48.00 元

(有印刷、装订质量问题的图书由本公司负责调换)

前　言

随着我国交通基础设施建设的长期、快速发展,桥梁建设与管理养护并重的时代已经到来。桥梁是公路的咽喉,一旦发生安全事故,其后果不堪设想。桥梁安全不仅仅是建设期间的质量控制问题,更是其数十年乃至上百年服役期内检测、维修与加固的问题。我国近1/3的桥梁存在结构性缺陷或不同程度的功能失效性隐患,少数桥梁更是出现了垮塌事故,留下了沉痛的教训。

为满足后交通时代对桥梁管理养护工作的高标准要求,交通运输部组织编写了《公路桥梁加固设计规范》(JTG/T J22—2008)、《公路桥梁加固施工技术规范》(JTG/T J23—2008)、《公路桥梁技术状况评定标准》(JTG/T H21—2011)、《公路桥梁承载能力检测评定规程》(JTG/T J21—2011)、《公路桥梁荷载试验规程》(征求意见稿),为桥梁检测评定、维修加固提出了规范化要求。

《桥梁检测与加固技术》是土木工程专业检测与维护的一门专业必修课、桥梁工程专业的一门必修专业课,其目的是使学生通过学习和了解桥梁典型病害、桥梁检测评定的基本方法、桥梁常用的维修加固技术,初步具有旧桥检测与技术状况评定、维修加固设计与施工的能力,为毕业后从事桥梁检测评定、维修加固与管理养护等工作奠定基础。本书主要内容包括:桥梁病害检查,桥梁技术状况评定,桥梁承载能力评定,桥梁缺陷与裂缝修复,梁桥加固技术,拱桥加固技术,桥梁下部结构加固技术,桥梁抗震加固技术等。书中附有典型桥梁病害与检测、加固工程实例,具有较强的实用性。

参加本书编写工作的有:重庆交通大学姚国文教授(编写第一章、第七章、第八章)、吴海军教授(编写第二章、第三章)、李世亚讲师(编写第四章、第五章)、刘思孟副教授(编写第九章、第十章)、陆萍讲师(编写第六章、第十一章),全书由姚国文担任主编,吴海军、李世亚担任副主编。

限于编者水平有限,本书难免会有错误和遗漏之处,诚挚希望读者不吝赐教(yaoguowen@sina.com),我们对此表示深深的感谢。

姚国文
2014年4月于重庆

目 录

第一章 绪论 ·· 1
  第一节 国内外桥梁发展状况 ··· 1
  第二节 桥梁安全事故 ·· 8
  第三节 桥梁养护工作的重要性与现状 ·· 10
  第四节 桥梁检测与加固的目的及意义 ·· 13
  第五节 桥梁加固的基本原则和要求 ··· 14
  第六节 桥梁维护与加固的基本内容和技术途径 ··························· 15
第二章 桥梁经常检查与定期检查 ··· 17
  第一节 桥梁经常检查 ··· 17
  第二节 桥梁定期检查 ··· 22
  第三节 桥梁典型病害及成因分析 ·· 37
第三章 桥梁特殊检查 ·· 75
  第一节 特殊检查的一般要求 ·· 75
  第二节 应急检查与专门检查 ·· 77
  第三节 桥梁材料性能与缺陷检测 ·· 79
  第四节 桥梁荷载试验 ··· 104
第四章 桥梁技术状况评定 ·· 129
  第一节 桥梁技术状况评定[按照(JTG H11—2004)] ··················· 130
  第二节 桥梁技术状况评定[按照(JTG H11—2011)] ··················· 137
  第三节 几种规范评定方法的比较 ·· 143
  第四节 桥梁适应性评定 ·· 145
第五章 桥梁承载能力评定 ·· 147
  第一节 桥梁承载能力评定的方法 ·· 147
  第二节 现行《规程》中桥梁承载能力评定的方法 ························· 150
第六章 桥梁缺损维修与裂缝修补 ··· 161
  第一节 混凝土桥梁缺损的维修 ··· 161
  第二节 圬工桥梁缺损的维修 ·· 173
  第三节 桥梁裂缝修补技术 ··· 174
第七章 梁桥上部结构加固技术 ·· 181
  第一节 梁桥加固基本原理 ··· 181
  第二节 增大截面加固方法 ··· 182

第三节　粘贴钢板加固方法 199
　　第四节　粘贴碳纤维复合材料加固方法 214
　　第五节　体外预应力加固方法 232
　　第六节　增加辅助构件加固方法 253
　　第七节　改变结构体系加固方法 255
第八章　拱桥上部结构加固技术 259
　　第一节　拱桥加固基本原理 259
　　第二节　增大截面加固方法 261
　　第三节　粘贴钢板加固方法 281
　　第四节　调整拱上建筑恒载加固方法 290
　　第五节　改变结构体系加固方法 294
　　第六节　拱桥吊杆更换技术 298
　　第七节　其他加固方法与技术 303
第九章　桥梁下部结构加固技术 312
　　第一节　概述 312
　　第二节　盖梁加固方法 316
　　第三节　墩柱加固方法 320
　　第四节　桥台加固方法 321
　　第五节　基础加固方法 322
　　第六节　地基加固方法 325
　　第七节　支座更换方法 328
第十章　桥梁抗震加固技术 337
　　第一节　地震灾害及其对桥梁的危害 337
　　第二节　桥梁抗震加固方法 348
　　第三节　地震防落梁方法 357
　　第四节　地震防地基土液化方法 359
　　第五节　桥梁减隔震方法 363
　　第六节　梁体复位方法 365
第十一章　桥梁加固施工组织与管理 366
　　第一节　施工准备 366
　　第二节　施工组织设计 366
　　第三节　施工安全与环境保护 368
参考文献 370

第一章 绪 论

为了跨越各种障碍(如河流、沟谷或其他线路等),人们修建了各种类型的桥梁,桥梁是交通线路中的重要组成部分。特别是现代高等级公路以及城市高架道路的修建中,桥梁往往是保证全线早日通车的关键。在国防上,桥梁是交通运输的咽喉,在需要快速机动的现代战争中具有非常重要的地位。桥梁工程作为一门独立的科学技术被确认,不再是仅凭桥梁设计者们智慧和经验的创造过程。它已发展成融理论分析、设计、施工控制与管理于一体的系统性学科。由于科技的进步,一些相关的学科也渗入桥梁工程领域中,发展了新的分支学科,如桥梁抗风与抗震,桥梁 CAD,桥梁施工控制与桥梁检测技术等。

第一节 国内外桥梁发展状况

一、国内外桥梁现状

20 世纪以来,以悬索桥、斜拉桥为主的大跨径桥梁技术获得飞速发展。悬索桥跨径从威廉斯堡桥(主跨 488m,美国,1903 年)至明石海峡大桥(主跨 1 991m,日本,1998 年)增加了 4 倍,斜拉桥跨径从斯特伦松德桥(主跨 183m,瑞典,1955 年)至苏通大桥(主跨 1 088m,中国,2008 年)上升近 5 倍有余。

改革开放以来,随着我国经济建设的持续快速发展,交通基础设施建设取得了举世瞩目的成就,并将继续保持快速增长的趋势(图 1-1)。

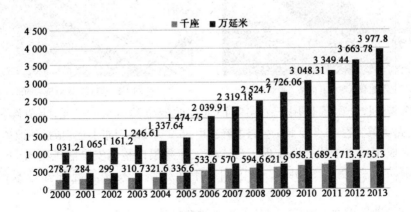

图 1-1 2000—2013 年我国桥梁数量变化

截至2013年末,全国公路总里程达435.62万km,比上年末增加11.87万km。公路密度为45.38km/百平方km,提高1.24km/百平方km。公路养护里程425.14万km,占公路总里程97.6%,提高0.4个百分点。全国等级公路里程375.56万km,比上年末增加14.60万km。等级公路占公路总里程86.2%,提高1.0%。其中,二级及以上公路里程52.44万km,增加2.25万km,占公路总里程12.0%,提高0.2%。各行政等级公路里程分别为:国道17.68万km(其中普通国道10.60万km)、省道31.79万km、县道54.68万km、乡道109.05万km、专用公路7.68万km,比上年末分别增加0.35万km、0.58万km、0.73万km、1.39万km和0.31万km。全国高速公路里程达10.44万km,比上年末增加0.82万km。其中,国家高速公路7.08万km,增加0.28万km。全国高速公路车道里程46.13万km,增加3.67万km。全国农村公路(含县道、乡道、村道)里程达378.48万km,比上年末增加10.64万km,其中村道214.74万km,增加8.52万km。全国通公路的乡(镇)占全国乡(镇)总数99.97%,其中通硬化路面的乡(镇)占全国乡(镇)总数97.81%,比上年末提高0.38%;通公路的建制村占全国建制村总数99.70%,其中通硬化路面的建制村占全国建制村总数89.00%、提高2.54%。

截至2013年末,全国公路桥梁达73.53万座、3 977.80万米,比上年末增加2.19万座、315.02万米。其中,特大桥梁3 075座、546.14万米,大桥67 677座、1 704.34万米。全国公路隧道为11 359处、960.56万米,增加1 337处、155.29万米。其中,特长隧道562处、250.69万米,长隧道2 303处、393.62万米。

与此同时,公路运输中超限超载的问题也日渐突出,已成为危及人民群众生命和国家财产安全,影响社会经济协调、健康发展的一个突出社会问题。由于超限超载车辆的实际载重大大超过了道路、桥梁的正常设计使用荷载,极大地缩短了道路、桥梁的使用寿命,增加了道路、桥梁的投入成本。近年来,重载货车和船舶压垮、撞毁桥梁的安全事件时有发生,桥梁安全形势依然十分严峻,如图1-2、图1-3所示。

图1-2 超限超载运输引起的桥梁垮塌事故

图1-3 船只碰撞对桥梁的破坏

"十一五"期间,全国累计用于公路养护工程的资金约8 011亿元,完成路网改建工程55万km、公路大修工程16.7万km、公路中修工程36.4万km。同时还完成危桥改造11 296座/87万延米,完成了国省干线公路安保工程实施工作并累计整治安全隐患路段36万处/12万km,处治公路灾害路段10 283km。全国国省干线公路的技术状况和安全水平正在稳步提升。

目前我国公路网中有近10万座(约占桥梁总数量的15%)桥梁存在安全隐患,其严重的安全性和耐久性问题致使交通运输部在"十五"期间投入150亿元、"十一五"期间投入270亿元、预计"十二五"期间投入将超500亿元进行危桥改造。

另一方面,由于混凝土结构的使用需求改变、混凝土劣化与老化等造成混凝土强度不足、各种灾害(地震、水灾、风灾和火灾等)、钢筋锈蚀、结构设计或施工不当以及配合规范修正等原因,大量在役混凝土桥梁存在承载能力不足等问题。桥梁作为交通枢纽和经济建设的大动脉,承担着重大的责任,一旦发生事故必将给人民的生命财产和经济造成极大的损失,且不易在短期内恢复,甚至致国民经济一蹶不振。1994年美国洛杉矶北岭大地震及1995年日本阪神大地震均造成桥梁的严重损坏,更唤起了人们对桥梁抗震能力的重视。抗震能力明显不足的桥梁需要进行拆除或加固。加固通常要比拆除重建更具经济效益且可行。近年来,世界各国投入了大量资金对现有旧危桥进行加固、维修。美国对于旧桥改造工作的高度重视是从Silver桥事故开始的。1967年12月5日,横跨俄亥俄河的Silver桥发生垮塌事故,造成重大伤亡事故。美国联邦高速公路总署(FHWA,Federal Highway Administration)的最新评估报告显示,美国已有超过24万座桥梁(约占42%)面临严重功能丧失,估计在2010年之前,修补这些桥梁需花上500亿美元。在欧盟,接近84 000座混凝土桥梁需要维修与加固,而这些工作所消耗的年度预算超过2.15亿英镑。

桥梁的修补与加固对于发达国家已成为重要课题。对于土木工程建设而言,既有结构物的维护、加固及升级应该与新建结构物的设计及兴建扮演同等重要的角色,混凝土结构加固也因此成为土木工程界目前发展最快的领域之一。利用先进的加固技术对这些病危桥梁进行加固处理,提高其承载能力,延长它们的使用寿命,确保桥梁结构和交通运输安全,是现在和今后广大桥梁工作者所面临的主要任务,也是桥梁养护管理工作中亟需解决的课题。

综上所述,要保持交通的安全畅通以及桥梁建设的可持续性发展,提高现有桥梁的服务水平,我们不仅要加强桥梁建设,同时也要积极加强对已有旧桥的维护与加固工作;要保持交通的持续畅通发展,桥梁建设和桥梁的维修加固二者不可偏废。尤其是我国是一个发展中国家,资金不充足,交通还处于比较落后的地位,在这个大前提下,加强旧危桥的维修加固工作就具有更大的实际意义:一是可以最大限度地降低交通建设成本,实现投资的优化;二是可以保持桥梁建设的快速发展,缓解我国的交通紧张状况。

二、国内桥梁发展

我国的桥梁在世界桥梁史上有着辉煌的篇章。古代桥梁不但数量惊人,而且类型也丰富多彩,几乎包括了所有近代桥梁中的主要形式。据史料记载,在3 000多年前的周文王时期,我国就在渭河上架设过大型浮桥。隋唐时期是我国古代桥梁的兴盛时代,驰名中外的河北省赵县的赵州桥(图1-4a),就是我国古代石拱桥的杰出代表。该桥在隋大业初年(公元605年左右)由李春主持建造,是一座空腹式圆弧形石拱桥,净跨径37.02m,宽9m,矢高7.23m。在拱圈两肩各设两个跨度不等的腹拱,既减轻桥梁的自重、节省材料,又便于排洪、增加美观。福建泉州的万安桥(图1-4b),又称洛阳桥,建于1053~1059年。该桥全长1 106m,共47孔,跨径11~17m,桥宽3.7m,桥下江底以磐石铺遍形成筏形基础,并且用养殖牡蛎的方法胶固桥基形成整体。建桥所用材料大都是土、石、木、砖等天然耐久性好的材料。万安桥共有石梁300余根,每根重20~30t,采用潮汐涨落控制船只高低的方法来架设石梁。

a) 赵州桥　　　　　　　　　　　　　　　b) 福建泉州万安桥

图 1-4　中国现存的古代著名桥梁

新中国成立后,我国的交通事业快速发展,尤其是改革开放以来国家对高等级公路的巨大投入,一大批结构新颖、技术复杂、设计和施工难度大、现代化品位和科技含量高的大跨径拱桥、斜拉桥、悬索桥、PC连续刚构桥在祖国大地上建起。我国桥梁事业的发展积累了丰富的桥梁设计、施工、养护管理的经验,使得我国的桥梁事业得到了空前发展,在大跨径桥梁建设方面已居世界领先水平。长江流域上建成的桥梁堪称我国的桥梁博物馆。1957 年,第一座长江大桥——武汉长江大桥(图 1-5a)胜利建成,结束了我国万里长江无桥的历史状况,标志着我国建造大跨径钢桥的现代化桥梁技术水平提高到新的水平。大桥主桥为三联 3×128m 连续钢桁梁,上层为公路桥,下层为双线铁路,包括引桥在内,桥梁全长 1 670m。上层公路桥面宽 18m,两侧各设 2.25m 人行道,包括引桥全长 1 670.4m。1969 年建成的南京长江大桥(图 1-5b)是我国自行设计、施工,并使用国产高强钢材的现代化大型桥梁。南京长江大桥的建成,标志着我国的桥梁建造技术已达到世界先进水平。

a) 武汉长江大桥　　　　　　　　　　　　b) 南京长江大桥

图 1-5　新中国成立后建设的重要桥梁

从拱桥的发展来看,我国因地制宜修建了大量经济美观的石拱桥。目前世界跨径最大的石拱桥是于 1999 年底建成的跨径为 146m 的山西丹河大桥;世界最大跨径的混凝土拱桥是于 1997 年建成的重庆万县长江大桥(图 1-6a),跨径为 420m,其主拱圈是采用钢管混凝土劲性骨架法施工的;2005 年 1 月 8 日,正式竣工通车的巫山长江大桥,其主跨跨径 492m,是世界跨径最大的钢管混凝土拱桥(图 1-6b),居同类型桥梁世界第一;2003 年 6 月 28 日建成通车的中承式钢箱拱桥——上海卢浦大桥(图 1-6c),主跨达 550m,为当时世界上跨径最大的拱桥;2009

年4月29日正式通车的重庆朝天门大桥超越前者，主跨达552m（图1-6d），成为"世界第一拱桥"。

a) 重庆万县长江大桥

b) 巫山长江大桥

c) 上海卢浦大桥

d) 重庆朝天门大桥

图1-6　近年来我国建设的重要拱桥

钢筋混凝土与预应力混凝土的梁式桥在我国也得到了快速发展。中小跨径的梁桥已广泛采用标准设计。我国预应力混凝土简支梁桥的标准化设计跨径达40m。1976年建成洛阳黄河公路大桥，跨径为50m，全长达3.4km。2006年建成的主跨为330m的重庆长江大桥复线桥是我国跨径最大的预应力混凝土梁桥，同类桥型跨径排名世界第一。

预应力混凝土斜拉桥由于其结构合理、跨越能力大、用材指标低和外形美观等优点发展迅速。我国自1975年四川云阳建成第一座主跨为76m的斜拉桥后，20多年来，在改革开放的新形势下，得到了充分的发展和推广，至今已建成各种类型斜拉桥130多座，其中跨径大于200m的有52座，目前我国主跨超过600m的斜拉桥有4座。已建成的南京长江二桥为主跨628m的钢箱梁；武汉白沙洲大桥为主跨618m的混合梁；福建青州闽江大桥，其主跨为605m；1993年建成的上海杨浦大桥（图1-7a），主跨为602m。闽江大桥和上海杨浦大桥均为钢—混凝土组合梁。这4座桥梁的跨径目前均居世界领先地位。2008年建成通车的苏通长江大桥（图1-7b）主桥采用主跨1 088m的双塔双索面钢箱梁，目前为世界跨径第二的斜拉桥。多年来，我国在斜拉桥设计、施工技术、施工控制、斜拉索的防风雨振等方面，积累了丰富的经验。我国斜拉桥建设水平已迈入国际先进行列，部分成果达到国际领先水平。

悬索桥的跨越能力在各类桥型中是最大的。2005年建成通车的润扬大桥（图1-8a），是我国第一座由悬索桥和斜拉桥构成的特大型组合桥梁,其中南岸主桥为单孔双铰钢箱梁悬索桥,主跨径1490m,目前位居世界第三。2007年建成的西堠门大桥(图1-8b),是世界第一跨径的钢箱梁悬索桥。西堠门大桥是连接舟山本岛与宁波的舟山连岛工程五座跨海大桥中技术要求最高的特大型跨海桥梁,主桥为两跨连续半漂浮钢箱梁悬索桥,主跨1650m,位居目前悬索桥世界第二、国内第一,其中钢箱梁全长位居世界第一。设计通航等级3万吨、使用年限100年。该桥具有技术难度大、科技创新多、抗风性能高等亮点。

a) 上海杨浦大桥

b) 苏通长江大桥

图1-7　近年来我国建设的重要斜拉桥

a) 润扬大桥

b) 西堠门大桥

图1-8　近年来我国建设的重要悬索桥

纵观我国桥梁事业的发展,可看出我国桥梁建设事业近年来有了长足的进步,而且,发展的趋势是强劲的。随着经济的发展、综合国力增强,我国的桥梁在建筑材料、结构设计理论与软件工程、研究分析与桥梁科学试验、预应力混凝土技术、钢桥制造技术、深水基础工程、施工技术与方法、施工机具与管理等领域一定会百尺竿头更进一步。

三、国外桥梁发展

国外桥梁的发展主要在第二次世界大战以后。第二次世界大战期间,大量钢桥被破坏,预应力混凝土桥和斜拉桥开始崭露头角。1928年,法国Freyssinet工程师首先发明预应力钢筋混凝土。这种材料克服了钢筋混凝土易产生裂纹的缺点,改进了桥梁的施工方法,有效提高了桥梁的跨径。20世纪50年代,林同炎对预应力进行了更深入地研究,创造了"预应力学说"理论体系。预应力理论的完善使预应力钢筋混凝土桥梁得到了飞速发展。同一时期,德国Dishinger在1938年提出的现代斜拉桥设计构思得以实现。斜拉桥在50年代开始崭露头角,与预应力钢筋混凝土桥一起成为第二次大战后桥梁发展史上两个最伟大的创新成就。

20世纪60年代是斜拉桥发展的第一个高峰期。期间,斜拉桥的技术创新主要体现在两个方面:一是从稀索体系发展到密索体系,更方便拼装;二是桥面从钢桥面变到预应力混凝土桥面,以及两种材料的结合,提高了桥面的性能。这些创新使斜拉桥在很大跨径范围内成为最有竞争力的桥梁类型。同样是在60年代,英国于1966年建成的Sevem桥采用流线型扁箱桥面,用钢筋混凝土桥塔替代钢塔,诞生了新一代英国式悬索桥,并成为以后悬索桥结构形式的主流。风洞试验证明:这种流线型扁平钢箱桥面具有很好的气动性能,而且由于自重轻,不仅节省造价,又便于施工安装,得到了广泛推广。

70年代,预应力技术与斜拉桥的结合产生了采用预应力混凝土桥塔和桥面的EC.斜拉桥。其中,最著名的是法国J. Muller设计的Brottone桥,主跨为320m,其最大的拉索达到一千吨级的索力,并创造了另一种钢梁柔塔的法国风格EC.斜拉桥。同一时期,瑞士著名工程师ChristianMenn教授创造了斜拉桥和连续刚架桥。在施工技术上,顶推法施工工艺获得成功。所有工作都在桥头工厂中完成,在运输和安装条件比较困难的山谷地区是一种经济合理的施工方法。80年代,预应力桥梁在发展过程中也暴露出不少问题。预应力索在水泥灌浆防腐的管道内发生严重锈蚀,引起了国际桥梁界的普遍关注。采用体外预应力索能有效地解决这一问题,同时,因为体外预应力索具有可检查、易更换的优点,用它替代体内预应力索还能减薄壁厚,减轻结构自重,所以,体外预应力索得到了快速发展。沿用水泥灌浆防腐工艺的斜拉桥拉索内,因为水泥收缩和荷载作用发生断裂而使防腐失效的问题也得到了重视。日本采用完全工厂生产的聚乙烯防腐索套解决这一问题,得到了施工单位的肯定,为推动斜拉桥的发展做出了贡献。中国在80年代正值改革开放初期,率先起步的广东省也出现了桥梁建设的高潮,吸引了全国各地同行的积极参与。中国在引进国外先进技术的同时认识到与国外技术存在的巨大差距,在这段时间,中国桥梁应该是一种跟踪性的发展和提高。90年代,世界桥梁修建速度越来越快,跨径记录不断被刷新。在建设大型桥梁的过程中,一些新材料、新工艺不断涌现。

法国诺曼底大桥[图1-9a)]采用了平行钢丝拉索和施工控制技术,日本多多罗大桥[图1-9b)]采用高强度钢丝、塔墩深水基础和钢桥塔减振技术,日本明石海峡大桥[图1-9c)]采用长拉索防雨振措施,挪威Stolmasundet连续刚架桥[图1-9d)]采用预应力悬臂施工技术以及大桥健康监测和振动控制技术,新技术的发展为21世纪桥梁的继续发展奠定了坚实的基础。

a)法国诺曼底大桥

b)日本多多罗大桥

图 1-9

c) 日本明石海峡大桥　　　　　　　　　　d) 挪威Stolmasundet桥

图 1-9　国外各类型著名桥梁

第二节　桥梁安全事故

随着桥梁事业迅速的发展，桥梁作为公路和城市道路交通的重要建筑物，其重要性也与日俱增，在国民经济建设中起着举足轻重的作用。作为线路的咽喉要道和交通枢纽，桥梁是沟通公路全线的关键，我国现役70余万座公路桥梁是加快我国现代化建设步伐的希望之桥、幸福之桥。另一方面，桥梁这种跨江、跨海、跨深谷的特殊结构一旦发生安全事故，后果不堪设想。近几年来相继发生了多起震惊世界的桥梁悲剧，给人们留下了沉痛的教训。

2006年8月2日，辽宁省营口市熊岳大桥在洪水冲击下发生断裂，2座桥墩被冲塌，2孔桥板塌落，2孔桥板下沉；2007年6月15日凌晨5时10分，一艘佛山籍运沙船偏离主航道航行撞击九江大桥，导致桥面坍塌约200m，导致9人死亡，这就是闻名中外的"九江大桥6·15船撞桥断事故"，也称为"九江大桥事件"。2009年5月17日，湖南株洲市红旗路高架桥坍塌，事故造成9人遇难、16人受伤，24辆车被损毁。2010年7月24日，洛阳栾川县潭头镇汤营村一座大桥整体垮塌，桥上人员全部坠入洪水，事故造成60余人死亡。2010年12月25日下午，江苏盐城市盐都区秦南镇，长约60m的跨河大桥在遭到船队撞击后轰然垮塌。2011年7月11日昨天凌晨2时10分左右，江苏盐城境内328省道通榆河桥发生坍塌，两辆货车坠落，大桥是1997年3月建成通车，距大桥坍塌已"服役"14年。2011年7月14日上午9时左右，福建南平市武夷山公馆斜拉桥将近50m左右的桥梁突然向下断裂坍塌，桥上一辆旅游大巴在事故中坠落，造成1人死亡，22人受伤。此桥为通往景区的主干道，1999年11月开通，至坍塌时不足12年。2011年7月15日凌晨，杭州第三钱塘江大桥南端桥面出现部分塌落，一辆重型半挂车从桥面坠落，又将下匝道砸塌。2012年6月18日晚17点21分，正在建设的月牙岛12跨连续梁跨河桥北侧第三跨箱梁施工时，由于支护违反操作规程，箱梁自由端坍塌。2012年8月24日5时30左右，哈尔滨机场高速由江南往江北方向，即将进入阳明滩大桥主桥的最后一段被4辆重载货车压塌，4辆货车冲下桥梁，造成3人死亡、5人受伤。损坏桥梁如图1-10所示。

a) 辽宁省营口市熊岳大桥

b) 九江大桥桥墩被运沙船撞毁

c) 湖南株洲市红旗路高架桥

d) 洛阳栾川县潭头镇汤营村某桥

e) 江苏盐城秦南镇跨河大桥

f) 榆河桥发生坍塌

g) 武夷山公馆斜拉桥

h) 钱塘江大桥桥面出现塌落

图 1-10

i) 辽宁抚顺市月牙岛西桥　　　　　　　　j) 哈尔滨阳明滩大桥断裂

图 1-10　国内近年发生的桥梁严重垮塌事故

国外的桥梁事故也不乏鲜见：2007 年 8 月 1 日，美国明尼苏达州明尼阿波利斯市跨越密西西比河的 I-35W 桥突然破坏，造成 8 人死亡，79 人受伤。据估计事故发生时桥上有 50~100 辆机动车，是美国自 1983 年以来最严重的非天灾或外力因素所造成的桥梁崩塌事件。2001 年，明尼苏达大学土木系的一份报告指出，I-35W 大桥纵梁已扭曲变形，还发现该桥桁架疲劳的证据。该报告同时指出：一旦桁架承受不了庞大的车流，I-35W 大桥恐将崩塌。但桥梁养护不足这一问题并未被政府所重视。I-35W 密西西比河大桥是由明尼苏达州运输部于 1967 年建成的。1990 年，美国联邦政府以 I-35W 密西西比河大桥支座有严重腐蚀，将该桥评为有"结构缺陷"（structurally deficient），当时全美总共有超过 7 万座桥梁被评为此等级。2007 年 8 月 3 日美国明尼苏达州明尼阿波利斯市的一座桥梁发生坍塌，有 7 人在桥梁坍塌事故中死亡，60 人受伤，如图 1-11 所示。

a) I-35W 大桥崩塌　　　　　　　　　　b) 美国明尼苏达州一座桥梁坍塌

图 1-11　国外近年发生的桥梁严重垮塌事故

2007 年 9 月 26 日上午 8 点，越南南部一座正在建设中的大桥突然坍塌，造成至少 52 人死亡，150 人受伤。2009 年 12 月 24 日傍晚，拉贾斯坦邦纳亚冈—科塔地区昌巴尔河一座在建桥梁突然倒塌，造成 48 人遇难……太多的悲剧给每一个桥梁工作者留下了惨痛的教训。

第三节　桥梁养护工作的重要性与现状

一、我国在役桥梁病害严重的原因

（1）我国大量县乡村公路桥梁大多修建于 20 世纪 70 年代以前，在资金不足、技术力量薄弱而工期又非常紧的情况下建设起来的这些桥梁,其技术标准低,工程质量差,不能适应当前交通量日益增长,从而加快了桥梁疲劳、老化进程,部分交通量大的桥梁便成为危桥。新中国成立初期至改革开放前的几十年中修建的大量桥梁约24万座,标准低、年久失修不能满足现代交通的需求。近30年桥梁建设快速发展,但设计、施工管理水平发展相对滞后,还处在不断提高的过程中,因而许多桥梁未通车就存在隐患。

(2)桥梁设计荷载等级低,大大限制了公路运输的通行能力。以前修建的桥梁等级大多为汽车-10级,而现在的汽车重量已达到了一百多吨,各种超重车的出现加重了桥梁的负荷并加快了桥梁损坏的进程,车辆超载行驶使这些低等级的桥梁难以适应。因为交通运输管理体制等多方面的原因,中国公路桥梁上行驶的大型车辆普遍超载,单车过百吨、轴重过250kN的车辆时常可见。这些车辆对道路桥梁的破坏是直接而致命的。虽然这些超重车辆和大件运输车辆过桥时,不会导致桥梁立即倒塌,但对桥梁造成了严重损伤,将缩短其使用寿命。

(3)桥梁设计得不合理,导致桥梁病害的加重。在20世纪60～70年代我国采用最多的桥梁结构是石板桥和圬工拱桥。石板桥最大的弊端是桥面没有铺装,即使有也是简易铺装,石板一断裂整座桥便处于瘫痪状态;圬工拱桥配筋率低,与梁桥相比可节省大量的钢材,但是其桥台难以稳定,容易产生位移,桥台的位移必然会导致整个上部构造的损坏,主要表现为腹拱顶开裂、拱脚渗水等。此外,许多桥梁在结构上、材料上的研究还不足,设计规范标准也存在滞后的问题,有些桥梁在成桥后的长期使用中发现这样或那样的缺陷。

(4)自然因素的影响,日益加重的环境污染,造成桥梁的自身老化、破损。随着我国工业的快速发展,各企业只注重发展生产,废水不经处理便排入河流,致使沿线桥梁下部构造腐蚀。

(5)缺乏有效的管养机制。面对数量庞大、增长迅速的桥梁,我们没有建立有效管养体系,众多桥梁缺少管理和保养,让"小病"逐渐发展成"大病",桥梁长期带"病"工作,最终发展成为危桥。

桥梁坍塌是桥梁损伤破坏的一种极端现象,是桥梁损伤不断积累的结果,要避免此类事件的发生,必须防患于未然,及早对桥梁进行定期检查、评估和加固处理。沉痛的教训使人们认识到,桥梁的安全性不仅是建设期间的质量控制问题,更是全社会关注的重大问题。在交通建设中,既要实现公路桥梁的建设目标——安全、畅通、高效益和低成本,又要对建成的桥梁加强日常管理和养护,预防发生病害。使用期间及时根治缺陷、加固维修保养,保证其持续安全运营,确保桥梁结构在建设、投入使用、最终完成其使命的整个寿命期间,能够保证结构、运行荷载和人员的安全,以合理的经济成本维持自身较高的服务水平和通行能力,并满足持续增长的需要。

二、桥梁养护存在的典型问题

目前,管理单位普遍存在着养路不养桥、重建不重养的思想,造成桥梁失养,主要表现在以下几个方面:

(1)桥面不清洁、泄水孔堵塞,在中小型桥梁中比较普遍,个别的桥面上堆放柴草杂物、垃圾泥土污物等,晴天尘土飞扬,雨天泥浆四溅。

(2)桥面不平整,使车辆颠簸,影响车速,增加桥梁构件的疲劳,如不改善将缩短桥的使用寿命。

(3)桥头跳车现象严重。桥头跳车会给行车带来不舒适,影响车速,降低行车质量,长期下去也会影响桥的使用寿命。

(4)桥梁栏杆残缺不齐。造成栏杆残缺的原因很多,如车辆肇事、人为破坏等,虽然不影响车辆运行,但会造成行驶在桥上的车辆及行人缺乏安全感。

(5)桥梁构件损坏不及时维修。桥梁投入运营后,由于施工中出现的变位、沉陷、空洞等毛病,在日常养护中没有及时修补,造成桥面剥落、墩台砌块脱落、基础外露、钢筋外露锈蚀等,这类毛病不及时处理可能酿成大问题。

(6)桥况不明。桥梁资料不全、技术状况不清楚等,是由于技术资料不及时归档所造成的;对桥梁不进行定期检查检验,桥梁病害的状况、病害发展过程不清楚,桥梁技术状况在各类报表资料中混乱,甚至还有桥名不统一的情况。

三、我国在役公路桥梁养护管理现状

欧美等经济发达国家更早遭遇了桥梁结构的"老化",建立了较为系统的桥梁结构档案库、桥梁管理系统甚至相关规范指南,桥梁技术状态的监测和检测技术也发展很快。例如,美国大规模公路建设较早,公路桥梁运行监控机制和养护管理机制相对完善:

1967 年 Sliver 桥倒塌——开展国家桥梁检测计划(NBIP);

1971 年完成第一版《国家桥梁检测规范》(NBIS);

20 世纪 70 年代 FHWA 和 AASHTO 完成了三部指南手册,完成检测和评价体系;

1983 年 Mianus 桥梁倒塌——增加了 FSM(危险构件)专项检查;

1987 年 Schoharie Creek 桥倒塌——增加了水下结构专项检查;

20 世纪 90 年代建立桥梁管理系统 BMS,开展 HBRRP(高速公路桥梁复原)计划;

2000 年以后,AASHTO 基于 LRFD 的桥梁设计规范,制定了 LRFR 桥梁承载力评定规范,即"荷载—抗力"评定体系;

近几年 FHWA 及各州均制定了相应的桥梁检查指南、手册。

英国为保证桥梁的安全,评价桥梁的承载能力,英国公路桥梁评价体系标准 BD21/01 于 2001 年 5 月公布,更新和取代了 1997 年的版本(BD21/97)。该标准主要用于干线公路桥梁的评价。

我国为加强和规范公路桥梁养护管理工作,保证公路畅通和桥梁安全运行,1999 年交通部印发了《关于加强桥梁养护管理工作的通知》,各级交通主管部门和公路管理机构普遍重视和加强了桥梁养护管理工作。2004 年 10 月 1 日,交通部颁布了新的《公路桥梁养护规范》(JTG H11—2004),2007 年交通部印发了《公路桥梁养护管理工作制度》,2008 年交通运输部又颁布实施了《公路桥梁加固设计规范》(JTG/T J22—2008)和《公路桥梁加固施工技术规范》(JTG/T J23—2008)。

然而在实践中,除少数大型桥梁外,只重视路面养护,轻视桥梁养护的现象比较严重,上级考核评比项目也多集中在路况检测,而疏于桥梁检查。此外,近年新建的一大批大型桥梁,这些桥梁跨径大、结构复杂,结构内力分布不易把握,采用新材料,采用实时监测系统,是以前基层公路养护部门所不熟悉的,这些都给桥梁养护工作带来了新的难题和挑战。

在我国,尽管多次强调建设与养护并重,但地方重建轻养的现象依然十分严重。目前我国公路桥梁养护管理仍面临许多问题,主要表现为:

(1)桥梁疏于养护。在 20 世纪 80~90 年代,公路养护管理中,重养路面、轻养桥梁的现象十分严重,养护质量考核无桥梁考核项目,直至目前部分地区仍然存在这种状况。

(2)旧桥技术档案资料缺失,不利于后续桥梁养护管理。由于历史及档案管理方面的原

因,档案资料不够齐全规范、技术状况不明确等。一方面是由于变更技术资料的归档不及时,第一手资料难以掌握;另一方面是由于历史及管理方面的原因,在移交和多部门管理过程中造成资料不规范或缺失现象;再一方面是对桥梁的各种检查检验、桥梁病害处理资料不齐全等。

(3)养护技术力量薄弱。桥梁结构复杂,对技术人员的要求较高。在桥梁检测过程中,技术人员不能客观全面检测和记录桥梁的病害及其运行状况。尽管在养护技术人员中,配备有专门的桥梁工程师和技术员,也配备了桥梁检测设备,但人员素质参差不齐,造成不能准确描述和判断桥梁性能,且对一些病害处理不当,造成桥梁的管养缺乏科学性。目前,各养护管理部门虽然均配备了专职桥梁养护工程师,但是对于所管养的路段较长,桥梁数量较多,桥梁养护工程师的数量不能满足养护、检查和维修工作的需要。如果各种专项维修工程一开工,桥梁养护工程师既要组织维修,又要搞好桥梁检查、档案整理等工作,会使各方面工作受影响。

(4)对桥梁的耐久性重视不够。桥梁病害普查统计的病害数量较多,由于受养护经费的限制,目前进行的维修工作主要是针对影响承载能力方面的病害进行维修处治,而对于影响耐久性方面的病害,如宽度较小的裂缝、钢筋锈蚀和混凝土碳化等。维修却远远不够。任何一座桥梁从"新"到"旧"、从状况良好到出现病害都是一个动态变化的过程。长期以来,人们受混凝土是一种耐久性能良好的建筑材料的影响,忽视了钢筋混凝土结构的耐久性问题。由于混凝土碳化和钢筋锈蚀等原因引起的结构破坏问题非常重要,因此,及时对桥梁病害进行维修,能有效阻止病害的继续发展,延长其使用寿命,产生较大经济效益。

目前我国社会和经济迅速发展,对公路桥梁养护提出了更高的要求。为使我国目前在役桥梁安全运营,无疑应全面落实交通部《公路桥梁养护管理工作制度》,贯彻执行现行《公路桥梁养护规范》(JTG H11—2004)及交通运输部《关于进一步加强公路桥梁养护管理的若干意见》(交公路发2013〔321〕号)。公路基层养护部门是公路桥梁的养护单位和监管单位,其桥梁工程师直接承担着桥梁养护管理的重任,是确保在役桥梁安全运营的直接责任人,因而桥梁养护工程师的业务能力决定着桥梁养护管理水平。如前所述,目前部分公路养护单位桥梁工程师的知识水平不高,对病害产生原因分析不明,导致采取的养护维修措施不当等,因此,提高基层公路养护单位桥梁工程师的业务水平,是加强桥梁养护管理、确保在役桥梁安全运营的首要手段。

第四节　桥梁检测与加固的目的及意义

桥梁检测与加固技术,是针对正在使用的桥梁进行检测、评价、维修、加固或改造等技术对策的总称。据日本有关统计资料表明,对于结构建筑物(包括桥梁)承载能力和使用性能进行检测、评价,在投入使用后一般有两次高峰期:一是投入使用后约20年,称为小周期;二是约60年左右,称为大周期。小周期对结构进行检测的目的是确保结构建筑物处于完好的技术状态;大周期是对结构建筑物进行鉴定,判定其使用状态,以便做出相应的对策。

目前,我国相当一部分现有桥梁已无法满足交通运输事业发展的需要,主要是由于交通运输事业的发展,不仅车流量急剧增加,而且荷载等级不断提高,加之车辆超载现象非常严重,对公路桥梁造成永久性损伤,严重缩短了桥梁的使用寿命。另外,由于桥梁运营环境恶劣、酸碱盐腐蚀、冻融循环等因素会降低材料与结构的耐久性,因此,部分既有桥梁已经不能适应现代交通运输的需要。如果将其全部拆除重建,不仅资金耗费巨大,而且在时间上也不允许,而维护和加固旧桥所产生的费用远小于新建桥梁,又不阻碍交通。国内外经验表明:一般情况下,拱桥的加固费用约为重建新桥的20%～30%,梁桥的加固费用约为新建桥梁的30%～40%。因此,对可利用的公路桥梁进行维修、加固改造,提高其承载能力和通行能力,可大大节省资金,具有重大的社会价值和技术经济价值。

第五节 桥梁加固的基本原则和要求

一、设计原则

桥梁经过可靠性鉴定需要加固时,或桥梁结构有明显病害并危及行车安全时,必须进行加固。其维护与加固设计应遵循的基本原则为:

(1)必须对原桥进行翔实的现状调查、具体的病害分析与结构状态评定。

(2)加固改造后的桥梁使用荷载等级,应根据使用要求由设计者按实际情况确定。

(3)加固设计应与施工方法紧密结合,保证新增结构与原结构连接可靠,协同工作。

(4)应按现行《公路桥梁设计规范》进行设计,加固改造后的桥梁在使用荷载下,原有结构与新增结构的强度、刚度及裂缝宽度限值等均应符合规范要求。

(5)加固桥梁应按下列原则进行结构承载力验算:

①结构计算应根据实际受力状况确定。

②结构的计算截面积应采用实际有效截面积,并考虑结构加固时的实际受力情况及加固部分的应变滞后特点。

③进行超静定结构承载力验算时,应考虑实际荷载偏心、结构变形、温度作用等造成的附加内力。

④加固后桥梁结构重力增加时,应对被加固结构及桥梁基础进行验算。

二、基本要求

由于桥梁加固工程的客观特殊性,对它的实施主要有技术、经济、交通影响及环境影响上的要求。

1. 技术要求

(1)加固桥梁不同于新建桥梁,固定的旧危桥梁客观条件在方案设计及施工组织等技术层面上提出了更高的要求。

(2)应尽量减少对原有桥梁结构的损伤,充分利用原有结构构件,做到加固工程的安全、可靠、耐久,满足使用要求,不留后患。

(3)施工方案必须考虑到已有交通的影响,在施工组织和方案设计上必须做到施工便捷、快速。

(4)在新旧结构的处理上,设计计算应该充分考虑结构强度的折减;在施工时,应尽量做到两者的一致性。

2. 经济要求

加固结构所产生的费用应该总体大幅低于新建结构的费用,使其直接经济效益和间接经济效益明显。

3. 交通影响要求

要求在允许的范围对交通的影响最小。

4. 环境影响要求

桥梁加固方案的设计应把对环境的影响考虑进去,对新旧部分应做到外观协调,以适应一定的景观要求。

第六节 桥梁维护与加固的基本内容和技术途径

一、桥梁维护与加固的工作内容

桥梁维护与加固包括养护维修与加固两个方面。

1. 桥梁的养护与维修

桥梁的养护与维修主要包括:

(1)桥梁构造物的小修小养。要求如下:

①保持构造物表面的清洁完整,防止表面风化并及时处理风化部分。

②保持排水设备的良好状态,除掉排水管中堵塞的泥土,防止砌缝砂浆漏水及修理侵蚀部分。

③经常检查各部分有无病害发生,当发现圬工上有裂缝、小洞、剥落、缺角、钢筋外露等局部缺陷或表面损伤时,必须及时修理。

④保证伸缩缝装置能够自由活动,清除影响支座活动的障碍物。

⑤对木桥进行防腐,对钢梁涂防锈油漆等。

(2)对桥梁结构物进行定期检查,并检验其实际承载力,确定其损坏的程度。当发现桥梁结构产生异常或损坏时,要分析其产生的原因,判断损坏对结构使用的影响,说明维修加固的必要性,并对修补加固方法进行比较和选择。发现异常时必须及早维修,若损坏严重必须在调查原桥的损坏程度、历史状况、现场具体条件特点、现在及将来交通运输对桥梁宽度、设计荷载的要求、公路发展规划等方面的资料后,对旧桥梁维修加固方案与部分或全部改建的方案进行经济比较,选择最优方案。

(3)超重车辆或履带车不得随意经过现有桥梁,必须经过公路管理部门的许可。

(4)对原有桥梁技术资料进行管理,建立和保存桥梁档案资料。

2. 桥梁的加固与改造

对发生重大病害和不能满足运输要求的桥梁设备彻底进行整治加固、改善和更新,目的是恢复原有桥梁建筑物的整体使用性能和延长使用年限,提高原有桥梁建筑物的荷载等级和通行能力。

桥梁加固与改造工作的主要内容:

(1)对旧桥上部构件进行加固;

(2)对旧桥下部构件进行加固;

(3)拓宽桥梁的行车道或人行道;
(4)提升桥梁上部构造的高度;
(5)更换桥梁行车道路面或引桥路面的结构;
(6)部分或全部更换桥梁损坏或破旧的结构物。

桥梁加固与改造工作,应充分利用原有的部分,凡能加固的则不改造;如能部分改造的,不应全部改造。

二、桥梁维护与加固的技术途径

桥梁维护与加固一般是指:通过对构件的加固和结构的性能改善,以恢复或提高现有桥梁的承载能力,延长使用寿命,适应现代交通运输的要求。

目前,国内外对桥梁进行维护与加固的技术途径主要有以下5种。

1. 加强薄弱构件

在桥梁上,对于有严重缺陷的部位,或者因要通行重型车辆而不能满足承载要求的部位,如:梁桥的跨中部位、支座部位、承受负弯矩的部位;拱桥的拱顶、拱脚、1/4拱跨部位;以及其他变截面处等,采取加固措施,进行补强。在桥梁结构中,特别要注意的是:桥梁的薄弱处一般在受拉区范围内,在受压区的情况则比较少。所以,对于薄弱处的加固方法,往往采用喷射混凝土、粘贴钢板、玻璃钢、纤维布等增大主梁或主拱圈截面的方法,增加其强度,以及采用高等强度混凝土或环氧混凝土砂浆封填裂缝,增设预应力钢筋或粘贴附加构件的方法对缺陷进行处理。

2. 增加辅助构件

在桥梁承载力不足或因为某种原因致使桥梁遭受破损时,可以在原有的结构上增加新的受力构件,如:梁桥中增设主梁、横隔梁;简支梁之间加设辅助构件,使其成为连续梁的工作状态;梁下部采用八字支撑方式,增加跨孔改变受力状态;拱桥中采用梁式结构替代回填料等。特别要注意的是:在更换原有结构上的有严重缺陷、又不能修复的构件时,必须设置足够的临时支撑,或采取可靠的措施,以保证整个结构在施工中的安全。

3. 改变结构体系

根据桥梁的实际状况,采用梁式结构改为拱式结构;拱式结构改为梁式结构;简支梁改为连续梁;单跨结构改为多跨结构;增加支点;铰接支撑改为刚性连接等手段以改善结构薄弱处的受力状态,提高桥梁的承载能力。

4. 减轻恒载

减轻桥梁上部结构的恒载,改善原桥梁的受力状态,提高桥梁的承载能力,特别是在桥梁基础承载力受到限制、不能满足加固上部结构和提高活载承载力的前提下,通过减轻桥梁恒载的办法来提高承受活荷载的能力,是一种经济有效的措施,如:将实腹式拱桥改建为空腹式拱桥,或更换拱上填料的办法,对提高拱桥承载力具有十分显著效果。

5. 加固墩台与基础

在桥梁结构中,相当一部分缺陷是桥梁墩台与基础病害引起的,因此,需要从墩台及基础着手进行加固处理。通常采用的方法是:用钢筋混凝土套箍并施加外部预应力加固墩身;对于基础加固措施,常采用补桩法和扩大基础法进行处理。

第二章　桥梁经常检查与定期检查

桥梁检查是对桥梁缺陷和损伤的检查,根据其性质、部位,严重程度及发展趋势,找出产生缺陷和损伤的主要原因,分析和评价其对桥梁质量和承载能力的影响,从而了解桥梁投入使用至今桥梁技术状况的工作。按检查的范围、深度、方式和检查目的,分为经常检查、定期检查和特殊检查。经常检查主要由桥梁管养单位桥梁养护工程师进行;定期检查通常由具有一定检查经验并受过专门桥梁检查培训,熟悉桥梁设计、施工等方面的桥梁养护工程师负责组织实施;特殊检查应由有相应资质和能力的单位承担。

桥梁的经常检查,也称为日常检查,主要指对桥面设施、上部结构、下部结构和附属构造物的技术状况进行日常巡视检查,及时发现缺损并进行小修保养工作。

桥梁的定期检查是指为评定桥梁的使用功能、制订管理养护计划提供基础数据,按规定周期对桥梁主体结构及其附属构造物的技术状况进行定期跟踪的全面检查。主要检查各部件的功能是否完善有效,构造是否合理耐用,发现需要大、中修、改善或限制交通的桥梁缺损状况;同时检查小修保养状况。定期检查还为桥梁养护管理系统提供动态数据。

桥梁的特殊检查是指查清桥梁结构的病害原因、构件破损程度、承载能力、抗灾能力,确定桥梁技术状况的工作。特殊检查分为应急检查和专门检验。应急检查是指当桥梁遭受洪水、流冰、漂流物、船舶撞击、滑坡、地震、风灾和超重车辆私自通过等自然灾害或事故后,应立即对结构作详细检查。查明破损状况,采取应急措施,尽快恢复交通。专门检查是指对需要进一步判明损坏原因、缺损程度或使用能力的桥梁,要求针对病害进行专门的现场试验检测、检算与分析等鉴定工作,以便进行有效的养护。

第一节　桥梁经常检查

一、桥梁经常检查手段及目的

桥梁经常检查以直接目测为主,配合简单工具量测。经常检查的目的是检查桥梁外表可见到的病害和缺陷等,按照桥梁养护管理"预防为主、安全至上"的工作方针,对桥梁各部分及附属工程进行预防性保养,修补其轻微损坏部分,预防结构病害的发生,使桥梁经常保持完好状态,保证结构能得到及时的养护和保养或紧急处理,对需要检修和一些重大问题做出报告,旨在确保结构功能正常。

根据《交通运输部关于进一步加强公路桥梁养护管理的若干意见》(交公路发〔2013〕321号)的规定,经常检查每月至少一次。在诸如大风雨、暴雨和洪水等特殊自然现象发生之后,对暴露性建筑物还应进行更大规模的经常检查。经常检查中发现桥梁重要部件存在明显缺损时,应及时向上级提交专项报告。经常检查的成果,填写"经常性检查记录表",见表2-1。

桥梁经常检查记录表　　　　　　表2-1

（公路管理机构名称）					
路线编码		路线名称		桥位桩号	
桥梁编码		桥梁名称		养护单位	
部件名称	缺损类型		缺损范围		养护意见
桥面铺装					
桥头跳车					
伸缩缝					
泄水孔					
桥面清洁					
人行道、缘石					
栏杆、护栏					
照明、灯柱					
翼墙					
锥坡					
桥头排水沟					
桥头人行台阶					
其他					
负责人		记录人		检查日期	

二、桥梁经常检查的内容

桥梁经常检查主要包括以下内容：

（1）外观是否整洁、有无杂草堆积、杂草蔓生；构件表面的涂装层是否完好、有无损坏、老化变色、开裂、起皮、剥落、锈迹,如图2-1所示。

（2）桥面铺装是否完整,有无裂缝、局部坑槽、积水、沉陷、波浪、碎边；混凝土桥面是否有剥离、渗漏、钢筋是否露筋、锈蚀、缝料是否老化、损坏、桥头有无跳车,见图2-2。

图2-1　全桥外观总体状况

图2-2　桥面坑槽

第二章 桥梁经常检查与定期检查

(3)排水设施是否良好、桥面泄水管是否堵塞和破损,如图 2-3 所示。

(4)伸缩缝是否堵塞卡死,连接部件有无松动、脱落、局部破损,如图 2-4 所示。

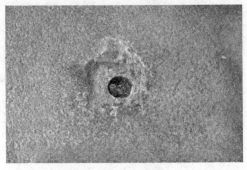

图 2-3 泄水管堵塞

图 2-4 伸缩缝破损

(5)人行道、缘石、扶手、护栏有无撞坏、断裂、松动、错位、断件、剥落、锈蚀等,如图 2-5 所示。

a)   b)

图 2-5 人行道及栏杆破损

(6)观察桥梁结构有无异常变形,异常的竖向振动、横向摆动等情况,然后检查各部件的技术状况,明确异常原因,如图 2-6 所示。

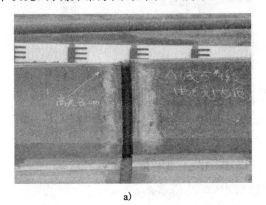

a)

b)

图 2-6 栏杆沉降开裂

(7)支座是否有明显缺陷,活动支座是否灵活,位移量是否正常。支座的经常检查一般可以每季度一次,如图 2-7 所示。

19

图2-7 支座脱空及错位

(8)桥位区段河床冲淤变化情况,如图2-8所示。

图2-8 河床堵塞及冲刷

(9)基础是否受到冲刷破坏、外漏、悬空、下沉,墩台及基础是否受到生物腐蚀,如图2-9所示。

图2-9 基础冲刷与腐蚀

(10)墩台是否受到船只或漂浮物撞击而受损。如图2-10所示。

(11)翼墙有无开裂、倾斜、滑移、沉降、风化剥落和异常变形,如图2-11所示。

(12)锥坡、护坡、调治构造物有无塌陷、铺砌面有无缺损、勾缝脱落、灌木杂草丛生,如图2-12所示。

第二章 桥梁经常检查与定期检查

图 2-10 墩台冲刷

图 2-11 基础差异沉降

图 2-12 锥坡塌陷及破损

(13)交通信号、标志、标线、照明设施以及桥梁其他附属设施是否完好,如图 2-13 所示。

(14)其他显而易见的损坏或病害,如图 2-14 所示。

经常检查尤其需要注意的问题还包括：

(1)桥梁支撑结构损坏或失稳；

(2)车船的意外碰撞损坏；

(3)桥梁墩台基础冲刷损坏；

(4)桥面交通安全设施的损坏；

(5)立交桥梁是否有危险掉下物。

图 2-13　标志破损与缺失

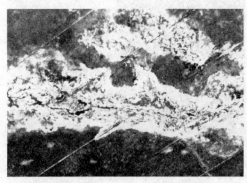

图 2-14　混凝土开裂、车辆撞击

第二节　桥梁定期检查

一、定期检查概念及目的

定期检查是指按照规定的周期，对桥梁主体结构及其附属构造物技术状况进行定期跟踪的全面检查，评定桥梁的技术状况等级。通过定期检查可以对结构的损坏做出评估，评定结构构件和整体结构的技术状况，从而确定特别检查的需求与结构维修、加固或更换的优先排序。

二、定期检查依据

桥梁定期检查主要依据现行《公路桥梁技术状况评定标准》（JTG/T H21—2011）、《公路桥梁养护规范》和《交通运输部关于进一步加强公路桥梁养护管理的若干意见》（交公路发〔2013〕321号）等进行。定期检查参考的资料还包括竣工图纸和以往的检测资料等。

三、定期检查间隔

定期检查的时间间隔应符合下列规定：

(1)定期检查周期根据桥梁技术状况确定,应不少于三年一次,在经常检查中发现重要部(构)件的缺损明显达到三、四、五类技术状况时,应立即安排一次定期检查。重要部(构)件主要包括梁式桥上部承重结构、拱桥主拱圈、桥梁墩台等。

(2)特大桥、特殊结构和特别重要桥梁应每年进行一次定期检查。

(3)新建桥梁交付使用一年后,进行第一次全面的定期检查。临时桥梁每年检查不少于一次。

四、定期检查的任务

定期检查的主要任务和工作有:

(1)现场校核桥梁基本数据,填写、补充完善桥梁基本状况卡片(表2-2),跨线桥桥下若有沙、土堆积等导致净空明显变化的情况,应复核桥梁净空并及时上报。

桥梁基本状况卡片　　　　表2-2

	A.行政识别数据
1	路线编号	2	路线名称	3	路线等级
4	桥梁编号	5	桥梁名称	6	桥位桩号
7	功能类型	8	下穿通道名	9	下通道桩号
10	设计荷载	11	通行载重	12	弯斜坡度
13	桥面铺装	14	管养单位	15	建成年限
	B.结构技术数据
16	桥长(m)	17	桥面总宽(m)	18	行车道宽(m)
19	桥面高程(m)	20	桥下净高(m)	21	桥上净高(m)
22	引道总宽(m)	23	引道路面宽(m)	24	引道线性
上部结构	25	孔位		下部结构	29	墩台
	26	形式			30	形式
	27	跨径(m)			31	材料
	28	材料			32	基础形式
33	伸缩缝类型	34	支座类型	35	
36	桥台护坡	37	护墩体	38	
39	常水位	40	设计水位	41	
	C.档案资料(全、不全或无)
42	设计图纸	43	设计文件	44	施工文件
45	竣工图纸	46	验收文件	47	行政文件
48	定期检查报告	49	特殊检查报告	50	历次维修资料
51	档案号	52	存档案	53	建档年/月

续上表

D. 最近技术状况评定								
54	55	56	57	58	59	60	61	62
检查年月	定期或特殊检查	全桥评定等级	桥面系	上部结构	下部结构	经常保养小修	处治对策	下次检测年份

E. 修建工程记录										
63		64	65	66	67	68	69	70	71	72	73
施工日期		修建类别	修建原因	工程范围	工程费用（万元）	经费来源	质量评定	建设单位	设计单位	施工单位	监理单位
开工	竣工										

74	备注：		
F 桥梁照片	75	立面照	
	76	桥面照	
77	主要负责人	78	填卡人	79	填卡日期

（2）当场填写"桥梁定期检查记录表"，记录各部件缺损状况并做出技术状况评分，见表2-3～表2-5。

桥梁定期检查现场记录表　　　　表2-3

缺损位置	缺损类型	缺损情况		评定标度(1～5)	照片(编号/时间)
		缺损数量	病害描述（性质、范围、程度等）		
说明（简图标识）					

注：①定期检查中发现的各种缺损均应用油漆将其范围及日期标记清楚。
②发现属于三、四类桥的严重缺损和难以判明缺损原因及程度的病害，应照相记录，并附病害状态说明。
③缺损状态的描述，应采用专业标准术语（详见第四章）。
④应附以简图和照片来阐明结构或构件典型的缺损状态。

第二章 桥梁经常检查与定期检查

梁式桥技术状况评定记录表[按照(JTG/T H21—2011)]　　　　表 2-4

桥梁编码			主跨结构		上次检查日期	
桥梁名称			桥长		建成年月	
路线名称			最大跨径		本次检查日期	
桥位桩号			管养单位		上次大中修日期	

序号	桥梁组成及评级		桥梁部件及评级		维修范围	维修方式	维修时间	是否需要进行特殊检查
	桥梁组成		部件名称	评定等级(1~5)				
1	上部结构		上部承重构件					
2			上部一般构件					
3			支座					
4	下部结构		翼墙、耳墙					
5			锥坡、护坡					
6			桥墩					
7			桥台					
8			墩台基础					
9			河床					
10			调治构造物					
11	桥面系		桥面铺装					
12			伸缩缝装置					
13			人行道					
14			栏杆					
15			排水系统					
16			照明、标志					

总体技术状况等级								
全桥清洁状况评分(0~100)			保养、小修状况评分(0~100)					
养护建议								
记录人			负责人			下次检查时间		

混凝土拱桥技术状况评定记录表[按照(JTG/T H21—2011)]　　　　表 2-5

桥梁编码		主跨结构		上次检查日期	
桥梁名称		桥长		建成年月	
路线名称		最大跨径		本次检查日期	
桥位桩号		管养单位		上次大中修日期	

续上表

序号	桥梁组成及评级		桥梁部件及评级		维修范围	维修方式	维修时间	是否需要进行特殊检查
	桥梁组成		部件名称	评定等级（1～5）				
1	上部结构		主拱圈					
2			拱上结构					
3			桥面板					
4	下部结构		翼墙、耳墙					
5			锥坡、护坡					
6			桥墩					
7			桥台					
8			墩台基础					
9			河床					
10			调治构造物					
11	桥面系		桥面铺装					
12			伸缩缝装置					
13			人行道					
14			栏杆					
15			排水系统					
16			照明、标志					
总体技术状况等级								
全桥清洁状况评分（0～100）			保养、小修状况评分（0～100）					
养护建议								
记录人		负责人			下次检查时间			

（3）实地判断缺损原因,确定维修范围及方式。

（4）对于建造年代较远、日常养护管理不到位或重要部(构)件有一处或多处明显结构性病害的桥梁,应按照《公路桥梁技术状况评定标准》(JTG/T H21—2011)进行定期检查及技术状况评定,使用专门仪器对混凝土强度、钢筋锈蚀、混凝土保护层厚度等专项检查项目予以量化检查,外观检查项目也宜量化检查,评分时综合考虑定性指标与量化指标；对于建造年代较近、技术状况良好且桥梁日常养护工作开展到位的桥梁,也可按照《公路桥梁养护规范》(JTG H11—2004)的要求及技术评定方法进行定期检查。

（5）对难以判断损坏原因和程度的部件,提出特殊检查(专门检查)的要求。

（6）对损坏严重、危及安全运行的危桥,提出限制交通或改建的建议。

（7）根据桥梁的技术状况,确定下次检查时间。

五、定期检查的内容

1. 桥面系构造的检查

（1）桥面铺装层纵、横坡是否合适,有无严重的裂缝(龟裂、纵横裂缝)、坑槽、波浪、桥头跳车、防水层漏水。

(2)伸缩缝是否有异常变形、破损、脱落、漏水,是否造成明显的跳车。

(3)人行道构件、栏杆、护栏有无撞坏、断裂、错位、缺件、剥落、锈蚀等。

(4)桥面排水是否顺畅,泄水管是否完好、畅通,桥头排水沟功能是否完好,锥坡有无冲蚀、塌陷。

(5)桥上交通信号、标志、标线、照明设施是否损坏、老化、失效,是否需要更换。

(6)桥上避雷装置是否完善,避雷系统性能是否良好。

(7)桥上航空灯、航道灯是否完好,能否保证正常照明。结构物内供养护检修的照明系统是否完好。

(8)桥上的路用通信、供电线路及设备是否完好。

2. 钢筋混凝土和预应力混凝土梁桥的检查

(1)梁端头、底面是否损坏,箱形梁内是否有积水,通风是否良好。

(2)混凝土有无裂缝、渗水、表面风化、剥落、露筋和钢筋锈蚀,有无碱集料反应引起的整体龟裂现象。混凝土表面有无严重碳化。

(3)预应力钢束锚固区段混凝土有无开裂,沿预应力筋的混凝土表面有无纵向裂缝。

(4)梁(板)式结构的跨中、支点及变截面处,悬臂端牛腿或中间铰部位,刚构的固结处和桁架节点部位,混凝土是否开裂、缺损和出现钢筋锈蚀。

(5)装配式梁桥应注意检查联结部位的缺损状况。

①组合梁的桥面板与梁的结合部位及预制桥面板之间的接头处混凝土有无开裂、渗水。

②横向联结构件是否开裂,连接钢板的焊缝有无锈蚀、断裂,边梁有无横移或向外倾斜。

3. 拱桥的检查

(1)主拱圈的拱板或拱肋是否开裂。钢筋混凝土拱有无露筋、钢筋锈蚀。圬工拱桥砌块有无压碎、局部掉块,砌缝有无脱离或脱落、渗水,表面有无苔藓、草木滋生,拱铰工作是否正常。空腹拱的小拱有无较大的变形、开裂、错位,立墙或立柱有无倾斜、开裂。

(2)拱上立柱(或立墙)上下端、盖梁和横系梁的混凝土有无开裂、剥落、露筋和锈蚀。中、下承式拱桥的吊杆上下锚固区的混凝土有无开裂、渗水,吊杆锚头附近有无锈蚀现象,外罩是否有裂纹,锚头夹片、楔块是否发生滑移,吊杆钢索有无断丝。采用型钢或钢管混凝土芯的劲性骨架拱桥,混凝土是否沿骨架出现纵向或横向裂缝。

(3)拱的侧墙与主拱圈间有无脱落,侧墙有无鼓凸变形、开裂,实腹拱拱上填料有无沉陷。肋拱桥的肋间横向联结是否开裂、表面剥落、钢筋外露、锈蚀等。

(4)双曲拱桥拱肋间横向联结拉杆是否松动或断裂,拱波与拱肋结合处是否开裂、脱开,拱波之间砂浆有无松散脱落,拱波顶是否开裂、渗水等。

(5)薄壳拱桥壳体纵、横向及斜向是否出现裂缝及系杆是否开裂。

(6)系杆拱的系杆是否开裂,无混凝土包裹的系杆是否有锈蚀。

(7)钢管混凝土拱桥裸露部分的钢管及构件检查参见钢桥检查有关内容,同时还应检查管内混凝土是否填充密实。

4. 钢桥的检查

(1)构件(特别是受压构件)是否扭曲变形、局部损伤。

(2)铆钉和螺栓有无松动、脱落或断裂,节点是否滑动、错裂。

(3)焊缝边缘(热影响区)有无裂纹或脱开。

(4)油漆层有无裂纹、起皮、脱落,构件有无锈蚀。

(5)钢箱梁封闭环境中的湿度是否符合要求,除湿设施是否工作正常。

5. 通道、跨线桥与高架桥的检查

通道、跨线桥与高架桥的结构检查同其他一般公路桥梁。通道还应检查通道内有无积水,机械排水的泵站是否完好,排水系统是否畅通。跨线桥、高架桥还应检查防抛网、声屏障是否完好。通道、跨线桥与高架桥下的道面是否完好,有无非法占用情况等。

6. 悬索桥和斜拉桥的检查

(1)检查索塔高程、塔柱倾斜度、桥面高程及梁体纵向位移,注意是否有异常变位。

(2)检测索体振动频率、索力有无异常变化,索体振动频率观测应在多种典型气候下进行。每观测周期不超过6年。

(3)主梁或加劲梁的检查,按预应力混凝土及钢结构的相应要求进行。

(4)悬索桥的锚碇及锚杆有无异常的拔动,锚头、散索鞍有无锈蚀破损,锚室(锚洞)有无开裂、变形、积水,温湿度是否符合要求。

(5)主缆、吊杆及斜拉索的表面封闭、防护是否完好,有无破损、老化。

(6)悬索桥的索鞍是否有异常的错位、卡死、辊轴歪斜,构件是否有锈蚀、破损,主缆索跨过索鞍部分是否有挤扁现象。

(7)悬索桥吊杆上端与主缆索的索夹是否有松动、移位和破损,下端与梁连接的螺栓有无松动。

(8)逐束检测索体是否开裂、鼓胀及变形,必要时可剥开护套检查索内干湿情况和钢索的锈蚀情况。检查后应做好保护套剥开处的防护处理。

(9)逐个检查锚具及周围混凝土的情况,锚具是否渗水、锈蚀,是否有锈水流出的痕迹,周围混凝土是否开裂。必要时可打开锚具后盖抽查锚杯内是否积水、潮湿,防锈油是否结块、乳化失效,锚杯是否锈蚀。

(10)逐个检查索端出索处钢护筒、钢管与索套管连接处的外观情况。检查钢护筒是否松动脱落、锈蚀、渗水,抽查连接处钢护筒内防水垫圈是否老化失效,筒内是否潮湿积水。

(11)索塔的爬梯、检查门、工作电梯是否可靠安全,塔内的照明系统是否完好。

7. 支座的检查

(1)支座组件是否完好、清洁,有无断裂、错位、脱空。

(2)活动支座是否灵活,实际位移量是否正常,固定支座的铆销是否完好。

(3)支承垫石是否有裂缝。

(4)简易支座的油毡是否老化、破裂或失效。

(5)橡胶支座是否老化、开裂,有无过大的剪切变形或压缩变形,各夹层钢板之间的橡胶层外凸是否均匀。

(6)四氟滑板支座是否脏污、老化,四氟乙烯板是否完好,橡胶块是否滑出钢板。

(7)盆式橡胶支座的固定螺栓是否剪断,螺母是否松动,钢盆外露部分是否锈蚀,防尘罩是否完好。

(8)组合式钢支座是否干涩、锈蚀,固定支座的锚栓是否紧固,销板或销钉是否完好。

(9)摆柱支座各组件相对位置是否准确,受力是否均匀。

(10)辊轴支座的辊轴是否出现不允许的爬动、歪斜。

(11)摇轴支座是否倾斜。

(12)钢筋混凝土摆柱支座的柱体有无混凝土脱皮、开裂、露筋,钢筋及钢板有无锈蚀。

8.墩台与基础的检查

(1)墩台及基础有无滑动、倾斜、下沉或冻拔。

(2)台背填土有无沉降或挤压隆起。

(3)混凝土墩台及帽梁有无冻胀、风化、开裂、剥落、露筋等。

(4)石砌墩台有无砌块断裂、通缝脱开、变形,砌体泄水孔是否堵塞,防水层是否损坏。

(5)墩台顶面是否清洁,伸缩缝处是否漏水。

(6)基础下是否发生不许可的冲刷或淘空现象,扩大基础的地基有无侵蚀。桩基顶段在水位涨落、干湿交替变化处有无冲刷磨损、颈缩、露筋,有无环状冻裂,是否受到污水、咸水或生物的腐蚀。必要时对大桥、特大桥的深水基础应派潜水员潜水检查。

9.调治构造物的检查

调治构造物是否完好,功能是否适用,桥位段河床是否有明显的冲淤或漂浮物堵塞现象。

10.桥梁缺损的标记

桥梁检查中发现的各种缺损均应在现场用油漆等将其范围及检查日期标记清楚。发现三类以上桥梁及有严重缺损和难以判明损坏原因和程度的桥梁,应作影像记录,并附病害状况说明。

11.定期检查的重点

(1)桥头引道、河床及桥址的检查。

①检查桥梁的引桥、河床和导波物时,须先查阅设计资料,了解设计时的要求,然后再通过测量检查弄清桥头引道的构造、河道变迁及河床有无冲刷淤积等情况。

②检查引桥时,应查明引桥路面结构、坡度及引桥路堤挡土墙的情况;记录路堤边坡和锥形护坡的状况。尤应在每端引桥上打开2~3处路面查看正桥与引桥的衔接处是否正常。

③检查河床时应查明两岸的斜坡有无冲刷或淤积,以及护岸建筑的状况。察看河床时应记录河流航道的改变,以及船只或木筏通过桥下时的特征。

④检查导流物时应查明它们在平面和横断面的形状是否正确,它的高度是否足够,坝的表面和它们的护坡状况如何以及有无冲刷或淤积。

⑤检查时应进行必要的测量。测量项目有:引桥上应确定行车道及人行道宽度,路堤高度,边坡的坡度,挡土墙的尺寸,路面面层及基层的厚度,桥的全长,桥面车行道及人行道的宽度等。在桥下,应测定桥孔中河床的位置以及通航桥孔中的桥下净空。

⑥检查桥位时,应进行河流宣泄断面的主要水位等各种测量。此外,还要测量连同引桥在内的桥址总平面图,并绘制桥址的纵断面图,其中也包括两头的引桥。在必要的情况下,还应

做流速的测定,并确定河流水势。

(2)上部结构检查重点。

①检查圬工有无风化、剥落、破损及裂缝,注意变截面处、加固修复处及防水层的情况。对圬工剥落、裂缝处,应注意钢筋锈蚀的状况。

②钢筋混凝土梁应重点检查宽度超过0.3mm的竖向裂缝,并注意检查有无斜向裂缝及顺主筋方向的纵向裂缝。

③预应力钢筋混凝土梁要观测梁的上拱度变化,并注意检查有无不容许出现的垂直于主筋的竖向裂缝。

④拱桥应测量实际拱轴线和拱圈(或拱肋)尺寸,并检查拱圈(或拱肋)有无横向(垂直路线方向)的裂缝发生。

测量上部结构严重裂缝的具体位置及尺寸,并绘制裂缝图(详见第四节)。桥梁上部结构检查的重点部位见表2-6。

桥梁结构检查的重点部位(一)　　　　表2-6

构造形式		示意简图	重点检查部位
上部结构	简支梁		①跨中处 ②1/4跨径处 ③支座处
	连续梁		①跨中处 ②反弯点处 ③桥墩处梁顶 ④支座处
	悬臂梁		①跨中处 ②牛腿处 ③桥墩处梁顶 ④支座处
	连续刚构		①跨中处 ②角隅处 ③立柱处
	斜腿刚构		①跨中处 ②角隅处 ③斜腿处
	拱式		①跨中处 ②拱肋连接处 ③拱腿处

(3)下部结构检查重点。检查墩台结构有无风化剥落、破损及裂缝,对严重的裂缝,应测量其具体位置及尺寸,并绘制裂缝图(详见第四节)。对有下沉、位移、倾斜变位等情况的墩台,应查清地基情况,并检查梁端部、支座及墩台的相对位置关系。

桥梁下部结构检查的重点部位见表2-7、表2-8。

桥梁结构检查的重点部位(二) 表2-7

构造形式		示意简图	重点检查部位
下部结构	重力式桥墩		①支座底板 ②墩身 ③水面处
	单柱式桥墩		①支座底板 ②盖梁
	钻孔桩桩式桥墩		①支座底板 ②盖梁 ③横系梁 ④横系梁与桩连接处
	T形桥墩 Π形桥墩		①支座底板 ②悬臂根部

续上表

构造形式		示意简图	重点检查部位
下部结构	Y形桥墩	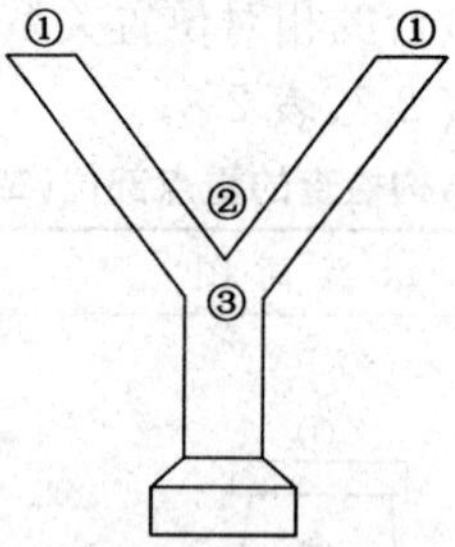	①支座底板 ②Y形交接处 ③混凝土接缝处

桥梁结构检查的重点部位(三) 表2-8

构造形式		示意简图	重点检查部位
下部结构	轻型桥台	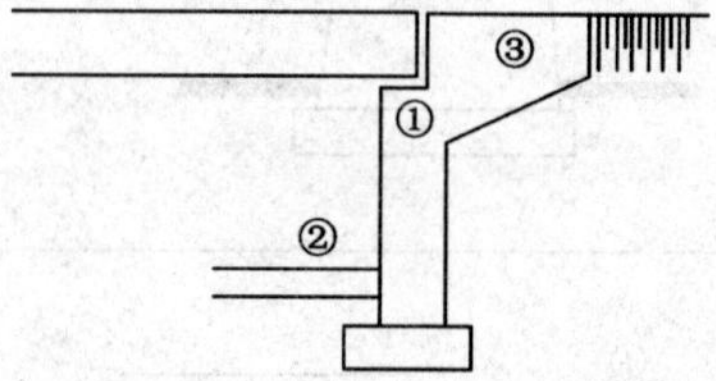	①支座底板 ②支撑梁 ③耳墙
	扶壁式桥台	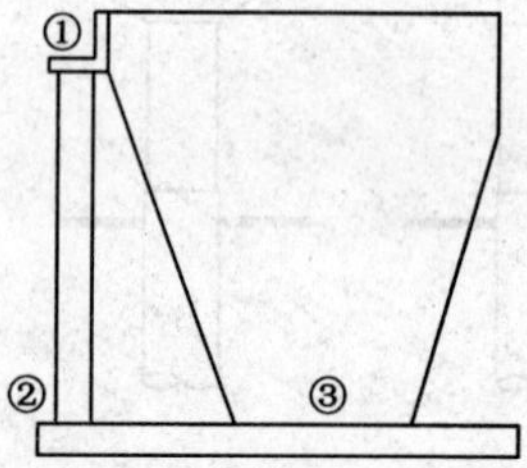	①支座底板 ②台身 ③底板
	重力式桥台	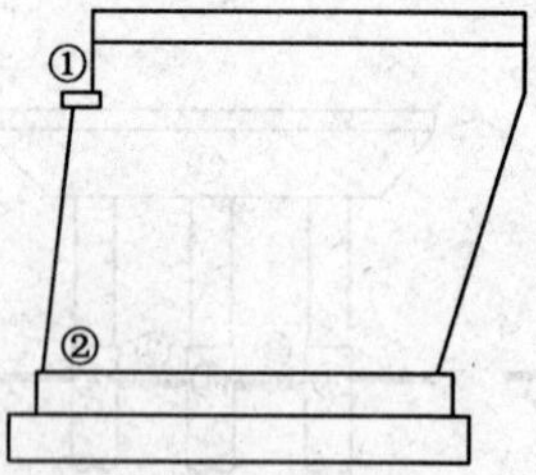	①支座底板 ②台身
	框架式桥台	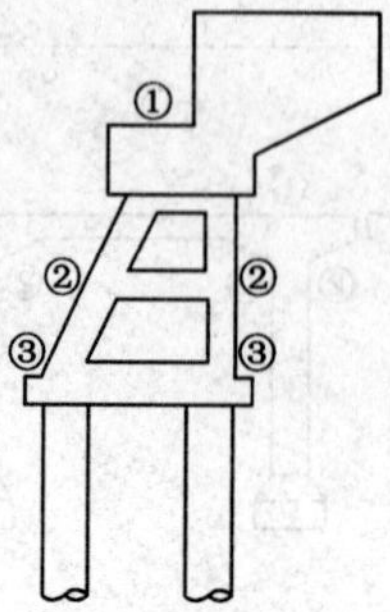	①支座底板 ②混凝土浇筑处 ③角隅处

(4)材质及地基的检验。钢材应切取标准试件进行强度试验,确定其极限强度、屈服点、延伸率、冲击韧性等。

混凝土的实际强度宜采用非破损检验法测定,在必要时,亦可从构件上挖取试样,然后在实验室内测定出混凝土相关力学性能(详见第五、六节)。基底地质情况根据工程复杂程度和实际要求,可查考原设计时的工程地质资料或采用钻孔取原状土样检验、钻探或触探等方法确定。

12. 桥梁定期检查后应提交的材料

(1)桥梁定期检查数据表。当天检查的桥梁现场记录,应在次日内整理成每座桥梁定期检查数据表。

(2)典型缺损和病害的照片及说明。缺损状况的描述应采用专业标准术语,说明缺损的部位、类型、性质、范围、数量和程度等。

(3)两张总体照片。一张桥面正面照片,一张桥梁上游侧立面照片。桥梁改建后应重新拍照一次。如果桥梁拓宽改造后,上下游桥梁结构不一致,还要有下游侧立面照片,并标注清楚。

(4)桥梁检查项目清单。

(5)桥梁基本状况卡片。定期检查完成后,应将本次检查的桥梁各部件技术状况评定结果登记在桥梁基本状况卡片内。

(6)定期检查报告。该报告应包括下列内容:

①辖区内所有桥梁的保养小修情况。

②需要大中修或改建的桥梁计划,说明修理的项目、拟用的修理方案、估计费用和实施时间。

③要求进行特殊检查桥梁的报告,说明检验的项目及理由。

④需限制桥梁交通的建议报告。

六、定期检查工作流程

桥梁定期检查一般工作流程如图 2-15 所示。

七、定期检查顺序与缺损位置描述规则

1. 定期检查顺序

按路线里程增加方向和从右至左的顺序检查(注意防止漏检),如图 2-16 所示。

从下往上顺序检查:首先检查下部结构和基础冲刷,同时检查上部结构的底面和侧面,然后顺序检查支座、箱梁内部,最后检查桥面系统。

桥梁主体结构检查完成后,检查调治构造物的状况。

在检查结构缺损状况过程中,同时校对桥梁结构的基本数据是否与实际相符。

2. 缺损位置描述规则

先描述发生缺损构件所在的桥跨号和墩台号,如图 2-16 所示。然后再在同一墩台或桥跨中按里程增加方向从右至左对相同类型构件顺序编号,起始号一般定为 1。

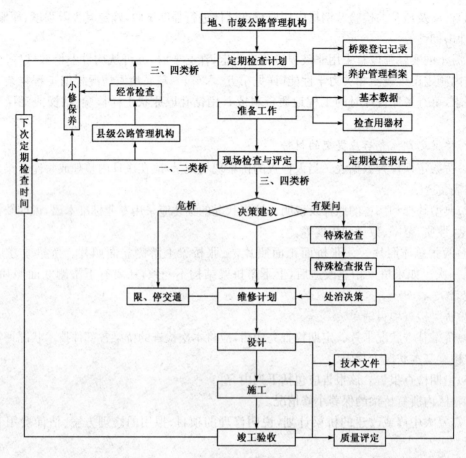

图 2-15　公路桥梁定期检查工作流程图

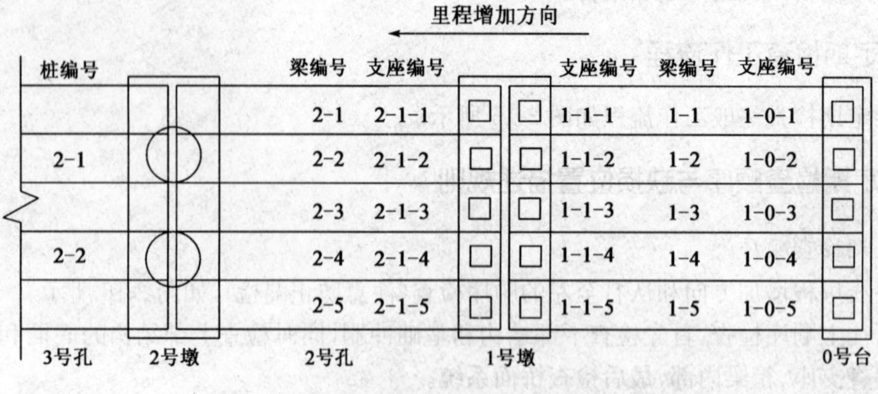

图 2-16　旧桥定期检查顺序与构件编号示意图

给定构件的缺损位置,可以用右侧面(R)、左侧面(L)、高桩号侧面(HX)、低桩侧面(S)、上面(UP)、底面(UD)等来描述损坏出现构件在哪一个面上。对于构件任一面上的损坏位置,可以用"跨中""支点处""中部""端部""顶部""底部"等来详细描述。对复杂空间结构还需提供有代表性的节段构件编号示意图,如图 2-17 所示。

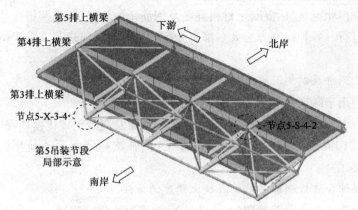

图 2-17 复杂空间结构构件构件编号示意简图

八、定期检查手段与方法

定期检查以目测观察结合仪器观测进行,必须接近各部件仔细检查其缺损与病害情况,并且要检查到位。既有桥梁的检测宜在桥梁交通量小及周围环境影响较小的时段进行。检查时应辅以必要的测量仪器,包括照相机、望远镜、探测工具和设备等。为了达到接近检查的要求,在桥梁较高、跨度较大或者跨越河沟时,应通过桥检车、高空作业车、临时支架、吊架、梯子等方式实施检查。

桥梁检查所记录的典型病害均应配有照片,照片拍摄要求如下:
(1)根据光线强弱选择最佳模式。
(2)根据近景、远景选择合适的焦距,保证照片质量。
(3)照片必须保证清晰,不准出现重影,出现重影的应重新拍摄。
(4)照片必须准确反映出病害的位置、形状及走向,必要时分别拍摄位置分布图及细部详图。

对于主要裂缝及缺损,宜在其旁边沿其方向用油漆或铅(粉)笔示出。

九、特大桥、特殊结构桥梁和单孔跨径 60m 及以上大桥检查

特大桥、特殊结构桥梁和单孔跨径 60m 及以上大桥的检查评定工作,应主要依照《公路桥梁技术状况评定标准》(JTG/T H21—2011)进行。此外还应符合以下规定:
(1)在桥梁上、下部结构的必要部位埋设永久性位移观测点,并定期进行观测,一、二类桥每 3 年至少 1 次,三类桥每年至少 1 次,四、五类桥每季度至少 1 次,特殊情况时应加大观测密度。历次测量宜选择相近的温度条件和时段。
(2)应安排专项经费委托有资质的单位进行定期的特殊检查。一、二类桥每 5 年至少 1 次,三类桥每 3 年至少 1 次,四、五类桥应立即安排进行特殊检测。
(3)对特别重要的特大桥,应建立符合自身特点的养护管理系统和健康监测系统。

十、桥梁定期检查常用检测方法

根据《公路桥梁技术状况评定标准》(JTG/T H21—2011),定期检查评分时需要掌握桥梁

材料的耐久性及缺损状况,包括混凝土材料强度及钢筋锈蚀状况等,这些指标往往需要专业的设备和技术才能进行。各种检测方法大多都有专项的检测规程或规范。常用指标的检测方法如下。

1. 用回弹法检测桥梁结构混凝土强度的方法

回弹法主要适用于龄期在14～1 000d的混凝土强度测试。

对于在用混凝土桥梁结构或构件,当只有一个可测面及混凝土碳化损坏程度较小时,可采用回弹法检测其结构混凝土强度。具体规定参见《回弹法检测混凝土抗压强度技术规程》(JGJ T23—2011)。

2. 用超声回弹综合法检测桥梁结构混凝土强度的方法

超声回弹综合法主要适用于龄期为7～2 000d的混凝土强度测试。

对于在用混凝土桥梁结构或构件,当有两个可测面及混凝土碳化损坏程度较小时,宜采用超声回弹综合法检测其结构混凝土强度。具体规定参见《超声回弹综合法检测混凝土强度技术规程》(CECS 02:2005)。

3. 用回弹—取芯综合法检测桥梁结构混凝土强度的方法

对已使用多年的混凝土桥梁结构,当构件表面出现碳化、损坏等状况后,宜采用回弹—取芯综合法检测其混凝土强度。

当采用回弹法检测桥梁结构或构件混凝土强度时,若检测条件与测强曲线的运用条件有较大差异时,可采用回弹—取芯综合法检测其混凝土强度。检测时,应先按《回弹法检测混凝土抗压强度技术规程》(JGJ T23—2011)的要求,在结构或构件或关键控制部位布置测区,用回弹法检测各测区的混凝土换算强度值,然后根据测区混凝土换算强度值的标准差,确定钻取芯样数量。具体规定参见《回弹法检测混凝土抗压强度技术规程》(JGJ T23—2011)和《钻芯法检测混凝土强度技术规程》(CECS 03:2007)。

4. 用超声回弹综合法结合取芯检测桥梁结构混凝土强度的方法

对已使用多年的混凝土桥梁结构,与构件表面出现碳化、损坏等状况后,需要取得混凝土实际强度值时,可从结构或构件测区钻取部分混凝土芯样,做芯样抗压强度试验,修正超声回弹综合法测量结果。

当桥梁结构或构件所有材料与制订的测强曲线所用材料有较大差异时,可从结构或构件测区钻取部分混凝土芯样,做芯样抗压强度试验,修正超声回弹综合法测量结果。检测时,应先按《超声回弹综合法检测混凝土强度技术规程》(CECS 02:2005)的要求,在结构或构件或关键控制部位布置测区,用超声回弹综合法检测各测区的混凝土换算强度值。然后,根据测区混凝土换算强度值的标准差,确定需要钻取芯样数量。具体规定参见《超声回弹综合法检测混凝土强度技术规程》(CECS 02:2005)和《钻芯法检测混凝土强度技术规程》(CECS 03:2007)。

5. 钢筋锈蚀测试(半电池电位法)

钢筋锈蚀测试的具体方法和规定参见《混凝土中钢筋检测技术规程》(JGJ T152—2008)。

注:钢筋的实际锈蚀状况宜进行剔槽实测验证。

6. 混凝土中氯离子含量的检测

混凝土中氯离子含量检测的具体方法和规定参见《普通混凝土长期性能和耐久性能试验

方法标准》(GB/T 50082—2009)。

7. 混凝土中钢筋分布状况及保护层厚度的检测

混凝土中钢筋分布状况及保护层厚度检测的具体方法和规定参见《混凝土中钢筋检测技术规程》(JTJ/T 152—2008)。

8. 混凝土碳化状况的检测

混凝土碳化状况检测的方法和规定参见《回弹法检测混凝土抗压强度技术规程》(JTJ/T 23—2011)碳化状况检查部分。

第三节　桥梁典型病害及成因分析

一、引发桥梁病害及缺陷的一般分析

在每座具体桥梁上,病害产生的原因并不会完全相同,但是归纳、总结众多桥梁检查资料,仍可得出产生桥梁病害和缺陷的一般原因。而了解这些一般原因,可以帮助桥梁养护工程师对具体桥梁产生病害成因进行初步判断。

1. 设计的问题

桥梁设计上的问题主要是在设计细节上考虑不周或不合理,导致桥梁产生结构病害。由于设计问题而使桥梁结构产生的病害,一般都与结构受力有关系,且会随时间而发展严重。

2. 施工的问题

施工问题是引起桥梁缺陷和病害的主要原因,特别是在钢筋混凝土和预应力混凝土结构中,缺陷和病害多数是由于其施工质量不良和施工工期不合理而引起的。由于施工的问题,而使桥梁结构的某些缺陷和病害外露明显,但也有一些隐蔽性的施工缺陷直至桥梁营运后才逐渐显露出来,甚至可能成为病害。

施工中存在的问题具体表现在以下方面:

(1)追求速度,牺牲质量。我国以往工程建设存在的一个突出问题就是往往缺乏必要的前期预研、勘察与论证。一旦决定建设就追求施工进度,压缩施工工期,但桥梁工程的速度、质量和经济三个目标相互制约,而且三个目标只能追求两个,而不能同时实现。这样的施工方式常带来安全隐患,受害最深的则是桥梁结构的耐久性及使用寿命。

我国现在面临的耐久性问题是发达国家早在二三十年以前曾经遇到过的,如果说存在差异,则在于这些问题对我们来说更为严峻。如果再不采取措施,则今天建成的工程经历二三十年甚至在更短的时间内又将翻修或拆除重建,这样我们就会陷入永无休止的大建、大修、大拆与重建的怪圈之中。直到现在,耐久性问题尚未引起我国政府部门和广大设计施工人员的足够重视。国外工程合同文件中,常有提前完成施工要受到处罚的明确规定,因为缩短工期意味着偷工减料的可能,而这样的文件在我国鲜有报道。

(2)施工和管理水平的制约。大量桥梁在远没有达到预期使用寿命时出现病害与劣化,特别是一些桥梁在只使用了几年、甚至刚建成不久就出现严重的耐久性不足问题,这与施工质量

低下有重要关系。

目前，我国土建工程施工典型的问题有钢筋保护层不足及目前广泛存在于施工现场的严重的构件开裂问题(主要原因包括：水泥选用、混凝土配合比、振捣、养护不当及预应力施加不合理等)。

施工缺陷虽然短期内不会对桥梁的正常使用产生明显影响，但却会对结构的长期耐久性产生非常不利的危害，导致了我国已建工程的早期劣化比国外更加严重。

近年来，世界各国都以改善混凝土的耐久性为主要目标，而我国在这方面却起步较晚。桥梁院士项海帆认为，我国将持续处于大规模建设高潮中的混凝土材料高消耗期。而另一方面，由于土建工程的耐久性设计标准过低，施工质量又较差，就在目前大规模新建高潮中，也面临已建工程出现过早劣化的巨大压力。为了保证混凝土的耐久性，有必要对过快的混凝土施工进度加以适当控制，政府有关部门从国家的长远利益出发，需进行一定的干预，更不能带头提倡和指使盲目抢工。

人为差错是引起安全事故的一个重要方面。我国土建工程施工一线工人的素质较低，他们大多原是农民；施工管理水平低下也是一个突出问题，因此难以及时发现和有效消除人为差错；我国土建设计人员的专业水准不低，也相当敬业，但创新意识薄弱。

3. 现有规范不够健全

(1) 规范缺失。例如，对于九江大桥非通航孔桥墩按横向撞击力 40t(400kN)设计是否科学合理，桥梁院士范立础认为这也凸显出我国规范中防船撞条文的不完善，因为现有规范没有细则规定。此外，我国规范几乎是多年不改，而美国的规范每3～4年修订一次。

(2) 规范适用范围不明确。我国规范没有区分不同跨度、不同特点的桥，主要针对某一定跨径以下的桥梁，超过这个跨径的桥如何处理构成问题，应该编写指南文件、特殊规定等。有时甚至需要专门为一座桥，为一群桥，为一个城市的大于某种跨度的桥来编写指南文件。比如，这个城市的风特别大、雨特别多，或者地震比较频繁，都应该做出相关规定，其目的在于付出最少的代价，获得最大限度的安全。

(3) 设计标准偏低，不能满足大流量交通、高密度车辆通行的需求。桥梁短寿首先源于设计规范对耐久性的低标准要求。我国结构设计规范在安全设置上的低水准，与过去长时期内一直处于物资短缺的计划经济年代有关。时至今日，我国的结构设计规范还是片面地依靠过去的统计数据来规范土建设施工程，而未考虑结构建成后的使用需求的变化。例如，我国规范规定的车辆荷载安全系数1.40，低于美国的1.75和英国的1.73，这就使美、英桥梁需要承受的车辆荷载效应设计值分别高出我国规范40%和59%；另一方面，在估计桥梁构件本身的承载能力时，我国规范规定的材料设计强度又定得较高，因而对车辆荷载来说，我国桥梁的设计承载能力仅为美、英的68%和60%。

4. 设计理论和结构构造体系不够完善

结构设计的首要任务是选择经济合理的结构方案，其次是结构分析与构件和连接的设计，并取用规范规定的安全系数或可靠性指标以保证结构的安全性。项海帆院士认为，我国桥梁设计人员的专业水准不低，也相当敬业，但创新意识薄弱，整个设计界长期重计算、轻方案，过分依赖规范，不善于根据工程的具体特点去解决问题，这样也会招致差错并造成事故。比如，许多设计人员往往只满足于规范对结构强度计算上的安全度需要，而忽视从结构体系、结构构造、结构材料、结构维护、结构耐久性以及从设计、施工到使用全过程中经常出现的人为错误等方面去加强和保证结构的安全性。

不同的环境和使用条件、不同的设计对象都会对结构体系提出不同的布局和构造等方面的要求,规范再详细也不能包罗本应由设计人员解决的各种问题、规范更新得再快也适应不了新认识、新技术、新材料快速发展对结构提出的各种新的要求。

合理可靠的结构设计除了满足规范的要求外,还要求设计人员具有对结构本性的正确认识、丰富的经验和准确的判断,设计时要从构造、材料等角度采取措施加强结构耐久性。

5. 设计转包加重安全隐患

现今我国的设计体制也不是很健全,个别国家级、省级的设计院,设计工作非常繁重,结果导致重视了大工程,忽略了小工程,小型工程甚至委托给私人设计公司,就更加难以保证设计质量。私人设计公司往往挂靠在某设计院名下,也能做一些工作,但负不了责任。这种不透明的设计分包,往往比施工分包造成更大的隐患。

6. 建筑材料质量问题不容忽视

我国材料市场中存在着假冒伪劣、以次充好的问题,水泥、钢材、预应力器材、模板以及基础工程中的材料都或多或少地存在着质量问题,必须加强施工监理和质量监督。

7. 重建轻养,隐患增多

桥梁结构在设计寿命周期内各个组成部件具有不同的耐久性极限,需要定期检测、评价、鉴定、养护、修理,甚至更换或加固,才能保证结构在设计寿命期内的服务功能。

重建轻养的直接结果是:随着交通量的与日俱增,车辆载重的不断提升,很多桥梁处于带病超负荷运营状态,损坏速度不断加快。以长江上已建的46座和在建的19座跨江大桥为例,目前长江航道局对这些桥梁进行了全面的安全隐患排查工作。检查发现,有些桥梁的安全责任主体不明确,特别是部分公路铁路两用桥,涉及多个管理单位,其业主主体不明确,桥梁安全管理责任不清晰,无法落实安全维护措施。长江上的桥梁中有8座没有委托航道部门设置桥区水上航标,有7座桥梁的管理单位不愿承担桥区航标维护费用,有15座桥梁没有制订相应的水上安全防范应急预案。

8. 环境影响的问题

外界环境因素使桥梁产生病害主要是对结构材料的物理化学作用,特别是桥梁处于恶劣的环境中,例如海水飞溅区域、干湿交替的地方及既热又干燥的气候条件下,非常容易产生病害,且随时间的推移严重程度会有所发展。在公路桥梁上使用除冰盐会形成一个局部人为的侵蚀环境,由于雨水冲刷桥面上的除冰盐,使桥梁的下部混凝土结构出现病害。

9. 其他原因

(1)灾害与事故。自然灾害如地震、洪水、泥石流和火灾等,会造成桥梁不同部位病害并会引起中断交通。

事故如船舶撞桥、车辆撞桥、车载重物由车辆下坠落至桥面等也是使桥梁产生相应病害的原因。

(2)重载交通。即为超载车作用。中小跨径桥梁的上部结构会由此产生较大的结构病害;而对大跨径桥梁,会引起桥面铺装病害。

二、桥梁病害与缺陷的类型及其分析

由于以上设计、施工、养护等原因造成的桥梁病害和缺陷类型繁多,按照桥型及病害缺陷特征进行分析。

1. 钢筋混凝土及预应力混凝土梁桥

(1)梁体混凝土表观缺陷与病害

①蜂窝。梁体混凝土表面局部酥松,水泥浆少,集料之间存在空隙而没有有效地填满水泥浆,形成蜂窝状的孔洞,如图 2-18 所示。

在钢筋混凝土与预应力混凝土梁板体表面蜂窝往往还伴随着钢筋外露,如图 2-19 所示。

图 2-18 蜂窝

图 2-19 露筋

出现蜂窝现象表明梁体混凝土局部不密实且强度低,空气中的水汽及二氧化碳等易通过其进入混凝土内部,促使混凝土碳化及钢筋锈蚀,加速构件混凝土劣化,影响梁体混凝土耐久性。当有露筋现象时情况更严重。

②麻面。梁体混凝土表面局部缺水泥浆且仅有细集料、粗集料的粗糙面,或者表面有许多麻点小凹坑。一般情况下,钢筋未外露,如图 2-20 所示。

混凝土麻面为混凝土表面的缺陷,对结构受力影响不大。但局部混凝土内缺水泥浆,会影响其耐久性和混凝土梁体外观。

③空洞。混凝土空洞是指深度超过钢筋的混凝土保护层且没有集料和水泥浆的内部空穴,如图 2-21 所示。

深度较浅的空洞可能会出现外壳混凝土剥落,使钢筋和空洞外露,如图 2-22 所示。

混凝土空洞的存在,削弱了结构的有效截面,对结构受力有影响。

④露筋。是指在钢筋混凝土梁体中,受力主筋或箍筋没有被混凝土包裹而外露出表面,如图 2-23 所示。

在预应力混凝土梁体中,一般会是其非预应力钢筋外露出表面,如图 2-24 所示,极易产生钢筋锈蚀,并引起钢筋锈蚀裂缝和混凝土剥离。

⑤缝隙夹层。是指混凝土内存在的并在构件表面呈现水平方向或垂直方向的松散混凝土

夹层,常出现在整体现浇构件的施工缝、悬臂施工节段箱梁接缝等位置,外观可见混凝土结合不好,常有缝隙或夹有杂物,成为结构或构件混凝土开裂的薄弱环节,如图 2-25 所示。

图 2-20 麻面

图 2-21 空洞

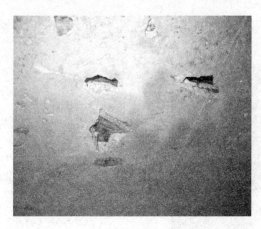

图 2-22 混凝土剥落

图 2-23 主筋外露

图 2-24 非预应力筋外露

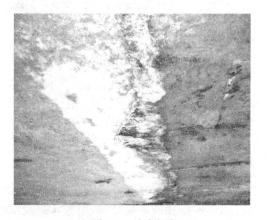

图 2-25 缝隙夹层

⑥剥落。是指构件混凝土表面水泥砂浆层流失而造成集料外露的现象,如图 2-26 所示。对构件混凝土耐久性有较大影响。剥落按水泥砂浆流失程度可分为轻度剥落(水泥砂浆流失

深度小于6mm,已可见到集料)、中度剥落(水泥砂浆流失深度达到6~12mm,集料间水泥砂浆已流失)、重度剥落(水泥砂浆流失深度达12~15mm,集料完全暴露)和严重剥落(水泥砂浆与集料均流失,且深度达到25mm以上,钢筋已完全暴露)。

图2-26　混凝土表面剥落

⑦预制板间企口缝混凝土剥落。是指预制装配式钢筋混凝土和预应力混凝土空心板板缝混凝土脱落,如图2-27所示。

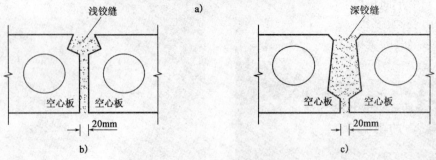

图2-27　空心板企口缝形式示意图

企口缝是空心板横向传力的重要构造。企口缝混凝土的脱落表面实际强度不够、质量差,因而造成空心板横向连接薄弱,很容易造成空心板的单板受力过大,破坏空心板梁桥上部结构横向整体受力性能,同时,使桥面铺装层产生沿企口缝(纵桥向)的裂缝,甚至破坏。而桥面水易由桥面铺装上的裂缝进入企口缝混凝土,进一步损坏企口缝内混凝土,往往可以在空心板底面观察到企口缝混凝土渗出的游离石灰,如图2-28所示。

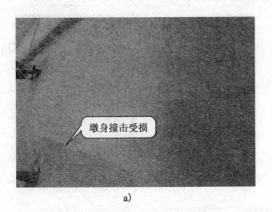
a)

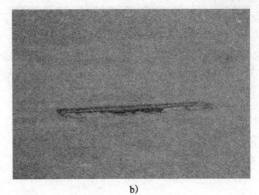
b)

图 2-28 装配式混凝土梁(板)桥面铺装纵向裂缝

⑧混凝土超方。构件混凝土实际用量超过设计值,表现在截面某些尺寸超过规定的正误差值。混凝土超方易在整体现浇混凝土箱梁施工或节段悬臂现浇施工箱梁中发生,在桥梁现场检查中,可通过箱梁截面尺寸实际量测并与设计尺寸比较得到,如图 2-29 所示。

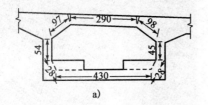
a)

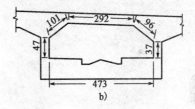
b)

图 2-29 混凝土超方(尺寸单位:cm)

与设计相比,超方增加了构件的恒载作用,可能造成构件产生受力裂缝。美国 AASHTO 设计规范规定,箱梁混凝土超方应控制在 3‰ 以内,如图 2-30 所示。

⑨预制 T 梁横隔梁连接错位。预制 T 形梁之间的横隔梁平面位置相差较大,或横隔梁底不在一水平面上,如图 2-31 所示。

对于多梁式的梁桥,其上部结构是由多根主梁及端横梁、中横梁组成的一个整体结构承受车辆荷载作用,横隔梁连接的错位无法正确后焊连接钢板,成为横隔梁受力的薄弱截面,会导致上部结构整体受力的削弱,甚至是主梁的单梁受力过大。

⑩混凝土保护层厚度过小或过大。混凝土保护层是指构件截面的最外钢筋外表面与截面边缘之间的混凝土层,其厚度是钢筋外缘与混凝土表面之间的距离。

图 2-30 箱梁底板混凝土堆积引起超方

混凝土保护层厚度过小的外观表现往往是表面露筋或者说由构件外表混凝土明显能看到钢筋位置,仅在外表有一薄层的水泥砂浆,如图 2-32、图 2-33 所示。

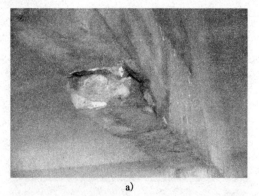
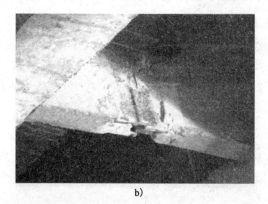

图 2-31　预制 T 梁横隔梁连接错位

图 2-32　混凝土保护层厚度过小导致表面露筋　　图 2-33　混凝土保护层厚度过小导致表面可见钢筋位置

钢筋保护层厚度过大情况在混凝土表面一般无明显表现,混凝土表面上一些孤立的混凝土裂缝可能与此有关。

混凝土保护层厚度偏小,甚至局部露筋,将易产生钢筋锈蚀,严重影响桥梁混凝土结构的耐久性。而混凝土保护层厚度过大,由钢筋外缘至混凝土表面间形成较大的素混凝土区,会产生混凝土的表面收缩裂缝并易在桥梁营运阶段产生混凝土受力的表面裂缝。

⑪梁跨中挠度过大。混凝土梁的跨中部位下挠值超过了设计计算控制值,严重者可能使桥面高程降低较大,并往往伴随出现梁体裂缝较多且发展延伸较长的现象。

在使用阶段,混凝土梁跨中部下挠度过大会影响桥梁的使用性与耐久性。

⑫预应力混凝土板上拱值过大。这种现象以先张法预应力混凝土空心板出现较多。表现为在营运多年后,板跨中部位上拱值(又称反拱)仍较大,甚至出现在跨间桥面是上凸,而在支座附近桥面相对下凹。

先张法预应力混凝土空心板上拱度过大,为保持设计的桥面高程,则空心板的跨中部位桥面铺装及现浇混凝土层可能较薄,而在支座区段的板部位则可能很厚,这样,实际二期恒载作用与设计计算考虑不一致,同时,板跨中部位的桥面铺装由于达不到设计厚度易产生铺装病害。另外,在使用阶段,预应力混凝土上拱度过大造成桥面波浪形则引起行车的不舒适感,降低行车速度,影响了桥梁适用性功能,如图 2-34 所示。

第二章 桥梁经常检查与定期检查

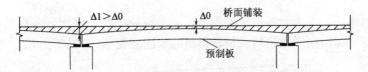

图 2-34 预应力混凝土板上拱值过大造成桥面铺装厚度不匀

⑬预应力锚具外露。锚具后没有用现浇混凝土包裹形成封闭混凝土,钢制锚具及预应力钢束端头外露,甚至锈蚀,如图 2-35 所示。

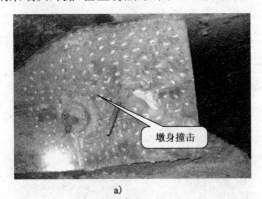
a)

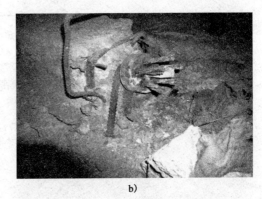
b)

图 2-35 预应力锚具外露

在预应力混凝土连续箱梁的顶板和底板上,常设置混凝土齿板以提供后张预应力钢束锚固,按照桥梁设计要求,必须用后浇混凝土按设计要求封锚以保护锚具和预应力钢束端头。预应力锚具外露会造成后张预应力混凝土耐久性降低。

⑭箱梁节段间错台。是指节段悬臂现浇混凝土施工箱梁出现相邻节段混凝土箱梁截面板件之间的高低差和不平顺衔接的现象。在箱梁内部,易出现在箱梁顶板下表面的错台。而在箱梁外表面,较多为箱梁底板下表面的错台,如图 2-36 所示。

节段悬臂现浇混凝土施工箱梁的结构薄弱环节之一是相邻箱梁节段间的接缝位置,涉及新旧混凝土施工技术问题,浇筑混凝土质量要求较高,需要有力的施工措施才能保证。同时,已有研究表明,相邻箱梁节段接缝位置混凝土的抗剪强度往往低于箱梁节段本体混凝土,若箱梁施工中出现错台,则形成了箱梁节段在接缝位置的应力集中,更易产生箱梁节段在接缝位置的受力裂缝,如图 2-37 所示。

⑮孔道压浆不饱满。后张法预应力混凝土梁(板)的孔道中出现未压浆、压浆未充满孔道截面等现象,如图 2-38 所示。

图 2-36 箱梁节段间错台

孔道压浆重要作用之一是保护后张预应力钢束不锈蚀并成为梁体混凝土截面的一部分,若孔道压浆不饱满且有液态水存在的情况下,则预应力钢束锈蚀是必然的,对结构使用的耐久

45

性很不利。

⑯混凝土剥离。混凝土剥离是指混凝土表面呈现片块状的水泥砂浆脱落，剥离面上粗集料外露的现象，严重时，则形成集料及包着集料的水泥浆脱落，如图2-39所示。

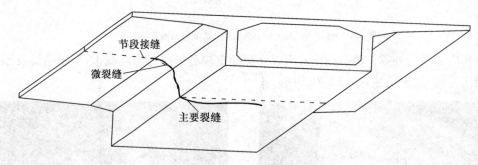

图2-37 箱梁节段在接缝位置的受力裂缝

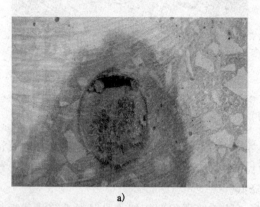
a)

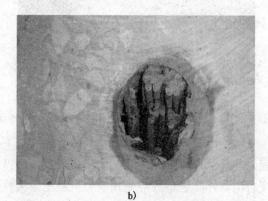
b)

图2-38 孔道压浆不饱满

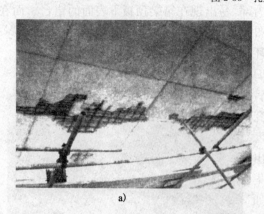
a)

b)

图2-39 混凝土剥离

混凝土"剥离"和"剥落"的最大区别是：剥离是呈片块状脱落，而剥落是表面水泥砂浆的逐渐流失。混凝土剥离对结构安全性与耐久性有严重威胁。

混凝土剥离依剥离深度或剥离面积可分为轻微剥离（混凝土剥离深度不超过25mm，或剥离面积的直径不大于150mm）和严重剥离（混凝土剥离深度超过25mm，或剥离面积的直径大于150mm）。

⑰混凝土劣化。混凝土劣化是指在混凝土表面或者整体上出现混凝土材料组成的化学性质、物理力学性能变差的现象，如图 2-40 所示。

图 2-40 混凝土劣化

在混凝土桥梁上，混凝土劣化往往是局部的。但是，除了由于劣化使混凝土本身性能变坏外，还丧失了保护钢筋的作用，因而对桥梁耐久性有严重影响。对桥梁靠边侧的构件（如多梁式梁板桥的边梁板、箱梁的外侧腹板等）表面混凝土耐久性影响也很大。

⑱游离石灰（白化）。是由混凝土内部向外渗出而附在表面的附着物，外观呈白色，类似石灰，如图 2-41 所示。

此类现象对结构受力影响不大，但对结构耐久性有影响，应查明结构内部渗水的来源。

(2) 梁体裂缝

①先张法预应力混凝土板端部区段裂缝。先张法预应力混凝土板端部区段裂缝主要形态有：

a. 先张法预应力混凝土空心板端部混凝土表面上由空心板顶面向下延伸的竖向细小裂缝，如图 2-42 所示。

图 2-41 游离石灰（白化）

b. 在空心板截面重心轴下方附近的水平裂缝，起始于板端面，近似水平状向板跨中方向延伸，一般有 1~2 条，裂缝最大宽度在 0.1mm 左右，如图 2-43 所示。

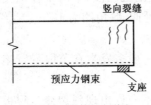

图 2-42 梁体竖向裂缝

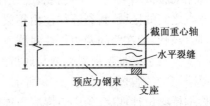

图 2-43 梁体水平裂缝

c. 在空心板底面预应力钢束附近的针脚状分布短裂缝，如图 2-44 所示。

先张法预应力混凝土空心板端部区段裂缝，尽管裂缝宽度不大，但是与伸缩缝装置距离很近,因而极易受到因伸缩缝密封不严而形成漏水,进而影响预应力混凝土空心板的耐久性。

空心板端部底面的针脚状分布裂缝是先张法钢束的锚固区域裂缝,易产生突然的破坏。

② 后张法预应力混凝土梁端部区段裂缝。裂缝基本与预应力钢束方向一致,但位于预应力钢束附近的混凝土裂缝比较细,最大宽度一般小于 0.1mm,如图 2-45 所示。

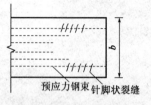

图 2-44 梁体针脚状裂缝

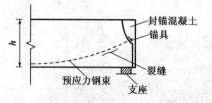

图 2-45 后张法预应力混凝土梁端部区段裂缝

后张法预应力混凝土 T 梁端部区段裂缝缘于锚固区段的抗裂性不足,对梁的混凝土耐久性有一定影响。

③ 先张法预应力混凝土空心板底面纵向裂缝。在空心板的底面,一般是空心板截面的两腹板之间底面出现 1~2 条沿板跨径方向的纵向裂缝,呈断续或连续状,比较长。裂缝处往往伴随有渗水痕迹或白化现象,如图 2-46 所示。

图 2-46 先张法预应力混凝土空心板底面纵向裂缝

先张法预应力混凝土空心板底面纵向裂缝一般是底板的贯穿性裂缝,使空心板由原来的完整闭口截面变成了相应开口截面,对抗弯承载力有一定的影响,对截面抗扭性能有较大影响。同时空心板挖空部分的积聚水会造成钢筋锈蚀,因而影响空心板的混凝土耐久性,如图 2-47 所示。

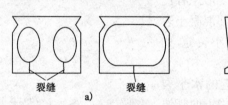

图 2-47 空心板底面纵向裂缝

④ 箱梁腹板斜裂缝。一类斜裂缝往往出现在边跨梁端附近区段、中跨梁在墩支座中心线与反弯点之间的区域,斜裂缝往往由箱梁下边缘向上斜向延伸,倾角约为 15°~45°。在中跨梁体上,腹板斜裂缝在跨间两边往往对称发生,如图 2-48 所示。

另一类斜裂缝是腹板斜裂缝与底板的横向裂缝相连,一般多发生在节段悬臂施工的预应力混凝土箱梁的腹板上,如图 2-49 所示。

根据桥梁设计理论,预应力混凝土连续梁桥箱梁腹板不允许出现斜裂缝。腹板出现混凝土斜裂缝后,通过斜裂缝的预应力钢束和箍筋承受变幅的作用应力,可能使钢筋与混凝土之间的黏结进一步损坏而造成钢束(筋)的疲劳破坏。在极限情况下,钢筋可能屈服,并可能导致通常肉眼看不到而用仪器可以观测到的梁底错位。

第二章 桥梁经常检查与定期检查

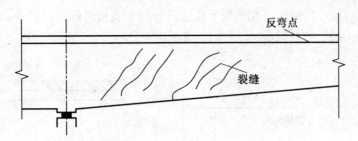

图 2-48 箱梁腹板斜裂缝(一)

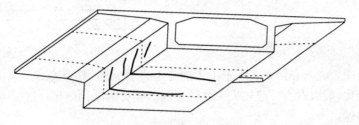

图 2-49 箱梁腹板斜裂缝(二)

⑤箱梁腹板弯曲裂缝。在钢筋混凝土连续箱梁的跨中区段和墩顶部位区段,分别出现由箱梁底边缘向上延伸和由箱梁顶边缘向下延伸的竖向弯曲裂缝,其中较常见的是在跨中区段由梁底边缘向上延伸的弯曲竖向裂缝,如图2-50所示。

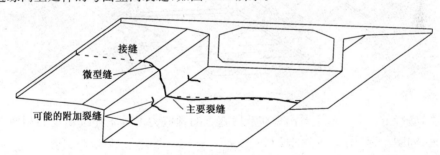

图 2-50 箱梁腹板弯曲裂缝

对节段施工的预应力混凝土箱梁,一般易在箱梁节段的接缝内或接缝附近出现弯曲竖向裂缝。

箱梁腹板弯曲裂缝往往还伴随箱梁底板(或顶板)的混凝土横向裂缝。

钢筋混凝土连续箱梁腹板弯曲裂缝最大宽度在限制值之内是正常的受力裂缝。

预应力混凝土A类构件和全预应力混凝土构件设计的预应力混凝土连续箱梁,不允许出现腹板弯曲裂缝。出现腹板弯曲竖向裂缝后,将引起箱梁的内力重分布。

⑥箱梁腹板竖向裂缝。是指在支架上现浇混凝土施工的钢筋混凝土和预应力混凝土连续箱梁的腹板上出现的垂直于梁轴线方向的竖向裂缝。竖向裂缝沿箱梁跨径方向分布,在箱梁跨中部位往往间距较小,而在其他部位间距较大。

一类箱梁腹板竖向裂缝是与箱梁底板横向裂缝相连,即腹板竖向裂缝下端达到箱梁截面下边缘,如图2-51所示。

另一类箱梁腹板竖向裂缝是在顶板下梗腋(箱外)和底板之间腹板的半高处,而裂缝呈中间宽度较大两端头细小的枣核形,如图2-52所示。

图2-51 箱梁腹板竖向裂缝(一)

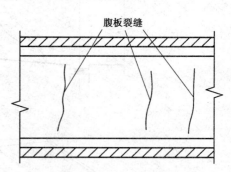

图2-52 箱梁腹板竖向裂缝(二)

箱梁腹板竖向裂缝是在箱梁施工中由于措施不当引起的,其裂缝宽度会随一年四季的大气温度变化而变化,裂缝宽度一般较大。这种裂缝对箱梁的结构使用性能影响不大,但可能会影响箱梁的耐久性。

⑦箱梁底板横向裂缝。第一类,底板的横向裂缝主要发生在钢筋混凝土连续梁的跨中区段,常常伴随出现腹板上的竖向弯曲裂缝,如图2-53所示。

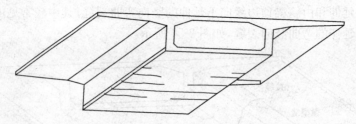

图2-53 箱梁底板横向裂缝(一)

第二类,底板的横向裂缝主要出现在节段施工的预应力混凝土连续箱梁的相邻节段之间的接缝附近,如图2-54、图2-55所示。

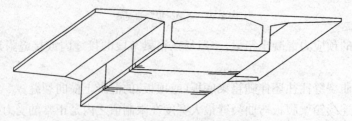

图2-54 箱梁底板横向裂缝(二)

第三类,底板的横向裂缝出现在后张法预应力混凝土连续箱梁底板齿块后方区域,往往伴随出现腹板的斜裂缝,如图2-56所示。

现浇钢筋混凝土连续箱梁底板横向裂缝的出现属于正常受力裂缝,但若箱梁内有积水且沿裂缝渗出,则对箱梁的耐久性有较大影响。

第二类预应力混凝土箱梁节段接缝附近的底板裂缝,是由于波纹管走形引起的,对箱梁结构受力影响不大。

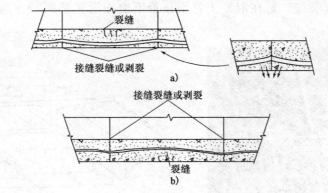

图 2-55 预应力筋管道不直的影响

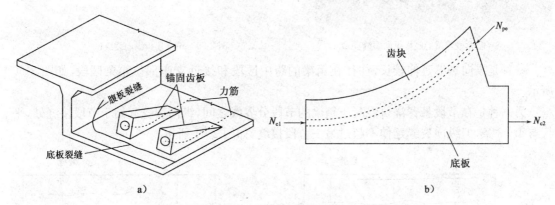

图 2-56 混凝土齿块和箱梁底板混凝土隔离体受力示意图

预应力混凝土箱梁齿块后的底板横向裂缝属于预加力作用产生的受力裂缝,初期发展很快,且裂缝宽度较大,对结构受力有一定影响。

⑧箱梁底板纵向裂缝。是在混凝土箱梁的底板下表面出现沿梁长方向的纵向裂缝,长短不一;一般多在混凝土箱梁的正弯矩作用区段(合龙区段较常见),也会出现在箱梁底板齿块附近,如图 2-57、图 2-58 所示。

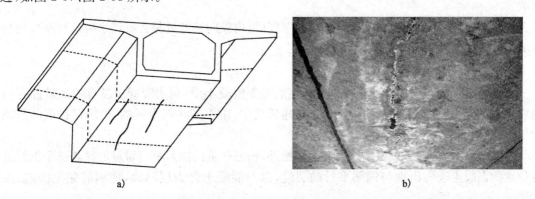

图 2-57 合龙段箱梁的底板纵向裂缝(一)

预应力混凝土箱梁底板上出现的纵向裂缝对箱梁受力特性有一定的影响,主要是混凝土箱梁在横向的抗弯刚度与抗扭刚度下降。

⑨箱梁顶板纵向裂缝。是在混凝土箱梁顶板下表面沿箱梁跨径方向的纵向裂缝,如图2-59所示。

图2-58 合龙段箱梁的底板纵向裂缝(二)

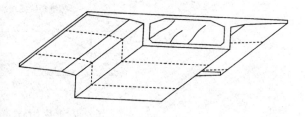

图2-59 箱梁顶板纵向裂缝(一)

一种是纵向裂缝延伸较长,往往在箱梁的跨中区段和接近支座部位箱梁区段,如图2-60所示。

另一种是在节段悬臂浇筑混凝土箱梁的节段分界线之间,纵向裂缝起始于节段接缝处,平行有1~3条,但纵向裂缝延伸不超过另一节段接缝,如图2-61所示。

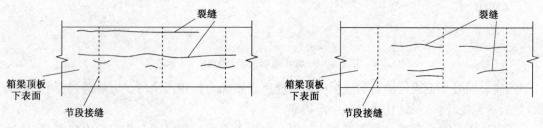

图2-60 箱梁顶板纵向裂缝(二)　　　　　图2-61 箱梁顶板纵向裂缝(三)

箱梁顶板混凝土纵向裂缝,确为箱梁横向受力产生的裂缝,对箱梁的结构使用有较大影响。

箱梁顶板混凝土纵向裂缝,若贯穿顶板厚度(可由纵向裂缝处是否有渗水痕迹判断),则对混凝土箱梁耐久性有影响。

2. 钢筋锈蚀与钢筋锈蚀裂缝

钢筋混凝土和预应力混凝土构件是将钢筋置于混凝土中,利用混凝土具有的高碱性在钢筋表面形成保护膜,避免钢筋生锈。但是已建桥梁中,由于某些因素影响,仍然存在钢筋锈蚀的情况,如图2-62、图2-63所示。

(1)钢筋锈蚀。除了集料铁锈引起的锈蚀外,钢筋严重锈蚀最早可看见的征兆就是钢筋所在位置的混凝土表面出现与钢筋平行的裂缝,以及混凝土保护层剥离,使钢筋完全裸露,如图2-64、图2-65所示。

钢筋锈蚀裂缝也会在混凝土构件厚度范围从一根钢筋扩展到另一根钢筋,如图2-66、图2-67所示。

第二章 桥梁经常检查与定期检查

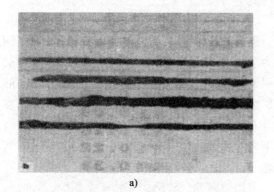
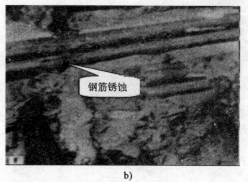

图 2-62 Ynys—y-Gwas 桥工字梁预应力钢筋锈蚀

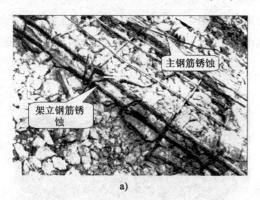

图 2-63 焊接钢筋骨架锈蚀

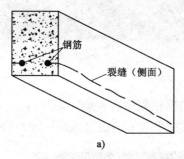
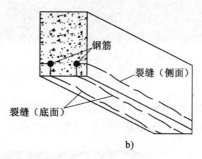

图 2-64 钢筋在混凝土中的锈蚀裂缝

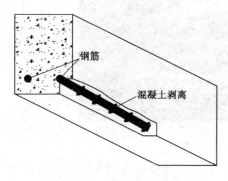
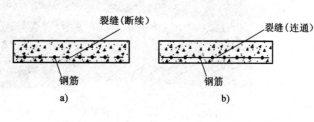

图 2-65 表面混凝土剥离导致裸露　　图 2-66 裂缝在混凝土板厚度范围各钢筋间延伸

53

图 2-67 钢筋锈蚀引起混凝土剥离

(2)预应力钢筋的腐蚀。在一般的情况下,预应力钢筋的腐蚀发生率是很低的。但是,若在预应力混凝土桥梁的设计、施工及养护中存在某种根本性的错误或疏忽,仍会造成预应力钢筋的腐蚀。在大多数情况下,预应力钢筋腐蚀发展具有时间的潜伏性,会在没有任何预兆的情况下发生预应力钢筋断裂,进而造成构件突然破坏。

①均匀腐蚀(锈蚀)。其特征是腐蚀(锈蚀)分布于预应力钢筋整个表面,并以相同的速度使预应力钢筋的截面减小。均匀腐蚀(锈蚀)是一种大气腐蚀,即预应力钢筋暴露在大气潮湿环境中发生锈蚀,如图 2-68 所示。

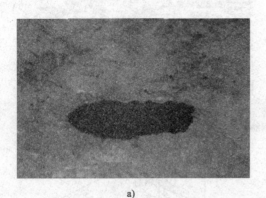
a)

b)

图 2-68 空心板钢绞线的均匀腐蚀

②局部腐蚀。其特征是预应力钢筋表面上各部分的腐蚀程度存在明显差异,特别是一小部分表面区域的腐蚀速度和腐蚀程度远大于整个表面腐蚀平均值的情况,如图 2-69 所示。

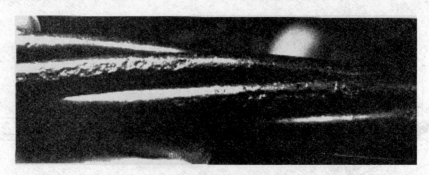

图 2-69 钢绞线不均匀分布的局部腐蚀(坑蚀)

预应力混凝土桥梁构件往往会存在不可避免的接缝,如悬臂现浇预应力混凝土箱梁节段之间的接缝,还有先张法预应力混凝土空心板和后张法预应力混凝土梁的封端混凝土与预制梁(板)体之间接缝等。在这些接缝处有预应力钢束(及金属波纹管)穿过或预应力钢束末端(及锚具)存在,若接缝处混凝土质量不良及渗水,成为水和氯化物穿透的进口,则会引起预应力钢束(金属波纹管、锚头等)腐蚀,如图2-70所示。

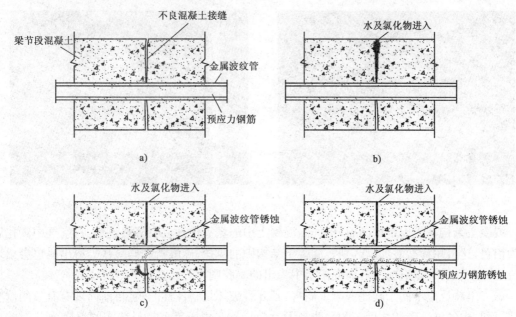

图2-70 氯化物通过接缝引起钢筋腐蚀示意图

(3)混凝土碱—集料反应及裂缝。混凝土碱—集料反应是混凝土中某些活性矿物集料与混凝土孔隙中的碱性溶液之间发生的反应。

混凝土碱—集料反应是对混凝土桥梁危害很大的一种病害,随时间推移而呈现混凝土表面开裂、混凝土剥离和混凝土破坏现象。

碱—集料反应破坏最重要的表观特征之一是混凝土表面开裂。如果混凝土没有施加预应力,则混凝土碱—集料反应产生的表面裂缝呈网状,每条裂缝长约数厘米。刚开始时,裂纹从网节点呈三条放射状裂纹,夹角约120°,起因于混凝土表面下的反应集料颗粒周围的凝胶或集料内部产物的吸水膨胀。当其他集料颗粒发生反应时,便产生更多的裂纹,最终这些裂纹相互连通,形成网状裂缝,如图2-71所示。

预应力混凝土构件遭受严重的碱—集料反应破坏时,其膨胀力将垂直于约束力的方向,在预应力作用的区域裂缝将主要沿预应力方向发展,形成平行于预应力钢筋的裂缝,在非预应力作用的区域或预应力作用较小的区域混凝土表面出现网状开裂。

在工程现场检查时,应注意区别碱—集料反应裂缝与混凝土收缩裂缝。混凝土结构的收缩裂缝也会出现网状裂缝,但出现时间较早,多在混凝土施工期内,而碱—集料反应裂缝出现较晚,多在施工后数年甚至十几年以后;所处大气环境越干燥,混凝土收缩裂缝就越大,而碱—集料反应裂缝则是随着大气环境湿度增大而发展;在受约束的条件下,碱—集料反应膨胀裂缝平行于约束的方向,而混凝土收缩裂缝则垂直于约束方向。

混凝土碱—集料反应引起混凝土开裂的同时,有时也引起混凝土局部膨胀,以致混凝土表面一条裂缝的两个边缘不在一个平面(混凝土表面)上,这是混凝土碱—集料反应裂缝所特有的现象,如图 2-72 所示。

碱—集料反应生成的碱—硅酸凝胶有时候会由裂缝流到混凝土表面,外观呈新鲜的凝胶透明或浅黄色,类似树脂状。脱水后,凝胶变成白色。

图 2-71　混凝土碱—集料反应裂缝

图 2-72　混凝土碱—集料反应裂缝

混凝土结构在受雨水冲刷后,构件内混凝土中的氢氧化钙也会溶解流出,在空气中碳化后成为白色,这可用稀盐酸加以区别。混凝土结构中的氯盐、硫酸盐和硝酸盐等溶出时也会出现渗流物,这可以用水擦洗去掉,而混凝土中渗出的凝胶则不容易擦掉。

碱—集料反应不同于其他混凝土病害,其开裂破坏是整体性的,且目前尚未有有效的修补方法,而其中的碱—碳酸盐反应的预防尚无有效措施。由于碱—集料造成的混凝土开裂破坏难以被阻止,因而被称为混凝土的"癌症"。半个多世纪以来,混凝土碱—集料反应已经在全世界近 20 多个国家混凝土工程中造成了严重的损失。

(4)混凝土冻融破坏。桥梁处于 Ⅱ 类环境条件(严寒地区的大气环境、使用除冰盐环境)下,潮湿或饱和的混凝土结构在冰融循环的反复作用下产生的混凝土冻害,称为混凝土冻融破坏。当如下条件存在时,混凝土冻融破坏就会发生:

①桥梁的混凝土处于潮湿条件和水饱和状态,且处于寒冷环境,混凝土内部发生冻融温度循环作用。

②混凝土疏松多孔,其中的空间和毛细孔中充满水。

混凝土冻融破坏的特征是混凝土剥离,在混凝土表面出现尺寸大约 2～3mm 的小片剥离。随着使用年限的增加,剥离量及剥离粒径增大。混凝土剥离由表及里,剥离一经开始,发展的速度是很快的。

冻融破坏通常发生在经常与水接触的结构水平表面,对结构立面造成的破坏多发生在淹没在水中的结构的水线附近。当温度下降,结构孔隙中的水转化成冰时,体积逐渐膨胀,这种膨胀会产生一种局部张力,使其周围的水泥基质断裂,造成结构破损。这种破损是从外向里一小片、一小片地破碎,如图 2-73 所示。

盐冻破坏主要出现在采用除冰盐化除雪水的道路和桥梁,根据大量的现场调查和室内试验结果,盐冻破坏区别于其他破坏形式的主要特征是:

①表面分层剥落,集料暴露,但剥落层下面的混凝土完好,传统的混凝土钻芯取样检测的混凝土强度与未受盐冻时变化不大。

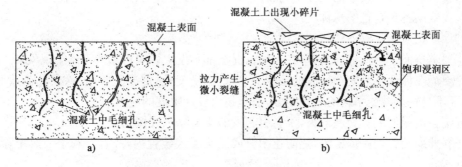

图2-73 混凝土冻融破坏过程示意图

②破坏速率快,对未采用防盐冻措施而使用除冰盐的桥梁混凝土构件,少则一个冬天,多则几个冬天,即可产生混凝土严重盐冻破坏。

③在没有被干扰的混凝土构件剥蚀表面或裂缝中可见到白色盐结晶体(以氯盐为主)。

混凝土冻融破坏会使混凝土的某些性能随时间劣化,造成混凝土结构的耐久性和安全性随服务时间劣化和降低,严重影响着结构的使用寿命。

3．混凝土集料膨胀反应

由于混凝土集料的膨胀而造成构件混凝土开裂、表层剥离等的一种病害。

膨胀集料位于构件离表面不深的混凝土内时,早期出现混凝土表面的放射性或网状的裂缝,如图2-74所示。

放射性或网状裂缝的中心大致在膨胀集料所在位置,进一步发展后会造成相应裂缝区域的混凝土剥离。剥离开头大致呈圆形,直径约为150～300mm不等。在圆形剥离区最深处有似粗集料

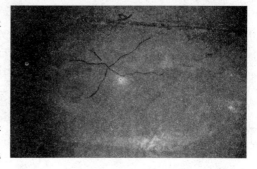

图2-74 混凝土集料膨胀反应

圆孔,里面即为膨胀集料。剥离后混凝土的粗集料和钢筋外露,如图2-75所示。

当混凝土的膨胀集料位于钢筋后,集料及水膨胀后会顶弯钢筋造成顺钢筋向的裂缝和成片混凝土剥离,如图2-76所示。

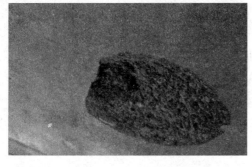

图2-75 混凝土集料膨胀反应致混凝土剥落

图2-76 桥梁伸缩装置病害及成因

桥梁伸缩装置是为满足上部结构和桥面变形的需要和为使车辆平稳通过桥面,在桥面伸缩缝处设置的各种装置的总称。

伸缩装置应满足以下功能要求:

①要求桥面车行道伸缩装置,在一切情况下都不发生影响行车的不连续现象。

②要能在保证车辆安全行驶的条件下,满足温度变化、混凝土收缩、徐变及荷载等产生的变形,而不会在接缝或结构的其他地方,引起超出设计限度的应力。

③不会造成溜滑等交通危害,不会引起大的交通噪声或振动。

④在伸缩装置处保持密闭,能防止水分或泥浆浸入装置内,或者有利于采取排除、清扫侵入物的措施。

桥梁缺陷与病害高发部位之一是桥梁伸缩装置。伸缩装置缺陷及病害对桥梁使用性能影响较大:

①降低桥面行车舒适性,造成汽车驾驶人及乘客心里不快。

②引起桥上交通事故、驾驶事故。

③伸缩装置缺陷和病害引起桥梁主体结构劣化。

④城市桥梁伸缩装置缺陷和病害造成的行车噪声、桥下漏水形成环境污染。

4. 橡胶条伸缩装置

橡胶条伸缩装置属于对接式伸缩装置,一般适用于伸缩量在80mm以下的桥梁上部结构。桥梁上使用的橡胶条伸缩装置有两种:一是矩形橡胶条伸缩装置,为填塞对接类型,在任何技术状态下都处于压缩受力状态;二是不同形状的橡胶条被嵌固在伸缩装置的钢构件上,为嵌固对接类型,以橡胶条的拉压变形来适应桥梁上部结构的变位。

橡胶条伸缩装置结构形式,在设计上是不考虑以橡胶条来支承车辆车轮荷载的。

(1)矩形橡胶条伸缩装置。当桥梁上部结构施工完毕后,在伸缩缝部位固定好角钢后,涂上专用胶,再将矩形橡胶条在压缩状态下强行嵌入形成最终伸缩装置,如图2-77所示。

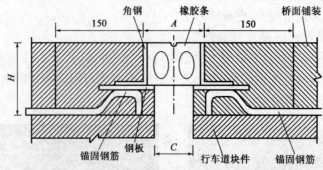

图2-77 矩形橡胶条形伸缩装置构造示意图(尺寸单位:mm)

(2)嵌固橡胶条伸缩装置。其构造原理是将不同形状的橡胶制品用不同形状的钢构件嵌固起来,然后通过锚固系统将它们与接缝处的梁体或桥台背墙锚固成整体,由异型钢提供对车轮的支承,以橡胶条、橡胶带的拉压来吸收梁端的变形,其伸缩体可以处于受压状态,也可以处于受拉状态,如图2-78所示。

(3)橡胶伸缩装置主要缺陷与病害。

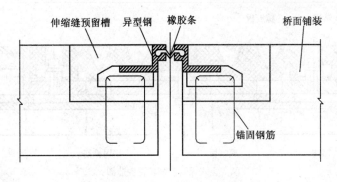

图2-78 嵌固对接式伸缩装置结构图

①橡胶条脱落。橡胶条由伸缩装置的锚固型钢件中脱落,如图2-79所示。

橡胶条脱落造成伸缩装置破坏,除引起桥上行车舒适性降低外,桥面流水及桥面垃圾易由此进入到伸缩缝内,造成墩台帽顶面混凝土劣化和伸缩缝两侧结构的劣化。

橡胶条脱落(封闭料脱落)病害采用橡胶条脱落长度l来划分其严重程度,当脱落长度$l \geqslant 1m$时,表示破坏损伤,将给桥面交通带来很大麻烦,应紧急修补;当脱落长度$l<1m$时,表示破坏损伤为中等程度,应尽早修补。

②伸缩装置两侧混凝土破碎。橡胶条伸缩装置部位的后铺混凝土破碎,甚至伸缩装置的锚固钢筋露出。

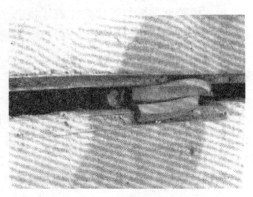

图2-79 橡胶条成段脱落

③锚固件破坏。橡胶条伸缩装置的锚固钢板件破坏,属于伸缩装置本身破坏。目视检查发现这类伸缩装置的锚固件破坏(称为锚固部位锚固不良)现象,认为均造成对桥上交通带来很大障碍,要紧急补修。

④铺装层与伸缩装置部位后铺料剥离。对于沥青混凝土桥面铺装,往往可以在沥青混凝土桥面铺设后,将相应部位铺装层切去一块,再进行橡胶条伸缩装置施工,随后在已安装好的伸缩装置后浇筑混凝土(后铺料)。

病害现象是沥青铺装层与伸缩装置部位后混凝土(后铺料)的交界附近,出现铺装层的剥离或混凝土剥离,会引起桥面铺装层和伸缩装置后铺混凝土病害进一步发展。认为这种病害以测量检查方法计测到剥离长度$l \geqslant 3m$,剥离高度$W \geqslant 5mm$时,则会引起桥上交通障碍,应紧急抢修。

5. 橡胶组合剪切式(板式橡胶型)伸缩装置

板式橡胶伸缩装置是充分利用橡胶材料剪切模量低的特性,在橡胶体内设置承重钢板与锚固钢板,并设置螺栓孔,通过螺栓与梁端连接成整体。这种结构依靠上下凹槽之间的橡胶体剪切变形来吸收梁的伸缩变位,橡胶体内埋设钢板,跨越梁端间隙,承受车轮荷载,如图2-80所示。

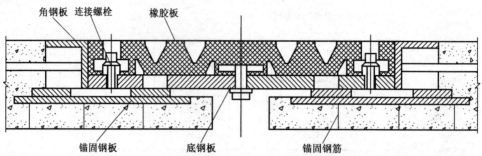

图 2-80 板式橡胶伸缩装置构造图

主要缺陷与病害如下：

①板式橡胶体破坏。板式橡胶型伸缩装置的橡胶体本身破坏。

板式橡胶型伸缩装置橡胶体破坏将进一步危及伸缩装置的使用。当橡胶体破坏长度 $l \geqslant 0.5\mathrm{m}$，橡胶体磨耗值 $H \geqslant 5\mathrm{m}$ 时，会产生影响桥上正常交通，需紧急修补。

②伸缩装置本身下陷和高出桥面。板式橡胶型伸缩装置本身局部下陷或高出桥面的现象。

伸缩装置下陷造成桥上行车舒适性与平顺性降低，甚至跳车。当伸缩装置本身下陷深度 $D \geqslant 5\mathrm{mm}$ 或高出桥面的高度 $H \geqslant 10\mathrm{mm}$，则应紧急抢修；而伸缩装置本身下陷深度 D 值为 $5\mathrm{mm} > D > 3\mathrm{mm}$ 或高出桥面的高度 H 值为 $5 > H > 10\mathrm{mm}$ 时，则破坏损伤为中等程度，应尽量早修补。

6. 钢制支承式伸缩装置

钢制支承式伸缩装置是用钢材装配而成，能直接承受车轮荷载的一种构造。应用比较广泛的主要是钢梳齿型。钢梳齿型桥梁伸缩装置的构造是由梳型板、连接件及锚固系统组成，如图 2-81 所示。

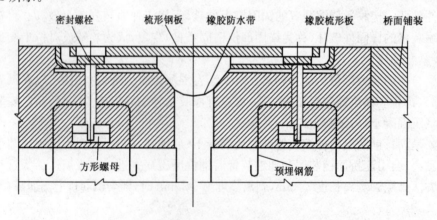

图 2-81 梳齿型伸缩装置构造（尺寸单位：mm）

主要缺陷与病害如下：

①钢制支承式伸缩装置活动异常。钢梳齿板型伸缩装置在夏天高温季节出现齿间抵死，或在冬季齿间间距过大的现象，如图 2-82 所示。

钢制支承式伸缩装置活动异常，出现齿间抵死现象，可能会危及与之相连的桥台背墙，造

第二章 桥梁经常检查与定期检查

成混凝土开裂；而齿间间距过大会影响行车舒适性，如图2-83所示。

②连接螺栓缺损。锚固钢板的连接螺栓松动，紧固螺帽缺失，极易造成整块钢板脱落严重影响行车安全。

7. 模数支承式伸缩装置

模数式桥梁伸缩装置，是由纵梁（异型钢）、横梁、位移控制箱、橡胶密封带等构件组成的伸缩装置。由V形截面或其他截面形状的橡胶密封条（带）嵌接于异形钢边梁和中梁内，成可伸缩的密

图2-82 活动异常的钢梳齿板伸缩装置

封体，由异形钢直接承受车轮荷载，并将荷载传递至横梁，由横梁传递至梁体和桥台，如图2-84所示。

a)

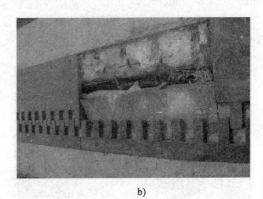
b)

图2-83 钢制支承式伸缩装置破坏

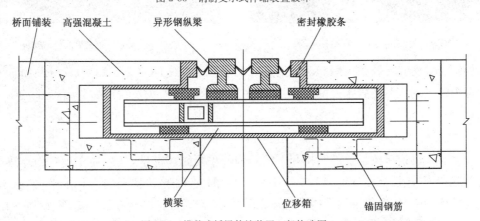

图2-84 模数式桥梁伸缩装置一般构造图

缺陷与病害如下：

①伸缩装置钢纵梁连接焊缝脱开。模数支承式伸缩装置在桥上行车通过时出现晃动，发出噪声，伸缩装置表面出现局部断裂和下凹的现象，则说明伸缩装置本身已破坏，如图2-85所示。

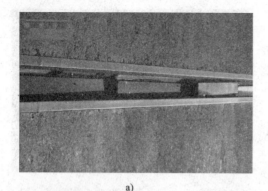

a)　　　　　　　　　　　　　　b)

图 2-85　模数式伸缩装置破坏示例

②伸缩装置密封橡胶条脱落或跳出。伸缩装置密封橡胶条由压条上脱落出来或翻跳在装置之外,引起桥面伸缩缝处跳车,如图 2-86 所示。

③伸缩装置密封橡胶条破漏。伸缩装置密封橡胶条被刺破,同时会出现在伸缩装置处的桥面垃圾积压、漏水的现象,如图 2-87 所示。

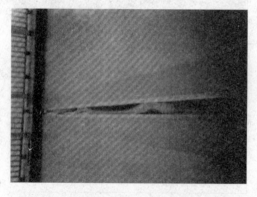

图 2-86　伸缩装置密封橡胶条脱落跳出　　　图 2-87　伸缩装置密封橡胶条破漏

伸缩装置密封橡胶条破漏影响伸缩装置功能甚至会使伸缩装置的变形受阻;桥面水及污物由伸缩装置的破漏橡胶条处漏出,对上部主体结构构件断头及桥墩台帽混凝土的耐久性有较大影响。

8. 支座

桥梁支座是连接桥梁上部结构和下部结构的重要结构部件,其主要作用是将作用在上部结构荷载作用(包括结构自重和可变作用)而产生的支承力(包括竖向力和水平力)安全、有效地传递到桥梁墩台,保证桥梁结构受力体系的稳定,同时保证结构在汽车荷载、温度变化、混凝土收缩和徐变等作用下所需的变形(位移和转角),以使上部结构和下部结构的实际受力情况符合结构设计要求的静力图式。

桥梁支座性能发生劣化,其作用将不能充分发挥,同时会造成对桥梁上部结构和下部结构的不利影响。

铁道行业标准《铁路桥隧建筑物劣化评定标准·支座》(TB/T 2820.3—1997),将桥梁支座的劣化等级分为 A、B、C、D 四级,A 级又分为 AA 级和 A1 级,见表 2-9。

支座劣化等级　　　　表 2-9

劣化等级		对结构功能及行车安全的影响	措施
A	AA(极严重)	支座功能严重劣化,危及行车安全	立即采取措施
	A1(严重)	支座功能严重劣化,进一步发展会危及行车安全	尽早采取措施
B 级(较重)		劣化继续发展会升级为 A 级	加强监视,必要时采取措施
C(中等)		影响较少	加强检查,正常维修
D(轻微)		无影响	正常保养与巡检

(1)板式橡胶支座。板式橡胶支座的本体是用若干层橡胶片和薄钢板为刚性加劲物(也可用帆布、钢丝网或钢筋)组合而成,各层橡胶与钢板之间经涂胶接剂加压硫化牢固黏结成一体,如图 2-88 所示。

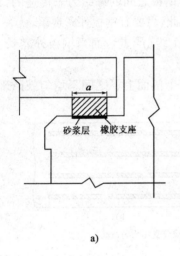
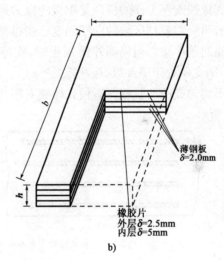

图 2-88　板式橡胶支座

公路桥梁板式橡胶支座成品物理力学性能,见表 2-10。

公路桥梁板式橡胶支座成品物理力学性能　　　　表 2-10

项目	指标	项目	指标
极限抗压强度(MPa)	≥70	橡胶片容许剪切正切值	不计制动力≤0.5 计制动力≥0.5
抗压弹性模量 E_e(MPa)	$5.4G_eS^2$	支座与混凝土表面摩擦系数 μ	≥0.3
常温下抗剪弹性模量 G_e(MPa)	1.0	支座与钢板摩擦系数 μ	≥0.2

表 2-10 中符号 S 为板式橡胶支座平面形状系数。

主要缺陷与病害如下:

①表面裂纹。指板式橡胶支座本体表面出现的龟裂裂纹和水平裂缝。

当板式橡胶支座表面有龟裂裂纹且裂纹宽度小于 0.5mm,没有水平裂缝,则属于轻微程度(属 D 级);而当裂缝(纹)宽度大于 2mm,水平裂缝长度大于相应边长(支座边长)的 50% 或

25%,则分别属于极严重(属 AA 级)和严重(属 A1 级),即支座功能严重老化,将危及行车安全,见表 2-11。

板式橡胶支座裂缝(纹)等级　　　　表 2-11

AA(极严重)	A1(严重)	B(较重)	C(中等)	D(轻微)
裂缝(纹)宽度大于 2mm,水平裂缝长度大于相应边长的 50%	裂缝(纹)宽度大于 2mm,水平裂缝长度大于相应边长的 25%	裂缝(纹)宽度大于 1~2mm,水平裂缝长度大于相应边长的 25%	裂缝(纹)宽度大于 0.5~1mm,水平裂缝长度大于相应边长 10%	龟裂、裂缝宽度小于 0.5mm,无水平裂缝

② 钢板外露。可以由支座表面的龟裂裂纹中目测到板式橡胶支座本体内部的薄钢板裸露。

板式橡胶支座工作的机理是钢板的拉力通过橡胶与钢板之间的黏结力来传递的,钢板外露实际表明局部黏结区域的黏结强度已超过黏结力。因此,只要有钢板外露现象,就表明板式橡胶支座问题严重。当局部外露钢板时,支座就处于 A1 级(严重),而当钢板外露长度大于 100mm,则支座处于 AA 级(极严重)。

③ 不均匀鼓凸与脱胶。指板式橡胶支座两侧面或一个侧面上下之间不均匀鼓凸现象,如图 2-89 所示。

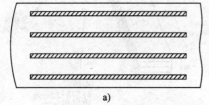
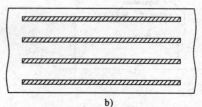

图 2-89　板式橡胶支座不均匀鼓凸与板式橡胶支座均匀鼓凸

沿支座一侧外鼓长度占相应边长 25% 时,属于 A1 级(严重);占相应边长 10%~25% 时,属于 B 级(较重);小于相应边长 10% 时,属于 C 级(中等)。

④ 脱空。板式橡胶支座与梁底面或支承垫石顶面出现的缝隙大于相应边长的 25% 时,称为局部脱空;当缝隙等于边长时称为全脱空,如图 2-90、图 2-91 所示。

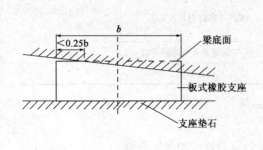

图 2-90　板式橡胶支座局部脱空示意图　　　　图 2-91　支座脱空

板式橡胶支座顶面应与梁底面、底面应与支承垫石顶面全面积接触,局部脱空一方面造成支座局部压应力增加,另一方面支座脱空部位(顶面)与外界空气接触,容易进一步使橡胶老化。空心板梁下板式橡胶支座的全脱空将改变板梁受力图式,因此,有板式橡胶支座脱空现象就是属于A1级(严重)。

⑤支座剪切超限。板式橡胶支座在最高或最低温度条件下,上部结构恒载作用时,其 $\tan\alpha>0.50$,如图2-92所示。

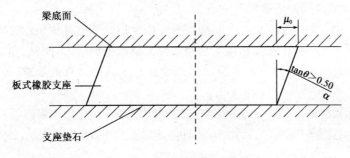

图2-92 板式橡胶支座剪切超限

板式橡胶支座剪切变形过大,属于表2-11中的AA级(极严重)。

(2)盆式橡胶支座。盆式橡胶支座是由不锈钢滑板、聚四氟乙烯板、盆环、氯丁橡胶块、钢密封圈、钢盆塞及橡胶防水圈等组成。它是利用设置在钢盆中的橡胶板达到对上部结构承压和转动的功能,利用聚四氟乙烯板和不锈钢板之间的平面滑动来适应桥梁的水平位移要求,如图2-93所示。

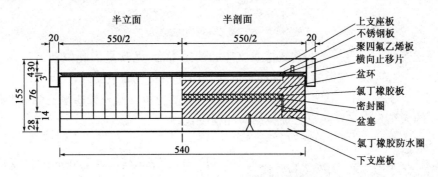

图2-93 盆式橡胶支座构造(尺寸单位:cm)

缺陷与病害如下:

①钢件裂纹和变形。钢件裂纹是指盆式橡胶支座的钢件表面出现肉眼可见的裂纹,主要是钢盆(下支座板)的表面裂纹。而钢件变形是指支座盆底钢板四角在支座反力作用下出现表面翘起的现象。盆式橡胶支座钢件裂纹和变形现象往往相互伴随。

盆式橡胶支座的作用原理是用来承受支座反力的承压橡胶板被密封在钢制凹盒(下支座板)内,处于三向压应力受力状态,从而承载力大为提高。其侧向压应力的来源是橡胶板的橡胶变形受到支座钢板的约束,使支座钢盆的盆环受到较大的拉应力。钢盆盆环破坏使橡胶板失去了侧向约束进而造成盆式橡胶支座丧失承载力。钢盆盆环也是盆式橡胶支座钢件最易出现裂纹的部件,因此钢盆盆环出现裂纹是很严重的问题,属于表中的AA级。

在混凝土墩台上，盆式橡胶支座的钢盆盆底与支承的混凝土全面积接触，在支座反力作用下，由于钢盆盆底混凝土受力变形，使盆式橡胶支座的钢盆盆底钢板产生锅底状变形，变形较大时会使盆底矩形钢板四角出现翘起，说明盆底钢板刚度偏弱，这种病害后果属于表 2-9 中的中等，即劣化等级 C。

②钢件脱焊。盆式橡胶支座按钢盆制作方法分为两种：一种是钢盆的盆杯和盆底是整体铸钢制成，简称整体式；另一种是钢盆的盆环钢板和盆底是焊接制成。盆式橡胶支座钢件脱焊主要是指钢板与盆底之间的焊缝脱开的现象。

在支座力作用下，盆式橡胶支座内的橡胶板受压变形受到盆杯钢板约束，这时圆环形盆杯钢板受到水平径向力作用，在盆杯和盆底之间截面上将产生剪应力，而盆杯和盆底之间焊缝承受剪应力作用，如果出现钢件脱焊，支座达不到设计上承载力计算的要求，故属于表 2-9 劣化等级的 AA 级。

③聚四氟乙烯板磨损。聚四氟乙烯板磨损是指盆式橡胶支座中由于聚四氟乙烯板和不锈钢之间平面滑动所产生的磨损。磨损程度用测量聚四氟乙烯板的外露高度来表示，如图 2-94 所示。

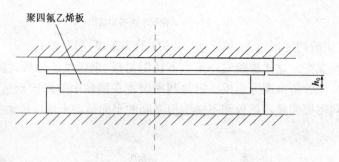

图 2-94 聚四氟乙烯板的外露高度

聚四氟乙烯板磨耗直接影响盆式橡胶支座的使用寿命，尤其是大吨位和大位移盆式橡胶支座，正确掌握聚四氟乙烯板的磨耗性能是确保支座使用安全的主要因素。

根据国内外工程经验，对聚四氟乙烯板的磨耗情况，应重点检查聚四氟乙烯板的外露高度 h_0，根据 h_0 的大小来判定聚四氟乙烯板的磨耗程度：

a. 当 $h_0 \geqslant 1.0$mm 支座正常；

b. 当 $0.5\text{mm} \leqslant h_0 \leqslant 1.0\text{mm}$ 时，支座劣化等级为 C（中等），应每年测量高度变化；

c. 当 $0.2\text{mm} \leqslant h_0 \leqslant 0.5\text{mm}$ 时，支座劣化等级为 B（较重），应缩短检查期限，或经专家鉴定后更换支座；

d. 当 $h_0 \leqslant 0.2$mm 时，应立即更换支座。

④支座位移超限。盆式橡胶支座的聚四氟乙烯滑出不锈钢板面范围。

当位移超限小于 10mm 时，属于较重（B 级），而位移超限大于或等于 10mm，则属于严重（A1 级）。如图 2-95 所示。

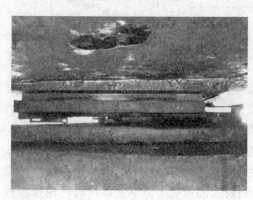

图 2-95 支座位移约 10cm

⑤支座转角超限。指盆式支座转角超过相应荷载作用下最大的预期设计转角。实际支座转角是由盆式橡胶支座顶、底板之间的最大和最小间隙来求得。如图2-96所示。

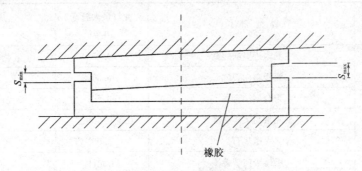

图2-96 盆式橡胶支座转动最大及最小间隙

当实际支座转角超过设计值的10%时,属于较严重状况(B级);当超过设计值的20%时,属于严重状况(A1级)。

⑥橡胶由钢盆中挤出。盆橡胶支座的橡胶体一侧由钢盆中挤出,常见于曲线连续箱梁发生侧向位移病害的情况下。此时,支座已破坏。

⑦钢盆锈蚀。钢盆的外表保护漆脱落,钢件锈蚀的现象。

当钢盆有较轻微锈蚀时,属于D级(轻微);有锈蚀时,属于C级(中等);而有锈蚀且伴有绣皮剥落,则属于B级(较重)。

⑧上、下支座的连接杆未拆。盆式橡胶支座的上支座板与下支座板之间的连接杆(板)在桥梁竣工营运后仍未拆除。改变了支座设计的功能,如设计上要求的支座为单向活动支座或多向活动支座,由于盆式橡胶支座的上、下支座板之间连接杆(板)未拆除,结果成为近似固定支座。如图2-97所示。

图2-97 盆式橡胶支座连接杆未拆除

三、公路桥梁结构常见裂缝病害分析

桥梁结构在施工和营运使用过程中,常会出现各种不同形式的裂缝。对于砖、石、混凝土结构物来说,产生裂缝几乎是不可避免的;在钢筋混凝土部分预应力桥梁中允许出现裂缝;在全预应力桥梁中也有出现裂缝的可能。裂缝检查首先应判断裂缝的类型,其次在判断其是否在允许范围内,是否需要维修或加固。

1. 从安全性分类

(1)正常的工作裂缝:在设计控制范围内的裂缝。

(2)非正常裂缝:超出规定范围的裂缝。公路桥梁裂缝限值见表2-12。

2. 从客观成因分类

(1)先天裂缝:由于设计不当,不可避免地在结构中产生的裂缝。

(2)原生裂缝:由于施工工艺不当,造成的结构中原本可以避免的裂缝。

（3）后天裂缝：正常使用荷载造成的累积损伤裂缝，以及非正常荷载造成的突损伤裂缝。

各类公路桥梁裂缝限值　　　　　表2-12

结构类别	裂缝部位			允许最大缝宽（mm）	其他要求
钢筋混凝土梁	主筋附近竖向裂缝			0.25	
	腹板斜向裂缝			0.30	
	组合梁结合面			0.50	不允许贯通结合面
	横隔板与梁体端部			0.30	
	支座垫石			0.50	
预应力混凝土梁	梁体竖向裂缝			不允许	
	梁体纵向裂缝			0.20	
砖、石、混凝土拱	拱圈横向裂缝			0.30	裂缝高小于截面高一半
	拱圈纵向裂缝			0.50	裂缝长小于跨径1/8 半裂缝长小于跨径
	拱波与拱肋结合处			0.20	
墩台	墩台帽			0.30	
	墩台身	经常受侵蚀性环境水影响	有筋	0.20	不允许贯通墩台身截面的一半
			无筋	0.30	
		常年有水但无侵蚀性影响	有筋	0.25	
			无筋	0.35	
		干沟或季节性有水河流		0.40	
		有冻结作用部分		0.20	

注：对于潮湿地区或空气中含较多腐蚀性气体的环境，缝宽限值应更加严格。

3. 从力学机理来分类

从受力来看，裂缝可有弯曲裂缝、剪切裂缝、局部承压及伴随的劈裂和崩裂、拼接缝的分离和扩展、差动裂缝（由于外部约束或内部变形反应滞后而造成的一种混凝土裂缝）。差动是一种常见而又常常被忽略的裂缝成因，常见几种成因总结如下：

（1）老基础（或承台）上浇筑长条混凝土时，由于老基础的约束作用使新浇筑混凝土产生降温和收缩的裂缝；有时分层浇筑的混凝土构件也会发现这种裂缝。

（2）连续台座上长期存梁或长期不拆模，由于台座或模板约束了混凝土的收缩和温差变化，会导致普通钢筋混凝土梁和未及时张拉的预应力梁开裂。

（3）先张预应力混凝土梁放张次序或速度不当，或先放松短束，或过快地放松全部预应力钢束，由于台座的约束和梁体混凝土变形反应滞后都可能造成梁体混凝土开裂。

（4）悬臂浇筑时，挂篮合龙段的浇筑，随着混凝土浇筑过程，悬臂挠度不断变化，下部先浇的混凝土产生裂缝；如果没有充分考虑挂篮拆除的反作用力，会使正弯矩预应力过大，导致上部混凝土裂缝。

（5）连续浇筑节段之间温差也可能导致裂缝。

4.从产生因素上来分类

从外因来看,裂缝产生的外界因素包括:荷载和变位;成桥内力;温度变化;材料时效(如收缩、徐变);先天和后天的截面削弱;化学、物理作用(钢筋锈蚀;预应力筋锚头锈蚀;混凝土老化;酸碱腐蚀等)。

5.从产生的时序来分类

从时间来看,裂缝有早期裂缝、强度成长期裂缝和使用期裂缝。早期裂缝(在终凝之前产生的裂缝)一般在浇筑后第二天才能发现,主要有沉降缝(塑性混凝土沉降引起)、早期收缩缝、模壳变形缝、振动和荷载缝等。

四、公路桥梁常见裂缝及成因总结

混凝土与钢筋混凝土简支梁桥常见裂缝及产生原因,见表2-13。

预应力混凝土梁桥、悬臂梁桥及连续梁桥常见裂缝及产生原因,见表2-14。

拱桥、桁架拱桥及刚架桥常见裂缝及产生原因,见表2-15。

桥梁墩台结构的常见裂缝及产生原因,见表2-16。

混凝土与钢筋混凝土简支梁桥常见裂缝及成因 表2-13

序号	裂缝种类发生部位	示意简图	主要特征及成因分析
1	网状裂缝		①发生在各种跨度的梁上; ②裂缝宽度约为0.03～0.05mm(细小),用手触及有凸起感; ③没有固定规律; ④多为混凝土收缩引起的表面龟裂
2	下缘受拉区的裂缝		①多发生于两跨中部; ②梁的跨度越大,裂缝越多; ③自下翼缘向上发展,至翼缘与梁肋相接处停止; ④裂缝间距约为0.1～0.2m; ⑤裂缝宽度约为0.03～0.1mm; ⑥对跨度小于10m的梁,其裂缝少而细(宽度在0.03mm以下); ⑦多因混凝土收缩和梁挠曲产生
3	腹板上的竖向裂缝		①是最常见,也较严重的一种裂缝; ②当跨径大于12m时,其裂缝多处于薄板部分,在梁的半高线附近裂缝宽度较大(0.15～0.3mm); ③当跨径小于10m时,其裂缝细小,且多数裂缝系由梁肋向上裂缝越细,上端未到腹板顶部; ④多因设计不当,施工质量不良,养护不及时,或温度及周围环境条件不良影响所致

续上表

序号	裂缝种类发生部位	示意简图	主要特征及成因分析
4	腹板上的斜向裂缝		①在钢筋混凝土梁中出现最多； ②多在跨中两侧出现； ③离跨中越远,倾角越大； ④倾角大多在15°～45°之间； ⑤第一道裂缝多出现在距支座0.5～1.0m处； ⑥裂缝宽度一般均小于0.3mm； ⑦多系设计上的缺陷所致,主拉应力较计算大,混凝土不能负担而导致产生裂缝,施工质量不良又会加速裂缝的产生和发展
5	运梁不当引起的上部裂缝		①随支撑点不同,裂缝位置不同； ②裂缝严重时应及时维修； ③运梁时支承点没有放在梁的两端吊点上,而是偏向跨中,使支承点处上部出现负弯矩,引起开裂
6	梁端上部裂缝		①裂缝由下往上开裂； ②裂缝宽度严重时可达0.3mm以上； ③墩台不均匀沉降,使梁端局部承压应力增大,产生局部应力而开裂
7	梁侧水平裂缝		①是近视水平方向的层裂缝； ②多因施工不当所致:分层浇筑间隔时间太长导致开裂
8	梁底纵向裂缝		①是沿下翼缘主筋方向的裂缝； ②裂缝严重时应及时维修； ③混凝土保护层过薄造成； ④有时是因为渗入氯盐所致
9	梁与梁间横隔板上的裂缝		①裂缝由下向上,不规则； ②支座设置时与桥轴垂直向有偏斜或通行重车是梁受力不均匀所致

预应力混凝土梁桥、悬臂梁桥及连续梁桥常见裂缝及成因　　　　表 2-14

序号	裂缝种类发生部位	示意简图	主要特征及成因分析
1	先张法梁梁端锚固处的裂缝		①裂缝均起于张拉端面,宽度约为 0.1mm 左右,长度一般只延伸至扩大部分的变截面处; ②由于在两组张拉钢筋之间梁端混凝土处于受力区使梁端易发生水平裂缝,或因锚头处应力集中和锚头产生的楔形作用而使锚头附近产生细小的水平裂缝
2	后张法梁梁端锚固处的裂缝		①通常发生在梁端或预应力筋锚固处,裂缝比较短小,发生在梁端时多与钢丝束方向一致,在锚固处时与梁纵轴多呈 30°～45°; ②运营初期有所发展但并不严重,以后会趋于稳定; ③主要由于端部应力集中,混凝土质量不良所致
3	腹板收缩裂缝		①大多在脱模后 2～3 天内发生,裂缝通常从上梁肋到下梁肋,整个腹板裂通,宽度一般为 0.2～0.4mm,施加预应力后大多会闭合; ②多为混凝土收缩和温差所致,如极低的外界温度,混凝土混合料进行预热,使应力分布不均
4	悬臂梁的剪切裂缝		①剪切裂缝多出现在腹板上,看起来近似按 45°角倾斜,一般出现在支点与反弯点之间的区域; ②裂缝的产生主要是由于:a.预应力不足;b.超载的永久荷载;c.二次应力;d.温度作用;e.设计中缺乏对多室箱梁腹板内剪力分布的认识;f.横截面设计未考虑横截面的实际变形;g.没有重复检算力筋截断处的左右截面受力情况
5	悬臂梁锚固后接缝中裂缝		①悬臂箱梁在连续力筋锚固齿板后面的底板内会产生裂缝,并有可能向着腹板扩展,裂缝与梁纵轴呈 30°～45°; ②产生这种裂缝的原因是:预应力筋作用面很小,产生局部应力,或者由于顶底板中力筋锚具之间水平方向错开的距离太小

续上表

序号	裂缝种类发生部位	示意简图	主要特征及成因分析
6	箱梁的底板裂缝	箱梁底板	①箱梁底板上可产生不规则裂缝; ②开裂原因:梁横向受力性能与横向不变形截面显得有很大的不同,即由于腹部与底板受力不均匀所致
7	箱梁的弯曲裂缝		①在分段式箱梁中,一般出现在接缝内或接缝附近梁底; ②裂缝宽度可达 0.1~0.2mm; ③弯曲裂缝一般很小,结构不会受到损伤,但是在外荷载反复作用下(如汽车动力荷载及温度梯度)裂缝有可能会扩大; ④产生原因:混凝土抗拉能力不足
8	连续梁的弯曲裂缝	接缝 裂缝 附加裂缝 主裂缝	①这种裂缝一般出现在连续梁正弯矩区的梁底与负弯矩区的梁顶; ②产生弯曲裂缝的主要原因:混凝土抗拉能力不足所致
9	合龙浇筑段的裂缝	下翼缘的纵向裂缝	①一般出现在平衡悬臂施工的跨中合龙浇筑段处,或在相邻箱梁翼极端部之间纵向合龙浇筑段处; ②产生合龙段裂缝的主要原因:混凝土收缩和较大的温差所致
10	预应力梁下翼缘的纵向裂缝	平面图 劈力图 裂缝 合龙段 断面图 翼板运动 合龙段 立面图 各种运动	①预应力梁中最严重的一种裂缝; ②多发生在梁端第一、二节间的下缘侧面及梁底,或腹板与下翼缘交界处,也有少数发生在腹板上; ③产生这类裂缝的主要原因:a.下翼缘受到过高的纵向压力;b.保护层太薄;c.混凝土质量不好

拱桥、桁架拱桥及刚架桥常见裂缝及成因　　　　　　表 2-15

型　式		示意简图	主要特征及成因分析
拱桥	石砌拱桥	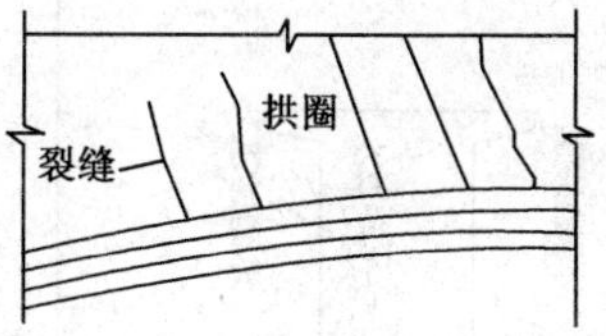	①石砌拱桥在拱顶附近的下部最易出现裂缝，有时可一直延伸到拱上结构； ②拱圈表面有时会出现与其平行的裂缝； ③若拱圈和边墙用不同的材料砌筑，在接头处有时也会出现裂缝； ④裂缝最初可能很小，但会逐渐扩大
	空腹式钢筋混凝土拱桥	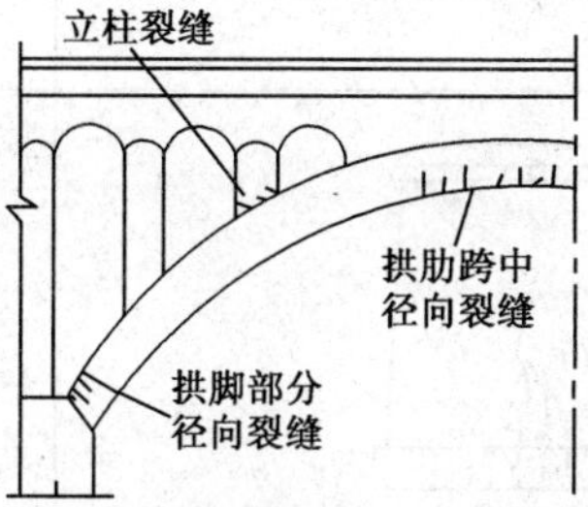	空腹式钢筋混凝土拱桥裂缝多发生在其： ①拱脚； ②立柱； ③立柱与拱圈相接处
	钢筋混凝土双曲拱桥	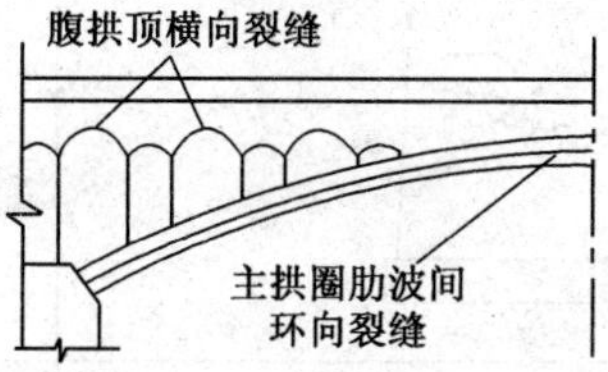	双曲拱桥常见裂缝有： ①主拱圈拱脚处上缘的横向贯穿裂缝； ②主拱圈跨中截面肋波结合面环向裂缝； ③腹拱拱板沿桥宽方向的横向裂缝； ④拱波的沿纵向裂缝； ⑤立柱与盖梁混凝土剥落露筋，并可能伴随有压裂现象
	桁架拱桥	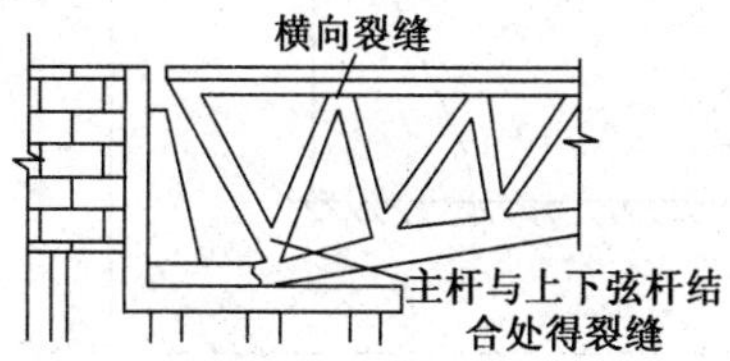	桁架拱桥常见裂缝有： ①靠近桥头的桥面由于受到负弯矩作用，出现沿桥宽方向的横向裂缝； ②立杆与上下弦杆结合处出现的裂缝； ③当跨径较大，架片分段预制并采用现浇混凝土接头或钢板接头时，受荷载反复作用而出现施工接头的拉裂缝
	刚架桥	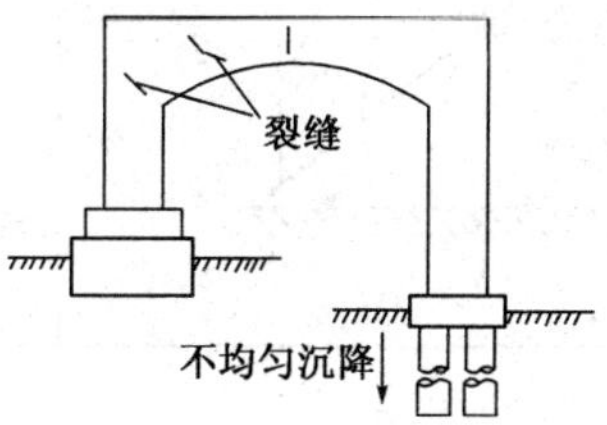	如左图所示刚架桥的两个立柱分别支承于不同的地层，且下部没有联结，由于支点的不均匀沉降，刚架各点产生附加弯矩，横梁左节点处为负弯矩，梁顶为受拉区，因此： ①横梁左端产生从上向下展开的裂缝； ②横梁右端产生从下向上展开的裂缝； ③左支柱上侧产生由外向内水平裂缝

桥梁墩台结构的常见裂缝及成因　　　　　　　　　　　　　　　　表 2-16

序号	裂缝种类发生部位	示意简图	主要特征及成因分析
1	网状裂缝	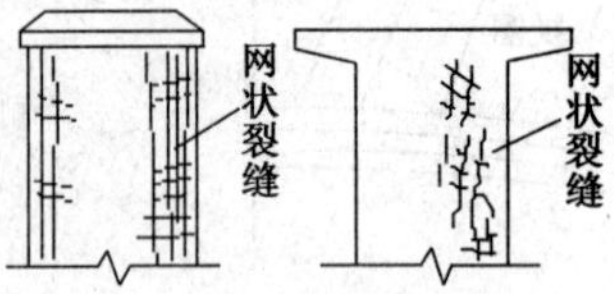	①多发生在常水位以下墩身的向阳部位,裂缝宽度约为 0.1~1mm,深 1~1.5cm,长度不等。 ②产生这种裂缝的主要原因: a. 混凝土内部水化热和外部气温的温差,或日气温变化影响和日照影响而产生的温度拉应力; b. 混凝土干燥收缩也会引起
2	从基础向上发展至墩、台上部的裂缝	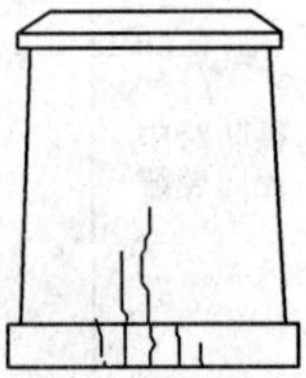	①裂缝下宽上窄,且往往会发展; ②产生这种裂缝的主要原因:基础松软产生的不均匀沉降所致
3	墩、台身水平裂缝	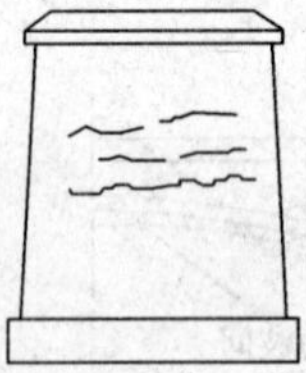	①裂缝呈水平层状; ②产生这种裂缝的主要原因:多为混凝土灌注不良所致
4	翼、前墙断裂裂缝	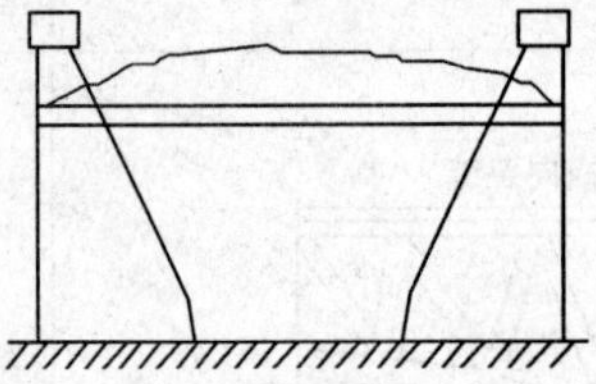	①在翼、前墙出现(如左图)。 ②产生这种裂缝的主要原因: a. 墙间填土不良、冻胀; b. 地基承载力不足。 a、b 会引起墙体下沉或外倾而开裂
5	由支承垫石从上向下发展的裂缝	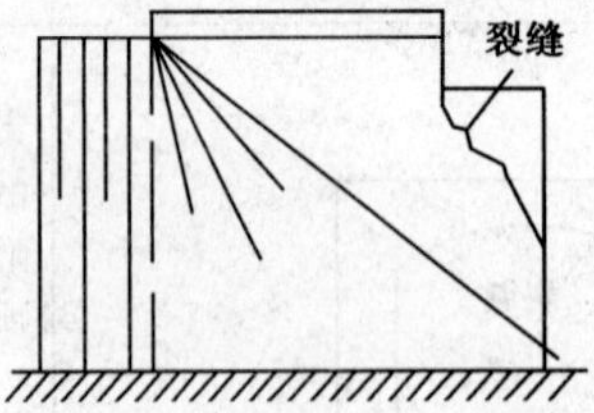	①由支承垫石从上向下发展。 ②产生这种裂缝的主要原因: a. 墩、台帽在支承垫石下未布钢筋; b. 也可能因为受到了较大的冲击力

第三章　桥梁特殊检查

　　特殊检查包括应急检查和专门检验,主要根据桥梁破损状况和性质,采用适当的仪器设备,以及现场勘探、试验等特殊手段和科学分析方法,查明桥梁病害原因、破损程度和承载能力,依据桥梁技术状况评定标准确定桥梁的技术状况,以便采取相应的加固、改善措施。

　　当桥梁遭受洪水、流冰、漂流物、船舶撞击、滑坡、地震、风灾和超重车辆私自通过等自然灾害或事故后,应立即对结构作详细检查(应急检查)。查明破损状况,采取应急措施,尽快恢复交通。其旨在查明缺损状况,以便采用应急措施,尽快恢复交通,通常由地(市)级公路管理机构的桥梁工程师主持。应急检查可认为是一种扩大的日常检查,主要以视觉检查加经验判别。

　　专门检验是对需要进一步判明损坏原因、缺损程度或使用能力的桥梁,要求针对病害进行专门的现场试验检测、验算与分析等鉴定工作,以便进行有效的养护。专门检验通常由省级公路管理机构的总工程师或授权的桥梁检查工程师主持,委托公路桥梁检测中心或具有这种能力的科研设计单位、工程咨询单位,签订专门检查合同后实施。承担专门检验的单位及负责检查的工程师应按合同规定的内容及时间,完成检查任务,并做出检查报告。

第一节　特殊检查的一般要求

一、特殊检查概念及目的

　　桥梁特殊检查是查清桥梁的病害原因、破坏程度、承载能力、抗灾能力,确定桥梁技术状况的工作,并针对病害进行专门的现场试验检测、验算和分析等鉴定工作,提出结构部件和总体的维修、加固或改建的建议方案。

二、特殊检查的对象

(1)定期检查中难以判明损坏原因及程度的桥梁。
(2)桥梁技术状况为四、五类者。
(3)拟通过加固手段提高荷载等级的桥梁。
(4)需通过特殊重型车辆荷载的桥梁。
(5)条件许可时,特殊重要的桥梁在正常使用期间可周期性进行的专门检查。
(6)桥梁遭受洪水、流冰、滑坡、地震、风灾、漂流物或船舶撞击,因超重车辆通过或其他异常情况影响造成损害时,应进行应急检查。

三、特殊检查的任务

(1)桥梁结构材料缺损状况。包括对材料物理、化学性能退化程度及原因的测试鉴定；结构或构件开裂状态的检测及评定。

(2)桥梁结构承载能力。包括对结构强度、稳定性和刚度的检算、试验和鉴定。

(3)桥梁防灾能力。包括桥梁抵抗洪水、流冰、风、地震及其他地质灾害等能力的检测鉴定。

四、特殊检查的依据

桥梁特殊检查主要依据现行《公路桥梁养护规范》(JTG H11—2004)、《公路桥梁承载能力检测评定规程》(JTG/T J21—2011)及《公路桥梁技术状况评定标准》(JTG/T H21—2011)等各种专项检测评定规程进行。

五、特殊检查的内容

特殊检查主要包括专门检查和应急检查两部分。

1. 专门检查

根据经常检查和定期检查的结果，对需要进一步判明损坏原因、缺损程度或使用能力的桥梁，针对病害进行专门的现场试验检测、验算和分析等鉴定工作。

主要包括：混凝土裂缝测量、混凝土强度测试、混凝土碳化深度测试、钢筋锈蚀状况测试、混凝土中氯离子含量测试、混凝土电阻率测试、混凝土保护层厚度、桥梁墩台与基础变位情况调查、交通量调查、耐久性综合评定、桥梁几何形态测试、桥梁结构恒载变异状况测试等。

2. 应急检查

当桥梁受到灾害性损伤后，为了查明破损状况，采取应急措施，组织恢复交通，对结构进行的详细检查和鉴定工作。主要包括：火灾损伤检测、车船撞伤损伤情况检测、震后损伤检测等。

六、特殊检查的方法手段

(1)实施专门检查前，承担单位负责检查的工程师应充分收集资料，包括设计资料(设计文件、计算所用的程序、方法及计算结果)、竣工图、材料试验报告、施工记录、历次桥梁定期检查和特殊检查报告，以及历次维修资料等。原资料如有不全或疑问时，可现场测绘构造尺寸，测试构件组成及性能，勘查水文地质情况等。

(2)特殊检查应根据桥梁的破损状况和性质，采用仪器调协进行现场测试及其他辅助试验，针对桥梁现状进行检算分析，形成鉴定结论。

七、应提交的检查结果

(1)概述检查的一般情况。包括桥梁的基本情况、检查的组织、时间、背景和工作过程等。

(2)描述目前的桥梁技术状况。包括现场调查、检测与试验的项目及方法。

(3)详细叙述检查部位的损坏程度及原因。

(4)桥梁结构及材料缺损状况评定、承载能力评定或抗灾害能力评定结果和桥梁技术状况评定等级。

(5)提出结构部件和总体的维修、加固或改建的建议方案。

第二节 应急检查与专门检查

应急检查的目的在于查明缺损状况,以便采用应急措施,尽快恢复交通。专门检查的目的在于找出缺损的明确原因、程度和范围,分析缺损所造成的后果以及潜在缺陷可能给结构带来的危险,为进一步评定桥梁的耐久性和承载能力以及确定加固维修工作的实施提供依据。

专门检查由专家依据一定的物理、化学或无破损检测手段对桥梁一个或多个组成部分进行的全面察看、测强、测伤或测缺。

应急检查与专门检验的项目见表 3-1。

应急检查与专门检验的项目　　　　　　　　表 3-1

	部位	洪水	滑坡	地震	超重车行驶(改造前)	撞击
应急检查	上部	栏杆损坏桥体位移和损坏落梁、排水设施失效	因桥台推出而压屈	落梁、支座损坏、错位	梁、拱、桥面板裂缝、支座损坏、承载力测定	被撞构件及联系部位破坏、支座破坏
	下部	因冲刷而产生的沉陷和倾斜	桥台推出胸墙破坏	沉陷、倾斜位移、圬工破坏、抗震墩破坏	墩台裂缝、沉陷	墩台位移
专门检验	(1)结构验算,水文验算; (2)桥梁静载、动载试验; (3)用精密仪器对病害进行现场调查和实验室分析					

桥梁特殊检查可分为现场检查与实验室测试分析两部分。现场检查可分一般检查和详细检查两个阶段。一般检查如定期检查那样对结构及其附属设施的所有构件或部位进行彻底、视觉和系统的检查,记录所有缺损的部位、范围和程度。一般检查的结果作为是否进行详细检查的依据。详细检查主要是对一些重点部位或典型桥孔采用一些专门技术和检测设备进行深入而细致的检测。

实施专门检验之前,承担单位负责检查的工程师应充分收集资料,包括计算资料(计算所用的程序、方法及计算结果)、竣工图、材料试验报告、施工记录、历次桥梁定期检查和特殊检查报告,以及历次维修资料等。地(市)级公路管理机构的桥梁检查工程师应予以必要协助。原资料如有不全或疑问时可现场测绘构造尺寸,测试构件材料组成及性能,勘察水文地质情况。专门检验工作,由地(市)级公路管理机构的桥梁检查工程师负责协调监督。省公路管理机构的总工程师或授权的桥梁检查工程师负责组织有关技术人员对检查报告进行审定。

专门检验的内容大致上可分为以下两个方面:

(1)结构材料缺损状况诊断:材料损坏程度检测,材料物理、化学、力学性能测试,缺损原因的分析判断等。

(2)结构整体性能、功能状况鉴定:结构承载能力(强度、刚度和稳定性等)鉴定,桥梁抗洪能力的鉴定等。

材料缺损诊断可根据缺损的类型、位置和检测的要求,选择表面测量、无破损检测技术和半破损检测技术(如局部取试样等)等。从结构上钻取或截取的试样宜在有代表性构件的次要部位获取。检测与评定依照相应的试验标准进行。采用没有标准依据的检测技术,应事先通过模拟试验,制定适用的检测细则,保证检测结果具有一定的可靠性。

桥梁特殊检查的一般流程如图 3-1 所示。

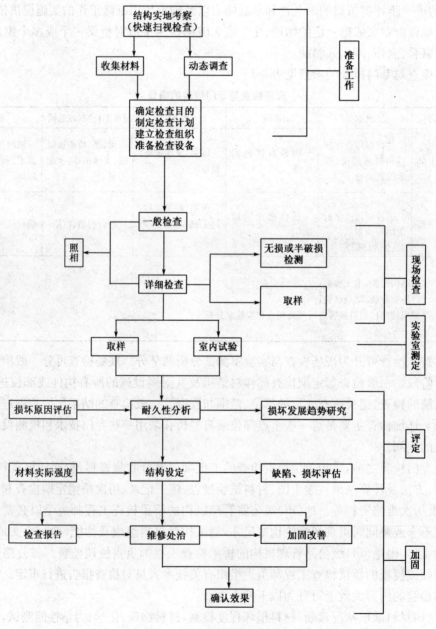

图 3-1 桥梁特殊检查流程图

桥梁特殊检查报告应包括下列主要内容：

（1）概述检查的一般情况，包括桥梁的基本情况、检查的组织、时间、背景和工作过程等。

（2）目前桥梁技术状况的描述，包括现场调查、试验与检测项目及方法、检测数据与分析结果和桥梁技术状况评价等。

（3）详细阐述检查部位的损坏程度及原因，并提出结构部件和总体的修理、加固或改善的建议方案。

第三节　桥梁材料性能与缺陷检测

自从水泥问世以来，桥梁建设出现了一个飞跃的发展。钢筋水泥混凝土具有价格低廉、成形容易、经久耐用等优点，使之几乎取代了其他所有的桥梁建筑材料。但随着时间的推移，号称"永久结构"的钢筋水泥混凝土出现了一些原先人们所没有认识到的危害，如混凝土的老化、碳化以及钢筋的锈蚀等许多不可逆的物理与化学变化，使钢筋混凝土的寿命大打折扣。

公路桥梁材料性能检测是对其结构及部件的材料质量所存在的缺损状况进行详细检测、试验、判断的过程。是对桥梁的专门检验，属于桥梁诊断的范畴。根据缺损的类型、位置和检测要求可选择、表面测量、无破损检测及半破损检测等。

公路桥梁材料性能检测主要内容如图 3-2 所示。

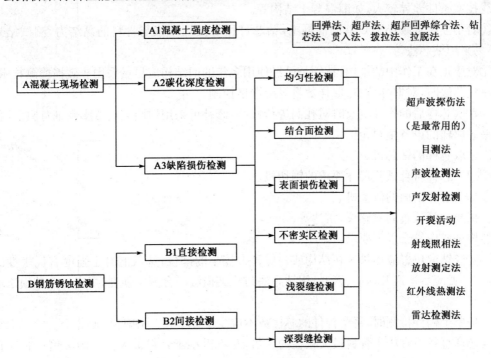

图 3-2　旧桥材料性能检测内容

一、混凝土强度的现场检测

检测、评定没有或缺乏技术资料的桥梁时,需直接测定实桥结构材料的机械力学性能。即使技术资料较为完整,为了检验结构材料的实际情况是否与资料相符,也需测定桥梁材料的机械力学性能。因此,混凝土强度的现场检测也很重要。

目前混凝土强度的现场检测方法主要有:非破损检测法和半(微)破损检测法。非破损检测法主要有回弹法、超声波法、超声—回弹综合法等;半(微)破损检测法主要有拔出法、钻芯法、拔脱法、射击法等;其中最常用的方法有回弹法、钻芯法、超声—回弹综合法、拔出法等。

1. 钻芯法检测混凝土强度

钻芯法检测混凝土强度是指利用设备特点,从混凝土结构中钻取芯样,以测定普通混凝土强度的方法。这是一种直观准确的方法,其使用原则是:

①对试块抗压强度的测试法有怀疑时。
②因故发生混凝土质量问题。
③混凝土受到损害。
④需经检测很多年使用的结构物(如旧桥)。

钻芯取样检测混凝土强度应注意以下几个问题:

①有些情况下不宜采用回弹、超声等非破损方法检测混凝土强度时,可采用钻芯取样法。如混凝土内外质量不一致,混凝土腐蚀或火灾,混凝土在硬化过程中冻伤等。
②结合非破损检测技术,通过钻取少量芯样,以提高非破损检测的测试精度。如非破损测强曲线技术条件差异较大,如旧混凝土结构等。
③对于强度等级小于C10的混凝土,钻芯过程易破坏砂浆与骨料的黏结力,测试结果不准,不易采用钻芯法。
④对于正在工作中的结构,特别是已经使用多年的旧结构应尽量采用非破损检测技术,必须采用钻芯法时,对取样位置、取样数量等应严格控制。
⑤钻取芯样后的构件应及时对孔洞进行修补,修补可采用树脂完成微膨胀细骨料混凝土。

钻芯取样的设备主要包括:

①钻取芯样的钻芯机。
②加工芯样符合试验尺寸要求的锯切机。
③加工芯样消面的研磨机。
④探测钢筋位置的磁感仪、雷达等。

芯样钻取应符合以下要求:

①芯样钻取位置应尽量选在结构或构件管力较小的部位;选取混凝土强度有代表性的部位;取芯位置应尽量避开钢筋、管线;用钻芯法与非破损法综合测定强度时,应与非破损法取同一测区。
②按单个构件检测时,每个构件的芯样数不应少于3个,较小构件可取2个。
③芯样直径不宜小于骨料最大粒径的3倍,并不得小于骨料最大粒径的2倍。芯样直径一般为100mm或150mm,芯样的高度直径比应在1~2的范围内。

影响芯样强度的因素很多,主要影响因素如下:

①芯样尺寸,特别是芯样高度对其抗压强度影响较大。一般来说芯样高度与直径均为100mm时与150mm立方体试件强度相当。

②芯样含筋率对其强度有一定影响。有螺纹筋的芯样会提高强度,有光圆钢筋的芯样会降低强度,故芯样钻取时应尽可能地避开钢筋。

③芯样的含水率对强度影响明显。一般而言,含水率高则强度低,故按自然干燥状态试验时,芯样应在室内自然干燥3d;按潮湿状态试验时,芯样应在水中泡40~48h。

芯样强度的换算值是指芯样将实测强度换算成150mm立方体试件的抗压强度值。换算值按下式计算:

$$f_{cu}^c = 4\beta F/\pi d^2 \tag{3-1}$$

式中:f_{cu}^c——试件混凝土强度换算值(MPa),精确至0.1;
　　　F——试验时施加的最大压力(N);
　　　d——芯样平均直径(mm);
　　　β——高径比换算系数,按表3-2采用。

强度换算系数　　　　表3-2

高径比(h/d)	1.0	1.1	1.2	1.3	1.4	1.5	1.6	1.7	1.8	1.9	2.0
系数β	1.00	1.04	1.07	1.10	1.13	1.15	1.17	1.19	1.21	1.22	1.24

强度和直径均为100mm或150mm的芯样试验值可直接作为其强度换算值。单个构件或其层部区域,芯样强度换算值中的最小值为其代表值。

2. 回弹法现场检测混凝土强度

回弹法主要测试仪器是回弹仪(机械式无损检测仪器)。

因混凝土的抗压强度与其表面硬度之间存在一定的关系,而回弹仪的弹击锤被一定的弹力打击在混凝土表面上;其回弹高度(即回弹值)与混凝土表面硬度有一定的比例关系。因此以回弹值反映混凝土表面硬度,从而推出混凝土的抗压强度。

回弹法在我国已使用50余年的历史。国外使用回弹法的精度不高,有的只能定性判断混凝土的质量,但回弹法在我国应用相当广泛,这不仅是由于回弹法设备简单、操作方便、测试迅速,更是我国已经解决了回弹法使用精度不高和不能推广的关键问题。回弹值影响因素(如操作方法、仪器性能、气候条件等)较多,使用不当会产生较大的误差。故须正确掌握操作方法,回弹法检测具体步骤如下:

(1)测区与测点的选择

①单个检测时,应在每个构件上均匀布置测区:对一个方向的尺寸不小于4.5m,另一个方向的尺寸不小于0.3m的构件,测区数不应少于10个;当不满足上述条件时,测区数不应少于5个。

②批量检测时,抽检数量不得少于同批构件总数的30%,且不少于10件,每个构件测区数量不应少于10个(抽检构件应具一定代表性)。

③测区应选在使回弹仪处于水平方向检测混凝土浇筑侧面,当不满足这一要求时,可使回弹仪处于非水平方向的混凝土浇筑侧面、表面、底面。

④测区表面应清洁、平整、干燥,不应有接缝、饰面层、粉刷层、油垢、蜂窝、麻面等(否则所测

回弹值会偏低),必要时可用砂轮、粗砂纸等清除杂物,磨平不平整处,并擦去残留粉尘、灰屑。

⑤相邻两测区的间距应控制在 2m 以内,测区离构件边缘的距离不宜大于 0.5m。

⑥测区宜在构件的可测表面上均匀分布,并只避开位于混凝土内保护层附近设置的钢筋和预埋铁件。

⑦测区宜在构件的两相对表面上有两个基本对称的测试面(测面),如不能满足这一要求时,一个测区允许只有一个测面。

⑧测区的面积不宜大于 0.04m²。

⑨测点宜在测区范围内均匀分布,相邻两测点的间距一般不小于 20mm。测点距构件边缘或外露钢筋、铁件的距离一般不小于 30mm。测点不应在气孔和外露石子上。

⑩同一测点只能弹击一次,每个测区应记取 16 个回弹值。

(2)测区平均回弹值的计算

当回弹仪水平方向测试混凝土浇灌方向的侧面时,应从测区两个相对测试面的 16 个回弹值中,分别去除 3 个最大值与最小值,剩余的 10 个回弹值按下式计算:

$$R_m = \frac{\sum_{i=1}^{10} R_i}{10}$$

式中:R_m——测区平均回弹值;
R_i——第 i 个测点回弹值。

不同测试角度 α 的回弹修正值见表3-3;不同浇筑面的回弹修正值见表3-4。

不同测试角度 α 的回弹修正值 $R_{m\alpha}$ 表 3-3

$R_{m\alpha}$	测 试 角 度 α							
	+90°	+60°	+45°	+30°	−30°	−45°	−60°	−90°
20	−6.0	−5.0	−4.0	−3.0	+2.5	+3.0	+3.5	+4.0
30	−5.0	−4.0	−3.5	−2.5	+2.0	+2.5	+3.0	+3.5
40	−4.0	−3.5	−3.0	−2.0	+1.5	+2.0	+2.5	+3.0
50	−3.5	−3.0	−2.5	−1.5	+1.0	+1.5	+2.0	+2.5

不同浇筑面的回弹修正值 R_m^t、R_m^b 表 3-4

R_m^t、R_m^b	20	25	30	35	40	45	50
R_m^t	+2.5	+2.0	+1.5	+1.0	+0.5	0	0
R^b	−3.0	−2.5	−2.0	−1.5	−1.0	0.5	0

(3)平均碳化深度的计算

混凝土碳化深度会直接影响混凝土表面硬度,故应考虑混凝土碳化深度对混凝土强度的影响。

回弹法测量完成后,选取有代表性的位置测量碳化深度,测点不应少于构件测区数量的30%,且不应少于 3 次,当出现测区碳化深度值极差大于 2.0mm 时,预示混凝土强度不均匀,要求每一测区测量碳化深度。测量碳化深度值时,可用钻头、凿子等合适的工具在测区表面凿成直径约 15mm 的孔洞,其深度大于混凝土的碳化深度(一般取为保护层厚度)。然后除净孔洞中的粉末和碎屑(不得用水冲洗),立即用浓度为 1%酚酞酒精溶液滴在孔洞内壁的边缘处,再用深度测量工具测量已碳化与未碳化混凝土交界面(颜色变化处)到混凝土土表面的垂直距离多次,取其平均值。该距离即为混凝土的碳化深度值。每次读数精确至 0.5mm。

在测区中选取 n 个碳化深度测点,得到相应碳化深度测量值,即可进行平均碳化深度值的计算,公式如下:

$$d_m = \frac{\sum_{i=1}^{n} d_i}{n} \tag{3-2}$$

式中:d_m——测区平均碳化深度值(mm),计算至 0.5mm;
  d_i——第 i 个测点的混凝土碳化深度测量值(mm);
  n——测区碳化深度测量点数。

根据测区混凝土碳化深度值按规范确定混凝土强度。

(4)测区混凝土强度计算

构件第 i 个测区混凝土强度换算值 $f_{cu,i}^c$ 可由平均回弹值 R_m 和平均碳化深度值 d_m 查测区混凝土强度换算表(JTJ/T 23—2001 的附录 A)可得。

构件混凝土强度平均值 $m_{f_{cu}^c}$ 依据下式计算:

$$m_{f_{cu}^c} = \frac{\sum_{i=1}^{n} f_{cu,i}^c}{n} \tag{3-3}$$

式中:$m_{f_{cu}^c}$——结构或构件测区混凝土强度换算值的平均值(MPa),精确至 0.1MPa;
  n——单个检测时,为构件上测区总和;抽样检测时,为各抽检测区总和。

标准差 $S_{f_{cu}^c}$ 按下式计算:

$$S_{f_{cu}^c} = \sqrt{\frac{\sum_{i=1}^{n} (f_{cu,i}^c)^2 - n(m_{f_{cu}^c})^2}{n-1}} \tag{3-4}$$

结构或构件的混凝土强度推定值 $f_{cu,e}$ 应按下列公式确定:

当该结构或构件测区数少于 10 个时:

$$f_{cu,e} = f_{cu,min}^c \tag{3-5}$$

式中:$f_{cu,min}^c$——构件中最小的测区混凝土强度换算值。

当该结构或构件的测区强度值中出现小于 10.0MPa 时:

$$f_{cu,e} = 10.0 \text{MPa}$$

当该结构或构件测区数不少于 10 个或按批量检测时,应按下列公式计算:

$$f_{cu,e} = m_{f_{cu}^c} - 1.645 S_{f_{cu}^c}$$

对于按批量检测的构件,当标准差出现下列其中之一的情况时,则该批构件全部按单个构件检测,该构件混凝土强度平均值小与 25MPa 时,$S_{f_{cu}^c} > 4.5$MPa;该构件混凝土强度平均值不小于 25MPa 时,$S_{f_{cu}^c} > 5.5$MPa。

(5)测强曲线

在进行测区强度换算时,要用到测强曲线。测强曲线有统一测强曲线、地区测强曲线和专业测强曲线。统一测强曲线是由全国代表性的材料、成型养护工艺配制的混凝土试件,通过试验所建立的回弹代表值与测区混凝土强度的关系曲线。统一测强曲线已经使用了近 20 年,效果较好,《回弹法检测混凝土抗压强度技术规程》(JGJ/T 23—2001)中的测区混凝土强度换算表是根据统一曲线绘制的,抗压强度适用范围为 10~60MPa,详见附录 A。地区测强曲线已通过本地区常用的材料、成型养护工艺建立的曲线。专用测强曲线是由与结构或构件混凝土相同的材料、成型养护工艺所建立的曲线。强度换算时应按专用测强曲线,地区测强曲线,统一测强曲线的次序选用。

当检测条件与测强曲线的适用条件有较大差异时,可采用同条件试件或钻取混凝土芯样进行修正,试件或芯样数量不少于6个。钻取芯样时每个部位应钻取一个芯样,计算时,测区混凝土强度换算值应乘以修正系数。修正系数按下列公式进行计算:

$$\eta = \frac{1}{n}\sum_{i=1}^{n} f_{cu,i}^{m}/f_{cu,i}^{c} \tag{3-6}$$

或者

$$\eta = \frac{1}{n}\sum_{i=1}^{n} f_{cor,i}/f_{cu,i}^{c} \tag{3-7}$$

式中:η——修正系数,精确到0.01;

$f_{cu,i}$——第 i 个混凝土立方体试件(边长为150mm)的抗压强度值,精确到0.1MPa;

$f_{cor,i}$——第 i 个混凝土芯样试件的抗压强度值,精确到0.1MPa;

$f_{cu,i}^{c}$——对应于第 i 个试件或芯样部位回弹值和碳化深度值的混凝土强度换算值;

n——试件数。

3. 超声回弹综合法法检测混凝土强度

无损检测,还有一种常用的方法是用超声波的方法来检测混凝土强度。当声波在混凝土中传波时,其纵波波速的平方与混凝土的弹模成正比,与密度成反比,而混凝土的强度又与其密度有关。一般来说,声波在混凝土传波速度越快,其强度就越高。正是利用声速与混凝土强度的关系检测混凝土强度的方法即为超声法。

单独采用回弹法和超声法均有其缺陷。对回弹法来说,如果检测条件与测强曲线的适用条件差异较大,且又未能以钻芯取样法时,此时精度就不高。采用超声法时,其精度也在很大程度上取决于检测条件与测强曲线所适用条件之间的差异。所以工程中很少单独采用超声法来测混凝土强度。

超声回弹综合法是以超声波穿透试件内部的声速值和试件表面硬度的回弹值来综合检测结构混凝土的抗压强度的方法。这一方法是,20世纪60年代研究开发出的一种无损检测法,与单一方法比较,其精度高,适应范围广,在我国建工、公路、铁路系统已广泛应用。

综合法中超声波检测仪合格工作频率为10~500kHz的模拟式或数字式低频超声仪。换转器的工作频率一般为50~100kHz,常用的换转器具有厚度振动方式和径向振动方式两类。

换转器的布置方式以测试位置的不同,可有对测法、角测法、平测法三种方法。换转器布置如图3-3所示。

综合法的测区及其尺寸等相关要求与回弹法基本相同,但应注意以下两点:

①采用平测法,测区宜为400mm×400mm。

②对于每一测区,应先回弹测试,后超声测试。

计算混凝土强度时,声速 V 代表值应根据测区中3个测点,按下式计算的声速值:

$$V = \frac{\lambda p}{3}\sum_{i=1}^{3}\frac{l_i}{t_i - t_0} \tag{3-8}$$

式中：V——测区混凝土中声速代表值(km/s)；
　　p——测试面声速修正系数；
　　λ——测试方法修正系数；
　　l_i——第 i 个测点的超声测距(mm)；
　　t_i——第 i 个测点的声时读数(μs)；
　　t_0——声时初读数(μs)。

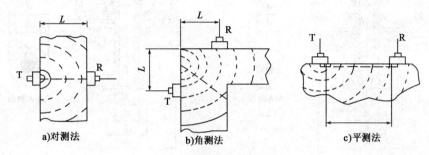

图 3-3　换能器探头的布置方法

对测或斜测时，$\lambda=1$ 平测时，宜采用同一构件的对测声速 V_d 与平测声速 V_p 之比求得修正系数 $\lambda(\lambda=V_d/V_p)$；当被测结构或构件不能进行对测与平测对比时，宜选取代表性的部位。以测距 $l=200\sim500$mm，以 50mm 为一级，逐点测读相应的声时 t，用回归法求出直线方程 $l=a+bt$，以回归系数 b 代替 V_d。

在混凝土浇筑顶面或底面对测或斜测时，$\beta=0.95$。

按前一节中回弹法求出回弹代表值 R_{ai} 和声速代表值 V_{ai} 后，应优先采用专用测强曲线或地区测强曲线，进行强度验算。

当无专用和地区测强曲线时，可按《超声回弹综合法检测混凝土强度技术规程》(CECS 02：2005)规定的方法进行验证后，按《超声回弹综合法检测混凝土强度技术规程》的统一测区混凝土抗压强度换算表来换算，也可按下式进行强度换算：

①当粗集料为卵石时

$$f_{cu,i}^c = 0.005\,6 v_{ai}^{1.439} R_{ai}^{1.769} \tag{3-9}$$

②当粗集料为碎石时

$$f_{cu,i}^c = 0.016\,2 v_{ai}^{1.656} R_{ai}^{1.410} \tag{3-10}$$

式中：$f_{cu,i}^c$——第 i 个测区混凝土抗压强度换算值(MPa)，精确至 0.1MPa。

测区混凝土强度的计算、修正及评定基本回弹法，所不同的是，当一批构件的抗压强度平均值 $m_{f_{cu}^c}>50.0$MPa 时，标准差 $S_{f_{cu}^c}>6.5$MPa。同时采用钻芯取样修正时，综合法要求芯样数量可比回弹法少 2 个。

4. 拔出法检测混凝土强度

拔出法属于微破损检测范畴。它具有精度高、破损程度小、使用方便、适用范围广等特点。这一方法就是在硬化混凝土表面钻孔、磨槽、嵌入锚固件，使用拔出仪进行拔出试验，测定极限拔出力，并根据预先建立的拔出力与混凝土强度之间的相关关系检测混凝土强度。拔出法有两种：一是在浇筑混凝土时预先埋入锚固件，待混凝土硬化后进行拔出试验，称为预埋拔出法；

二是在硬化的混凝土构件上嵌入锚固件后进行拔出试验。试验装置如图3-4所示。图中三点式拔出试验装置适用于粗集料最大粒径不大于60mm的混凝土,圆环式试验装置适用于粗集料最大粒径不大于40mm的混凝土。

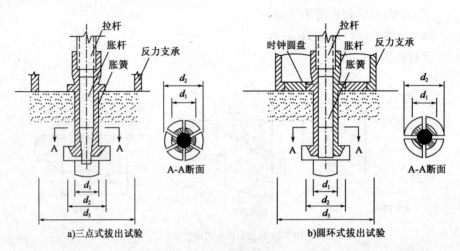

图3-4 拔出法检测混凝土强度装置简图

(1)拔出法测试要求

单个构件检测时,应在构件上均匀布置3个测点。当3个拔出力中的最大拔出力和最小拔出力与中间值之差均小于中间值的15%时,布置3个测点即可;当最大拔出力或最小拔出力与中间值之差大于中间值的15%(包括两者均大于中间值的15%)时,应在最小拔出力测点附近再加测2个测点。

当同批构件按批抽样检测时,抽检数量应不少于同批构件总数的30%,且不少于10件,每个构件不应少于3个测点。

测点宜布置在构件混凝土成型的侧面,如不能满足该要求,可布置在混凝土成型的表面或底面。构件受力较大及薄弱部位应布置测点相邻测点不应小于10h,测点距构件边缘的距离不应小于4h。

测点应避开接缝、蜂窝、麻面部位和混凝土表层的钢筋、预埋件等。

测试面应平整、清洁、干燥,对饰面层、浮浆等应清除,必要时进行磨平处理。

结构或构件的测点应标有编号,并应描绘测点布置的示意图。

在钻孔过程中,钻头应始终与混凝土表面保持垂直,垂直度偏差不应大3°。

在混凝土孔壁磨环形槽时,磨槽机的定位圆盘应始终紧靠混凝土表面回转,磨出的环形槽形状应规整。

成孔尺寸应满足下列要求:

①钻孔直径d_1应比规定值大0.1mm,且不宜大于1.0mm。

②钻孔深度h_1应比锚固深度h深20~30mm。

③锚固深度h应符合规定,允许误差为0.8mm。

④环形槽深度c应为3.6~4.5mm。

(2)混凝土强度换算理论

混凝土强度换算值根据汇总后的回归方程式进行计算：

$$f_{cu}^c = AF + B \tag{3-11}$$

式中：f_{cu}^c——混凝土强度换算值(MPa)，精确至 0.1MPa；

F——拔出力(kN)，精确到 0.1kN；

A、B——测强公式回归系数。

当被测结构所用混凝土的材料与制定测强曲线所用材料有较大差异时，可在被测结构上钻取混凝土芯样，根据芯样强度对混凝土强度换算进行修正。芯样数量不应少于 3 个，在每个钻取芯样附近 3 个测点的拔出试验，取 3 个拔出力的平均值代入式(3-12)计算每个芯样对应的混凝土强度换算值。修正系数如下式：

$$\eta = \frac{1}{n}\sum_{i=1}^{n} f_{cor,i}/f_{cu,i}^c \tag{3-12}$$

式中：η——修正系数，精确到 0.01；

$f_{cor,i}$——第 i 个混凝土芯样试件的抗压强度值(MPa)，精确到 0.1MPa；

$f_{cu,i}^c$——对应于第 i 个混凝土芯样试件的 3 个拔出力平均值的混凝土强度换算值(MPa)，精确到 0.1MPa；

n——试件数。

单个构件的拔出力计算值按下列规定取值：当构件 3 个拔出力中的最大拔出力和最小拔出力与中间值之差均小于中间值的 15% 时，取小值作为该构件拔出力计算值；当加测时，加测的 2 个拔出力值和最小拔出力值一起取平均值，再与前一次的拔出力中间值比较，取小值作为该构件拔出力计算值。将单个构件拔出力计算值代入(3-12)计算强度换算值(或者用 η 乘以强度换算值)作为单个构建混凝土强度推定值，即

$$f_{cu,e} = f_{cu}^c \tag{3-13}$$

将同批构件抽样检测的每个拔出力按式(3-12)计算强度换算值(或用修正系数 η 乘以强度换算值)。

混凝土强度的推定值 $f_{cu,e}$ 按下列公式计算：

$$f_{cu,e} = m_{f_{cu}^c} - 1.645 S_{f_{cu}^c} \tag{3-14}$$

$$f_{cu,e2} = m_{f_{cu,min}^c} = \frac{1}{n}\sum_{j=1}^{n} f_{cu,min,j}^c \tag{3-15}$$

$$m_{f_{cu}^c} = \frac{\sum_{i=1}^{n} f_{cu,i}^c}{n} \tag{3-16}$$

$$S_{f_{cu}^c} = \sqrt{\sum_{i=1}^{n} \frac{(f_{cu,i}^c)^2 - n(m_{f_{cu}^c})^2}{n-1}} \tag{3-17}$$

式中：$m_{f_{cu}^c}$——该批抽检构件混凝土强度换算值平均值，精确至 0.1MPa；

$m_{f_{cu,min}^c}$——构件中最小测区混凝土强度换算值的平均值，精确至 0.1MPa；

$f_{cu,min,j}^c$——第 j 个构件中的最小测区混凝土强度换算值，精确至 0.1MPa；

$f_{cu,i}^c$——对应于第 i 个测点的混凝土强度换算值；

$S_{f_{cu}^c}$——该批抽检构件混凝土强度换算值的标准差，精确至 0.1MPa；

m——该批抽检的构件数;

n——该批抽检构件的测点总数。

取式(3-15)、式(3-16)中的较大值作为该批构件混凝土强度的推定值。

对于按批量检测的构件,当全部测点的强度标准差出现在下列其中之一的情况时,则该批构件全部按单个构件检测。

当混凝土强度换算值的平均值小于或等于25MPa时,$S_{f_{cu}^c}>4.5$MPa;当混凝土强度换算值的平均值大于25MPa时,$S_{f_{cu}^c}>5.5$MPa。

二、混凝土缺陷损伤的检测

在桥梁施工、使用过程中,往往会产生一些缺陷和损伤。混凝土构件中常见的缺损有裂缝、碎裂、剥落、层离、蜂窝、空洞、腐蚀和钢筋锈蚀等。钢构件中常见的缺损主要有锈蚀、裂缝(包括由于应力集中和疲劳等引起的裂缝)、机械损伤、局部变形、焊缝缺陷和防护层损坏等。

这些缺陷和损伤往往会严重影响结构物的承载能力和耐久性,因此是桥梁养护工作中必须检测的项目。形成这些缺陷和损伤的主要原因有:施工不当造成内部孔洞、不密实区,蜂窝及保护层不足,钢筋外露等;因混凝土非外力作用裂缝;外力作用形成裂缝;因长期腐蚀或冻融造成构件由表及里的层状疏松。

混凝土探伤以无损检测的手段,确定混凝土内部缺陷的存在、大小、位置和性质。可用于探伤的无损检测手段有:超声脉冲法,射线法,声波检测法,射线照相法,红外线检测法,雷达检测法。其中超声法是目前使用最多、最有效的探伤方法(金属探伤也利用超声波在内部缺陷界面上的反射特性判断内部缺陷状态)。

超声探伤法常用来探查钢材、焊缝和混凝土中存在的裂缝、空洞、夹渣及火灾损伤等。由于混凝土是非匀质材料,必须用方向性弱的低频脉冲(20~150kHz),且传递距离不大于80cm;平行于脉冲方向的钢筋对探测结果影响很大,故配筋多的混凝土构件测试方法会有所限制;窄的裂缝会通过接触点或钢筋传递脉冲。所以,超声探伤法最好用来探测较大的空洞和裂缝。

混凝土超声探伤的依据有:因低频超声在混凝土中遇到缺陷时发生绕射,故可按声时、声程的变化,判别和计算缺陷的大小;因超声波在缺陷界面上产生反射,故可按到达接收探头时能量显著衰减的现象判断缺陷的存在及大小;因超声脉冲各频率成分在遇到缺陷时衰减程度不同,故可按接收频率明显降低,或接收波频谱产生差异来判别内部缺陷;因超声波在缺陷处波形转换和叠加,故可按其造成的接收波形畸变现象判别缺陷。

超声法混凝土缺陷检测主要有以下几方面的内容:混凝土均匀性检测;混凝土结合面质量检测;混凝土表面损伤层检测;混凝土不密实区和空洞检测;裂缝检测。这里只介绍一些常用的检测方法,详细内容可参照超声法检测混凝土缺陷技术规程(CECS 21:2000)。

1. 混凝土均匀性检测

混凝土的不均匀性可引起脉冲速度的差别,这种差别和质量相关。脉冲速度的测量可以用来研究混凝土的均匀性,为达此目的,应选定足够均匀地布置该混凝土结构的若干测点,测点间距一般为200~500mm,测点布置时应避开与声波传播方向一致的钢筋(这种平行方向的钢筋对探测结果影响很大)。

各测点的声速值按下式计算:各测点的声速值按下式计算:

$$v_i = \frac{L_i}{t_i} \tag{3-18}$$

式中:v_i——第 i 点混凝土声速值(km/s);

L_i——第 i 点声径长度或称测距值(mm);

t_i——第 i 点混凝土的声时值(μs)。

各测点混凝土的声速平均值 $\bar{v}$ 和标准差 s_v 及离差系数 c_v 按下式计算:

$$\bar{v} = \frac{1}{n}\sum_{i=1}^{n} v_i \tag{3-19}$$

$$s_v = \sqrt{\frac{\sum_{i=1}^{n}(v_i)^2 - n(\bar{v})^2}{n-1}} \tag{3-20}$$

$$c_v = \frac{s_v}{\bar{v}} \tag{3-21}$$

式中:$\bar{v}$——声速平均值(km/s);

n——测点数;

v_i——第 i 点的声速值(km/s);

s_v——声速标准差;

c_v——声速离差系数。

根据 s_v、c_v,比较相同测距的同类结构或各部位混凝土均匀性的优劣。

2.混凝土结合面质量检测

测试前应确定结合面的位置及走向,以正确确定需测部位及布置测点;结构的被测部位应具有使声波垂直或斜穿结合面的一对平行测试面;布置测点应避开平行声波传播方向的主钢筋或预埋铁件。测点也可采用斜测法布置测点,测点应使测试范围覆盖全部结合面或有怀疑的部位。各对 T、R 换能器连线的倾斜角及测距应相等,如图 3-5 所示。测点的间距视结构尺寸和结合面外观质量情况而定,可控制在 100~300mm。在测出各点的声时、波幅和频率值后,对某一测区各测点声时、波幅和频率值分别进行统计和异常值判断。当通过结合面的某些测点的数据异常,并可排除其他因素影响时,可判定混凝土结合面在该处结合不良。

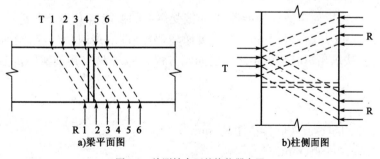

图 3-5 检测结合面的换能器布置

3.混凝土表面损伤层检测

根据结构的损伤情况和外观质量,选取有代表性的部位布置测区;结构被测表面应平整并处于自然干燥状态,且无接缝和饰面层;测点布置时应避免 R、T 换能器的连线方向与附近主钢筋的轴线平行。

表面损伤层检测应选用低频的厚度振动式换能器。测试时 T 换能器应耦合保持不动,然后将 R 换能器依次耦合在测点 1、2、3…位置上,如图 3-6 所示,读取相应的声时值 t_1、t_2、t_3…,并测量每次 R、T 换能器之间的距离 L_1、L_2、L_3…。R 换能器每次移动的距离不宜大于 100mm,每一测区的测点数不得少于 5 个。当结构的损伤层厚度不均匀时,应适当增加测区数。

以各测点的声时值 t_i 与相应测距值 L_i 绘制"声时—测距"坐标图,如图 3-7 所示,可得到声速改变所形成的拐点,并按下式算出损伤混凝土的声速 v_d 和未损伤混凝土的 β 声速 v_n。

$$v_d = \cot\alpha \frac{L_2 - L_1}{t_2 - t_1} \tag{3-22}$$

$$v_n = \cot\beta \frac{L_4 - L_3}{t_4 - t_3} \tag{3-23}$$

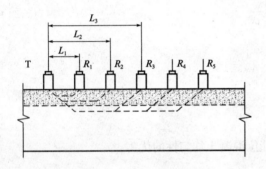

图 3-6 结合面斜测法换能器布置图

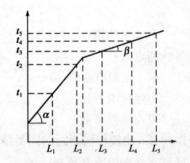

图 3-7 损伤"声时—测距"坐标图

4. 裂缝检测

超声法除了可用来检测混凝土强度外,还可用来检测混凝土病害,如混凝土的空洞、混凝土损伤等缺陷,也可用来探测钢筋钢束位置。由于裂缝是常见的病害,前述的方法只能检测缝宽度而不能测其深度,而超声法就可以解决这一问题。

当结构的裂缝部位只有一个可测表面且估计的裂缝深度又不大于 500mm 时,可采用单面平测法。测量时应在裂缝处以不同的测距,按跨缝和不跨缝布置测点(避开钢筋)。

(1)不跨缝声时测量

如图 3-8 所示,将发射声波的换能器 T 和接受声波的换能器 R 置于裂缝附件,以 T、R 内边缘间距 l' 从 100mm 开始,以 50mm 为一级递增,分别读取声时值 t_i,绘制时距坐标图(图 3-9)或用回归分析法求出声时与测距之间的回归方程 $l_i = a + bt_i$。声波实际传播距离 l_i 为:

$$l_i = l' + |a|$$

式中:l_i——第 i 点的超声波实际传播距离(mm);

l'——T、R 内缘间距(mm);

a——回归方程的常数项。

则回归系数 b 即为不跨缝平测时混凝土的声速值 v(km/s)。

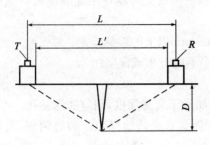

图 3-8 平测法跨缝测试图

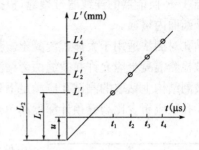

图 3-9 浅裂缝平测时距图

(2) 跨缝声时测量

如图 3-8 所示,属 T、R 换能器分别置于裂缝两侧,l' 从 100mm 起,以 50mm 为级数增加,分别读取声时值 t_i^0,同时观察管波相位的变化。

根据如图 3-8 所示的几何关系,裂缝深度依下式计算:

$$h_{ci}=l_i/2\sqrt{(t_i^0 v/t_i)^2-1} \tag{3-24}$$

$$m_{hc}=\frac{1}{n}\sum_{i=1}^{n}h_{ci} \tag{3-25}$$

式中:l_i——不跨缝平测时第 i 点的超声波实际传播距离(mm);

h_{ci}——第 i 点计算的裂缝深度值(mm);

t_i^0——第 i 点跨缝平测声时值(μs);

m_{hc}——各测点计算裂缝深度的平均值(mm);

n——测点数。

实验证明,跨缝测量时,管波反相与裂缝深度有关。当在某测距发现管波反相时,可用该测距及两个相邻测距计算 h_{ci} 值,取此三点 h_{ci} 的平均值为裂缝深度值 h_c。

有时候由于管钢筋或裂缝中局部连通影响而难以发现反相管波,所以不同的测距计算 h_{ci} 和 m_{hc},当 $l_i'<m_{hc}$ 和 $l_i'<3m_{hc}$ 时,应剔除该数据。

当结构的裂缝部位具有两个相互平行的测试表面时,可采用双面穿透斜测法测点布置,如图 3-10 所示,将 T、R 换能器分别置于两个测试表面对应测点 1、2、3…的位置,读取相应声时值 t_i、波幅值 A_i 及主频 f_i。

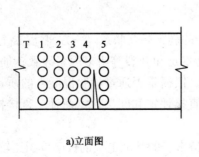
a) 立面图

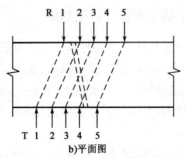
b) 平面图

图 3-10 裂缝斜测法示意

当 T、R 换能器的连线通过裂缝,根据波幅、声时和主频突变可以评定裂缝深度以及是否在所处断面内贯通。

钻孔对测法适用于大体积混凝土。预计深度在 500mm 以上的裂缝检测。

被检测混凝土应允许在裂缝两旁钻测试孔,裂缝中不应有水或泥浆。

被测结构上钻取的测试孔应满足下列要求:

①孔径应至少比裂缝预计深度深 700mm,经测试如浅于裂缝深度,则应加深钻孔。

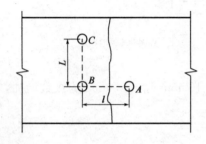

图 3-11 裂缝钻孔检测辅助孔示意

②对应的两个测试孔必须始终位于裂缝两侧,其轴线应保持平行。

③两个对应测试孔的间距宜为 2 000mm,同一结构的各对应测孔间距应相同。

若条件允许,最好在裂缝一侧多钻一个较浅的辅测孔,测试无缝混凝土的声学参数,供对比判别之用,如图 3-11 所示。

裂缝检测应选用频率为 20～60kHz 的径向振动式换能器,并在其接线上做出等距离标志(一般间隔 100～400mm)。测试前先向测试孔中注满清水,然后将 R、T 换能器分别置于裂缝两侧的对应孔中,以相同高程等间距从上至下同步移动,逐点读取声时值、波幅值和换能器所处的深度,如图 3-12 所示。

以换能器所处深度 d 与对应的波幅 A 绘制 $d \sim A$ 坐标图(图 3-13)。从图中可看出:随着换能器的下移,波幅逐渐增大。当换能器下移至某一位置后,波幅达到最大值继而稳定,该位置所对应的深度 d_{max} 即为裂缝深度 h_c。

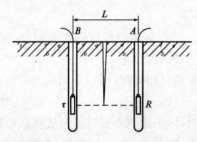

图 3-12 深裂缝钻孔检测立面示意

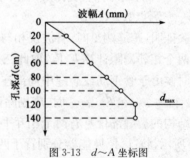

图 3-13 $d \sim A$ 坐标图

三、钢筋锈蚀的直(间)接检测

钢筋混凝土构件中钢筋的锈蚀往往与混凝土的病害相互联系。一方面,混凝土的密实度、渗水性、含水率、含氯盐量、碳化深度、保护层厚度不足和开裂等诸多因素导致钢筋锈蚀;另一方面,钢筋的锈蚀又促使了混凝土的进一步破损。依据是否通过检验混凝土的质量状况来检测钢筋锈蚀状况,对钢筋锈蚀的评定技术可分为直接评定和间接评定两种。直接检测钢筋锈蚀技术主要有:

①半电池电位检测法。利用与已知的、并保持常量的基准电极的极电位相比较,有效地测量混凝土中钢筋的极电位,从而判定钢筋是否锈蚀。该法虽然不能提供锈蚀速率的具体数据,

但它是目前唯一可用于现有桥梁直接检测混凝土锈蚀程度的非破损技术。该检测技术设备简单,便于现场检测,在钢筋混凝土桥梁结构的耐久性评定中广泛应用。

②重量损失法与截面损失法。这两种方法都需要在桥梁构件上截取已锈蚀钢筋的试件进行检测(局部破损检测),缺点是仅能反映桥梁构件局部的锈蚀率。

间接评定钢筋锈蚀技术主要有:

①混凝土碳化深度的现场检测。用2‰的酚酞酒精溶液喷洒在混凝土的新鲜断口处。pH≥10时显示紫红色,说明未碳化;pH<10时为无色,说明已碳化。若碳化深度到达钢筋部位,混凝土失去保护作用,则钢筋可能被锈蚀。

②混凝土保护层厚度现场检测。利用保护层测定仪检测钢筋的混凝土保护层厚度是否足够。当取芯或钻孔时,也用来探测钢筋位置。在评价缺乏资料的桥梁时,可用其估测钢筋直径。目前产品的检测深度达220~250mm,精确度为±5%。

③混凝土电阻率检测。混凝土的电阻率与其含水率有关,是控制钢筋锈蚀的因素之一。电阻率越高,锈蚀电流越弱。当电阻率超过12 000Ω·cm时,钢筋不大可能锈蚀;当电阻率低于500Ω·cm时,钢筋肯定锈蚀。

④混凝土中氯离子含量检测。用来评定氯盐对钢筋的锈蚀。

⑤混凝土气透性检测。通过其对碳化和有害离子侵蚀的抵抗力,间接评定钢筋。

1. 钢筋锈蚀自然电位的检测

钢筋锈蚀是一个电化学过程,钢筋锈蚀电位的测量是把钢筋与混凝土看作一个半电池,通过检测与参考电极的电位差,来作为钢筋锈蚀电位的量度。该方法是检测钢筋锈蚀的常用方法,方法简便,对结构无损伤,易于现场实施,结果明确,适用于混凝土构件寿命期间的任何期间,不受构件尺寸、钢筋保护层厚度的限制。

(1)钢筋锈蚀电位检测仪的技术要求

①钢筋锈蚀电位测量仪应通过技术鉴定,必须具有产品合格证。

②仪器的技术性能要求主要有以下几点:

a. 测量范围大于1V;

b. 准确度优于0.5%±1mV;

c. 输出电阻大于1 010Ω;

d. 半电池参考电极为铜/硫酸铜电极,温度系数0.9mV/℃;

e. 显示方式为数字显示;

f. 数据输出有标准打印机输出口,按矩阵或序列形成输出电位值并绘制等电位图;

g. 数据可存储且内存不断电;

h. 电源为直流电,连续正常工作时间不小于6h;

i. 仪器使用环境条件为环境温度0~+40℃,相对湿度≥85%;

j. 测量连接导线:导线长不应超过150m,截面积大于0.75mm^2。

(2)钢筋锈蚀电位检测仪的使用、维护与保管

仪器的使用、日常维护与保管应按相应的说明书规定进行;对于充电电池供电的仪器,应注意每1~2个月充放电一次,以保持电池的活性。

(3)钢筋锈蚀电位检测仪的校准

铜/硫酸铜电极的校准可使用甘汞电极。将铜/硫酸铜参考电极接于测量仪正极,甘汞电极接于负极,并把两电极同时接触于一块润湿的棉花上,在22℃时两电极之间的电位差在68±10mV之间,则铜/硫酸铜电极就是可用的。每次检测之前应对电极进行校准。

二次仪表的校准一般应每年进行一次。

(4)钢筋锈蚀电位的测试方法

①铜/硫酸铜参考电极的准备。饱和硫酸铜溶液用试剂级硫酸铜晶体溶解在蒸馏水中制成,当有多余的未溶解硫酸铜晶体积于溶液底部时,可认为该溶液是饱和的。电极铜棒应清洁,无明显缺陷,否则需用稀释盐酸溶液清洁铜棒,并用蒸馏水彻底冲净。硫酸溶液每月更换,长时间不用再用时也应更换,以保持溶液清洁。溶液应充满电极。

②测区与测点布置如下:测区应根据构件的环境差异,外观检查的结果来确定,应有各种程度和差异的代表,每一种测区数量不宜少于3。

在测区上布置测试网格,网格节点为测点,网格间距可选20cm×20cm,30cm×30cm,20cm×10cm等,根据构件尺寸而定,测点位置距构件边缘应大于5cm,测点数可根据仪器功能要求确定,但一般不宜少于20个测点。

当一个测区内存在相邻测点的读数超过150mV,通常应减小测点的间距。

测区应统一编号,注明位置,并描述外观情况。

③混凝土表面处理。用钢丝刷、砂纸打磨测区混凝土表面,去除涂料、浮浆、污迹、尘土等,并将表面润湿。润湿用电接触液可以用水或加入适量液态洗涤剂的水溶液。

④钢筋锈蚀电位测量系统按要求正确连接、正确操作。现场检测,铜/硫酸铜电极一般接二次仪表的正输入端,钢筋接二次仪表的负输入端。

局部打开混凝土,在钢筋上钻一小孔并拧上自攻螺钉,用加压型接线夹夹在钉帽上,保证有良好的电联接。若在远离钢筋连接点的测区进行测量,必须用万用表检查内部钢筋的连续性,如不连续,应重新进行钢筋的连接。

铜/硫酸铜参考电极与测点的接触:测量前应预先将电极前端多孔塞充分浸湿,以保证良好的导电性,正式测读前应再次用喷雾器将混凝土表面润湿,但应注意两个测点之间不应留有自由表面水。

(5)钢筋锈蚀电位测量值的采集

测点读数变动不超过2mV,可视为稳定。在同一测点,同一支参考电极,重复测读的差异不超过10mV;不同的电极重复测读的差异不超过20mV。若不符合稳定要求,应检查测试系统的各个环节。

数据按测量仪器的操作要求存入内存,并于每个工作日之后及时输出处理数据。

(6)测量时应注意的问题与数据的修正

①混凝土含水率对测量值有明显影响,因此测量时构件应在自然状态,含水率约为2%~3%,否则不能使用本指南给出的判据。

②如果环境温度在22℃±5℃范围之外,要对铜/硫酸铜电极进行温度修正。

③各种外界因素产生的杂散电流,影响测量值,特别是靠近地面的测区。应避免各种电磁场的干扰。

④混凝土保护层电阻对测量值产生影响,除测区表面处理要符合规定外,仪器的输入阻抗

要符合技术要求。

(7)测试结果的记录格式与评定

根据电化学原理,钢筋锈蚀自然电位相对于铜/硫酸铜参考电极应为负值,为了提高现场测试的稳定性,本文介绍的方法测得的读数为正值,评定时按惯例将数据加上负号。

数据格式如下:按一定的比例绘出测区平面图,标出相应测点位置的钢筋锈蚀点,得到数据阵列。绘出电位等值线图。通过数值相等各点或内插各等值点绘出等值线,等值线差值宜为 100mV。

(8)钢筋锈蚀电位测试的改善措施

钢筋锈蚀自然电位的检测,会受到多种因素的干扰。为了提高现场检测结果判读与评定的准确性,可进行少量的现场比较性试验。对于需进行钢筋锈蚀评定的构件,有时已有钢筋暴露或很容易暴露,只要测其周围的锈蚀电位,比较这些钢筋的锈蚀程度和相应的测量值,就可缩小判据的范围,提高准确性。通过大面积的检测评定整个被测结构的钢筋锈蚀状态。

2. 混凝土碳化深度检测法

钢筋混凝土结构物中,钢筋处于混凝土的碱性保护之中,混凝土碳化深度一旦到达钢筋,钢筋就失去保护。当外部条件成熟,就会发生锈蚀,因此检测混凝土碳化深度对判断钢筋状态也是很重要的。

(1)混凝土碳化深度的检测方法

混凝土碳化深度的检测一般使用酸碱指示剂喷在混凝土的新鲜破损面,根据指示剂颜色的变化,可测量混凝土的碳化深度。

(2)混凝土碳化深度检测前的准备

①目前常用的指示剂为酚酞试剂,配制方法为:75%的酒精溶液与白色酚酞粉末配置成酚酞浓度为 1%~2%的酚酞溶剂,装入喷雾器备用。溶剂应为无色透明的液体。

②测区位置的选择原则可参照钢筋锈蚀自然电位测试的要求。若在同一测区,应先进行保护层和锈蚀电位、电阻率的测量,再进行碳化深度的测量。

③结构外侧面应布置测区。

④每一测区应布置测试孔 3 个,成"品"字排列,孔距应根据构件尺寸大小,但应大于 2 倍孔径。

⑤测孔距构件边角的距离大于 2.5 倍保护层厚度。

(3)碳化深度测量的操作过程

①用装有 20mm 直径钻头的冲击钻在测点位置钻孔。

②成孔后用圆形毛刷将孔中碎屑、粉末清除,并用皮老虎吹净,露出混凝土新茬。

③将酚酞指示剂喷到测孔壁上。

④待酚酞指示剂变色后,用测深卡尺测量混凝土表面至酚酞变色交界处的深度,准确至 1mm。酚酞指示剂从无色变为紫色时混凝土未碳化,酚酞指示剂未改变颜色处的混凝土已经炭化。

⑤将测区、测孔统一编号,并画出示意图,标上测量结果。

⑥测量值的整理应列出最大值、最小值和平均值。

(4)混凝土碳化对钢筋的影响

若混凝土碳化深度已达到钢筋保护层的厚度,则钢筋失去保护已有锈蚀的危险。

3. 混凝土中氯离子含量测定法

有害物质侵入混凝土,将会影响结构的耐久性。混凝土中氯离子可引起并加速钢筋的锈蚀;硫酸盐(SO_4^{2-})的侵入可使混凝土成为易碎松散状态,强度下降;碱的侵入(K^+、Na^+)在集料具有碱活性时,可能引起碱—集料反应破坏。因此在进行结构耐久性评定时,根据需要应对混凝土中 Cl^-、SO_4^{2-}、Na^+、K^+ 含量进行测定。目前,对混凝土中氯离子含量的测定方法比较成熟,已被普遍应用于现在结构。

氯离子含量的测定方法分析主要有两种:①滴定条法。这种方法比较简便,可在现场完成;②实验室化学分析法。这种方法结果准确,但对操作人员要求较高。

(1)滴定条法测定氯离子含量

①混凝土粉末分析样品的取样部位和数量

a. 分析样品的取样部位可参照方法1及方法3的测量原则确定。

b. 测区的数量应根据结构的工作环境条件及构件本身的质量状况确定,在工作环境条件、质量状况有明显差异的部位布置测区。

c. 每一测区取粉的钻孔数量不宜少于3个,取粉孔可与碳化深度测量孔合并使用。

d. 测区、测孔应统一编号。

②混凝土取样方法

a. 使用直径20mm以上的冲击钻在混凝土表面钻孔,钻孔前应先确定钢筋位置。

b. 钻孔取粉应分层收集,一般深度间隔可取 3mm、5mm、10mm、15mm、20mm、25mm、50mm…。若需指定深度处的钢筋周围氯离子含量,取粉间隔可进行调整。

c. 钻孔深度使用附在钻头侧面的标尺杆控制。

d. 用一硬塑料管和塑料袋收集粉末,对每一深度应使用一个新的塑料袋收集粉末,每次采集后,钻头、硬塑料管及钻孔内都应用毛刷将残留粉末清理干净,以免不同深度粉末混杂。

e. 同一测区不同孔相同深度的粉末可收集在一个塑料袋内,重量不应少于25克,若不够可增加同一测区测孔数量。不同测区测孔相同深度的粉末不应混合在一起。

f. 采集粉末后,塑料袋应立即封口保存,注册测区、测孔编号及深度。

③滴定条法分析步骤

a. 将采回的样品过筛。去掉其中较大的颗粒。

b. 将样品置于105℃±5℃烘箱内烘2h后,冷却至室温。

c. 称取5g样品粉末(准确度优于±0.1g)放入烧杯中。

d. 缓慢加入50mL(1.0mol,HNO_3)并彻底搅拌直至"嘶嘶"声停止。

e. 先用石蕊试纸检查溶液是否呈酸性(石蕊试纸变红),如果不呈酸性,再加入适量硝酸;最后加入约5g无水碳酸钠(Na_2CO_3)。

f. 用石蕊试纸检查深溶液是否呈中性,否则再加入少量无水碳酸钠直至溶液呈中性。

g. 用过滤纸做一锥斗压入液体,当纯净的溶液渗入锥头后,把滴定条插入液体中。

h. 待滴定条顶端水平黄色细条变成蓝色,取出滴定条并沿由上至下的方向将其擦干。

i. 读取滴定条颜色变化处的最高值,然后,在该批滴定条表中查出所对应的氯离子含量值,此值是以百万分之几(PPM)表示的。若分析过程取样5g,加硝酸50mL,则将查表所得的值除以 1 000 即为百分比含量。

j. 若使用样品重量不是 5g 或使用过量的硝酸,则按式(3-26)修正其百分比含量。

$$\text{氯离子百分比含量} = \frac{a \times b}{10\,000c} \tag{3-26}$$

式中:a——查表所得的值(ppm);
b——硝酸体积(mL);
c——样品质量(g)。

(2)试验室化学分析法测定氯离子含量

①混凝土中游离氯离子含量的测定

该试验目的:测定硬化混凝土中砂浆的游离氯离子含量,为查明钢筋锈蚀原因提出依据。

试验设备包括:托盘天平(称量 100g、感量 10mg);分析天平(称量 200g、感量 1mg、称量 200g、感量 0.1mg 各 1 台);棕色滴定管(25mL 或 50mL);三角烧瓶(250mL);容量瓶(100mL、1 000mL);移液管(20mL);标准筛(孔径 0.63mm)。

化学药品包括:硫酸(比重 1.84);酒精(95%);硝酸银;铬酸钾;酚酞;氯化钠。

试剂的配制如下:

a. 配制浓度约 5%铬酸钾指示剂:称取 5g 铬酸钾溶于少量蒸馏水中,加入少量硝酸银溶液使出现微红,摇匀后放置过夜,过滤并移入 100mL 容量瓶中,按要求稀释。

b. 配置浓度约 0.5%酚酞溶液:称取 0.5g 酚酞,溶于 7mL 酒精和 25mL 蒸馏水中。

c. 配置稀硫酸溶液:以 1 份体积硫酸倒入 20 体积的蒸馏水中。

d. 配置 0.02N 氯化钠标准溶液:把分析纯氯化钠置于瓷坩埚中加热(以玻璃棒搅拌),一直到不再有盐的爆裂声为止。冷却后称取 1.2g 左右(精确至 0.1mg)用蒸馏水溶解后移入 1 000mL 容量瓶,并稀释至刻度。氯化钠当量浓度按式(3-27)计算:

$$N = \frac{W}{58.45} \tag{3-27}$$

式中:N——氯化钠溶液的当量浓度;
W——氯化钠重(克);
58.45——氯化钠的克当量。

0.02N 硝酸银溶液(视所测的氯离子含量,也可配成浓度略高的硝酸银溶液):秤取硝酸银 3.4g 左右溶于蒸馏水中并稀释至 1 000mL,置于棕色瓶中保存。用移液管吸取氯化钠标准溶液 20mL(V_1)于三角烧瓶中,加入 10~20 滴铬酸钾指示剂用于配制的硝酸银溶液滴定至溶液刚呈砖红色。记录所消耗的硝酸银毫升数(V_2)。

$$N_2 = \frac{N_1 \times V_1}{V_2} \tag{3-28}$$

式中:N_2——硝酸银溶液的当量浓度;
N_1——氯化钠标准溶液的当量浓度;
V_1——氯化钠标准溶液的毫升数;
V_2——消耗硝酸银溶液的毫升数。

试验步骤主要为:

a. 样品处理:取混凝土中的砂浆约 30g。研磨至全部通过 0.63mm 筛,然后置于烘箱中加热(105℃±5℃)两小时,取出后放入干燥器冷却至室温。称取 20g(精确至 0.01g),重量为 G。置于三角烧瓶中并加入 200mL(V_3)的蒸馏水,塞紧瓶塞,剧烈振荡 1~2min,浸泡 24h。

b.将上述试样过滤。用移液管分别吸取滤液 20mL(V_4),置于两个三角烧瓶中。各加 2 滴酚酞。使溶液呈微红色,再用稀硫酸中和至无色后,加铬酸钾指示剂 10~20 滴,立即用硝酸银溶液滴定至呈砖红色。记录所消耗的硝酸银毫升数(V_5)。

游离氯离子含量按式(3-29)计算:

$$P = \frac{N_2 V_5 \times 0.035\,45}{G - V_4/V_3} \times 100\% \tag{3-29}$$

式中: P——砂浆样品游离氯离子含量(%);

N_2——硝酸银标准溶液的当量浓度;

G——砂浆样品重(g);

V_3——浸样品的水重(mL);

V_4——每次滴定时提取的滤液量(mL);

V_5——每次滴定时消耗的硝酸银溶液(mL);

0.035 45——氯离子的毫克当量。

②混凝土中氯离子总含量(包括已和水泥结合的氯离子量)的测定

该试验目的:测定混凝土中砂浆的氯离子总含量,为查明钢筋锈蚀原团提供依据。

试验设备包括:恒温烘箱;分析天平(称量 100g,感量 0.1mg);天平(感量 0.01g);酸式滴定管(10mL)两支;容量瓶(100mL 和 1 000mL);三角锥瓶(250mL);试剂瓶(1 000mL);移液管(20mL);玻璃干燥器;研钵;表面皿;化学药品包括:氯化钠;硝酸银;硫氰酸钾;硝酸;铁矾;铬酸钾;氯化钠。

试剂配置步骤为:

a.0.02N 氯化钠标准溶液的配制:按相关规定执行。

b.0.02N 硝酸银溶液配制与标定:按相关规定执行。

c.6N 硝酸银溶液的配制:取含量 65%~68% 的化学纯浓硝酸(HNO_3)25.8mL 置于容量瓶中,按要求用蒸馏水稀释。

d.10% 铁矾溶液:用 10g 化学纯铁矾溶于 90g 蒸馏水配成。

e.0.02N 硫氰酸钾标准溶液:用天平称取化学纯硫氰酸钾晶体约 1.95g 左右,溶于 100mL 蒸馏水,充分摇匀,装在瓶内配成硫氰酸钾溶液并用硝酸银标准溶液进行标定。将硝酸银标准溶液装入滴定管,从滴定管放出硝酸银标准溶液约 25mL,加 6N 硝酸 5mL 和 10% 铁矾溶液 4mL,然后用硫氰酸钾标准溶液滴定。滴定时,激烈摇动溶液,当滴至红色维持 5~10s 不褪时即为终点。

硫氰酸钾标准溶液的当量浓度按式(3-30)计算:

$$N_1 = \frac{N_2 V_2}{V_1} \tag{3-30}$$

式中:N_1——硫氰酸钾标准溶液的当量浓度;

N_2——滴定时消耗的硫氰酸钾标准溶液(mL);

V_1——硝酸银标准溶液的当量浓度;

V_2——硝酸银标准溶液(mL)。

试验步骤为：

a. 取适量的混凝土试样(约40g左右)，用小锤仔细除去混凝土试样中石子部分，保存砂浆，把砂浆研碎成粉状，置于(105℃±5℃)烘箱中烘2h。取出放入干燥器内冷却至室温，用感量为0.01g天平称取10～20g砂浆试样倒入三角锥瓶。

b. 用容量瓶盛100mL稀硝酸(浓硝酸与蒸馏水体积比为15：85)倒入盛有砂浆试样的三角锥瓶内，盖上瓶塞，防止蒸发。

c. 砂浆试样浸泡一昼夜左右(以水泥全部溶解为度)，其间应摇动三角锥瓶，然后用滤纸过滤，除去沉淀。

d. 用移液管准确量取滤液20mL两份，置于三角锥瓶，每份由滴定管加入硝酸银溶液约20mL(可估算氯离子含量的多少而酌量增减)，分别用硫氰酸钾溶液滴定。滴定时激烈摇动溶液，当滴至红色能维持5～10s不褪时即为终点。

必要时可加入3～5滴10%铁矾溶液以增加水泥含有的Fe^{3+}。

氯离子总含量按式(3-31)计算：

$$P=\frac{0.03545(NV-N_1V_1)}{GV_2/V_3}\times 100\% \tag{3-31}$$

式中：P——砂浆样品中氯离子总含量(%)；
N——硝酸银标准溶液的当量浓度；
V——加入滤液试样中的硝酸银标准溶液(mL)；
N_1——硫氰酸钾标准溶液的当量深度；
V_2——每次滴定时提取的滤液量(mL)；
V_3——浸样品的水量(mL)；
G——砂浆样品重(g)；
0.03545——氯离子的毫克当量。

(3) 分析结果的评定

氯化物浸入混凝土引起钢筋的锈蚀，其锈蚀危险性受到多种因素的影响，如碳化深度、混凝土含水率、混凝土质量等，因此应进行综合的分析。

因氯离子含量引起钢筋锈蚀的危险性可分为三个等级，见表3-5。

钢筋锈蚀危险程度划分   表3-5

氯离子含量(占水泥含量的百分比)	0.4以下	0.4～1.0	1.0以上
钢筋锈蚀危险性	低	中	高

根据每一取样层氯离子含量的测定值，做出氯离子含量深度的分布线，从而可判断氯化物是混凝土生成时已有的，还是结构使用过程中由外界渗入的以及浸入的深度。

4. 钢筋保护层厚度及分布检测法

混凝土保护层为钢筋提供了良好的保护，其厚度和分布的均匀性是影响钢筋耐久性的重要因素，在结构质量检测中必须进行该项目的钢筋保护层的测量，通常使用钢筋保护层测量仪器，其工作原理为电磁感应。当探测传感器靠近钢筋时，传感器的电感量发生变化，两端电压发生变化,从而可测定钢筋的位置、直径和保护层厚度。

(1)钢筋保护层测试仪的技术要求

①钢筋保护层测试仪应通过技术鉴定,必须具有产品合格证。

②仪器的保护层测量范围应大于120mm。

③仪器的准确度应满足:a. 0~60mm,±1mm;b. 60~120mm,±3mm;c. >120mm,±10%。

④可适用钢筋直径范围 $\phi 6\sim\phi 50$,不少于符合有关钢筋直径系列规定的12个档次。

⑤仪器应具有在未知保护层厚度的情况下,测量钢筋直径的功能。

⑥仪器适用于常用的碳素钢、低合金钢钢筋和普通水泥。当出现超出仪器适用的钢材、水泥品种范围时,仪器仍能工作,但需做专门的校准以修正测读值。

⑦仪器应能适用于温度0℃~40℃,相对湿度≤85%,无强磁场干扰的环境条件。

⑧仪器工作时应为直流供电,连续正常工作时间不小于6h。

(2)钢筋保护层测试仪的使用、维护与保管

①仪器的使用、维护与保管应遵照说明书进行。

②仪器接通电源后宜预热10min,再进行正式测读。

③在测量的整个过程中,应随时检查和调节仪器的零点。

④测量时应避免强磁场的干扰,两台仪器同时使用相距应大于2m。

⑤对于充电电池供电的仪器,应每1~2个月充放电1次,以保持电池的活性。

(3)钢筋保护层测试仪的标定

①保护层测试仪使用期间的标定校准,使用专用的标定块。当测量标定块所给定的保护层厚度时,测读值应在仪器说明书所给定的准确度范围之内。

②标定块由一根 $\phi 16$ 的普通碳素钢筋垂直浇铸在长方体无磁性的塑料块内,使钢筋距4个侧面分别为15mm、30mm、60mm、90mm。

③标定应在无外界磁场干扰的环境中进行。

④每次检测前均应对仪器进行标定,若达不到应有准确度,应送专门机构维修。

(4)钢筋保护层测量的一般原则要求

①测区布置原则

a. 按单个构件检测时,应根据尺寸大小,在构件上均匀布置测区,每个构件上的测区数不应少于3个。

b. 对于最大尺寸大于5m的构件,应适当增加测区数量。

c. 测区应均匀分布,相邻两测区的间距不宜小于2m。

d. 测区表面应清洁、平整,避开接缝、蜂窝、麻面、预埋件等部位。

②测区应注明编号,并记录测区位置和外观情况。

③测点数量及要求:

a. 构件上每一测区测点不少于10个。

b. 测点间距应小于保护层测试仪传感器长度。

④对某一类构件的检测,可采取抽样的方法,抽样数不少于同类构件数的30%,且不少于3件,每个构件测区布置按单个构件要求进行。

⑤对结构整体的检测,可先按构件类型分类,再按类型进行检测。

(5)钢筋保护层测量的试验步骤

①测试前应了解有关图纸资料,以确定钢筋的种类和直径。

②进行保护层厚度测读前,应先在测区内确定钢筋的位置与走向,做法如下:

a. 将保护层测试仪传感器在构件表面平行移动,当仪器显示值最小时,传感器正下方即是所测钢筋的位置。

b. 找到钢筋位置后,将传感器在原处左右转动一定角度,仪器显示最小值时传感器长轴线的方向即为钢筋的走向。

c. 在构件测区表面画出钢筋位置与走向。

③保护层厚度的测读:

a. 将传感器置于钢筋所在位置正上方,并左右稍稍移动,读取仪器显示最小值即为该处保护层厚度。

b. 每一测点值宜读取 2~3 次稳定读数,取其平均值,准确至 1mm。

c. 应避免在钢筋交叉位置进行测量。

④对于缺少资料,无法确定钢筋直径的构件,应首先测量钢筋直径。对钢筋直径的测量宜采用 5~10 次测读,剔除异常数据,求其平均值的测量方法。

(6)影响试验准确度的因素及修正

①影响测量准确度的因素

a. 外加磁场(应予以避免);

b. 混凝土具有磁性(测量值应予以修正);

c. 钢筋品种(主要是高强钢筋,应加以修正);

d. 不同的布筋状况、钢筋间距;

e. 当 $D/S<3$,需修正测量值。

其中:D 为钢筋净间距,S 为保护层厚度。

②保护层测量值的修正

实际测量时,钢筋直径、材质、布筋状况,混凝土的性质等往往都是未知的,为了准确测量保护层厚度,应予以修正:

a. 钢筋不同位置时的等效直径修正

模型修正法(只能在试验室内完成):根据图纸资料,用与实际构件相同的材料制成小尺寸模型,通过检测已知的保护层厚度,获得修正系数 K:

$$K=\frac{S_m}{S_r} \quad (3-32)$$

式中:S_m——仪器读数值;

S_r——保护层厚度实际值。

标准垫块综合修正(常用于现场检测):标准垫块用硬质无磁性材料制成,如:工程塑料或电工用绝缘板,平面尺寸与仪器传感器底面相同,厚度 S_B 为 10mm 或 20mm,修正系数 K 计算方法如下:

将传感器直接置于混凝土表面已标好的钢筋位置正上方,读取测量值 S_{m1}。

将标准垫块置于传感器原在混凝土表面位置,将传感器置于其上,读取测量值 S_{m2}。

$$K = \frac{S_{m2} - S_{m1}}{S_B} \qquad (3\text{-}33)$$

对于不同钢筋种类和直径应确定各自的修正系数,均应采用 3 次平均求得。

b. 校准孔进行综合修正(常用于现场检测)

用 6mm 钻头在钢筋位置正上方,垂直于构件表面打孔,手感觉碰到钢筋立即停止,用深度长尺量测钻孔深度,即为实际的保护层厚度。

注:对于不同钢种和直径应打各自的校准孔,一般应不少于 2 个,求其平均值。

③现场检测的准确度

经过修正后确定的保护层厚度值,准确度可在 10% 以内,因混凝土表面的平整度及各种影响因素仍会给测量带来误差。

5. 结构混凝土中钢筋腐蚀的检测技术小结

目前混凝土中钢筋腐蚀的检测技术多种多样,很难笼统地说哪一种好,哪一种不好。表 3-6 中对于它们所提供的信息可否定量,对钢筋腐蚀过程有无干扰,对结构有无损伤(有干扰、有损伤时,就不能重复检测、连续检测),对钢筋腐蚀是否敏感,检测是否简捷可靠,检测设备是否复杂、昂贵等方面进行了综合比较,并就目前是否值得推荐应用于试验室内和工程现场做出了建议。

钢筋腐蚀检测技术 表 3-6

类别			所检测的信息	定量	无损	便捷	对腐蚀无扰动	对腐蚀敏感	经济	数据易处理	推荐	
											室内	现场
物理方法	外观检查	定性	表面缺陷	×	√	√	√	×	√	√	√	√
		定量	腐蚀量	√	×	×	×	×	×	√	√	△
	称量(探头)		腐蚀量	√	×	×	△	×	×	√	√	×
	电阻探头		腐蚀量	△	△	△	△	△	△	√	√	△
	声发射		腐蚀危险	×	√	△	△	√	×	△	√	×
	涡流		腐蚀量	√	√	△	√	△	△	△	√	△
	磁通减量		腐蚀量	√	√	√	√	△	△	△	√	√
	膨胀应变探头		腐蚀量	△	√	√	√	√	√	√	√	△
电化学方法	半电池电位图		腐蚀危险	×	√	√	√	√	√	√	√	√
	极化电阻		腐蚀速度	√	√	√	√	√	△	√	√	√
	交流阻抗谱		腐蚀机理、速度	√	√	×	√	△	×	×	√	×
	电阻率		混凝土电阻率/腐蚀危险	√	√	√	√	△	√	√	√	√
	恒流脉冲		腐蚀速度	√	√	√	√	√	√	△	√	√
	电化学噪声		腐蚀机理、速度	△	√	×	√	×	×	×	√	×
	极化曲线		腐蚀机理、速度	√	×	×	△	√	×	△	√	×
	电偶探头		宏观电偶腐蚀速度	√	√	√	√	△	△	√	√	√

注:√ 极好;△ 尚好;× 不好。

四、公路桥梁构件材料性能检测方法小结

本单元对检测桥梁钢筋混凝土结构材料状况各类方法作一小结,见表 3-7。

钢筋混凝土构件材料状况的各种方法　　　　表 3-7

检测方法 \ 材料缺陷	混凝土评定					钢筋锈蚀评定					对构件的损伤			运用对象	
	强度	开裂	层离	灌浆空洞	化学侵蚀	直接	间接	速率	探测缺陷	预计原因	无破损	半破损	破损	现有结构	新建结构
目视检测		☆	☆		☆	☆			☆		☆			☆	
硬度法	☆					☆				☆	☆			☆	
Wndsor 探针	☆					☆				☆		☆		☆	
CAPO 拔拉法	☆					☆				☆		☆		☆	
LOK 拔拉法	☆					☆					☆	☆			☆
超声波	☆	☆							☆	☆	☆			☆	
声波		☆	☆			☆					☆			☆	
声发射		☆									☆			☆	
红外线		☆	☆								☆			☆	
雷达				☆							☆			☆	
射线照相		☆	☆								☆			☆	
保护层测定						☆			☆		☆			☆	
碳化深度				☆		☆			☆			☆	☆		
氯离子分析					☆	☆			☆			☆		☆	
水泥含量					☆							☆		☆	
吸水性									☆			☆		☆	
半电池电位						☆		☆			☆			☆	
电阻率						☆				☆	☆			☆	
含水率						☆				☆	☆			☆	
电阻探测器						☆		☆			☆				☆
线性极化						☆		☆			☆				☆
重量损失						☆						☆	☆		
凹凸深度						☆		☆				☆	☆		
取芯试验	☆	☆				☆			☆				☆	☆	
染色渗透法		☆									☆	☆			
气渗性试验				☆							☆	☆			

第四节　桥梁荷载试验

一、基本规定

1. 一般规定

(1)试验对象包括新建桥梁,在役桥梁,加宽、加固改造后的桥梁,以及对设计或施工质量存有疑问的桥梁。

(2)静载试验对象按结构体系分为梁桥、拱桥、刚架桥、缆索承重体系桥和组合体系桥梁5类。

(3)桥梁荷载试验分为验收荷载试验和鉴定荷载试验,荷载试验内容包括静载试验和动载试验。静力荷载试验是指通过在桥梁结构上施加与设计荷载或使用荷载基本相当的静态外加荷载,利用检测仪器测试桥梁结构控制部位与控制截面在各级试验荷载作用下的挠度、变形、应力、混凝土桥可能出现的裂缝、荷载横向分布规律等力学效应,并与桥梁结构按相应荷载作用下的计算值及有关规范规定值作比较,从而评定桥梁承载能力。动载试验包括动力特性试验和动力响应试验。动力特性试验是指通过环境激励、桥面有障碍跑车、急刹车等方式激振,测定桥梁结构自由振动响应信号,进而识别桥梁结构动力特性参数,如结构的自振频率、振型和阻尼比。对于中、小跨径桥梁,主要测定桥梁结构前几阶固有振动频率和阻尼比。对于设计中动力问题突出的特大、大跨径桥梁(如地震区、沿海强风区、流冰或船舶可能撞击的桥梁),主要测定桥梁结构前几阶固有振动频率、相应振型和阻尼比。动力响应试验是指在试验桥面上通过载重试验汽车以不同速度匀速行驶激振,测定桥梁控制部位及控制截面的动挠度、动应变等受迫振动响应,进而识别桥梁结构相应控制部位的汽车冲击系数。

(4)新建桥梁交(竣)工验收时,抽检比例以联为划分单元。

①联单孔最大跨径大于100m(含100m)的桥梁,应逐联进行验收荷载试验。

②联单孔最大跨径大于50m(含50m)且小于100m的桥梁,抽检桥孔不少于其桥孔总数的30%。

③联单孔最大跨径小于50m的桥梁,抽检桥孔不少于其桥孔总数的10%。

(5)对在役桥梁,按《公路桥梁承载能力检测评定规程》(JTG/T J21—2011)第3.2.4条规定确定荷载试验对象并进行鉴定荷载试验。

(6)加宽、加固改造后的桥梁,荷载试验抽检比例按3.1.4条执行,并可根据实际情况适当提高。

(7)对设计或施工质量存有疑问的桥梁,应进行鉴定荷载试验。

(8)对于采用新材料、新工艺或新结构等科研成果独特设计的新建新型桥梁,或科研性加宽、加固改造后的桥梁应逐座进行鉴定荷载试验。

(9)桥梁荷载试验应在桥面铺装完成且达到设计强度后实施。

2. 试验程序

桥梁荷载试验程序包括试验准备、现场实施和试验结果分析评定三个阶段。

(1)试验准备阶段工作

①资料准备:主要包括试验桥梁的技术资料收集、桥梁周围环境及现状调查。

②桥孔选择:荷载试验联选择按规程相关条款执行。对拟试验桥联(孔)进行必要的现场踏勘和外观检查,选择具有典型性桥孔作为主要测试孔。

③方案编制:根据桥梁最不利设计荷载作用下内力、变形的理论计算结果,并结合测试内容,按等效原则拟定试验荷载大小、加载位置,制定试验加载方案。

(2)现场实施阶段工作

①现场准备:试验现场准备工作主要包括试验测点放样、布置、荷载组织、现场交通组织及试验测试系统安装等。

②预加载试验:在正式实施加载试验前,先用试验加载设备对桥梁进行预加载试验,检验整个试验观测系统工作状况,并根据检验结果进行调试。

③试验:在各项准备工作就绪的基础上,按照预定的荷载试验方案,利用拟定的加载设备进行加载,并采用人工记录或仪器自动记录方法记录各观测数据和相关资料。

④过程监控:静载试验过程中应实时监测主要控制截面最大效应实测值,并与理论计算值进行现场分析比较,判断桥梁结构受力后是否正常,并确定可否进行下一级加载。

(3)试验结果分析评定阶段工作

①理论计算:根据荷载试验实施过程中的荷载实际布置,按照实际施加荷载数量对桥梁结构内力、变形进行理论计算。

②数据分析:对原始测试记录进行科学分析处理,综合比较,从中提取有价值的信息。

③报告编制:根据理论计算和测试数据分析处理结果,对试验桥梁做出科学判断与评价,形成荷载试验报告。

3.试验环境

(1)交通环境

桥梁荷载试验应在桥梁处于封闭的交通状态下实施。

(2)风环境

吊桥、斜拉桥及大跨径钢管拱桥、特高墩连续刚构桥等结构刚度较小的桥梁,荷载试验时宜在3级(含3级)风以下实施。

(3)温度环境

宜在气温变化较小的时段进行桥梁荷载试验。气温较低时应采取措施保证测试效果。一般情况下,气温低于5℃(是否偏低)时不宜进行荷载试验。

(4)雨、雪、雾环境

大、中雨(雪)及大雾天气不宜进行桥梁荷载试验。小雨(雪)天气进行桥梁荷载试验时,应做好仪器设备及传输线路的防雨、防风措施。

(5)其他

应避免在试验桥梁周围出现冲击、振动、强磁场等严重干扰测试效果的时段进行荷载试验。

(6)静力试验应选择温度较为稳定的时间段进行,应尽量避开高温、强光、强风、大浪、雨雪等恶劣环境条件。

4. 计算原则

(1) 对新建和加宽、加固改造后的桥梁进行验收荷载试验时,应依据竣工图文件建立计算模型,并根据试验对象的设计荷载等级确定试验等效荷载,按照现行规范规定对控制截面内力、应力、变形等效应进行检算。

(2) 进行鉴定荷载试验,应依据桥梁几何尺寸、材料特性及结构损伤等实测参数建立计算模型,根据原设计荷载等级分级,偏安全地由低级向高一级荷载等级加载试算,按照现行规范规定检算控制截面内力、应力、变形等效应。

(3) 对设计或施工质量存有疑问的桥梁实施鉴定荷载试验时,应依据桥梁几何尺寸、材料特性及结构缺陷等实测参数建立计算模型,根据试验对象的原设计荷载等级,偏安全地由低级向高一级荷载等级加载试算,按照现行规范规定检算控制截面内力、应力、变形等效应。

(4) 对于异型桥梁进行计算分析时,应考虑其空间力学效应。

(5) 分析桥梁结构动力特性时应建立全桥整体空间结构计算模型。

二、测试方法与技术要求

1. 一般规定

(1) 试验测试设备应经过计量检定/校准。

(2) 荷载试验前应对测试设备进行核查。

(3) 选择测试设备应满足精度的要求,一般应优于预计测量值的5%。

(4) 测试设备应有满足试验需要的量程和动态范围。

(5) 同一次试验宜选用同种类型或规格的测试设备。

2. 静力参数测试

(1) 应力(应变)测试

① 测试方法及设备

a. 应变(应力)测量可采用机械式测试方法及设备、电阻式应变测量方法及设备、振弦式应变测试方法及设备、光纤式应变测试方法及设备。

b. 引伸计是机械式应变测试设备,采用这种方法测量应变时,可利用千分表0.001mm的读数精度,将其装配成测试结构应变的千分表引伸计。

c. 采用电阻应变计测量方法,应将电阻应变计粘贴在被测构件上,通过电阻应变测量装置,测得应变(应力)值。

d. 采用振弦式应力(应变)测量方法,应预先标定"力—频率"关系曲线,再通过钢弦自振频率变化测得应变值。

e. 采用光纤光栅应力(应变)测量方法,应标定光纤光栅周期或纤芯折射率与力或应变的变化关系,再通过光纤光栅周期或纤芯折射率的变化得到应力(应变)值。

② 测试设备的检查与安装调试

a. 试验用的测试设备均应在测试前进行检查,并按仪表本身的要求进行标定和必要的误差修正。安装完毕后,应进行系统调试,并在条件允许的情况下,尽快进行荷载试验。

b. 试验现场测试设备应采取必要的保护措施。

c. 测试设备容易受到碰撞扰动的部位应加保护设备、系保险绳或设置醒目的标志,以保证仪表正常工作。

d. 测试设备安装工作一般应在加载试验前完成,并进行不少于 15min 的稳定观测。

e. 应注意测试设备安装位置和方法的正确与否。安装完毕应由有测试经验的人员进行检查,可利用过往车辆或进行预加载来观察测试设备工作是否正常。

③试验观测与记录

a. 采用人工读表时,测读应准确、迅速,并记录在专门的表格上。记录表格的信息应包括:测试设备的编号,加载分级次数与每次读数,异常情况记录、记录人、复核人等必备信息。

b. 采用计算机自动采集系统读数记录时,应利用系统实时监测功能对控制点的应变或变形进行监控,对测试结果异常现象应及时查明原因并采取补救措施。

(2)变形测试

①变形测试的方法与设备

a. 变形测量可采用机械式仪器和基于电(声、光)原理的测仪器。

b. 桥梁测试中使用千分表、百分表和挠度计进行变形测量。

c. 连通管可用来测量桥梁结构挠度。

d. 高精度全站仪和精密水准仪为适合桥梁变形测试的光学(光电)测试设备。

e. 利用卫星定位系统进行变形测试,可有效提高测试精度。

②测试设备的检查、安装与调试

变形测量包括桥梁检测部位的垂直和水平变形等内容,凡需考虑要布置测点的位置,均应作必要的安装准备。

三、桥梁静载试验

1. 一般规定

(1)桥梁静载试验方案应在桥梁调查和检算的基础上制定。静载试验方案应包括测试截面、试验工况、测试内容、试验荷载、测点布置、试验过程控制和试验数据分析等内容。

(2)静载试验应保证桥梁结构整体及局部受力安全。

(3)静载试验应包括结构控制截面应力(应变)测试、变形测试及荷载试验现象观测等基本内容。缆索承重体系桥及梁—拱组合结构桥梁还应包括索力及吊杆力测试。

(4)静载试验工况应包括中载工况和偏载工况。

2. 测试截面及试验工况

(1)桥梁静载试验应按照桥梁结构的最不利受力原则确定测试截面及试验工况。

(2)梁桥、刚架桥、拱桥及缆索承重体系桥梁试验工况及测试控制截面。

(3)在确定组合体系桥梁试验工况时,应根据结构主要力学特征。

(4)斜桥斜交角大于 15°时,弯桥曲率半径小于 250m,应增加最不利扭矩工况。

(5)异形桥梁可参考常规直线梁(板)桥,并结合其荷载及受力特点确定最不利测试截面及相应试验工况。

(6)加固后桥梁应根据其最终结构体系受力特点,按最不利受力的原则,并结合加固内容、范围确定测试构件,选择安全储备较低的截面作为测试截面,确定相应试验工况。

(7)多跨(孔)加固后桥梁进行静载试验时,应优先选择加固前病害较为严重的桥跨(孔)作为静载试验对象。

(8)加固后桥梁当有下列情况之一时,应按下述原则增加试验工况和测试截面:

①对于装配式组合梁(板)桥,当通过增大边梁进行加固改造时,应根据结构的对称性确定偏载工况。

②当通过置换混凝土对构件进行加固时,应在混凝土置换区域内增加测试截面,并确定相应的试验工况。

③受力裂缝宽度超过规范限值且经过修补的测试构件,应在典型裂缝位置增加测试截面,并确定相应的试验工况。

(9)加宽后桥梁若其新旧结构自身刚度、承载能力或支撑条件存在差异,应对新旧结构及其横向联系按受力最不利原则确定试验工况和测试截面。

(10)加宽后桥梁新旧结构自身刚度、承载能力或支撑边界刚度存在差异,应针对新旧结构分别增设试验工况和测试截面。

(11)鉴定性荷载试验除执行以上规定外,还应根据结构损伤程度、损伤部位特征,增加测试截面并设置相应加载工况。

3. 测试内容

(1)静力荷载试验的测试内容应反映桥梁结构内力及变形最不利控制截面的力学特征,试验过程应关注可能出现的异常现象。

(2)梁桥、刚架桥、拱桥及缆索承重体系桥梁测试内容见表3-8~表3-11。

梁桥试验测试内容　　　　表3-8

桥型	类别	内容
简支梁桥	主要内容	1. 跨中截面挠度和应力(应变) 2. 支点沉降 3. 混凝土梁体裂缝观测
	附加内容	1. $l/4$ 截面挠度 2. 支点斜截面应力(应变)
连续梁桥	主要内容	1. 主跨支点截面应力(应变) 2. 主跨最大正弯矩截面应力(应变)及挠度 3. 边跨最大正弯矩截面应力(应变)及挠度 4. 支点沉降 5. 混凝土梁体裂缝观测
	附加内容	支点附近斜截面应力(应变)
悬臂梁桥	主要内容	1. 墩顶支点截面应力(应变) 2. 锚固孔最大正弯矩截面应力(应变)及挠度 3. 悬臂端挠度 4. 墩顶沉降 5. 混凝土梁体裂缝观测
	附加内容	1. 墩顶附近斜截面应力(应变) 2. 悬臂跨最大挠度 3. 挂孔跨中截面应力(应变) 4. 牛腿部分局部应力(应变)

拱桥试验测试内容 表 3-9

三铰拱桥	主要内容	1. $l/4$ 截面挠度和应力（应变） 2. 墩台顶的水平变形 3. 混凝土梁体裂缝观测
	附加内容	1. $l/8$ 截面挠度和应力（应变） 2. 拱上建筑控制截面的变形和应力（应变）
两铰拱桥	主要内容	1. 拱顶截面应力（应变）和挠度 2. $l/4$ 截面挠度和应力（应变） 3. 墩台顶水平变形 4. 混凝土梁体裂缝观测
	附加内容	1. $l/8$ 截面挠度和应力（应变） 2. 拱上建筑控制截面的变形和应力（应变）
无铰拱桥	主要内容	1. 拱顶截面应力（应变）和挠度 2. $l/4$ 截面挠度和应力（应变） 3. 墩台顶水平变形 4. 拱脚截面应力（应变） 5. 混凝土梁体裂缝观测
	附加内容	1. $l/8$ 截面挠度和应力（应变） 2. 拱上建筑控制截面的变形和应力（应变）

刚架桥测试内容 表 3-10

T 形刚构桥	主要内容	1. 墩顶支点截面应力（应变） 2. 锚固孔最大正弯矩截面应力（应变）及挠度 3. 刚构墩墩身控制截面的应力（应变） 4. 混凝土梁体裂缝观测
	附加内容	1. 挂梁支点截面附近或悬臂端附近斜截面应力（应变） 2. 挂孔跨中截面应力（应变）
连续刚构桥	主要内容	1. 主跨墩顶截面主梁应力（应变） 2. 主跨最大正弯矩截面应力（应变）及挠度 3. 边跨最大正弯矩截面应力（应变） 4. 混凝土梁体裂缝观测
	附加内容	1. 墩顶支点截面附近斜截面应力（应变） 2. 墩身控制截面应力（应变） 3. 墩顶纵桥向水平变形

缆索承重体系桥试验测试内容 表 3-11

悬索桥	主要内容	1. 加劲梁最大正弯矩截面应力（应变）及挠度 2. 主塔塔顶纵桥向最大水平变形与塔脚截面应力（应变） 3. 塔、梁体混凝土裂缝观测
	附加内容	1. 主缆锚跨索股最大张力增量 2. 加劲梁梁端最大纵向漂移 3. 吊杆（索）活载张力最大增量

续上表

斜拉桥	主要内容	1. 主梁中孔最大正弯矩截面应力（应变）及挠度 2. 主梁墩顶支点截面应力（应变） 3. 主塔塔顶纵桥向水平变形与塔脚截面应力（应变） 4. 塔柱底截面应力（应变） 5. 混凝土梁体裂缝观测 6. 典型拉索索力测试
	附加内容	1. 斜拉索活载张力最大增量 2. 加劲梁纵桥向漂移

（3）加固后的桥梁除上述的测试内容外，应增加以下测试内容：

①采用粘贴钢板法（或其他板材）加固后的桥梁，应对补强材料的应力（应变）进行测试。

②采用桥梁增大截面法加固补强后的桥梁，应按最不利受力原则对加固区域内的新旧结构进行应力（应变）测试。

③采用体外预应力法加固补强后的桥梁，应对受弯构件体外预应力钢束的偏心距进行测试，静载试验过程中，预应力钢束的偏心距变化幅度不宜超过3%。

④加宽和加固后桥梁应观测新、旧结构的结合面开裂或剥离情况。

⑤鉴定性荷载试验除了应包含上述测试内容外，还应根据鉴定目的增加桥梁测试截面及测试内容。

（4）加宽和加固后桥梁应观测新、旧结构的结合面开裂或剥离情况。

（5）鉴定性荷载试验除了应包含上述测试内容外，还应根据鉴定目的增加桥梁测试截面及测试内容。

4. 试验荷载

（1）静载试验时应根据试验目的选用不同的试验荷载。

（2）静力试验荷载效率按下式计算：

$$\eta_q = \frac{S_s}{S \cdot (1+\mu)} \qquad (3-34)$$

式中：S_s——静力试验荷载作用下，某一加载试验项目对应的加载控制截面内力或变形的最大计算效应值；

S——控制荷载产生的同一加载控制截面内力或变形的最不利效应计算值；

μ——按规范取用的冲击系数值；

η_q——静力试验荷载的效率。

对于验收性荷载试验，荷载效率η_q宜介于0.85～1.05之间。对于鉴定性荷载试验，荷载效率η_q宜介于0.95～1.05之间。

（3）静载试验加载设备可根据实验要求及具体条件选用。一般有以下两种加载方式：装载重物的可行式车辆（以下称为加载车）和重物直接加载，采用布载时，建议采用三轴车载重车辆。

（4）试验前应采取可靠的方法对加载物或加载车辆称重，采用重物加载时，应根据加载分级情况，分别称量、记录各级荷载量；采用加载车加载时，应详细记录各车编号、车重、轴重和轴距。

(5)为了保证桥面板局部承载安全,加载车单轴重大于140kN时须验算桥面板的裂缝宽度和极限承载力。

5. 测点布置

(1)应变测点布置

①应变测点需根据测试截面及测试内容合理布置,并反映桥梁结构受力特征。

②单向应变测点布置应体现左右对称、上下兼顾、重点突出的原则,应能充分反映截面的高度方向的应变分布特征。

③主要截面类型及单向应变测点布置见表3-12。

主要截面应变测点布置　　　　　表3-12

构件名称	主要截面类型	应变测点布置示意	备 注
混凝土主梁	板式截面	整体式实心板	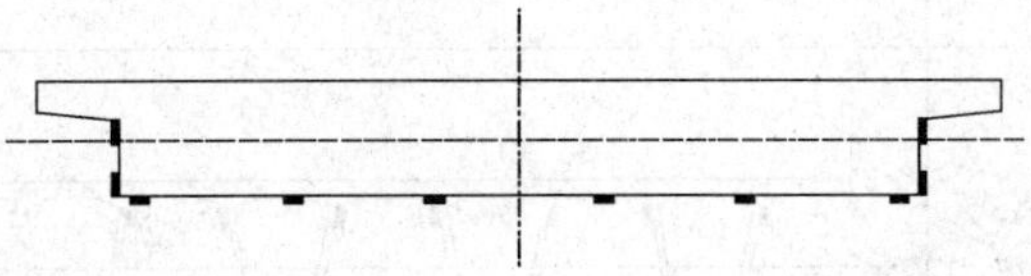 (1)底板测点对称布置,并不少于5个; (2)侧面测点不少于2个
		整体式空心板	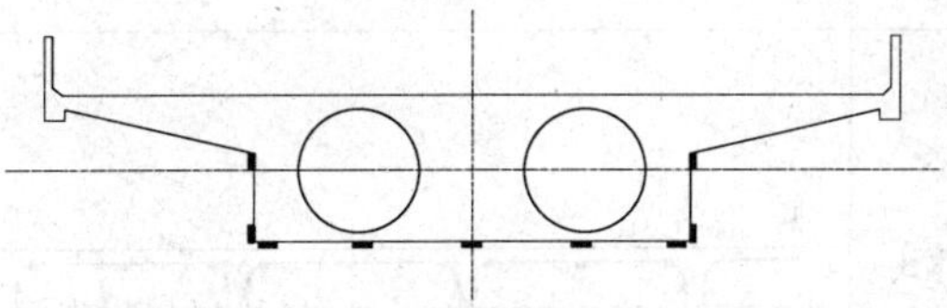 (1)底板测点对称布置,并不少于5个; (2)侧面测点不少于2个; (3)腹板对应位置须布置测点
		装配式空心板	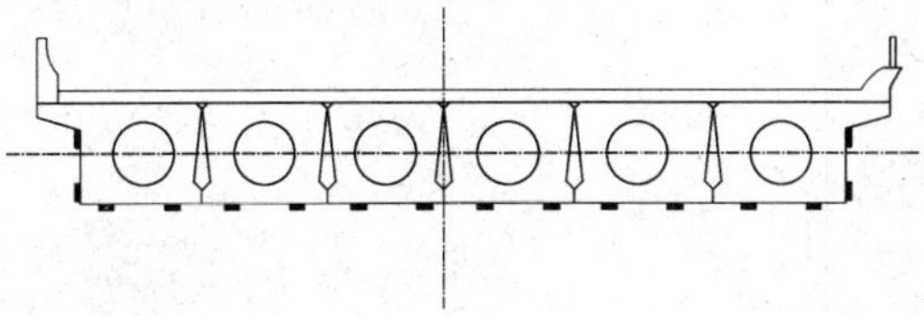 (1)侧面测点不宜少于2个; (2)每片底板测点不少于2个
	梁式截面	钢筋混凝土T梁	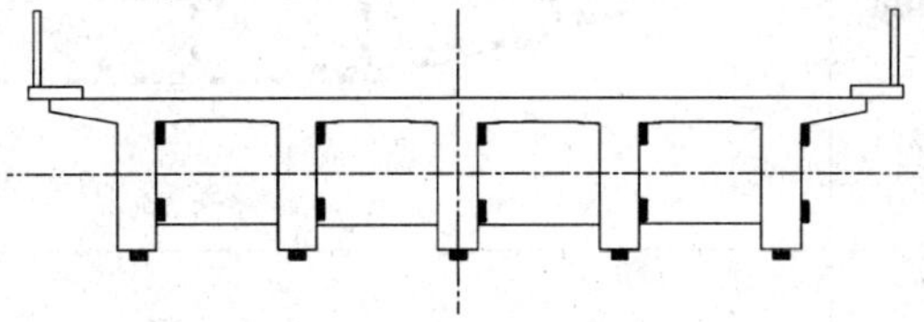 (1)梁底测点为1~2个; (2)梁侧面测点布设不少于2个; (3)梁底面须布置钢筋上
		预应力混凝土T梁	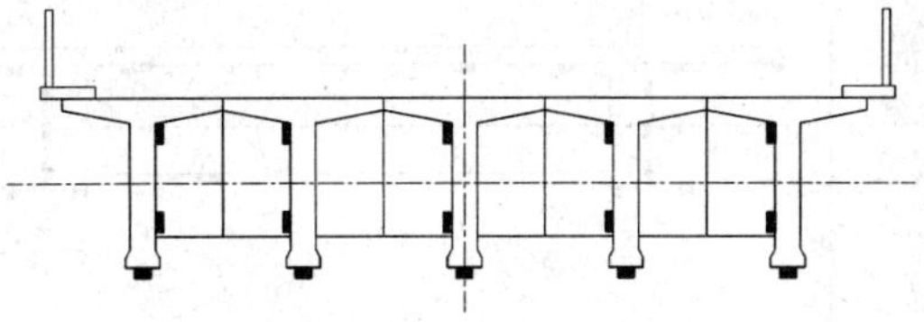 (1)梁底测点为1~2个; (2)梁侧面测点布设不少于2个

111

续上表

构件名称	主要截面类型		应变测点布置示意	备 注
混凝土主梁	梁式截面	I形梁		(1)每片梁底面测点为1~2个； (2)每片梁侧面测点不宜少于2个
		π形梁		(1)梁底测点为1~2个； (2)梁侧面测点布设不少于2个
		分离式箱梁		(1)每片梁底测点不少于2个； (2)侧面测点不少于2个
		整体式箱梁		(1)在箱室内布置测点时，每箱室顶、底板不宜少于3个； (2)单肋侧面测点不宜少于2个； (3)当箱梁未预留检修孔时，测点布置于箱梁外侧
钢箱梁及钢混组合梁	钢箱梁	钢箱梁		(1)每箱室顶、底板测点不少于3个，两侧两个测点应贴近腹板布置； (2)加筋肋有选择进行测点布置； (3)每腹板测点不少于3个
	钢混组合梁	钢混组合梁，π形梁		(1)纵梁顶、底板测点不少于2个； (2)纵梁侧面测点不少于3个； (3)混凝土下缘测点不少于5个，并对称布置

续上表

构件名称	主要截面类型		应变测点布置示意	备 注
拱肋	钢筋混凝土	I形		(1)顶、底面测点不少于2个; (2)侧面测点不少于3个
		矩形		(1)顶、底面测点不少于2个; (2)侧面测点不少于3个
		箱型		(1)顶、底面测点不少于2个; (2)侧面测点不少于3个
	钢管混凝土	单肢		测点对称布置不宜少于4个
		双肢		钢管与缀板连接处应布置测点,并准确测量其几何中心
		四肢		钢管与缀板连接处应布置测点,并准确测量其几何中心

续上表

构件名称	主要截面类型	应变测点布置示意	备注
拱肋	整体式板		(1)顶、底面测点不少于5个,并进行对称布置; (2)侧面测点不少于2个
	整体式箱(板) 整体式箱		(1)顶、底面测点不宜少于5个,对称布置; (2)侧面测点不宜少于2个; (3)腹板对应位置应布置测点; (4)当箱内布置测点时,同整体式箱梁
桥墩及其盖梁	桥墩 圆形		测点对称布置
	矩形		(1)横桥向每侧不少于3个; (2)纵桥向每侧不少于2个
	盖梁 矩形		(1)板测点不少于3个; (2)侧面测点不少于3个
桥塔	桥塔 箱型		(1)横桥向每侧不少于3个; (2)纵桥向每侧不少于3个

④钢筋混凝土结构测试时,受拉区应变测点宜布置于受拉区主钢筋上。

⑤主应变(力)测试采用应变花,其测点布置见表3-13。

应变花测点布置　　　　　　　表3-13

构件名称	主要测试内容	应变测点布置示意	备　注
主梁	近支点附近主应力	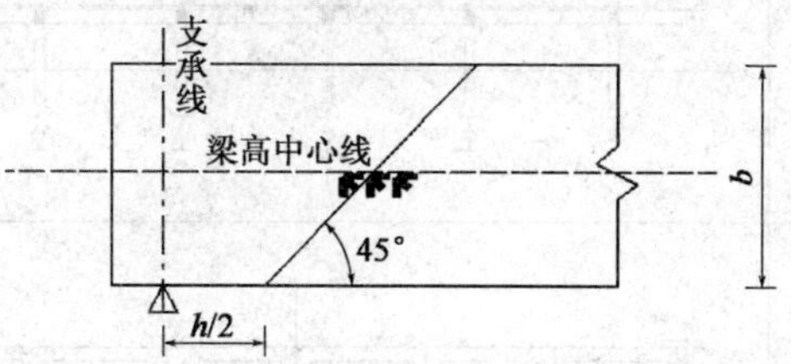 (示意图)	简支梁支点向桥跨方向1/2梁高处沿45°方向与主梁梁高中心线相交位置不宜少于3片应变花;其余构件主应力测试位置应经计算确定

(2)变形测点布置

①变形测试主要包括竖向挠度测试、横向变形测试及纵向变形测试,测点布置应能反映结构的纵、横向变形规律及最大值。

②纵桥向变形测点的布置宜选择各工况荷载作用下变形曲线的峰值位置。

③主梁测试截面竖向变形测点横向布置应充分反映桥梁横向挠度分布特征,并便于布置测点的位置。常见截面挠度测点的横向布置见表3-14。

主梁截面变形测点布置　　　　　　　表3-14

构件名称	主要截面类型		应变测点布置示意	备　注
混凝土主梁	板式截面	整体式实心板	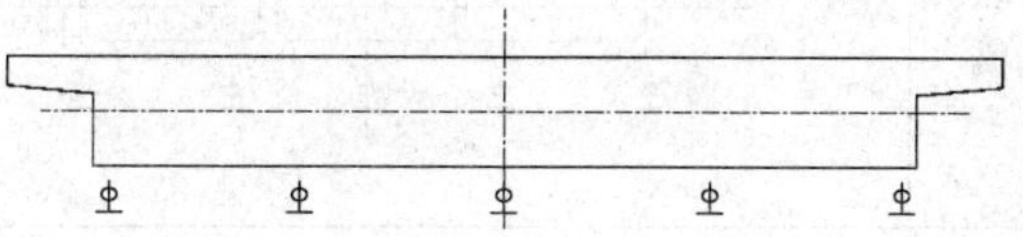 (示意图)	横桥向底板不少于5个
		整体式空心板	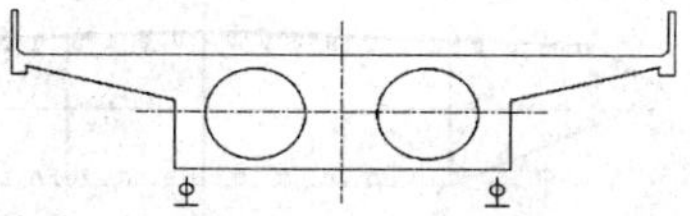 (示意图)	横桥向底板或桥面不宜少于3个
		装配式空心板	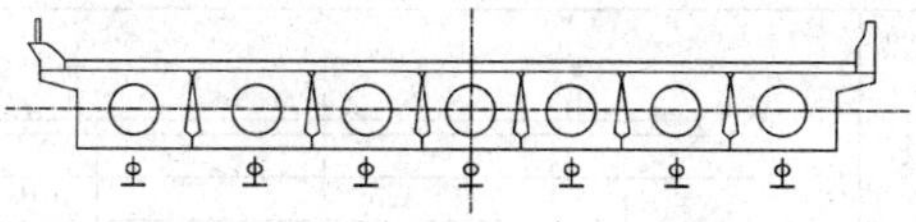 (示意图)	每片空心板不少于1个
	梁式截面	钢筋混凝土T梁	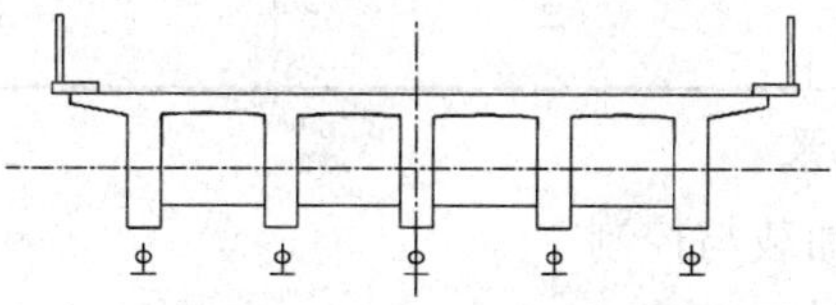 (示意图)	每片梁底位置不少于1个
		预应力混凝土T梁	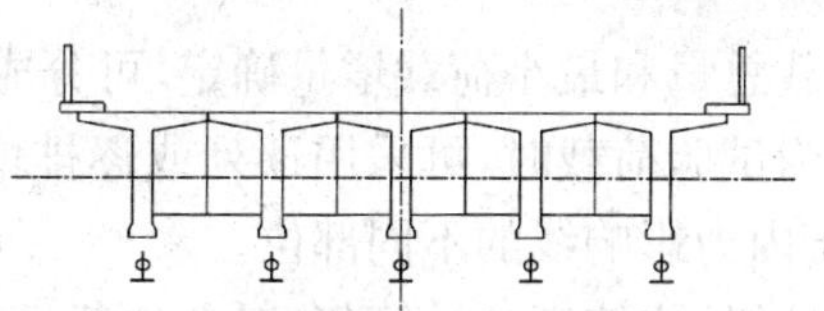 (示意图)	每片梁底位置不少于1个

续上表

构件名称	主要截面类型	应变测点布置示意	备注
混凝土主梁	梁式截面 I形梁	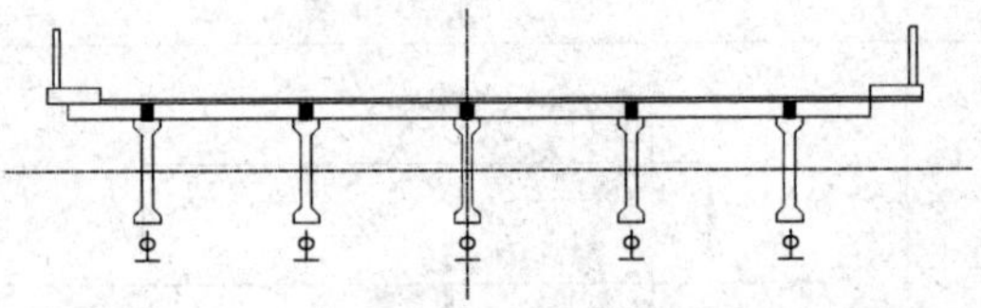	每片梁底位置不少于1个
	梁式截面 π形梁	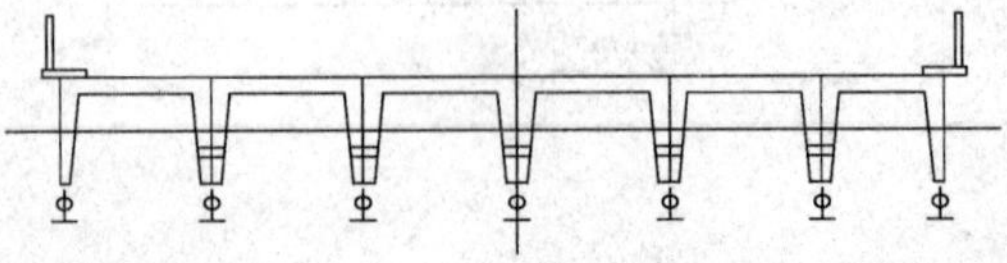	每片梁底位置不少于1个
	梁式截面 分离式箱梁	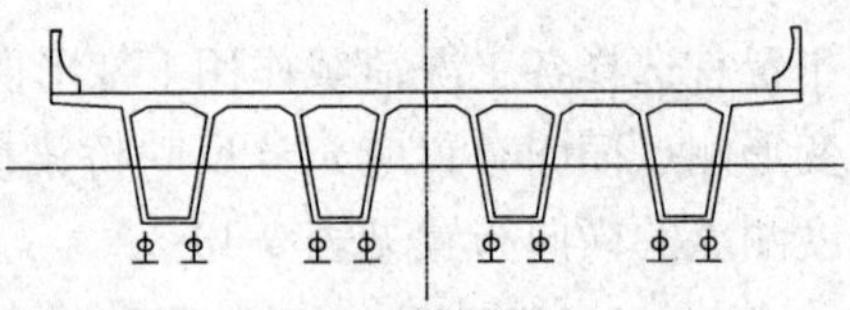	每片梁底位置1~2个
	梁式截面 整体式箱梁	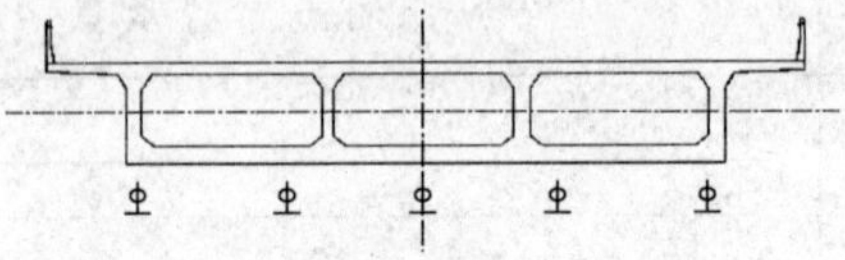	横桥向不少于5个
钢箱梁及钢混组合梁	钢箱梁	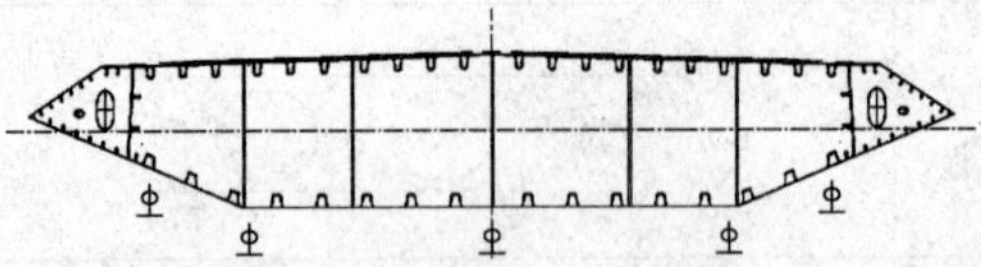	横桥向不少于5个
	钢混组合梁	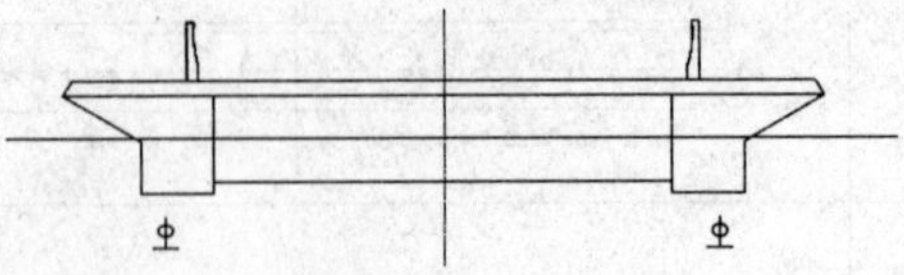	每片纵梁底部不少于1个

6. 试验过程控制及记录

(1)试验荷载的分级加载与控制

①试验荷载应分级施加。

②加载级数应根据荷载总量和最小荷载增量确定,可分成3~5级。

③当采用加载车辆作为试验荷载时,可采用逐列或逐排增加试验荷载的方法。采用逐列加载的方式,使加载车位于内力影响线的不同部位。

④根据各工况的加载分级,应按理论计算值,对各加载过程进行分析和控制。

⑤加载时间间隔必须满足结构反应稳定对时间的要求。在前一荷载阶段内结构反应相对稳定后,方可进行下一荷载阶段。当进行主要控制截面最大内力(变形)加载程序时,对于既有桥梁,分级加载的稳定时间不应少于 5min;对尚未投入营运的新桥,分级加载的稳定时间不应少于 10min。

⑥试验加载过程中,应设专门人员统一现场指挥加载的实施。应严格按照试验方案中拟定的加载程序实施加载,并随时做好停止加载和及时卸载的准备。

⑦加载过程中应对结构控制点的应变(或变形)、薄弱部位的破损情况等进行监控,并将结果随时汇报给现场指挥人员作为控制加载的依据。

⑧当试验过程中发生下列情况之一时,应停止加载:

a. 控制测点应变值已达到或超过计算的控制值。

b. 控制测点变形(或挠度)超过控制值。

c. 结构裂缝的长度、宽度或数量明显增加。

d. 实测变形分布规律异常。

e. 桥体发出异常响声或发生其他异常情况。

(2)试验观测与记录

①加载试验之前应对各测点进行不少于 15min 的温度稳定观测。

②测试数据记录可采用自动记录或人工记录的方式,观测记录应做好时间、温度、工况等备注。

③凝土桥梁静力试验中,裂缝观测的重点是结构承受拉力较大部位及原有裂缝较长、较宽的部位。加载过程中应观测裂缝长度及宽度的变化情况,可直接在混凝土表面进行描绘记录,也可采用专门的表格记录。

7. 试验数据分析

(1)试验资料的整理

①试验资料的修正

a. 测值修正。根据各类仪表的标定结果进行测试数据的修正,当这类因素对测值的影响小于 1% 时可不予修正。

b. 温度影响修正。按下式进行温度修正计算:

$$S = S' - \Delta t \cdot K_t \tag{3-35}$$

式中:S——温度修正后的测点加载测值变化;

S'——温度修正前的测点加载测值变化;

Δt——相应于 S' 观测时间段内的温度变化(℃),对应变宜采用构件表面温度,对挠度且采用气温;

K_t——空载时温度上升 1℃ 时测点测值变化量。$K_t = \Delta S / \Delta t_1$,其中 ΔS 为空载时某一时间区段内观测点测值变化量;Δt_1 为相应于 ΔS 同一时间区段内温度变化量。

如测值变化与温度变化关系较明显时,可采用多次观测的平均值。

c. 支点沉降影响的修正。当支点沉降量较大时,应修正其对挠度值的影响,修正量 C 可按下式计算:

$$C = \frac{l-x}{l} \cdot a + \frac{x}{l} \cdot b \tag{3-36}$$

式中：C——测点的支点沉降影响修正量；
　　　l——A 支点到 B 支点的距离；
　　　x——挠度测点到 A 支点的距离；
　　　a——A 支点沉降量；
　　　b——B 支点沉降量。

②各测点变形（挠度，变形，沉降）与应变可按式（3-37）～式（3-39）计算。

总变形（或总应变）：
$$S_t = S_l - S_i \tag{3-37}$$

弹性变形（或弹性应变）：
$$S_e = S_l - S_\mu \tag{3-38}$$

残余变形（或残余应变）：
$$S_p = S_t - S_e = S_\mu - S_i \tag{3-39}$$

式中：S_i——加载前测值；
　　　S_l——加载达到稳定时测值；
　　　S_μ——卸载后达到稳定时测值。

③对静力加载试验的主要测点，应按下式计算其相对残余变形（或应变）：

$$S_p' = \frac{S_p}{S_t} \times 100\% \tag{3-40}$$

式中：S_p'——相对残余变形（或应变），S_p、S_t 意义同前。

④静力加载试验主要测点（即控制测点或加载试验效率最大部位测点）校验系 η 数可按下式计算：

$$\eta = \frac{S_e}{S_s} \tag{3-41}$$

式中：S_e——试验荷载作用下量测的弹性变形（或应变）值；
　　　S_s——试验荷载作用下的理论计算变形（或应变）值。

⑤根据量测到的测点应变，当结构处于线弹性工作状态时可以利用胡克定律计算测点的应力。常用应力计算公式见有关材料。

⑥采用实测变形（或应变）最大值又 S_{emax} 与横向各测点实测变形（或应变）平均值 $\overline{S_e}$，按下式计算实测横向不均匀增大系数 ξ：

$$\xi = \frac{S_{emax}}{\overline{S_e}} \tag{3-42}$$

⑦试验曲线绘制

a. 列出各加载工况下主要测点实测变形（或应变）与相应的理论计算值的对照表，并绘制出其关系曲线。

b. 绘制各加载工况下主要控制点的变形（或应变等）与荷载的关系曲线。

c. 绘制各加载工况下控制截面应变（或挠度）分布图、沿纵桥向挠度分布图、截面应变沿高度分布图等。

⑧受力裂缝描述

a. 当裂缝数量较少时，可根据试验前后观测情况及裂缝观测表对裂缝状况进行描述。

b. 当裂缝发展较多时，应选择结构有代表性部位描绘主要受力裂缝展开图，图上应注明各加载阶段（或工况）的裂缝长度和宽度的发展。

(2)试验结果评定

①结构工作状况评定

a. 校验系数。校验系数 η 包括应力（应变）校验系数及变形校验系数，其计算方法参见式(3-42)。如果主要测点静力荷载试验校验系数大于1应判定桥梁承载能力不满足要求。常见结构应力（应变）、挠度校验系数的常值范围见表 3-15。

常见桥梁结构试验校验系数常值表　　　　表 3-15

桥梁类型	应变(或应力)校验系数	挠度校验系数 ζ
钢筋混凝土板桥	0.20~0.40	0.20~0.50
钢筋混凝土梁桥	0.40~0.80	0.50~0.90
预应力混凝土桥	0.60~0.90	0.70~1.00
圬工拱桥	0.70~1.00	0.80~1.00
钢筋混凝土拱桥	0.50~0.90	0.50~1.00
钢桥	0.75~1.00	0.75~1.00

b. 实测值与理论值的关系曲线。测点实测变形（或应变）与其理论值呈线性关系，则说明结构处于良好的线弹性工作状况。

c. 截面应变分布状况。实测的结构或构件主要控制截面应变沿高度分布图应符合平截面假定。

d. 残余变形（应变）。主要控制测点的相对残余变形（或应变）S_p/S_t 越小，说明结构越接近弹性工作状况，一般要求 S_p/S_t 不大于 20%。当 S_p/S_t 大于 20%时，表明桥梁承载能力不满足要求。

②混凝土桥梁裂缝及其扩展情况的评定分析

a. 试验荷载作用下新桥裂缝扩展宽度不应超过现行《公路钢筋混凝土及预应力混凝土桥涵设计规范》的容许值，且卸载后裂缝闭合宽度小于扩展宽度的 2/3。

b. 试验前后在用桥梁裂缝宽度不应大于表 3-16 规定的允许值。

③在试验荷载作用下，桥梁基础不能发生不稳定沉降变位，否则桥梁不能满足正常使用的要求。

裂缝限值　　　　表 3-16

结构类别	裂缝部位	允许最大缝宽(mm)	其他要求
钢筋混凝土梁	主筋附近竖向裂缝	0.25	
	腹板斜向裂缝	0.30	
	组合梁结合面	0.50	不允许贯通结合面
	横隔板与梁体端部	0.30	
	支座垫石	0.50	
预应力混凝土梁	梁体竖向裂缝	不允许	
	梁体纵向裂缝	0.20	

续上表

结构类别	裂缝部位		允许最大缝宽(mm)	其他要求
砖、石混凝土拱	拱圈横向		0.30	裂缝高小于截面高一半
	拱圈纵向		0.50	半裂缝长小于跨径1/8
	拱波与拱肋结合处		0.20	
墩台	墩台帽		0.30	不允许贯通墩台身截面的一半
	经常受侵蚀性环境水影响	有筋	0.20	
		无筋	0.30	
	常年有水，但无侵蚀性影响	有筋	0.25	
		无筋	0.35	
	干沟或季节性有水河流		0.40	
	有冻结作用部分		0.20	
备注	表中所列除特殊要求外适用于一般条件。对于潮湿和空气中含有较多腐蚀性气体等条件下的缝宽限制应要求严格一些			

四、桥梁动载试验

1. 一般规定

（1）桥梁动载试验主要包括主体结构自振特性试验、行车动力响应试验以及振动法测试索力试验。测试参数包括自振频率、振型、阻尼比、冲击系数和索力。

（2）开展桥梁静载试验时，宜同时进行动载试验。一般情况下应测试桥梁结构的自振频率、阻尼比和冲击系数等参数。

（3）桥梁在以下情形之一时，动载试验的测试参数包括自振频率、振型、阻尼比和冲击系数：

①单跨跨径超过80m的梁桥和超过60m的拱桥、墩高超过30m的桥梁、斜拉桥、悬索桥。

②存在异常振动的桥梁。

③仅依据静载试验不能系统评价结构性能时。

④业主有委托要求时。

（4）对于多跨桥梁，如同时开展静、动载试验，动载试验桥跨可选择和静载试验相同的桥跨。其他情况下应根据结构性能评价的需要，选择具有代表性或最不利的桥跨进行动载试验。

（5）对于索支撑体系桥梁，在进行静载试验时，如需要采用振动法测试索力，试验方案应按静载试验要求确定。其他情况下如需要采用振动法测试索力，应根据具体测试目的和要求确定试验方案。

2. 试验工况与测试内容

（1）桥梁动载试验工况应根据具体的测试参数和采用的激振方法确定。

（2）一般情况下，应只测定桥梁面内弯曲自振特性；对于需要研究横向稳定性的桥梁，宜同时测定桥梁横向自振特性；对于斜拉桥和悬索桥可视需要测定一阶扭/弯频率比，以评价桥梁

的抗风性能。激振方法可根据结构特点以及现场实际情况确定,选择下列一种或多种激振方法如下:

①环境激振法(脉动法);

②跑车余振法;

③跳车激振法;

④起振机激振法;

⑤其他人工激振方法。

(3)行车动力响应试验测试内容包括动挠度、动应变、振动加速度或速度、冲击系数等,试验工况可包括:

①桥面无障碍行车试验:行车速度根据实际情况可取 5~60km/h,期间车速可大致均匀。车辆驶入桥跨后应尽量保持车速恒定,可采用测速仪或由实测时程信号在特征部位的起讫时间确定实际车速。每个车速工况应进行 2~3 次重复试验。

②桥面有障碍行车试验:可参照图 3-14 所示的弓形障碍物模拟桥面坑洼进行行车试验,车速可取 10~20km/h,障碍物宜布置在跨中等结构冲击效应显著部位。

③刹车制动试验:车速宜取 30~50km/h,刹车部位应为跨中等动态效应较大的位置。对于漂浮体系桥梁,应测试主梁纵向变形等项目。

④无障碍行车试验为必做项目,有障碍行车和刹车制动试验可根据实际情况选择。

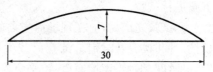

图 3-14 弓形障碍物横断面示意图
(尺寸单位:cm)

(4)车辆自振频率可在静止或怠速状态下测定。

(5)动载试验的测试截面和测点布置应满足结构性能评价及数据统计处理的要求。

(6)采用振动法测试索力时,一般测量索结构由自然环境激振产生的水平横向振响应信号或人工激振产生的水平横向响应余振信号。如索上安装有阻尼器,测量时应临时解除索的阻尼器。测试传感器应用专门的夹具或绑带固定在索股上,安装位置在现场条件允许范围内宜尽量靠近索股中部。

3. 试验荷载

(1)无障碍行车试验宜采用与桥梁实际运行状态相接近的载重车辆,车辆轴重产生的局部效应不应超过现行《公路桥涵设计通用规范》规定的车辆荷载效应。

(2)行车试验采用的载重车辆应性能良好,无异常振动等机械故障。

(3)无障碍行车试验的动力荷载效率按下式计算:

$$\eta_\mathrm{d}=\frac{s_\mathrm{d}}{s} \tag{3-43}$$

式中:η_d——动载试验荷载效率,η_d 应尽量取高值,但不超过 1;

s_d——动载试验荷载作用下控制截面的最大内力或变形;

s——设计标准活载作用下控制截面的最大内力或变形(不计冲击)。

(4)单台车辆的荷载效率偏低时,无障碍行车试验可采用多台车辆横向并列一排行驶,在保证安全的条件下,可在每个车道布置一辆试验车,在行驶过程中应尽量保持车辆的横向间距不变。

(5)对于装配式结构,在保证试验安全的情况下,车辆宜按结构计算横向不利位置行驶,并保持各车速工况下横向位置一致,必要时宜在桥面绘制行车线路标志。

(6)有障碍行车和刹车制动试验可采用与无障碍行车试验相同的1台或多台载重车。

4.试验过程控制与记录

(1)试验过程控制

①应按照预定的试验方案与试验程序进行加载,观测和记录各测试参数。

②正式试验前应对测试系统进行稳定性检查。空载状态下,动应变、动挠度信号在预定采集时间内的零点漂移不宜超过预计最大值的5%。

③采取必要措施,避免附近电磁场以及对讲机、手机等对测试结果的影响。

④为使试验、测试方案更为完善,必要时可先进行试探性试验,根据具体情况对试验方案或测试仪器参数设置做必要调整。

⑤正式试验过程中,应根据观测和测试结果,实时判断结构受力后状态是否正常,测试数据是否异常,是否需要终止试验,确保试验安全。各工况试验完成后,应对测试数据进行检查和确认。如发现幅值异常或突变、零点严重偏离、异常电磁干扰、噪声过大等,应在排除故障后重新进行试验。

⑥试验完成后,应在现场对主要的测试数据进行检查和分析,确保测试数据的准确性和完整性。同时,应及时记录试验荷载参数(规格、数量、纵横向布置、车速、行进方向),传感器规格、灵敏度、编号、连接通道号,采集器采样频率、滤波频率、换算系数等信息。

(2)采用环境激振法识别结构模态参数时,须严格限制桥面行人和车辆通行,桥址附近不应有其他非自然振源。

(3)动载试验测试系统的性能应满足试验对量程、精度、分辨率、稳定性、频响特性的要求。传感器安装须与主体结构保持良好接触,确保无相对振动。

(4)用于冲击系数计算分析的动挠度、动应变信号的幅值分辨率应小于最大实测幅值的1%。

(5)数据采集和频谱分析时,应合理设置采样、分析参数,频率分辨率应不大于实测自振频率的1%。

(6)记录的信号同时用于时域和频域分析时,宜取采样频率$f_s \geqslant 25 f_{max}$,记录的信号只用于频域分析时,宜取采样频率$f_s \geqslant (3\sim4) f_{max}$。$f_{max}$为最高有用信号频率。信号采集时间宜保证频谱分析时谱平均次数不小于20次。对于振动法测试索力,频率分析分辨率应能达到0.01Hz,采样频率宜大于索股第10阶自振频率的4~5倍,一般可设置为100Hz,记录时间一般可取3~5min,同时应注意观察信号质量。

(7)加速度、速度、变形测试,宜直接测试所需的物理量,不宜测试间接物理量再通过数学运算得到所需的物理量。

5.试验数据分析

(1)试验数据分析宜采用通过软件测评合格的专用分析软件。

(2)应对测试信号进行检查和评判,并做剔除异常数据、加窗和趋势项、数字滤波等必要的预处理,确保用于分析计算的样本数据真实可靠,数据质量满足结构性能评价的要求。

(3)可采用频谱分析法、波形分析法或模态分析法得到桥梁结构自振频率。自振频率宜取用多次试验、不同分析方法所得结果的均值。单次试验的实测值与均值的偏差应不大于±3%。

(4)桥梁结构阻尼参数可采用波形分析法、半功率带宽法或模态分析法得到。结构阻尼参数宜取用多次试验、不同分析方法所得结果的均值,单次试验的实测结果与均值的偏差应不超过±20%。

①波形分析法。只适合单一频率的自振信号。多阶自振信号叠加的波形应首先分离为单一频率的自振信号(图 3-15 所示),再按式(3-44)计算阻尼参数:

$$\overline{D}=\frac{1}{2\pi n}\ln\frac{A_i-A_i'}{A_{i+n}-A_{i+n}'} \tag{3-44}$$

式中:$\overline{D}$——阻尼比均值;

A_i——参与计算的首波峰值;

A_i'——参与计算的首波波谷值;

A_{i+n}——参与计算的尾波峰值;

A_{i+n}'——参与计算的尾波波谷值。

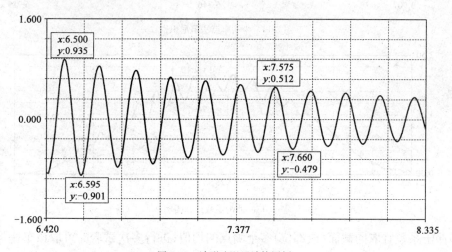

图 3-15　波形法阻尼计算图例

②半功率带宽法。适用于在自振频谱图上采用半功率带宽法求取阻尼参数。频率分辨率 Δf 应不大于 1‰ 的自振频率值,以保证插值计算的精度,阻尼比计算方法如图 3-16 和式(3-45):

$$D=\frac{n}{\omega_0}=\frac{f_2-f_1}{2f_0} \tag{3-45}$$

③采用环境激振等方法进行模态参数识别时,可采用专用软件,计算各阶模态阻尼。

(5)振型参数宜采用环境激振等方法进行模态参数识别。须采用专用软件进行分析,可同时得到振型、固有频率及阻尼比等参数。一般情况下,应识别出桥梁结构主要的低阶模态振型。

(6)冲击系数计算时,应优先采用动挠度信号计算。受现场条件限制无法测定动挠度时,可采用动应变时程曲线计算冲击系数,计算方法参照图 3-17 和式(3-46):

$$\mu = \frac{f_{d\max}}{f_{j\max}} - 1 = \frac{f_{d\max}}{\frac{f_{d\max}+f_{d\min}}{2}} - 1 = \frac{f_{d\max}}{f_{d\max} - \frac{f_{p-p}}{2}} \tag{3-46}$$

式中：$f_{d\max}$——大动挠度幅值；

$f_{j\max}$——取波形振幅中心轨迹的顶点值，或通过低通滤波求取；

$f_{d\min}$——与 $f_{d\max}$ 对应的波谷值；

f_{p-p}——挠度动态分布的峰—峰值。

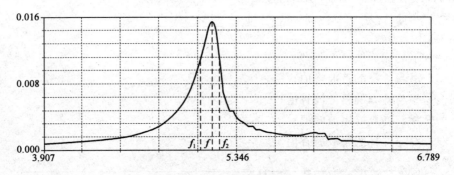

图3-16　半功率点法阻尼识别

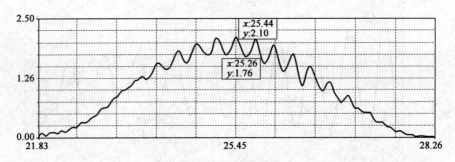

图3-17　冲击系数计算图例

(7)冲击系数宜取同截面（或部位）多个测点的均值；进行多次试验时可取该车速工况下的最大值。

(8)根据具体情况，应进行下述相关内容的分析计算和资料整理：

①动载试验荷载效率。

②各试验工况下动挠度、动应变、加速度等的时域统计特性，包括最大、最小值，均值和方差等。

③典型工况下主要测点的实测时程曲线。

④典型的自振频谱图。

⑤实测自振频率与计算频率列表比较。

⑥冲击系数—车速相关曲线图或列表。

⑦其他必要的图表、曲线、照片等数据或资料。

(9)采用振动法测试索力计算时，应通过信号处理分析获得索的至少五阶自振频率值，按每一阶自振频率计算索力，取其均值作为最终索力。对于长索按下述公式计算索力 T 值：

$$T_n = \frac{4WL^2 f_n^2}{n^2 g} - \frac{n^2 EI \pi^2}{L^2} \tag{3-47}$$

$$T = \frac{1}{5} \sum_{n=1}^{5} T_n \tag{3-48}$$

式中：T_n——对应于第 n 阶自振频率计算的索力；

f_n——索的第 n 阶自振频率；

L——索的计算长度；

n——索的振动阶数；

W——单位索长的重量；

g——重力加速度；

EI——索的抗弯刚度，对于柔性索，索的抗弯刚度可以忽略，$EI=0$。

(10) 结构动力性能评价

①应将桥梁结构的实测自振频率与计算频率进行比较。如实测频率大于计算频率，可认为结构实际刚度大于理论刚度，反之则实际刚度偏小。可参照式(3-49)进行刚度比较：

$$\Omega = \left(\frac{f_{实测}}{f_{计算}} \right)^2 = \frac{K_{实测}}{K_{计算}} \tag{3-49}$$

式中：Ω——结构刚度比；

$f_{实测}$——实测自振频率；

$f_{计算}$——计算自振频率；

$K_{实测}$——结构实际刚度；

$K_{计算}$——结构计算刚度。

②对于鉴定性试验，通过实测自振频率和历史数据对比，可根据其变化情况初步判断桥梁的技术状况是否出现劣化。

③根据桥梁结构各部件的实测振型和测点阻尼比，可以粗略判断桥梁结构各部件的缺损情况。见表3-17。

用阻尼比值评定桥梁技术状况的评判标准　　　　表3-17

桥梁结构类型	阻尼比值范围(%)	状态描述
普通钢筋混凝土桥	<0.5	无明显裂缝
	>1.0~2.0	有裂缝
预应力钢筋混凝土桥	<1.0	无明显裂缝
	>1.0~2.0	有裂缝
钢桥	≤0.1	正常

④可利用实测冲击系数检算桥梁安全储备，并根据检算实际情况对桥梁进行安全性评价。检算结构如不满足现行设计规范要求，则应采取有针对性的限制措施。

⑤当结构静力性能与动力性能的主要判据相互矛盾的情形下，可采用 $\beta(\eta,\mu)$ 参数进行结构性能综合评价：

$$\beta_{(\eta,\mu)} = \frac{\eta(1+\mu_{实测})}{(1+\mu_{规范})} \tag{3-50}$$

式中：$\beta_{(\eta,\mu)}$——静、动力综合评价指标；
　　　　η——静载试验主要测点校验系数均值；
　　　　$\mu_{实测}$——实测冲击系数；
　　　　$\mu_{规范}$——冲击系数规范取值。

$\beta_{(\eta,\mu)} > 1$ 说明结构承载能力小于设计所考虑的安全储备。

⑥当动载荷载效率接近1时，结构控制截面的实测最大动挠度和动应力应小于相关规范的允许值。

⑦可参照同类桥梁在相近荷载下的实测数据，对强迫振动幅值进行比较分析。

⑧可截取典型工况下主要部位强迫振动响应波形段，进行频谱分析，结合车辆自振频率等测试结果，对车桥耦合等强迫振动特征进行分析。

五、现场实施

1. 现场勘查

(1) 荷载试验方案确定前，应收集下列资料：

①设计资料：包括设计图纸、变更设计图纸和作为设计依据的原始资料。

②施工和监理资料：包括材料性能试验报告、施工观测记录、隐蔽工程验收记录、各分项或分部工程验收报告，工程事故及处理情况等。

③施工监控资料：主要包括施工监控指令和工程事故处理意见等。

(2) 荷载试验方案确定前，应进行桥址情况调查，包括桥上和两端线路技术状况、线路容许车速、桥下净空、水深和通航情况、线路交通量和桥址供电情况等，并了解可供的试验车辆及其过磅地点等。

(3) 确定荷载试验方案时应综合考虑桥梁受力特点、施工异常情况与试验方便性，有针对性地选择试验桥联和桥跨。

(4) 荷载试验前，应对结构物进行详细检查，并重点检查结构物的裂缝、支座情况、钢筋锈蚀和其他外观缺陷：

①查明结构物的实际技术状况：包括结构物的总体尺寸、主要构件截面尺寸、各部位的高程、行车道路面的平整度、墩台顶面高程和平面位置、支座位置、材料的实际物理力学性能等。

②查明上下部结构物的裂缝、缺陷、损坏和钢筋锈蚀状况，并在试验过程中随时注意观察其变化；检查支座的位置、脱空、锈蚀和损害情况等。

(5) 经检查如发现结构尺寸误差超过规定，或材料质量未达到设计要求，应按结构的实际状况重新进行静力或动力分析，确定是否需要调整加载试验方案，并计算在试验荷载作用下检测部位的变形和应力数值。加载试验过程中和试验结束后，应对加载影响较大的部位（受力较大部位、薄弱部位、原有缺陷部位等）进行详细的检查。

(6) 加载试验前应对量测系统编号，测量的基准点与测量仪器均应予以防护，避免日照、风雨、振动和周围其他干扰。

2. 测试支架

(1) 测试支架是指专供机械式桥梁变形测试仪表安装，并提供基准点的支撑物。

(2) 测试支架必须牢固可靠，并具有足够的刚度，在测试期间不容许发生影响测试精度的变形。初读数至加载\卸载读数期间,严禁机械和人员碰触测试支架。

3.操作平台

(1)操作平台是指供人员进行仪表或元件现场安装、测试读数或者行走的工作平台。

(2)操作平台应与测试支架分开设置,受力应完全独立。操作平台必须牢固可靠,能承受相应的荷载并满足其功能需要。

(3)操作平台可采用路灯车、桥检车和脚手架等。

4.现场布设

(1)测点放样与布设

①现场测点布设应事先准备详细的测点布置方案。

②测点布置时,如需局部调整布置方案,应做好详细记录。

③如采用有线传输多点应变信号时,应采用电阻值相同的数据线,测点布设前应对测点及数据线进行编号;测点布设时应保证传感器与结构黏结良好,不松动、无气泡;传感器与数据线如采用焊接连接,应保证焊接良好,无夹渣;如在潮湿环境下测试,应对测点进行必要的防潮保护。

④采用百分表(千分表)进行变形测量时,测试仪表基座应与结构完全脱离,并使仪表行程满足结构的变形要求。如采用全站仪等在桥面上进行变形测量,应在试验前对测点进行编号标记。

⑤动态测点布设时,应保证传感器和结构黏结牢靠。

(2)仪器安放

①现场仪器设备安置时,应确保数据采集人员的安全工作范围。

②仪器设备安置应确保数据采集人员通信通畅。

③应做好仪器设备的防雷、防雨(水)和防风措施。

(3)加载位置标记

①试验前,应对所有加载工况及位置进行标记,并派专人进行校核。

②标记内容应包括工况编号及其荷载位置等关键信息。

③必要时标记点应具有防雨(水)、雪的能力。如在夜晚实施加载,还应准备必要的照明设施或采用具有一定的反光功能的标记材料。

(4)车辆称重与轴距测量

①静载试验加载车辆均应进行编号,以便对加载车辆进行重量、轴距的记录和车辆的调度管理。

②静载试验加载车辆均应进行称重,并应尽可能得出各轴的重量。称重可用地磅进行,称重后的加载车辆要防止重量的变化。

③静载试验加载车辆均应进行轴距测量,测量可用皮尺或者钢卷尺进行。

(5)堆载称重与位置标记

①静载试验堆载使用的材料应分包进行配置与称重,并进行标记。每包重量应便于人工搬运。

②试验方案中应明确静载试验分级堆载的重量和位置,并在现场标记各级堆载位置。

(6)人员组织与车辆调度

①应根据试验方案和现场情况,对试验各重要环节的人员分工进行仔细规划,确定试验所需要人员,并配1~2名作为机动(以备应急之需)。试验分工应让每一位参与者知晓,使其各就其位。

②车辆调度者应合理地进行车辆组织,规划好车辆的进出场顺序、停靠位置等,尽可能减少车辆调度就位的时间。

(7)安全措施

①桥梁荷载试验应设专职安全员,检查和督促改进试验前后与过程中的人员、设备、仪表的安全状况,防止意外事故的发生。

②应通过结构验算保证结构安全、支架安全。在分级加载试验过程中,应通过观察结构或支架是否有异常反应、通过分析测试数据是否正常变化等进行判断。

③设备安全主要是检查接电、接地、防水、防尘、防雷等是否正确、完备;所有设备都应轻拿轻放、安置稳固;运输过程中要按设备本身的防振、防尘要求进行包装防护。

④新桥的荷载试验应尽可能安排在桥梁开放交通之前进行。开放交通后的桥梁或者既有桥进行荷载试验时,必须进行交通管制。荷载试验期间社会及运营车辆须绕道行驶。荷载试验时应尽可能缩短交通管制的时间。

第四章 桥梁技术状况评定

公路桥梁评定是一个综合评价的问题,涉及评定方法与评定标准(依据相关标准、规范、试验结果及专家经验等所制定的分类等级)。桥梁状况评定,涉及许多相关因素:一条线路包括许多桥梁;一座桥梁包括上部、下部和基础,每部分又包含许多基本构件;一个构件,因设计、施工、使用中的多种原因可能存在一种或多种缺损。可见,公路旧桥评定是十分复杂的。

桥梁技术状况评定包括多方面的内容:桥梁的安全性,耐久性和适应性,涉及环境、设计、施工和使用过程等因素。按评定目的和依据的不同,桥梁技术状况评定可分为一般评定和适应性评定。一般评定由负责定期检查者,依据桥梁定期检查资料,通过对桥梁各部件技术状况的综合评定,确定桥梁的技术状况等级,提出各类桥梁的养护措施;适应性评定应由有相应资质及能力的单位依据桥梁定期检查资料及特殊检查资料,结合试验与结构受力分析、评定桥梁的实际承载能力、通行能力、抗洪能力,提出桥梁的养护、改造方案。

《公路桥梁技术状况评定标准》(JTG/T H21—2011)和《公路桥梁养护规范》(JTG H11—2004)均对桥梁技术状况评定的过程及方法做出了描述和要求。其中《公路桥梁养护规范》(JTG H11—2004)提出了通过现场外观检查来评定桥梁技术状况的方法,方法操作过程简单,但使用中存在评定方法针对性不强、评定内容粗糙、量化指标不明确、无法得到严重病害在桥梁结构中位置等不足。《公路桥梁技术状况评定标准》(JTG/T H21—2011)是为了规范已建桥梁技术状况评定,在《公路桥梁养护规范》(JTG H11—2004)"桥梁评定"中"一般评定"的基础上根据桥梁各部件不同材料、结构形式将桥梁进行分类,分类后根据各部件不同特点制定相应的评定标准。为了方便养护工作者的实际操作,标准将评定分类尽可能划分成定性和定量两种描述。相比之下,标准的评定更为科学和客观。另外,目前处于征求意见稿阶段的新版《公路桥梁养护规范》,其中的评定方法和原则已经与《公路桥梁技术状况评定标准》(JTG/T H21—2011)一致。

在选择定期检查方法及技术状况评定规范与方法时,应首先满足桥梁技术评定的目的及合同要求,建议对于规模大、技术复杂、建造年代较远、日常养护管理不到位或重要部(构)件有一处或多处明显结构性病害的桥梁,应按照《公路桥梁技术状况评定标准》(JTG/T H21—2011)进行定期检查及技术状况评定,根据实际情况使用专门仪器对混凝土强度、钢筋锈蚀、混凝土保护层厚度等专项检查项目予以量化检查,外观检查项目也宜量化检查,评分时综合考虑定性指标与量化指标;对于建造年代较近、技术状况良好且桥梁日常养护工作开展到位的桥梁,也可按照《公路桥梁养护规范》(JTG H11—2004)的要求及技术评定方法进行定期检查。

第一节　桥梁技术状况评定［按照（JTG H11—2004）］

按照《公路桥梁养护规范》(JTG H11—2004)进行桥梁总体技术状况等级的评定，首先采用考虑桥梁各部件权重的综合评定方法。在各部件技术状况评定时，该方法考虑了各部件缺损程度、缺损对结构的影响、缺损发展变化的影响，采用标度法并叠加发展趋势的修正值；使用该方法的关键是确定缺损程度及标度。在综合评定时，考虑了各部件的权重。权重可采用规范值，也可根据实际情况调整。但调整值应经过批准认可，影响安全性的权重不宜降低。

此外，桥梁技术状况等级的划分，还可参照《公路桥梁养护规范》(JTG H11—2004)表 3.5.2-3"桥梁技术状况评定标准"，对照表中关于各类桥梁总体、各部件（墩台基础、支座、上部结构等）的具体要求，结合定期检查，凭经验评定桥梁的技术状况。

桥梁荷载内力由桥面依次传递到上部结构、墩台、基础、地基，某一个环节出现严缺缺损都可以影响到桥梁的安全使用。为突出安全因素的影响，对上部结构的主要承重构件、墩台及基础等重要部件，以最差的缺损状况评定。重要部件对安全使用至关重要，维修工作量、难度相当大，因此桥梁技术状况等级的评定也可按照重要部件最差的缺损状况评定，推荐采用考虑桥梁各部件权重及综合评定方法评定桥梁技术状况。

一、桥梁各部件技术状况的评定

（1）根据缺损程度（大小、多少或轻重）、缺损对结构使用功能的影响程度（无、小、大）和缺损发展变化状况（趋向稳定、发展缓慢、发展较快）等三个方面，以累加评分方法对各部件缺损状况做出等级评定。方法见表 4-1。

对重要部件（墩台、基础、上部承重构件、支座等），以其中缺损最严重的构件评分；其他部件，根据多数构件缺损状况评分。

（2）考虑各部件权重进行全桥综合评定，方法见表 4-2。

采用考虑桥梁各部件权重的综合评定方法，或以重要部件最差的缺损状况评定，对全桥技术状况等级做出评定。

（3）一般评定结果分析

各部件组合标度 R_i 能够量化反映部件的技术状态。当 $R_i \geqslant 3$ 时，说明该部件出现了严重缺损，或虽为中等缺损，但仍继续恶化。此时，即使综合评价为二类桥的，也应该安排维修。

全桥技术状况评定等级，可分为一类、二类、三类、四类和五类。根据桥梁技术状况分类，确定相应的养护措施是：

①一类桥梁进行正常保养。
②二类桥梁需进行小修。
③三类桥梁需进行中修，酌情进行交通管制。
④四类桥梁需进行大修或改造，及时进行交通管制，如限载、限速通过，当缺损较严重时应关闭交通。
⑤五类桥梁需要进行改建或重建，及时关闭交通。

桥梁部件缺损状况评定方法

表 4-1

缺损程度及标度			组合评定标度				
缺损程度及标度	程度		小→大 少→多 轻度→严重				
	标度		0	1		2	
缺损对结构的影响程度	无、不重要	0	0	1		2	
	小、次要	+1	1	2		3	
	大、重要	+2	2	3		4	
以上两项评定组合标度			0	1	2	3	4
缺损发展变化状况的修正	趋向稳定	−1	0	1	2	3	
	发展缓慢	0	1	2	3	4	
	发展较快	+1	2	3	4	5	
最终评定结果			0	1	2	3	4	5
桥梁技术状况及分类			完好 一类	良好 二类	较好 三类	较差 四类	差的 四类	危险 五类

注：①"0"表示良好状态，或表示没有设置的构造部件。当缺损程度为"0"时，不再叠加。
②"5"表示危险状态，或表示原未设置，而调查表明需要补设的部件。
③缺损程度及标度确定可参考《公路桥梁养护规范》(JTG H11—2004)表 3.5.2-3"桥梁技术状况评定标准"。
④重要部件以缺损最严重的构件评分；其他部件，根据多数构件缺损状况评分。

推荐的桥梁各部位权重及综合评定方法

表 4-2

部件	部件名称	权重 W_i	桥梁技术状况评定办法
1	翼墙、耳墙	1	(1)综合评定采用下列算式
2	锥坡、护坡	1	$D_r = 100 - \sum_{i=1}^{n} R_i W_i / 5$
3	桥台及基础	15	
4	桥墩及基础	15	式中：R_i——按表 4-1 桥梁部件缺损状况评定方法对各部件的评定标度（0~5）；
5	地基冲刷	3	
6	支座	5	W_i——各部件权重，$\sum W_i = 100$；
7	上部主要承重构件	25	D_r——全桥结构技术状况评分 0~100）。
8	上部一般承重构件	15	
9	桥面铺装	2	评分高表示结构状况好，缺损少。
10	桥头跳车	2	(2)评定分类采用下列界限
11	伸缩缝	5	$D_r \geq 88$ 一类
12	人行道	2	$88 > D_r \geq 60$ 二类
13	栏杆、护栏	2	$60 > D_r \geq 40$ 三类
14	照明、标志	2	$40 > D_r$ 四类、五类
15	排水设施	3	$D_r \geq 60$ 的桥梁，并不排除其中有评定标度 $R_i \geq 3$ 的部件，仍有维修的需求。
16	调治构造物	1	
17	其他	1	

注：①表中权重为推荐值，允许根据各地环境条件，按实际情况调整。但影响安全性的权重不宜减小。
②权重的调整可采用专家评估法，调核值应经过批准认可。

(4)桥梁部件标度计算

桥梁部件标度计算见表4-3。

表4-3 桥梁部件标度计算

编号i	a 部件	b 权重W_i	c 部件缺损程度标度	d 缺损对使用功能的影响	e 缺损发展状况的修正	f 部件评定结果$R(c+d+e)$	g $W_i \cdot R_i$
1	翼墙、耳墙	1					
2	锥坡、护坡	1					
3	桥台及基础	23					
4	桥墩及基础	24					
5	地基冲刷	8					
6	支座	3					
7	上部主要承重构件	20					
8	上部一般承重构件	5					
9	桥面铺装	1					
10	桥头与路堤的连接部	3					
11	伸缩缝	3					
12	人行道	1					
13	栏杆、护栏	1					
14	灯具、标志	1					
15	排水设施	1					
16	调治构造物	3					
17	其他	1					

$$D_r = 100 - \sum_{i=1}^{n} R_i \cdot W_i / 5 \text{(桥梁技术状况等级)}$$

(5)算例

某桥总长2 898m,共13孔,分9联,孔径布置为13×30m+14×30m+3×50m+14×30m+13×30m+15×20m+15×20m+13×20m+13×20m,上部结构20m、30m孔径采用宽幅预应力混凝土空心板的刚构连续梁体系,3支座支撑结构受力,50m孔径简支槽型梁4支座受力,下部结构采用桩、柱式桥墩及预应力钢筋混凝土盖梁。桥面双向四车道,全宽26.5m,共设20道毛勒伸缩缝装置。采用电子裂缝测宽仪、电子裂缝测深仪、钢筋探测仪、钢筋锈蚀仪、回弹仪、数码相机、望远镜、皮尺、钢尺、强光探照灯等仪器工具配合桥梁检测车进行检查。

检查结果:主梁梁底底部现横向裂缝及大量纵向裂缝。其中部分主梁裂缝超限值,严重影响结构的安全;伸缩缝装置频繁损坏,在短时间内反复修复与更换;支座存在不同程度老化、变形、开裂、移位等病害,达到四、五类状况的支座占支座总数65%;墩柱主要出现墩身竖向裂缝、横向裂缝、局部网裂等,桥面铺装存在大量纵向、横向裂缝和网状裂纹、根据《公路桥梁养护规范》(JTG H11—2004)进行综合分析与评定,该桥技术状况等级达到四类。由于部分构件损坏严重、影响结构的安全,立即对该桥实施交通管制,并组织维修加固。桥梁管养单位应及时将情况向上级主管部门报告并提出交通管制及维修加固初步意见,上级主管部门接到报告后应及时对评定结果进行复核,并通过特殊检查查明病害原因。在该桥实施交通管制期间,养护部门定期对病害实行监测,路政部门加强交通管制的管理及超载超限车辆的治理力度,上级主管部门组织专家论证与分析,确定维修加固方案,落实病害处治费用。

二、按重要部件最差的缺损状况评定

当有重要部件出现较多病害或出现影响结构安全的病害时,若采用桥梁各部件技术状况评定方法考虑各部件权重进行综合评定,可能会产生评定等级不能准确反映桥梁重要部件最差缺损的严重情况,这时就要采用按重要部件最差的缺损状况评定,其缺损程度、标度及分类按表4-2桥梁缺损状况评定方法采用,计算步骤与桥梁各部件技术状况评定步骤相同。

三、按桥梁总体及部件技术状况评定标准评定

该方法是按技术状况标准的描述凭经验判断。在桥梁技术状况标准表中,对各类桥梁的总体、各部件(墩台基础、支座、上部结构等)的状况均有具体要求。并有一些量化的要求。在采用各部件技术状况的评定方法对桥梁进行评定时,可参考表4-4确定缺损程度及标度。

桥梁技术状况评定标准 表4-4

项 目	一类	二类	三类	四类	五类
	完好良好状态	较好状态	较差状态	差的状态	危险状态
总体评定	①重要部件材料均良好; ②次要部件功能良好,材料有少量(3%以内)轻度缺损或污染; ③承载能力与桥面行车条件符合设计指标; ④只需日常清洁保养	①重要部件功能良好,材料有局部(3%以内)轻度缺损或污染,裂缝小于限值; ②次要部件有较多(10%以内)中等缺损或污染; ③承载能力和桥面行车条件达到设计指标; ④需要小修保养	①重要部件材料有较多(10%以内)中等缺损,裂缝缝宽超限,或出现轻度功能性病害,但发展缓慢,尚能维持正常使用能; ②次要部件有大量(10%～20%)严重缺损,功能降低,继续恶化将不利于重要部件和影响正常交通; ③承载能力比设计降低10%以内,桥面行车不舒适; ④需要进行中修	①重要部件材料有大量(10%～20%)严重缺损,裂缝宽度超限值,裂缝间距小于计算值,风化、剥落、露筋、锈蚀严重;或出现中等功能性病害,且发展较快。结构变形小于或等于规范值功能明显降低; ②次要部件有20%以上严重缺损,失去应有功能,严重影响正常交通; ③承载能力比设计降低10%～25%,必要时限速或限载通行; ④要通过特殊检查,确定大修、加固或更换构件的措施	①重要部件出现严重的功能性病害,且有继续扩展现象;关键部位的部分材料强度达到极限,出现部分钢筋断裂、混凝土压碎或压杆失稳变形的破损现象,变形大于规范值,结构的强度、刚度、稳定性和动力响应不能达到平时交通安全通行要求; ②承载能力比设计降低25%以上,必须降低通行荷载与车速,或封闭交通; ③要通过特殊检查,确定处治对策

续上表

项目	一类 完好良好状态	二类 较好状态	三类 较差状态	四类 差的状态	五类 危险状态
墩台与基础	①墩台各部分完好； ②基础及地基状况良好	①墩台基本完好； ②3%以内的表面有风化麻面、短细裂缝，缝宽小于限值，砌体灰缝脱落； ③表面长有苔藓、杂草； ④基础无冲蚀	①墩台3%～10%的表面有各种缺损，裂缝宽度超限值，有风化、剥落、露筋、锈蚀现象；砌体灰缝脱落，局部变形等； ②出现轻微的下沉、倾斜滑动等现象，发展缓慢或趋向稳定； ③基础有局部冲蚀现象，桩基顶段被磨损	①墩台10%～20%的表面有各种缺损，裂缝宽而密，剥落、露筋、锈蚀严重，砌体大面积的松动、变形； ②墩台出现下沉、倾斜、滑动、冻起现象，台背填土有沉降裂缝或挤压隆起变形发展较快，变形小于或等于规范值； ③基础冲刷大于设计值，基底冲空面在10%～20%内。桩基顶段被侵蚀、露筋、颈缩，或有环状冻裂，木桩腐蛀蚀严重	①墩台不稳定，下沉、倾斜、滑动。冻拔现象严重，变形大于规范值，造成上部结构和桥面变形过大，不能正常行车； ②墩台、桩基出现结构性断裂缝，裂缝有开合现象； ③基底冲刷面达20%以上，冲刷深度大于设计值，地基失效，承载力降低，桥台岸坡滑移
支座	①各部分清洁、完好无缺，位置正确； ②活动支座伸缩与转动正常	①支座有尘土堆积略有腐蚀； ②支座滑动面干涩	①钢支座固定螺栓松动，锈蚀严重； ②橡胶支座开始老化； ③混凝土支座有剥落、露筋、锈蚀现象	①钢支座组件出现断裂； ②橡胶支座老化开裂； ③混凝土支座碎裂； ④活动支座坏死； ⑤支座上下错位过大，有倾倒脱落的危险	支座错位、变形。破损严重，已失去正常支承功能，使上下部结构受到异常约束，造成支承部位的缺损和桥面的不平顺
砖石混凝土上部结构	①结构完好，无渗水，无污染； ②次要部位有少量短细裂纹，裂纹宽度小于限值	①结构基本完好； ②3%以内的表面有风化、麻面短细裂缝，缝宽小于限值，砌体灰缝脱落； ③上、下游侧表面有水迹污染，砌体滋生草木	①结构3%～10%的表面有各种缺损，裂缝宽定超限值，有风化。剥落、露筋、锈蚀，桥面板裂缝渗水； ②石砌拱桥砌体灰缝脱落，局部松动、外鼓； ③横向连接件断裂、脱焊或松动，边梁或边拱肋有横移或外倾迹象	①结构10%～20%的表面有各种缺损，重点部位出现接近全截面的开裂，裂缝宽度超限值，间距小于计算值，顺主筋方向有纵向裂缝，钢筋锈蚀和混凝土剥落严重，桥面开裂渗水严重，砌体有较大松动、变形； ②结构存在永久变形，变形小于或等于规范值，桥面竖向成波形； ③支座脱落，桥面呈锯齿状	①结构永久变形大于规范值； ②重点部位出现全截面开裂，部分钢筋屈服或断裂，混凝土压碎。主拱圈出现四铰不稳定结构； ③受压构件有严重的横向扭曲变形； ④结构的振动或摆动过大，行车和行人有不安全感； ⑤承载能力比设计降低25%以上

续上表

项 目	一类 完好良好状态	二类 较好状态	三类 较差状态	四类 差的状态	五类 危险状态
钢结构	①各部件及焊缝均完好； ②各节点铆钉、螺栓无松动； ③各部分油漆均匀平光、完整，色泽鲜明	①各部件完好，焊缝无开焊； ②少数节点有个别铆钉、螺栓松动变形； ③油漆变色、起泡剥落，面积在10%以内	①个别次要构件有局部变形，焊缝有裂纹； ②联结铆钉、螺栓损坏在10%以内； ③油漆失效面积在10%~20%之间	①个别主要构件有扭曲变形、损伤裂纹。开焊、严重锈蚀； ②联结铆钉、螺栓损坏在10%~20%之间； ③油漆失效面积在20%以上	①主要构件有严重扭曲变形、开焊，锈蚀削弱截面10%以上，钢材变质，强度性能恶化。油漆失效面积在50%以上； ②节点板及联结铆钉、螺栓损坏在20%以上； ③结构永久变形大于规范值； ④结构振动或摆动过大，行车和行人有不安全感
木桥	①各部构件完好无缺； ②防腐、防蚁效果良好	①基本完好，少数联接点松动小件脱落； ②结构有泥土、杂草堆积	①主要构件结合部位和木桩干湿交替部位等出现腐朽松动、局部脱落； ②墩台开始变形，结构出现轻度不稳固现象	①10%~20%的主要构件和20%以上的次要构件有腐朽、松动、脱落； ②墩台、结构变形小于或等于规范值，结构有明显的不稳固现象	①结构全面严重腐朽、脱落； ②墩台不稳定，下沉、倾斜、冻拔严重，变形大于规范值； ③桥面起伏和摆动过大，结构极不稳定
人行道栏杆	完整清洁，无松动，少数构件局部有细裂纹、麻面	个别构件破损、脱落，3%以内构件有松动、裂缝、剥落和污染	10%以内构件有松动、开裂、剥落、露筋、锈蚀、破损、脱落	10%~20%构件严重损坏、错位、变形、脱落、残缺	20%以上构件残缺
桥面铺装伸缩缝	①铺装层完好平整、清洁，或有个别细裂缝； ②防水层完好，泄水管完好畅通； ③伸缩缝完好、清洁； ④桥头平顺，无跳车现象	①铺装层10%以内的表面有纵横裂缝，间距大于1.5m，浅坑槽、波浪； ②防水层基本完好，泄水管堵塞，周围渗水； ③伸缩缝局部螺帽松动，钢桥开焊，铺装碎边缝内堵塞卡死； ④桥头轻度跳车，台背路面下沉在2cm以内	①铺装层10%~20%的表面有严重的龟裂、深坑槽、波浪； ②桥面板接缝处防水层断裂渗水，泄水管破损、脱落； ③伸缩缝普遍缺损，铺装碎边严重，出现跳车现象； ④桥头跳车明显，台背路面下沉2~5cm	①铺装层20%以上表面有严重的破碎、坑槽，桥面普遍坑注不平、积水； ②防水层老化失效，普遍断裂、渗水，泄水管脱落、泄水孔堵塞； ③伸缩缝严重破损、失效，难以修补； ④桥头跳车严重，台背路面下沉大于5cm	

续上表

项 目	一类 完好良好状态	二类 较好状态	三类 较差状态	四类 差的状态	五类 危险状态
翼墙耳墙、锥坡护坡	①翼墙完好无损、清洁； ②锥坡完好，无垃圾堆积，无草木滋生； ③桥头排水沟和行人台阶完好	①翼墙出现个别裂缝，缝宽小于限值，局部剥落，砌体灰缝脱落面积在10%以内； ②锥坡局部塌陷，铺砌缺损，垃圾堆积，草木丛生； ③桥头排水沟堵塞不畅通，行人台阶局部塌落	①翼墙断裂与桥台前墙脱开，但无明显外倾、下沉，砌体灰缝脱落、局部松动外鼓，面积小于20%； ②锥坡出现大面积塌陷，铺砌缺损，形成冲沟或积水坑，坡脚有局部冲蚀； ③桥头排水沟和行人台阶损坏，功能降低	①翼墙断裂、下沉、外倾失稳，砌体变形，严重部分倒塌； ②锥坡体和坡脚冲蚀严重，有滑坡、坍塌，坡顶下降较大，护坡作用明显减小； ③桥头排水沟和行人台阶全部损坏，几乎消失	
调治构造物	①构造设置合理，功能正常； ②构造物完好，无存留漂浮物	①构造物功能基本正常； ②构造物局部断裂，砌体松动、变形	①构造本身抗洪能力不足，基础局部冲蚀； ②构造物20%以内出现下沉、倾斜、局部坍塌	①构造本身抗洪能力太低，基础冲蚀严重； ②构造物20%以上被破坏，部分丧失功能或功能下降	①构造物大范围毁坏，失去功能，或设置不合理，未达到预期效果； ②原未设置而调查表明需要补充设置者
照明标志	完好无缺，布置合理	照明灯泡坏，灯柱锈蚀，标志不正、脱落	灯柱歪斜不正，灯具损坏，标志倾斜损坏	照明线路老化断路或短路，灯柱、灯具残缺不齐，标志损失严重	

四、梁、拱、墩台裂缝的最大限值规定

梁、拱、墩台裂缝最大限值见表 4-5。

梁、拱、墩台裂缝限值　　　　　　　　　　表 4-5

结 构 类 型	裂缝种类	允许最大裂缝宽度(mm)	其他要求
钢筋混凝土梁	主筋附近竖向裂缝	0.25	
	腹板斜向裂缝	0.30	
	组合梁结合面	0.50	不允许贯通结合面
	横隔梁与梁体端部	0.30	
	支座垫石	0.50	
预应力混凝土梁	梁体竖向裂缝	不允许	
	梁体纵向裂缝	0.20	

续上表

结构类型	裂缝种类			允许最大裂缝宽度(mm)	其他要求
砖、石、混凝土拱	拱圈横向			0.30	
	拱圈纵向			0.50	裂缝长度小于跨径的1/8
	拱波与拱肋结合处			0.20	
墩台	墩台帽			0.30	不允许贯通墩台身截面一半
	墩台身	经常受侵蚀性水影响	有筋	0.20	
			无筋	0.30	
		常年有水，但无侵蚀性水影响	有筋	0.25	
			无筋	0.35	
		干沟或季节性有水河流		0.40	
		有冻结作用		0.20	

注：①表中所列除特指外适用一般条件，对潮很环境和空气中含有较强腐蚀性气体条件下的裂缝限依要求严格些。
②预应力混凝土梁：全预应力混凝土或部分预应力A类结构。
③当裂缝超过表中数值时，应进行修补或加固，以保证结构的耐久性。

五、对《公路桥梁养护规范》(JTG H11—2004)的分析

《公路桥梁养护规范》(JTG H11—2004)于2002年编写完成，交通部于2004年10月1日颁布实施，此规范中针对混凝土拱桥，可以发现以下不足：

(1)此规范对桥梁技术状况评价比较粗糙，没有具体桥型之分，没有明确病害类型，构件没有主次、从属之分，比较单一地归纳了桥梁的组成部分。

(2)对于桥梁各部件的权重分配比较固定，没有考虑当桥梁未设置某些部件或者多出某些构件时，其权重值的分配。

(3)在桥梁缺损及标度判定时主观性较大，同时对缺损对结构使用功能的影响程度和缺损发展变化状况判定时也难以把握。

第二节 桥梁技术状况评定[按照(JTG/T H21—2011)]

鉴于《公路桥梁养护规范》(JTG H11—2004)中评估桥梁技术状况的方法较粗糙及存在其他一些不足，交通运输部于2011年9月1日颁布实施了公路工程行业推荐性标准《公路桥梁技术状况评定标准》(JTG/T H21—2011)，此标准按不同桥型进行桥梁评定分类，并细化不同桥型的部件分类。根据不同桥型的部件类型制定评定细则，将评定指标进行了细分并提出了量化标准，提出了5类桥梁技术状况单项控制指标，改进了桥梁技术状况的评定模型。

一、技术状况评定的流程

《公路桥梁技术状况评定标准》(JTG/T H21—2011)推荐的公路桥梁技术状况评定方法越来越广泛运用到桥梁评估中，它采用分层综合评定与单项指标控制相结合的方法。该规范将桥梁按4种桥型划分不同的评定指标和权重值，评定过程由低到高循序渐进，按照桥梁构件评定、桥梁部件评定、上部结构评定、下部结构评定、桥面系评定和全桥技术评定6个环节进

行。在综合评定之外，规范给出14项单项指标，用于控制桥梁结构重要部位的严重损伤。具体评定指标和流程如图4-1所示。

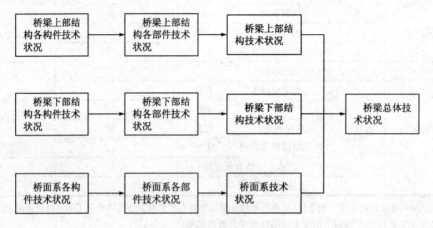

图4-1　桥梁技术状况评定指标流程

该评定方法计算模型涉及的参数较多，其操作流程可分为4个环节：桥梁构件评定；桥梁部件评定；桥面系、下部结构、上部结构评定；桥梁总体评定。各环节具体评定计算过程如图4-2所示。

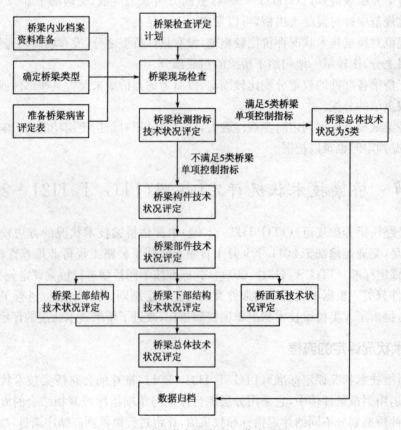

图4-2　桥梁技术状况评定工作流程图

二、桥梁部件的划分

桥梁部件分为主要部件和次要部件。各结构桥梁主要部件见表 4-6，其他部件为次要部件。

各桥梁结构主要部件 表 4-6

结构类型	主要部件
梁式桥	上部承重构件、桥墩、桥台、基础、支座
板拱桥、肋拱桥、箱型拱桥、双曲拱桥	主拱圈、拱上结构、桥面板、桥墩、桥台、基础
刚架拱桥、桁架拱桥	刚架（桁架）拱片、横向联结系、桥面板、桥墩、桥台、基础
钢-混凝土组合拱桥	拱肋、横向联结系、立柱、吊杆、系杆、行车道板、支座
悬索桥	主缆、吊索、加劲梁、索塔、锚锭、桥墩、桥台、基础、支座
斜拉桥	斜拉索、主梁、索塔、桥墩、桥台、基础、支座

桥梁总体技术状况评定等级分为 1 类、2 类、3 类、4 类、5 类，见表 4-7。

桥梁总体技术状况评定等级 表 4-7

技术状况评定等级	桥梁技术状况描述
1 类	全新状况，功能完好
2 类	有轻微缺损，对桥梁使用功能无影响
3 类	有中等缺损，尚能维持正常使用功能
4 类	主要构件有大的缺损，严重影响桥梁使用功能；或影响承载能力，不能保证正常使用
5 类	主要构件存在严重缺损，不能正常使用，危及桥梁安全，桥梁处于危险状态

三、桥梁构件技术状况评分计算方法

根据不同桥型或评定单元，按照标准规定的评定指标标度类别数、评定标准和扣分值，分别计算桥梁上部结构（下部结构、桥面系）某类部件各个构件的技术状况评分（PMCI）。具体评分按式（4-1）计算。

$$PMCI_l(BMCI_l \text{ 或 } DMCI_l) = 100 - \sum_{x=1}^{k} U_x$$

当 $x = 1$ 时

$$U_1 = DP_{i1} \tag{4-1}$$

当 $x \geqslant 2$ 时

$$U_x = \frac{DP_{ij}}{100 \times \sqrt{x}} \times (100 - \sum_{y=1}^{x-1} U_y) \quad (j = x)$$

当 $DP_{ij} = 100$ 时，$PMCI_l(BMCI_l \text{ 或 } DMCI_l) = 0$。

式中：$PMCI_l$——上部结构第 i 类部件中构件 1 评定，$PMCI_l \in [0, 100]$；

$BMCI_l$——下部结构第 i 类部件中构件 1 评定，$BMCI_l \in [0, 100]$；

$DMCI_l$——桥面系第 i 类部件中构件 1 评定，$DMCI_l \in [0, 100]$；

k——第 i 类部件中构件 1 扣分指标的种类数；

U、x、y——模型导入变量；

i——桥梁部件类型；

j——第 i 类部件中构件 1 的第 j 项检验指标；

DP_{ij}——第 i 类部件中构件 1 的第 j 类检验指标扣分，扣分值按表 4-8 确定。

构件检测指标扣分值　　　　表 4-8

检测指标所能达到的最高等级类别	指标类别				
	1 类	2 类	3 类	4 类	5 类
3 类	0	20	35	—	—
4 类	0	25	40	50	—
5 类	0	35	45	60	100

注意事项：

计算时 U_k，应注意 DP_{ijk} 的取值顺序。

K 的排列顺序不同，PMCI、BMCI 或 DMCI 会算得不同的结果，试比较 $DP_{ij1}=20$，$DP_{ij2}=40$，$DP_{ij3}=60$ 与 $DP_{ij1}=60$，$DP_{ij2}=40$，$DP_{ij3}=20$。

建议按从大到小的顺序排列后再计算。

四、桥梁部件技术状况评分计算方法

由某类部件所有构件评分（PMCI）的平均值（$\overline{\text{PMCI}}$）、最低的构件评分值（$\text{PMCI}_{\min}$）和构件总数量系数（t），分别计算桥梁上部结构（下部结构、桥面系）所有类部件评分（PCCI_i）。部件技术状况评分按式(4-2)计算：

$$\text{PCCI}_i = \overline{\text{PMCI}} - (100 - \text{PMCI}_{\min})/t$$

或

$$\text{BCCI}_i = \overline{\text{BMCI}} - (100 - \text{BMCI}_{\min})/t$$

或

$$\text{DCCI}_i = \overline{\text{DMCI}} - (100 - \text{DMCI}_{\min})/t \tag{4-2}$$

式中：PCCI_1——上部结构第 i 类部件中构件 1 的评分，$\text{PCCI}_1 \in [0,100]$；当上部结构的某个重要部件 PMCI_1 在 $[0,60)$ 时，该部件得分值 $\text{PCCI}_i = \text{PMCI}_1$；

$\overline{\text{PMCI}}$——上部结构中第 i 类部件所有构件评分均值，$\overline{\text{PMCI}} \in [0,100]$；

BCCI_1——下部结构中第 i 类部件评分，$\text{BCCI}_1 \in [0,100]$；当下部结构的某个重要部件 BMCI_1 在 $[0,60)$ 时，该部件得分值 $\text{BCCI}_i = \text{BMCI}_1$；

$\overline{\text{BMCI}}$——桥梁下部结构中第 i 类部件所有构件评分均值，$\overline{\text{BMCI}} \in [0,100]$；

DCCI_i——桥梁桥面系中第 i 类部件评分，$\text{DCCI}_i \in [0,100]$；

$\overline{\text{DMCI}}$——桥梁桥面系中第 i 类部件所有构件评分均值，$\overline{\text{DMCI}} \in [0,100]$；

$\text{PCCI}_{\min}$——桥梁上部结构中第 i 类部件评分最低构件评分值；

BMCI$_{min}$——桥梁下部结构中第i类部件中评分最低构件评分值;

DMCI$_{min}$——桥梁桥面系中第i类部件中评分最低构件评分值;

t——随构件数变化而变化的系数,t值详见《公路桥梁技术状况评定标准》(JTG/T H21—2011),见表4-9。

表4-9 t 值

n(构件数)	t	n(构件数)	t
1	∞	20	6.6
2	10	21	6.48
3	9.7	22	6.36
4	9.5	23	6.24
5	9.2	24	6.12
6	8.9	25	6.00
7	8.7	26	5.88
8	8.5	27	5.76
9	8.3	28	5.64
10	8.1	29	5.52
11	7.9	30	5.4
12	7.7	40	4.9
13	7.5	50	4.4
14	7.3	60	4.0
15	7.2	70	3.6
16	7.08	80	3.2
17	6.96	90	2.8
18	6.84	100	2.5
19	6.72	≥200	2.3

注:①n为第i类部件的构件总数。
   ②表中未列出的t值采用内插法计算。

根据上部结构所有部件技术状况评分(PCCI、BCCI、DCCI)和《公路桥梁技术状况评定标准》规定的对应部件权重值(W_i),根据式(4-3)计算上部结构、下部结构评分。

$$\text{SPCI(SBCI、BDCI)} = \sum_{i=1}^{m} \text{SPCI(SBCI}_i \text{ 或 BDCI}_i) \times W_i \quad (4\text{-}3)$$

式中:SPCI——上部结构评分,SPCI∈[0,100];

SBCI——下部结构评分,SBCI∈[0,100];

BDCI——桥面系评分,BDCI∈[0,100];

m——各单元部件的种类数;

W_i——表示第i类部件权重值,如果桥梁未设某类部件,则将该部件权重分配到所在单元的其他部件中。

五、桥梁总体技术状况评分计算方法

根据上部结构 SPCI、下部结构评分 SBCI 和桥面系评分 SDCI,以及规定的相应桥梁结构组成权重值 W_{SP}(0.40)、W_{SB}(0.40)、W_D(0.20),按式(4-4)计算得出桥梁总体技术状况评分(D_r)。

桥梁总体的技术状况评分，按下式计算：

$$D_r = BDCI \times W_D + SPCI \times W_{SP} + SBCI \times W_{SB} \quad (4-4)$$

式中：D_r——桥梁总体技术状况评分，值域为 0～100 分；

W_D——桥面系在全桥中的权重，为 0.2；

W_{SP}——上部结构在全桥中的权重，为 0.4；

W_{SB}——下部结构在全桥中的权重，为 0.4。

六、评定等级分类和综合评定界限值

桥梁部件分为主要部件和次要部件。两者的技术状况评定标度为：主要部件：1 类、2 类、3 类、4 类、5 类；次要部件：1 类、2 类、3 类、4 类。

桥梁总体技术状况评定等级分为 1 类、2 类、3 类、4 类、5 类。桥梁技术状况分类界限见表 4-10。

桥梁技术状况分类界限 表 4-10

技术状况评分	技术状况等级 D_j				
D_r（SPCI、SBCI、BDCI）	1 类	2 类	3 类	4 类	5 类
	[95,100]	[80,95)	[60,80)	[40,60)	[0,40)

七、使用注意事项

(1) 当单个桥梁存在不同结构形式时，可根据结构形式的分布情况划分评定单元，分别对各评定单元进行桥梁技术状况的等级评定。

(2) 由于实际当中桥梁可能由两种或者多种不同结构形式组成，当单个桥梁存在既有梁桥又有拱桥或其他桥型，或者主桥和引桥结构形式不同等情况时，可根据结构形式的分布情况采用划分评定单元的方式，逐一对各评定单元进行桥梁技术状况的等级评定，然后以技术状况等级评定结果最差的一个评定单元作为全桥的评定结果。

例如：某桥桥跨组合为 6×20m+3×60m+6×20m，共 15 跨，引桥为钢筋混凝土 T 型梁，主桥为钢筋混凝土系杆拱桥，两幅的桥墩都为双柱式桥墩，桥梁总长 420.7m。

该桥技术状况评定：该桥由两种结构形式组成，第 7～第 9 跨为钢筋混凝土系杆拱结构，其他部分为钢筋混凝土 T 型梁。将 7～9 跨主桥划为主桥单元，1～6 跨及 10～15 跨为合并起来为引桥单元。对于公共的桥墩，建议将公共的桥墩划分给跨径长的单元（划分给主桥系杆拱部分）。主桥系杆拱桥部分按照标准要求，采用分层综合评定法进行评定，最终评定为 4 类，引桥评定为 3 类。全桥技术状况等级评定结果以最差的一个评定单元作为全桥的评定结果，即按照主桥评定结果，全桥技术状况最终评定为四类。

(3) 实际工作中当存在某座桥梁没有设置部件，如单跨桥梁无桥墩、部分桥梁无人行道等类似情况。需要根据此构件隶属于上部构件、下部构件或桥面系关系，将此缺失构件的权重值分配给其他部件。分配方法采用将缺失部件权重值按照既有部件权重在全部既有部件权重中所占比例进行分配的方法，简单易行，从而保证既有部件参与评价，使桥梁评价更符合实际情况。

(4)在桥梁技术状况评价中,有下列情况之一时,整座桥应评为5类桥:

①上部结构有落梁或有梁、板断裂现象。

②梁式桥上部承重构件控制截面出现全截面开裂或组合结构上部承重构件结合面开裂贯通,造成截面组合作用严重降低。

③梁式桥上部承重构件有严重的异常位移,存在失稳现象。

④结构出现明显的永久变形,变形大于规范值。

⑤关键部位混凝土出现压碎、杆件失稳倾向或桥面板出现严重塌陷。

⑥拱式桥拱脚严重错台、位移,造成拱顶挠度大于限制或拱圈严重变形。

⑦圬工拱桥拱圈大范围砌体断裂,脱落现象严重。

⑧腹拱、侧墙、立墙或立柱产生破坏造成桥面板严重塌落。

⑨系杆、吊杆出现严重锈蚀或断裂现象。

⑩悬索桥主缆或多根吊索出现严重锈蚀、断丝。

⑪斜拉桥拉索钢丝出现严重锈蚀、断丝,主梁出现严重变形。

⑫扩大基础冲刷深度大于设计值,冲空面积达20%以上。

⑬桥墩(桥台或基础)不稳定,出现严重滑动、下沉、位移、倾斜等现象。

⑭悬索桥、斜拉桥索塔基础出现严重沉降、位移或悬索桥锚碇有水平位移或沉降。

(5)其他事项

①满足标准的4.3条中有关"5类桥梁技术状况单项控制指标"的任何一项,则整座桥梁应评为5类。

②当上部结构和下部结构技术状况等级为3类、桥面系技术状况等级为4类,且桥梁总体技术状况评分为$40 \leqslant D_r < 60$时,桥梁总体技术状况等级应评定为3类。

③全桥总体技术状况等级评定时,当主要部件评分达到4类或5类且影响桥梁安全时,可按照桥梁主要部件最差的缺损状况评定。

第三节 几种规范评定方法的比较

随着桥梁养护管理工作的重要性被认知,桥梁技术状况评定工作也得到重视,相关的规范规定的技术状况评定的方法越来越细致和科学,提高了桥梁技术状况评定的准确性和可操作性。现有评定桥梁技术状况的规范主要包括《公路桥梁养护规范》、《城市桥梁养护技术规范》及《公路桥梁技术状况评定标准》。

对三套规范推荐的桥梁技术状况评定方法,可以发现,总体来说,《公路桥梁养护规范》目前使用范围最广泛,《城市桥梁养护技术规范》运用范围较小,《公路桥梁技术状况评定标准》关于桥梁技术状况评定的内容融合和前面两个规范的长处,同时给出了各种桥型的病害描述,同时也与桥梁养护管理系统中关于桥梁评定的算法类似,是目前为止国内桥梁技术状况评定最为完整的规范。三套规范的比较见表4-11。

概括起来,对比三套规范我们可以发现如下特点:

(1)《公路桥梁技术状况评定标准》在《公路桥梁养护规范》"桥梁评定"的"一般评定"基础上,按照桥梁各部件不同材料、结构形式进行桥型分类,并可根据桥梁结构形式的分布情况划分评定单元。划分桥型的评定方法使桥梁技术评定工作比较规范化。

几套规范技术状况评定方法比较　　　　　　　　　表 4-11

比较项目 \ 规范	公路桥梁养护规范	城市桥梁养护技术规范	公路桥梁技术状况评定标准
评定方法	加权算术平均、加权几何平均	层次分析法、算术平均法、单项指标控制	分层综合评定与单项指标控制相结合
评定层次	2个层次:部件缺损评定、全桥综合评定	4个层次:构件评定、部件评定、单元评定、全桥评定	4个层次:构件评定、部件评定、单元评定、全桥评定
评分界限值	一类[88,100] 二类[60,88) 三类[40,60) 四类、五类(0,40)	A级[90,100] B级[80,90) C级[66,80) D级[50,66) E级(0,50)	1类[95,100] 2类[80,95) 3类[60,80) 4类[40,60) 5类[0,40)
主观性	主观性很大	主观性较小	主观性很小
桥型划分	无桥型划分	无桥型划分,但列举典型桥型的构件权重	桥型划分具体,梁式桥、拱式桥、悬索桥、斜拉桥分类别评定
精细程度	分部件概述病害	无病害描述	分桥型病害描述精细
单项控制指标	无单项控制指标	列举14项可以评为D级桥的单项指标	列举14项可以评为5级桥的单项指标,条款与《城市桥梁养护技术规范》不同
主要优点	操作简单,采用广泛	计算方法客观	计算方法客观,分桥型评定,病害描述具体
主要缺点	主观性大,要求工程师有丰富经验;缺少单项控制指标;构件权重不完善	完全采用算术平均,淹没较差构件,在桥梁出现明显危害前有安全隐患	构件评分要求检查每个构件,工程量过大

(2)《公路桥梁养护规范》和《城市桥梁养护技术规范》不仅在桥型划分上比较欠缺,而且对各个构件的关注程度比较低,对于桥梁的技术状况评定主要是由工程师的经验来决定。《公路桥梁技术状况评定标准》把病害定位到每个构件,不仅有比较精确的数据来源也可以监督检测工作的精细程度。《公路桥梁技术状况评定标准》根据不同桥型各部(构)件不同特点细化了检查指标,对桥梁病害分别从定性和定量两个方面描述,且针对各检查指标制定了相应的评定标准。

(3)新规范改进了桥梁技术状况评定模型,其计算原理借鉴了《城市桥梁养护技术规范》的计算方法,加强了构件与部件、部件与总体之间的相互联系、相互作用。

(4)采用将缺失部件权重值按照既有部件权重在全部既有部件权重中所占比例进行二次分配的方法。例如不存在"人行道"构件时,将该项的权重0.1按比例分配到桥面系的其他部分。这样可以实际反应某类部件的状况,也降低了评分。

(5)考虑了不同部件对桥梁技术状况影响程度不同,将桥梁结构分成两大部分,分别为主要部件和次要部件。

(6)提出了5类桥梁技术状况单向控制指标(共14项),桥梁符合5类桥单项控制指标则可以直接评定为5类。

第四节 桥梁适应性评定

桥梁适应性评定包括使用价值、承载能力、通行能力、抗洪能力评定。

承载能力评定是将桥梁的实际承载能力与现行设计荷载标准的荷载效应进行比较,反映结构能否达到承载要求。通行能力评定是将设计通行能力与现行交通量进行比较。也可以和使用期预测交通量进行比较,反映桥梁能否满足现行(或使用期)交通量的要求。抗洪能力评定宜结合水毁调查,根据桥长及孔径、基础埋深、墩台病害等评定桥梁的抗洪能力等级。

一、适应性评定周期

(1)评定周期一般为3~6年。评定工作可与桥梁定期检查、特殊检查结合进行,建议在一个或者两个定期检查周期之间安排。由于我国交通运输发展迅猛,适应性评定不可间隔太久。

(2)经常受洪水威胁的山区公路桥梁,宜每年进行一次抗洪能力评定。

(3)如遇洪水达到设计洪水位及以上,当年应进行一次抗洪能力评定。

(4)汛期应组织人员对所辖路线上的桥梁进行昼夜巡查,防洪指挥部实行全天24h值班。

二、公路桥梁线路使用价值评定

普通公路的规划使用期限一般为20年,而高速公路的一般为30年。公路桥梁在规划使用期限内的使用价值一般按式(4-5)进行评估:

$$K = \frac{R_1 - E_1 - E_2}{R_2 - E_3 - E_4} \tag{4-5}$$

式中:K——桥梁使用价值系数;

R_1——规划期限内利用桥梁路线的总收益;

R_2——改建新桥路线在规划期内的总收益;

E_1——规划期限内桥梁加固改造总支出;

E_2——规划期限内桥梁路线养护总支出;

E_3——新建桥梁的总支出;

E_4——改建新桥路线养护的总支出。

当桥梁使用价值系数$K>1$时,桥梁具有宏观使用价值,有必要进行加固改造。

三、公路桥梁线路承载能力评定

对线路上定期检查中确定为4类的桥梁,均应进行承载能力的评定。其承载能力评定见表4-12规定,以承载能力适应率为指标进行考核。

各级公路对应车辆荷载 表 4-12

公路等级	汽车专用公路			一般公路		
	高速公路	一级公路	二级公路	二级公路	三级公路	四级公路
计算荷载	汽—超20	汽—超20、20	汽—20	汽—20	汽—20	汽—10
验算荷载	挂—120	挂—120、100	挂—100	挂—100	挂—100	履带—50

$$\beta_c = \frac{N_c}{N} \times 100\% \tag{4-6}$$

式中：β_c——桥梁线路承载能力适应率；

N_c——考查线路上符合要求的桥梁座数；

N——考查线路上总的桥梁座数。

当 $0.9 \leqslant \beta_c \leqslant 1$ 时，线路承载能力评定等级为"良好"；当 $0.7 \leqslant \beta_c < 0.9$ 时，线路承载能力评定等级为"适应"；当 $\beta_c < 0.7$ 时，线路承载能力评定等级为"不适应"。

四、公路桥梁线路通行能力评定

桥梁线路通行能力适应率 β_t 计算公式如下：

$$\beta_t = \frac{N_t}{N} \times 100\% \tag{4-7}$$

式中：β_t——桥梁线路通行能力适应率；

N_t——考查线路上计算通行能力满足交通量要求的桥梁座数；

N——考查线路上总的桥梁座数。

当 $0.9 \leqslant \beta_t \leqslant 1$ 时，线路通行能力评定等级为"良好"；当 $0.7 \leqslant \beta_t < 0.9$ 时，线路通行能力评定等级为"适应"；当 $\beta_t < 0.7$ 时，线路通行能力评定等级为"不适应"。

五、公路桥梁线路泄洪能力评定

桥梁线路通行能力适应率 β_x 计算公式如下：

$$\beta_x = \frac{N_x}{N} \times 100\% \tag{4-8}$$

式中：β_x——桥梁线路泄洪能力适应率；

N_x——考查线路上计算泄洪能力可满足要求的桥梁座数；

N——考查线路上总的桥梁座数。

当 $0.9 \leqslant \beta_x \leqslant 1$ 时，线路泄洪能力评定等级为"良好"；当 $0.7 \leqslant \beta_x < 0.9$ 时，线路泄洪能力评定等级为"适应"；当 $\beta_x < 0.7$ 时，线路泄洪能力评定等级为"不适应"。

第五章 桥梁承载能力评定

第一节 桥梁承载能力评定的方法

对既有桥梁进行承载能力评定的方法很多,大致可分为经验法、荷载试验法、设计理论法和以可靠度理论为基础的评估方法。

一、基于实桥调查的经验方法

1. 评分系统法

这一方法最早用于建筑结构损伤程度的评估,并逐步发展成为一种量化的评分系统。评分标准及损伤程度分类需根据调查统计和试验分析结果预先制定。在应用时,由有经验的工程师对既有桥梁进行检查评分,并依此对材料质量、损伤程度等进行评价。加拿大安大略省借用此法评估桥面系统的运营状况,印度和我国公路界在评估桥梁承载能力时,也采用类似的评分系统决定抗力折减系数。此法的特点是应用简单,主要用于对桥梁运营状态的评估,其结论的可信程度基于评估者的工程经验和判断能力。根据我国的公路养护技术规范,桥梁技术状况评价等级分为一类、二类、三类、四类,对桥梁整体和桥梁部件均适用。将桥梁划分为15个部件,根据桥梁部件的缺损程度及标度、缺损对结构使用功能的影响程度以及缺损发展变化状况,对桥梁各部件分别进行评分,值域为0~5。"0"表示完好状况,"5"表示危险状况。再根据桥梁部件的评分确定各部件的评价等级。此法的特点是应用简单,主要用于桥梁运营状态的评估,其结论的可信程度基于评估者的工程经验和判断能力。

2. 经验系数法

经验系数法是根据大量的调查研究,确定结构损伤、材料老化、环境影响等影响承载能力的各种系数及取值范围,折算求出桥梁承载能力的方法。此法应用简便,但各系数由评定者根据现场情况决定,适用性有所限制,计算结果较为粗糙。

3. 经验公式法

这种方法依据广泛的调查研究,确定若干影响承载能力的系数及其取值范围,对桥梁承载能力进行评估。被评估桥梁的承载能力 P 可表示为:

$$P = P_0 \times K_1 \times K_2 \times K_3 \times K_4 \tag{5-1}$$

式中:P_0——原设计承载能力;

K_1——残存承载能力系数(依结构损伤、材料老化程度而定);

K_2——反映桥面条件的系数;

K_3——反映实际交通情况的系数;

K_4——桥梁建造使用年限系数。

此法的特点是应用简便,各系数由评估者根据现场情况决定。但由于系数的确定较困难,其适用性有所限制,但只能用于初步估计桥梁的承载能力。该法的缺点是不能考虑桥梁存在的各种缺陷,也就是说,该法对于既有桥梁的实际承载能力较难评定。

二、荷载试验法

主要是通过现场试验对既有桥梁承载能力进行评估的方法,包括静载试验法和动载试验法。

1. 静载试验法

静载试验法首先在桥梁结构上选择计算受力最为不利、损坏比较严重、搭设试验观测脚手架比较简便的桥孔,再选用一、两个主要内力控制的截面,然后施加与设计荷载或使用荷载基本相当的外载,利用检测仪器,测试桥梁结构的控制部位与控制截面在荷载作用下的应变、挠度变形、裂缝及开展情况、横向分布系数、墩台变形等特性变化,将测试结果与结构理论计算值及规范的允许值作比较,推算出对应的荷载等级和承载能力,或借助试验结果修正结构抗力,若试验加载到最大荷载,工作正常,试验值与分析值相符合,挠度、裂缝在规定容许范围之内,可以认为桥梁在此荷载下,可安全通过。

静载试验法具有直观、可靠的特点,是其他方法所不能及的,但也不能替代常规评定方法,而只能视为获取信息的手段和分析方法的补充。其原因是该法规模大、试验费用高、时间长、方法难以普及,可能引起结构严重损伤,影响正常交通。目前,美国有一种较省时的基于荷载试验的桥梁承载力评定方法,但并非前述的静载试验法,美国联邦公路局研制出一种新型测试系统,用无线数据收集系统与激光雷达检测系统合并使用,无线数据收集系统在特定测试点上可在几秒钟内安装完毕,无须中心站与各传感器之间实物线路的连接,在检测过程同时,就可得到检测结果,同时,采用激光雷达系统进行远距离挠度检测,使用时将其置于桥下,激光光束映在桥上多个点,计算出测点挠度,既不需要表面的准备工作,也无须在桥上安放具体的目标,易于安装,检测点多,减少了进入被检桥梁内部的要求。这样,二者结合,则能更快地测量出桥梁的承载能力。

2. 动载试验法

动载试验是通过桥上汽车的跑车、跳车、刹车动荷载或稳态、瞬态等方式的激振荷载作用,使用检测仪器,测试桥梁结构上各控制部位的频率、振幅、阻尼及冲击系数等动态参数,分析这些测试结果并与相应的计算值或经验值比较,进而评定承载能力。尽管目前已有这方面的文献,但是如何将动载试验与承载能力评定直接联系起来,尚值得研究。

3. 设计理论法

此法是指基于桥梁设计规范,根据实测材料性能、结构几何尺寸、支承条件、外观缺陷及通行荷载,按照桥梁结构的设计计算理论来评定承载能力。桥梁设计规范是指导桥梁设计的标准,这一标准基于工程力学、结构试验和工程经验,且不断充实和完善。因此,利用桥梁设计规范的计算理论来分析既有桥梁承载能力的方法,具有坚实的理论基础并得到广泛的应用。我国《公路旧桥承载能力鉴定方法》对承载能力检算基本按现行设计规范中的方法进行。

对于砖、石和混凝土结构,有:

$$S_d(\gamma_{s0}\varphi\sum\gamma_{sl}Q) \leqslant R_d\left(\frac{R_j}{\gamma_m}, \alpha_k\right)Z_1 \tag{5-2}$$

对于钢筋混凝土结构及预应力混凝土结构,有:

$$S_d(\gamma_g G; \gamma_q \sum Q) \leqslant \gamma_b R_d \left(\frac{R_c}{\gamma_c}; \frac{R_s}{\gamma_s}\right) Z_1 \tag{5-3}$$

式(5-2)和式(5-3)中为旧桥检算系数,根据桥型和桥梁的实际状况的优劣确定。试行标准中给出了拱桥和梁桥的 Z_1 值表,但 Z_1 仍根据桥梁外观由鉴定人员选定,因各人经验不同,Z_1 的选择会有较大的差别。此法尽量考虑桥梁的实际状态,通过比较简单的方法或简洁的理论公式得到承载能力的定量数值,是目前承载能力评定方法的一个重要方面,不足之处是 Z_1 的取值主观随意性较大,且检算公式的适用范围有限。目前,一些学者将模糊数学方法引入这一领域。在具体评估时,首先由实测得到评估时刻的截面尺寸、材料强度,以此为依据,再考虑其他不能实测的相关重要影响因素,建立因素集、权重集、备择集。然后,通过 AHP 法并利用模糊理论综合评定原理进行多级模糊综合评定,确定旧桥检算系数和评估时刻的承载能力。

三、专家经验方法

1. 桥梁评估专家系统

与设计相比,桥梁评估要复杂得多。一般而言,评估是考虑结构损伤和运营状态,并以整个结构体系(上部、下部结构和基础工程)为对象,对桥梁的可靠性(安全性、适用性、耐久性)进行分析评价并做出决策(如正常使用、限制使用、修理加固、替换更新等)的过程。不言而喻,影响评估的因素众多,因素之间相互影响,关系复杂。其次,评估与人的工程经验有着密切的关系。这也使得评估中包含了许多不定因素。对如此复杂的评估问题,不可能建立一套完善的数学模型进行精确定量的描述,但却适于采用人工智能技术(如专家系统)加以理解。所谓桥梁评估专家系统,就是利用计算机模拟有经验专家的决策机理,对既有桥梁进行综合评估的方法。目前,实用的评估系统仍在研究发展之中。

2. 专家意见调查

专家意见调查(Expert Opinion Surveys)是指直接收集、分析、归纳专家意见,对某一事件的可能结果做出评估的方法。在国外,这一方法已在军事、医学、气象预测、经济、工程等诸方面应用多年。在我国,对某些问题也常常采用"专家论证"的方式加以解决。

结构失效概率的评估方法有两种:一种是对失效记录和试验数据的统计分析;另一种是结构可靠度分析。对形式新颖的、采用新型材料的或可靠度高的结构,所能获取的信息十分有限;采用前一种方法来分析失效概率,就会失去统计上的意义。若不了解结构行为或失效模式或欠缺基本变量的统计分析,或结构分析模型复杂,后一种方法也不适用或费用过高。在上述情况下,可考虑采用专家意见调查的方法。

四、结构可靠性理论方法

结构可靠性理论采用失效概率 PF 或可靠指标 β 来衡量结构的安全水平。这一理论已在结构工程的各个领域得到广泛应用。在修订桥规方面,该理论被用于结构可靠度分析和分项安全系数的选择。由于以概率统计为基础,该理论可以处理荷载和抗力的不定性,尤其是可以处理这些不定性的变化对结构可靠度的影响。因此,它可为桥梁评估提供一个合理的理论框架,应用此理论于桥梁承载能力评估,有两种方式:一种是直接评估 β(或 PF),并与预先拟定

的目标可靠指标 β_T 相比较;另一种是评估既有桥梁的可靠度,并制订评估规范中的分项安全系数。

直接评估 β(或 PF)的过程,可分成以下几个步骤:

(1)证实可能的失效模式。这些失效模式可分为构件失效模式和系统失效模式(针对多荷载路径结构而言),取决于桥梁形式和荷载类型。证实的方法可以是失效树分析、模型试验或结构分析。

(2)选择代表各失效模式的分析模型。可采用线弹性分析、非线性分析或极限分析。线弹性分析(如格栅分析)在设计中被广泛采用,但在评估中往往给出保守结果。非线性分析(如有限元法)结果可靠,费用较高,可提供全历程响应。极限分析(如屈服线法)基于功能互等原理估计极限荷载,计算简单。

(3)确定荷载和结构抗力的不定性。分别通过荷载模型和抗力模型(分构件水平和系统水平)加以描述。

(4)计算可靠指标或失效概率。采用构件或系统可靠度方法计算。

(5)检算结构安全性。若 $\beta \geqslant \beta_T$,则结构安全。直接评估过程主要应用于重要复杂结构的可靠度分析。其面临的主要困难是:难以确定结构的系统失效模式和反映损伤程度的抗力模型。另外,需要结合理论研究和工程实践合理选择 β_T。

五、现行规范推荐的方法

根据交通运输部 2011 年第 72 号公告,《公路桥梁承载能力检测评定规程》(JTG/T J21—2011)作为公路工程行业推荐性标准,自 2011 年 11 月 1 日起施行,原《公路旧桥承载能力鉴定方法(试行)》[(88)公路技字 11 号]同时废止。目前的桥梁承载能力评定一般宜按照《公路桥梁承载能力检测评定规程》(JTG/T J21—2011)进行。

第二节 现行《规程》中桥梁承载能力评定的方法

一、一般规定

(1)对在用桥梁,应从结构或构件的强度、刚度、抗裂性和稳定性 4 个方面进行承载能力检测评定。在用桥梁承载能力评定包括持久状况下承载能力极限状态和正常使用极限状态。承载能力极限状态针对的是结构或构件的截面强度和稳定性,正常使用极限状态主要针对结构或构件的刚度和抗裂性。

(2)圬工结构桥梁在计算桥梁结构承载能力极限状态的抗力效应时,应根据桥梁试验检测结果,采用引入检算系数 Z_1 或 Z_2、截面折减系数 ξ_c 的方法进行修正计算。

(3)配筋混凝土桥梁在计算桥梁结构承载能力极限状态的抗力效应时,应根据桥梁试验检测结果,采用引入检算系数 Z_1 或 Z_2、承载能力恶化系数 ξ_e、截面折减系数 ξ_s 和 ξ_c 的方法进行修正计算。

(4)钢结构桥梁在计算桥梁结构承载能力极限状态的抗力效应时,应根据桥梁试验检测结果,采用引入检算系数 Z_1 或 Z_2 的方法进行修正计算。《规程》以基于概率理论的极限状态设计方法为基础,采用引入分项检算系数修正极限状态设计表达式的方法,对在用桥梁承载能力进行检测评定。分项检算系数主要包括:反映桥梁总体技术状况的检算系数 Z_1 或 Z_2;考虑结构有效截面折减的截面折减系数 ξ_s 和 ξ_c;考虑结构耐久性影响因素的承载能力恶化系数 ξ_e;反映实际通行汽车荷载变异的活载影响系数 ξ_q。主要依据圬工结构桥梁、配筋混凝土桥梁和钢结构桥梁的材料组成特点,引入不同的分项检算系数修正极限状态设计表达式。

(5)荷载效应 S 应按《规程》第6章有关规定计算。对交通繁忙和重载车辆较多的桥梁,汽车荷载效应可根据实际运营荷载状况,通过活载影响修正系数进行修正计算。

(6)当桥梁结构或构件的承载能力检算系数评定标度 $D\geqslant 3$ 时,应进行正常使用极限状态评定计算。对在用桥梁,当结构或构件的承载能力检算系数评定标度为1或2时,结构或构件的总体技术状况较好,可不进行正常使用极限状态评定计算;当结构或构件的承载能力检算系数评定标度为3、4或5时,应采用引入检算系数 Z_1 或 Z_2 的方式对限制应力、结构变形和裂缝宽度等,进行正常使用极限状态评定计算。

(7)作用效应与抗力响应的比值在为1.0～1.2时,应通过荷载试验评定承载能力。取静力荷载试验主要测点应变校验系数或变位校验系数较大值,按表5-1重新确定检算系数 Z_2,代替 Z_1 进行承载能力评定。如图5-1、图5-2所示。

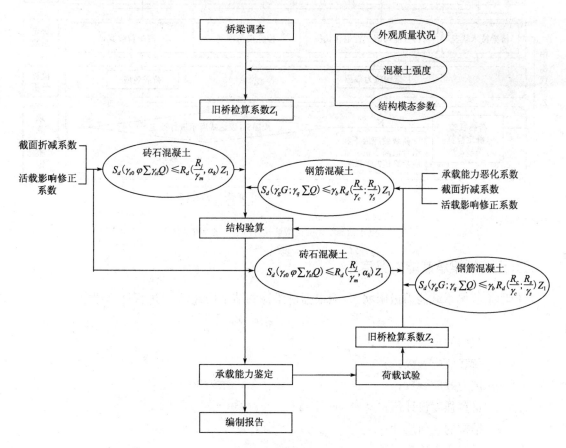

图5-1　桥梁承载能力鉴定方法及参数体系

经过荷载试验的承载能力检算系数 Z_2 值　　　　表 5-1

ξ	Z_2	ξ	Z_2
0.4 及以下	1.30	0.8	1.05
0.5	1.20	0.9	1.00
0.6	1.15	1.0	0.95
0.7	1.10		

注：对主要挠度测点和主要应力测点的校验系数，两者中取较大值；Z_2 值可按 ξ 值线性内插。

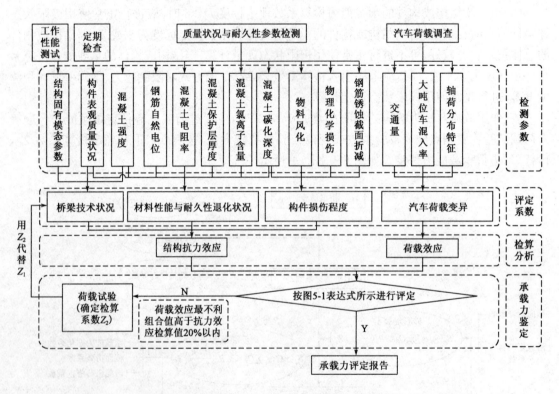

图 5-2　基于检测结果的桥梁承载力评定方法及参数体系

二、圬工桥梁承载能力评定

(1)圬工桥梁承载能力极限状态，应根据桥梁检测结果按式(5-4)进行计算评定。

$$\gamma_0 S \leqslant R(f_d, \xi_c a_d) Z_1 \tag{5-4}$$

式中：γ_0——结构的重要性系数；

S——荷载效应函数；

$R(\cdot)$——抗力效应函数；

f_d——材料强度设计值；

a_d——结构的几何尺寸；

Z_1——承载能力检算系数；

ξ_c——截面折减系数。

(2)抗力效应值应按现行设计规范进行计算,Z_1、ξ_c 应按《规程》有关规定取值。

(3)圬工桥梁正常使用极限状态,宜按现行公路桥梁设计和养护规范进行计算评定。圬工桥梁承载能力极限状态评定,主要考虑采取引入桥梁检算系数、截面折减系数和活载修正系数分别对极限状态方程中结构抗力效应和荷载效应进行修正,并通过比较判定结构或构件的承载能力状况。

三、配筋混凝土桥梁承载能力评定

(1)配筋混凝土桥梁承载能力极限状态,应根据桥梁检测结果按式(5-5)进行计算评定。

$$\gamma_0 S \leqslant R(f_d, \xi_c a_{dc}, \xi_s a_{ds}) Z_1 (1-\xi_e) \tag{5-5}$$

式中:γ_0——结构的重要性系数;

S——荷载效应函数;

$R(\cdot)$——抗力效应函数;

f_d——材料强度设计值;

a_{dc}——构件混凝土几何参数值;

a_{ds}——构件钢筋几何参数值;

Z_1——承载能力检算系数;

ξ_e——承载能力恶化系数;

ξ_c——配筋混凝土结构的截面折减系数;

ξ_s——钢筋的截面折减系数。

配筋混凝土桥梁承载能力极限状态评定,采取引入桥梁检算系数、承载能力恶化系数、截面折减系数和活载修正系数分别对极限状态方程中结构抗力效应和荷载效应进行修正,并通过比较判定结构或构件的承载能力状况。

(2)抗力效应值应按现行设计规范进行计算,Z_1、ξ_e、ξ_c、ξ_s 应按《规程》有关规定取值。

(3)配筋混凝土桥梁正常使用极限状态,宜按现行公路桥梁设计和养护规范及检测结果分以下三方面进行计算评定:

①限制应力

$$\sigma_d < Z_1 \sigma_L \tag{5-6}$$

式中:σ_d——计入活载影响修正系数的截面应力计算值;

σ_L——应力限值;

Z_1——承载能力检算系数。

②荷载作用下的变形

$$f_{d1} < Z_1 f_L \tag{5-7}$$

式中:f_{d1}——计入活载影响修正系数的荷载变形计算值;

f_L——变形限值;

Z_1——承载能力检算系数。

③各类荷载组合作用下裂缝宽度应满足的条件

$$\delta_d < Z_1 \delta_L \tag{5-8}$$

式中:δ_d——计入活载影响修正系数的短期荷载变形计算值;

δ_L——变位限值；

Z_1——承载能力检算系数。

对在用桥梁，采取引入检算系数修正限制应力、变形和裂缝限值的方法，进行桥梁正常使用极限状态计算评定。

(4)桥梁结构或构件在持久状况下裂缝宽度应小于表5-2的限值。

裂 缝 限 值　　　　　　　　表5-2

结构类别	裂缝部位		容许最大宽度(mm)	其他要求
钢筋混凝土梁	主筋附近竖向裂缝		0.25	
	腹板斜向裂缝		0.3	
	组合梁结合面		0.5	不容许贯通结合面
	横隔板与梁体端部		0.3	
	支座垫石		0.5	
全预应力梁	梁体竖向裂缝		不容许	
	梁体横向裂缝		不容许	
	梁体纵向裂缝		0.2	
A类预应力混凝土梁	梁体竖向裂缝		不容许	
	梁体横向裂缝		不容许	
B类预应力混凝土梁	梁体竖向裂缝		0.15	
	梁体横向裂缝		0.15	
	梁体纵向裂缝		0.2	
砖、石、混凝土拱	拱圈横向		0.3	裂缝高小于截面高一半
	拱圈纵向		0.5	裂缝长小于跨径的1/8
	拱波与拱肋结合处		0.2	
墩台	墩台帽		0.30	不容许贯通墩台身截面的一半
	墩台身	经常受侵蚀性环境影响 有筋	0.20	
		经常受侵蚀性环境影响 无筋	0.30	
		常年有水，但无侵蚀性影响 有筋	0.25	
		常年有水，但无侵蚀性影响 无筋	0.35	
		干沟或季节性有水河流	0.40	
		有冻结作用部分	0.20	

注：表中所列容许最大缝宽适用于一般条件。对于潮湿和空气中含有较多腐蚀性气体等条件下的缝宽限值应要求更严格一些。

四、钢结构承载能力评定

(1)钢结构桥梁结构构件强度、总体稳定性和疲劳强度验算应按现行公路桥梁设计规范执行，其应力限值取值为$Z_1[\sigma]$。

(2)钢结构荷载作用下的变形应按式(5-10)计算评定。

$$f_{d1} < Z_1[f] \quad (5\text{-}9)$$

式中：f_{d1}——计入活载影响修正系数的荷载变形计算值；

$[f]$——容许变形值；

Z_1——承载能力检算系数。

对钢结构，采取引入检算系数修正容许应力和容许变形的方式给出相应的限值取值，按设计规范给出的计算公式进行承载能力计算评定。

五、拉吊索承载能力评定

拉吊索强度应按式(5-10)计算评定。

$$\frac{T_j}{A} \leqslant Z_1[\sigma] \quad (5\text{-}10)$$

式中：T_j——计入活载影响修正系数的计算索力；

A——索的计算面积；

$[\sigma]$——容许应力限值；

Z_1——承载能力检算系数。

六、桥梁地基评定

(1)经久压实的桥梁地基土，在墩台与基础无异常变位的情况下可适当提高其承载能力，最大提高系数不得超过1.25。

参照《公路桥梁地基与基础设计规范》(JTG D63—2007)第3.3.6条的相关规定，对经久压实的桥梁地基土，在墩台与基础无异常变位的情况下可考虑适当提高承载能力。最大提高系数为1.25。

(2)当桥头填土经久压实时，填土内摩擦角 φ 可根据土质情况适当放大5°~10°，但提高后的最大取值不得超过50°。

对经久压实的桥台填土，在桥台无结构性病害的情况下，其内摩擦角随填土压实度的提高将有一定程度的增大，参照铁道行业的有关规范，填土内摩擦角 φ 可根据土质情况适当放大5°~10°，但提高后的最大取值不得超过50°。

七、分项检算系数确定

(1)圬工与配筋混凝土桥梁，应综合考虑桥梁结构或构件表观缺损状况、材质强度和桥梁结构自振频率等的检测评定结果，按下列规定确定承载能力检算系数 Z_1。

按式(5-11)计算确定结构或构件承载能力检算系数评定标度 D。

$$D = \sum \alpha_j D_j \quad (5\text{-}11)$$

式中：α_j——某项检测指标的权重，$\sum \alpha_j = 1$，按表5-3的规定取值；

D_j——结构或构件某项检测指标的评定标度，按《规程》第4.2.2条、表5.3.5和表5.9.2的有关规定取值。

承载能力检算系数检测指标权重值 表 5-3

检测指标名称	缺损状况	材质强度	自振频率
权重 α_j	0.4	0.3	0.3

(2)根据结构或构件承载能力检算系数评定标度,宜按表 5-4 确定桥梁承载能力检算系数 Z_1 值,特殊情况下可采用专家调查法确定。

圬工及配筋混凝土桥梁的承载能力检算系数 Z_1 值 表 5-4

承载能力检算评定标度 D	受弯	轴心受压	轴心受拉	偏心受压	偏心受拉	受扭	局部承压
1	1.15	1.2	1.05	1.15	1.15	1.10	1.15
2	1.10	1.15	1.00	1.10	1.10	1.05	1.10
3	1.00	1.05	0.95	1.00	1.00	0.95	1.00
4	0.9	0.95	0.85	0.90	0.90	0.85	0.90
5	0.8	0.85	0.75	0.80	0.80	0.75	0.80

注:①小偏心受压可参照轴心受压取用承载能力检算系数 Z_1 值。
②检算系数 Z_1 值,可按承载能力检算系数评定标度 D 线性内插。

(3)钢结构桥梁承载能力检算系数 Z_1 宜按表 5-5 取值。

钢结构桥梁承载能力检算系数 Z_1 值 表 5-5

缺损状况评定标度	性状描述	Z_1
1	焊缝完好,各节点铆钉、螺栓无松动;构件表面完好,无明显损伤,防护涂层略有老化、污垢	$(0.95, 1.05]$
2	焊缝完好,少数节点有个别铆钉、螺栓松动变形;构件表面有少量锈迹,防护涂层油漆变色、起泡剥落,面积在 10% 以内	$(0.90, 0.95]$
3	少数焊缝开裂,部分节点有铆钉、螺栓松动变形;构件表面有少量锈迹,防护涂层油漆明显老化变色并伴有大量起泡剥落,面积为 10%~20%。个别次要构件有异常变形,行车稍感振动或摇晃	$(0.85, 0.90]$
4	焊缝开裂,并造成截面削弱。联结部位铆钉、螺栓松动变形,10%~30% 已损坏;构件表面锈迹严重,截面损失在 3%~10% 以内,防护涂层油漆明显老化变色并普遍起泡剥落,面积在 50% 以上。个别主要构件有异常变形,行车有明显振动或摇晃并伴有异常声音	$(0.80, 0.85]$
5	焊缝开裂严重,造成截面削弱在 10% 以上。联结部位 30% 以上铆钉、螺栓已损坏;构件表面锈迹严重,截面损失在 10% 以上,材质特性明显退化;防护涂层油漆完全失效。主要构件有异常变形,行车振动或摇晃显著并伴有不正常移动	≤ 0.80

(4)拉吊索承载能力检算系数 Z_1 宜按表5-6取值。

拉吊索承载能力检算系数 Z_1 值　　　　　　　表5-6

缺损状况评定标度	性状描述	Z_1
1	表面防护完好,锚头无积水,锚下混凝土无裂缝	(1.00,1.10]
2	表面防护基本完好,有细微裂缝,锚头无锈蚀,锚固区无裂缝	(0.95,1.00]
3	表面防护有少量裂缝,伴有少量锈迹,锚头有轻微锈蚀,锚固区有细小裂缝	(0.90,0.95]
4	表面防护普遍开裂,并有部分脱落,锚头锈蚀,锚固区有明显的受力裂缝	(0.85,0.90]
5	表面防护普遍开裂,并有大量脱落,钢索裸露,钢索锈蚀严重,锚头积水锈蚀,锚固区有明显的受力裂缝,裂缝宽度大于0.2mm	≤0.85

1988年发布的《公路旧桥承载能力鉴定方法(试行)》,旧桥检算系数主要依据专家经验确定,存在检算系数评定标准难以把握和检测结果无法定量化应用等问题。《规程》做了如下修订:

①对圬工与配筋混凝土桥梁,在确定桥梁综合技术状况时,综合考虑了桥梁缺损状况、混凝土强度和结构自振频率参数三项反映结构总体状况的主要指标,通过专家调查的方式确定了其影响权重分配,并按结构或构件受力类型给出了明确量化的桥梁检算系数 Z_1 的取值范围。

②对钢结构和拉吊索,着重对结构或构件的缺损描述进行了细化与量化,并通过专家调查的方式确定了不同缺损状况对应的检算系数取值范围,增强了可操作性。

(5)配筋混凝土桥梁承载能力恶化系数 ξ_e 应按下列规定确定:

①依据检测结果,按表5-7的规定确定构件恶化状况评定标度 E。

筋混凝土桥梁结构或构件恶化状况评定标度　　　　　　　表5-7

序号	检测指标	权重 α_j	综合评定方法
1	缺损状况	0.32	恶化状况评定标度 E 按下式计算: $$E=\sum_{j=1}^{7}E_j\alpha_j$$ 式中:E_j——结构或构件某项检测评定指标的评定标度,按《规程》第4、5章的有关规定确定; α_j——某项检测评定指标的权重
2	钢筋锈蚀电位	0.11	
3	混凝土电阻率	0.05	
4	混凝土碳化状况	0.20	
5	钢筋保护层厚度	0.12	
6	氯离子含量	0.15	
7	混凝土强度	0.05	

注:对混凝土电阻率、混凝土碳化状况、氯离子含量三项检测指标,按《规程》规定不需要进行检测评定时,其评定标度值应取1。

②根据恶化状况评定标度 E 及桥梁所处的环境条件,按表5-8确定配筋混凝土桥梁的承载能力恶化系数 ξ_e。

配筋混凝土桥梁的承载能力恶化系 ξ_e 值　　　　　　　　　　　　表 5-8

恶化状况评定标度 E	环境条件			
	干燥 不冻无侵蚀	干、湿交替 不冻无侵蚀性介质	干、湿交替 冻无侵蚀性介质	干、湿交替 冻有侵蚀性介质
1	0.00	0.02	0.05	0.06
2	0.02	0.04	0.07	0.08
3	0.05	0.07	0.10	0.12
4	0.10	0.12	0.14	0.18
5	0.15	0.17	0.20	0.25

注：恶化系数 ξ_e 可按结构或构件恶化状况评定标度值线性内插。

对配筋混凝土桥梁，为考虑评定期内桥梁结构质量状况进一步衰退恶化产生的不利影响，通过承载能力恶化系数 ξ_e 来反映这一不利影响可能造成的结构抗力效应的降低。引入承载能力恶化系数的目的是为了使结构质量状况进一步衰退至某一阶段时，承载能力评定结果仍能维持在一定的可靠度水平之上。承载能力恶化系数主要考虑了结构或构件的缺损状况、钢筋锈蚀电位、钢筋保护层厚度以及混凝土强度、电阻率、氯离子含量和碳化状况等影响因素，通过专家调查方式确定各因素的影响权重，并综合考虑环境的干湿、温度及侵蚀介质等条件加以确定。

(6) 圬工与配筋混凝土桥梁结构或构件的截面折减系数，应按以下规定确定：

依据材料风化、碳化、物理与化学损伤三项检测指标的评定标准，按式(5-12)计算确定结构或构件截面损伤的综合评定标度 R。

$$R = \sum_{j=1}^{N} R_j \alpha_j \tag{5-12}$$

式中：R_j——某项检测指标的评定标度，按表 5-9、表 5-10 和《规程》中表 5.7.3 的规定确定；

α_j——某项检测指标的权重值，$\sum_{j=1}^{N} \alpha_j = 1$，按表 5-11 的规定确定；

N——对砖、石结构，$N=2$；对混凝土及配筋混凝土结构，$N=3$。

依据截面损伤的综合评定标度，按表 5-12 确定截面折减系数 ξ_c。

圬工与配筋混凝土桥梁材料风化评定标准　　　　　　　　　　　　表 5-9

评定标度	材料风化状况	性状描述
1	微风化	手搓构件表面，无砂粒滚动摩擦的感觉，手掌上粘有构件材料粉末，无砂粒。构件表面直观较光洁
2	弱风化	手搓构件表面，有砂粒滚动摩擦的感觉，手掌上附着物大多为构件材料粉末，砂粒较少。构件表面砂粒附着不明显或略显粗糙
3	中度风化	手搓构件表面，有较强的砂粒滚动摩擦的感觉或粗糙感，手掌上附着物大多为砂粒，粉末较少。构件表面明显可见砂粒附着或明显粗糙
4	较强风化	手搓构件表面，有强烈的砂粒滚动摩擦的感觉或粗糙感，手掌上附着物基本为砂粒，粉末很少。构件表面可见大量砂粒附着或有轻微剥落
5	严重风化	构件表面可见大量砂粒附着，且构件部分表层剥离或混凝土已露粗骨料

圬工与配筋混凝土桥梁物理与化学损伤评定标准　　　　表 5-10

评定标度	性 状 描 述
1	构件表面较好,局部表面有轻微剥落
2	构件表面剥落面积在 5%以内;或损伤最大深度与截面损伤发生部位构件最小尺寸之比小于 0.02
3	构件表面剥落面积在 5%~10%以内;或损伤最大深度与截面损伤发生部位构件最小尺寸之比小于 0.04
4	构件表面剥落面积在 10%~15%以内;或损伤最大深度与截面损伤发生部位构件最小尺寸之比小于 0.10
5	构件表面剥落面积在 15%~20%以内;或损伤最大深度与截面损伤发生部位构件最小尺寸之比大于 0.10

材料风化、碳化及物理与化学损伤权重值　　　　表 5-11

结构类别	检测指标名称	权重值 α_j
砖、石结构	材料风化	0.20
	物理与化学损伤	0.80
混凝土及配筋混凝土结构	材料风化	0.10
	混凝土碳化	0.35
	物理与化学损伤	0.55

注:对混凝土碳化,按本规程规定不需要进行检测评定时,其评定标度值应取 1。

圬工与配筋混凝土桥梁截面折减系数 ξ_c 值　　　　表 5-12

截面损伤综合评定标度 R	截面折减系数 ξ_c	截面损伤综合评定标度 R	截面折减系数 ξ_c
$1 \leq R < 2$	(0.98,1.00]	$3 \leq R < 4$	(0.85,0.93]
$2 \leq R < 3$	(0.93,0.98]	$4 \leq R < 5$	≤0.85

对圬工及配筋混凝土桥梁,由于材料风化、碳化、物理与化学损伤(如混凝土剥落、疏松、掉棱、缺角、桩基与墩柱由于冲蚀引起的剥落缩径等)引起的结构或构件有效截面损失,以及由于钢筋腐蚀剥落造成的钢筋有效面积损失,对结构构件截面抗力效应会产生影响。在检算结构抗力效应时,可用截面折减系数计及这一影响。

(7)配筋混凝土结构中,发生腐蚀的钢筋截面折减系数 ξ_c,宜按表 5-13 确定。

配筋混凝土钢筋截面折减系数 ξ_c 值　　　　表 5-13

评定标度	性 状 描 述	截面折减系数 ξ_c
1	沿钢筋出现裂缝,宽度小于限值	(0.98,1.00]
2	沿钢筋出现裂缝,宽度大于限值,或钢筋锈蚀引起混凝土发生层离	(0.95,98]
3	钢筋锈蚀引起混凝土剥落,钢筋外露,表面有膨胀薄锈层或坑蚀	(0.90,0.95]
4	钢筋锈蚀引起混凝土剥落,钢筋外露,表面膨胀性锈层显著,钢筋断面损失在 10%以内	(0.80,0.90]
5	钢筋锈蚀引起混凝土剥落钢筋外露、出现锈蚀剥落,钢筋断面损失在 10%以上	≤0.80

(8)依据实际调查的典型代表交通量、大吨位车辆混入率和轴荷分布情况,可按式(5-13)确定活载影响修正系数 ξ_q。

$$\xi_q = \sqrt[3]{\xi_{q1}\xi_{q2}\xi_{q3}}$$ (5-13)

式中：ξ_{q1}——典型代表交通量影响修正系数，按表 5-14 确定；

ξ_{q2}——大吨位车辆混入影响修正系数，按表 5-15 确定；

ξ_{q3}——轴荷分布影响修正系数，按表 5-16 确定。

交通量影响修正系数 ξ_{q1}　　　　　　　　　　表 5-14

Q_m/Q_d	ξ_{q1}	Q_m/Q_d	ξ_{q1}
$1 < Q_m/Q_d \leqslant 1.3$	[1.0, 1.05)	$1.7 < Q_m/Q_d \leqslant 2.0$	[1.10, 1.20)
$1.3 < Q_m/Q_d \leqslant 1.7$	[1.05, 1.10]	$2.0 < Q_m/Q_d$	[1.20, 1.35]

注：Q_m 为典型代表交通量；Q_d 为设计交通量。

大吨位车辆混入影响修正系数 ξ_{q2}　　　　　　　　　　表 5-15

α	ξ_{q2}	α	ξ_{q2}
$\alpha < 0.3$	[1.0, 1.05)	$0.5 \leqslant \alpha < 0.8$	[1.10, 1.20)
$0.3 \leqslant \alpha < 0.5$	[1.05, 1.10]	$0.8 \leqslant \alpha < 1.0$	[1.20, 1.35]

注：α 为大吨位车辆混入率；ξ_{q2} 值可按 α 值线性内插。

轴荷分布影响修正系数 ξ_{q3}　　　　　　　　　　表 5-16

β	ξ_{q3}	β	ξ_{q3}
$\beta < 5\%$	1.00	$15\% \leqslant \beta < 30\%$	1.30
$5\% \leqslant \beta < 15\%$	1.15	$\beta \geqslant 30\%$	1.40

注：β 为实际调查轴荷分布中轴重超过 14t 所占的百分比。

活载影响系数用于考虑实际桥梁所承受的汽车荷载与标准汽车荷载之间的差异。主要根据桥梁运营荷载的调查统计情况，从典型代表交通量、大吨位车辆混入率和轴荷分布情况三个方面进行综合修正确定。

第六章　桥梁缺损维修与裂缝修补

第一节　混凝土桥梁缺损的维修

一、混凝土材料主要缺陷

1. 混凝土质量缺陷

蜂窝：混凝土局部酥松，粗骨料多砂浆少，石子间出现空隙，形成蜂窝状孔洞的现象。

麻面：指混凝土表面局部缺浆、粗糙或有许多小凹坑的现象。

孔洞或空洞：指表层或混凝土内部，由于在浇筑混凝土过程中缺乏必要振捣或出现漏浆，导致混凝土表面或内部出现空洞。

掉角：构件角边处混凝土局部掉落或出现不规整缺陷。

2. 混凝土表面缺损

风化：混凝土构件表面或整体出现的因物理、化学性质变化而形成的表面材质退化现象。

磨损：指构件在外界作用下出现的骨料和砂浆的表面磨耗脱损现象。

剥落（露筋）：由于混凝土强度不足或钢筋锈蚀体积膨胀引起混凝土表层脱落，造成粗骨料或钢筋外露现象。

3. 裂缝

（1）结构受力裂缝

弯曲裂缝：构件受弯拉部产生的裂缝。

垂直裂缝：构件受压其强度不足产生的裂缝。

剪切裂缝（斜裂缝）：构件受剪切作用所产生的裂缝，通常出现在剪切力最大的部位，对于受弯构件和压弯构件，往往发生在主梁的 1/4 跨或支座附近，由下向上成 25°～50°角度开裂。

断开裂缝：钢筋混凝土构件受拉时，产生的截面裂缝。

扭曲裂缝：构件受扭转和弯曲同时作用时而产生的裂缝，裂缝一般呈 45°倾斜方向。

局部应力裂缝：构件受局部集中应力产生的裂缝，出现在墩台支座部位或受冲击荷载作用部位。如图 6-1 所示。

温度裂缝：构件由于不均匀受热，产生温度应力。当温度应力超过材料强度时，产生的裂缝。如图 6-2 所示。

收缩裂缝：混凝土凝固时水分蒸发，表面收缩大内部收缩小，收缩产生不均匀性，当表面混凝土所受的拉力超过其抗拉强度时产生的裂缝。

图 6-1 受力裂缝

图 6-2 温度裂缝

(2)桥梁结构受力裂缝限值(表 6-1)

桥梁结构受力裂缝限值　　　　表 6-1

结构类别	裂缝部位		容许最大宽度(mm)	其他要求
钢筋混凝土梁	主筋附近竖向裂缝		0.25	
	腹板斜向裂缝		0.3	
	组合梁结合面		0.5	不容许贯通结合面
	横隔板与梁体端部		0.3	
	支座垫石		0.5	
全预应力梁	梁体竖向裂缝		不容许	
	梁体横向裂缝		不容许	
	梁体纵向裂缝		0.2	
A 类预应力混凝土梁	梁体竖向裂缝		不容许	
	梁体横向裂缝		不容许	
	梁体纵向裂缝		0.2	
B 类预应力混凝土梁	梁体竖向裂缝		0.15	
	梁体横向裂缝		0.15	
	梁体纵向裂缝		0.2	
砖、石、混凝土拱	拱圈横向		0.3	裂缝高小于截面高一半
	拱圈纵向		0.5	裂缝长小于跨径的 1/8
	拱波与拱肋结合处		0.2	
墩台	墩台帽		0.3	不容许贯通墩台身截面的一半
	墩台身	经常受侵蚀性环境影响 有筋	0.2	
		经常受侵蚀性环境影响 无筋	0.3	
		常年有水,但无侵蚀性影响 有筋	0.25	
		常年有水,但无侵蚀性影响 无筋	0.35	
		干沟或季节性有水河流	0.4	
		有冻结作用部分	0.2	

二、缺陷产生原因

1. 混凝土表层缺陷

混凝土表层缺陷,其原因是多方面的,如设计、施工、维修养护不善、交通事故、地震和结构老化等,见表6-2。

混凝土桥梁结构表层缺陷产生的原因　　　　　表6-2

缺陷名称	产生原因	发生的部位
蜂窝	(1)施工原因:混凝土浇筑时振捣不密实,分层浇筑违反操作规则,混凝土离析、水泥浆流失等; (2)结构不合理、钢筋设置的不当,混凝土骨料粒大,坍落度不正确等	结构各个部位都可能发生
露筋	钢筋保护层太薄,或者不密实等	结构各个部位都可能发生
麻面	模板表面不光滑、模板湿润不充分导致混凝土表面失浆	结构各个部位都可能发生
空洞	钢筋布置太密,或者漏浆、振捣不密实等	结构各个部位都可能发生
磨损	混凝土强度不够、表面细骨料太多,车轮磨耗、水流夹杂物冲刷等	桥面和桥墩冲刷处
腐蚀、老化、剥落	保护层太薄、结构出现裂缝、钢筋锈蚀膨胀引起剥落、冻融影响、化学腐蚀等	结构各个部位都可能发生
表层成块脱落	外界冲击作用的结果	桥面、栏杆、墩柱、主梁面
构件变形、接缝不平	施工事故、荷载作用	主梁及墩台

2. 内部缺陷产生的原因

设计方面:结构受力分析错误、布筋不当、结构不合理、计算上出现差错、图纸不完整,而造成结构强度不足、稳定性不好、刚度不足等。

施工不当:施工质量不好,施工中所使用材料的规格与性能不符合要求,操作违反规程。钢筋绑扎不规范、模板支立不当、骨料过密、振捣不实。

营运中的外部因素:交通量增加、荷载重量加大、地震、洪水、泥石流等自然灾害的影响,以及海水、污水和化学物的侵蚀作用等。

三、混凝土桥梁结构缺陷的危害

混凝土桥梁总是长年累月受到外界各种因素的影响,随着年长日久,缺陷不断扩大。由于表层损坏,使保护层减薄或钢筋外露,导致钢筋锈蚀,严重时就会削弱结构的强度和刚度,致使桥梁结构破坏。有些表层损坏还会向深度发展,造成混凝土强度逐渐降低,危及结构安全使用,从而缩短桥梁的寿命,常说"三分建桥七分养护"就是这个道理。

四、混凝土桥梁结构表层缺陷检查和修补材料

为了保证桥梁结构具有足够的承载能力,延长使用寿命,就得及时检查出结构的各种缺陷并及时维修。

1. 表层缺陷检查及分析

(1) 表层缺陷检查

在发现混凝土桥梁结构表层产生缺陷时,应对其进一步检查,观测其发展变化,以便区别情况进行处理。实施修补前,应对缺陷进行实地检查,收集材料、进行材料取样;对缺陷产生的原因、现状、发展趋势等进行周密的调查研究,确定缺陷的程度和性质。量测构件的截面,调查周围环境、影响因素及其特殊要求,做好施工前的资料汇集、整理工作。确定缺陷部位、位置、形式、走向、深度、宽度(或面积)及发生的时间。了解构件的施工时间,查看施工记录,分析原材料组成、物理力学性能,考查交通量状况养护措施、维修方法等。

(2) 表层缺陷分析

根据结构受力状况、缺陷产生原因与发展趋势,用以分析缺陷对结构影响程度。特别要注意,缺陷的存在仅对结构表面产生了影响,对功能无大碍,还是结构受到了损失,不同程度地降低了使用功能?这就要认真进行分析。修补方案应在分析比较的基础上,认真选择。方案一经确定,应做好各项有关准备工作,做好施工组织和施工计划。

2. 表层损坏混凝土的清除

在对缺陷进行修补前,先必须把已损坏的混凝土除掉,直到露出完好的混凝土,并除去钢筋上铁锈,常用的方法有:

(1) 人工凿除

对于浅层或损坏面积较小的构件,一般可采用手工工具凿除。

(2) 气动工具凿除

对于损坏面积较大,且有一定深度的缺陷,如内部蜂窝、空洞,一般可以采用气动工具凿除,对于个别部位不能满足要求的,再用手工工具补凿,直到满意为止。

(3) 高速射水清除法

对于浅显损坏层,且面积较大的缺陷,可用高速水流冲射法除去混凝土损坏部分。

以上方法可以根据当地的实际情况斟酌采用。

3. 表层缺陷修补常用材料

修补混凝土桥梁缺陷,首先选用与原结构相同的水泥混凝土和水泥砂浆,其水泥和骨料的品种应与原混凝土相同。但是,常常见到修补的结构往往再次破坏,大多数情况下都是由于新旧混凝土之间黏结效果差,或者新旧混凝土之间产生的收缩不均,因而导致界面产生应力,使得新旧结构发生脱离。因此,黏结技术和黏结材料在修补混凝土结构中受到了重视。

(1) 混凝土材料

一般采用与原结构混凝土级配相同的材料,或者比原结构更高一等级的细石混凝土材料;水泥取 C40 以上等级,水灰比尽量取小值,并且通过实验来确定,必要时可以加入减水剂来调节和易性。

(2) 水泥砂浆

最好采用与原混凝土相同品种的水泥拌制的水泥砂浆,配合比一般要通过实验求得,水泥砂浆的修补,可以人工涂抹填压、喷浆修补法。

(3) 混凝土胶黏剂

有些科研院校研制出不同的混凝土胶结材料,可以根据不同要求拌制成净浆、砂浆剂混凝土几种形式,可以采用表面封涂、灌浆、黏结、浇筑等方法,对缺陷进行修补,其效果较为满意。常用的胶液是硅酸钠,固化剂可用氟硅酸钠进行配制。

(4) 环氧树脂类有机黏结材料。环氧树脂类材料,对于修补混凝土结构表层缺陷,有较理想效果,常用修补材料有有机环氧胶液、环氧砂浆、环氧混凝土等。

由于环氧材料的价格比较贵,因此,只有在修补质量要求比较高的部位,或其他材料无法满足要求时,才考虑使用。

①环氧树脂。它们类别很多,最常用的是双酚 A 型环氧树脂,它的分子量为 340~7 000 的环氧树脂,低分子值在常温下流动性较好,适宜作黏结剂;高分子值的机械性能大,但是较脆,它们可溶于丙酮、二甲苯、酒精等有机溶液。常用环氧树脂见表 6-3。

常用的环氧树脂   表 6-3

名 称	原牌号	外 观	黏度(Pa·S)	软化点(℃)	环氧值(当量/100g)
E—44	6101	黄色至琥珀色高黏度液体	20~40	12~20	0.41~0.47
E—42	634	同上		21~27	0.38~0.45
E—35	637	同上		20~35	0.30~0.40

②环氧树脂性能。环氧树脂在硬化后有较高的机械强度,其抗压强度为 167~174MPa,抗弯强度为 90~120MPa,抗拉强度为 46~70MPa,黏结强度也可达 10MPa 以上,均大大超过混凝土的相应的强度;收缩率较小,只有 0.1~0.05 左右,热膨胀系数小;抗磨性好,耐受一般酸、碱、盐的腐蚀,可以在常温下固化;是一种质量可靠、稳定性好、强度高的建筑材料。

③环氧树脂组成。环氧树脂由固化剂、固化促进剂、增韧剂、稀释剂、填料、偶联剂等组成。

a. 固化剂。双酚环氧树脂本身很稳定,即使加热到 200℃ 以上也不会发生变化,因此,需加入固化剂,而且,环氧树脂胶的性能在很大程度上取决于固化剂的性质。常用的固化剂有多元胺类、酸酐类、聚酰胺类等,其用量根据环氧树脂种类、型号剂和不同用处而定,称量要准确。注意:过多地使用固化剂易引起环氧浆液的暴聚,过少会使环氧强度降低或导致其他不良后果。常见的固化剂一般用量和性能见表 6-4。

脂肪族胺类、芳香族胺类固化剂   表 6-4

名 称	简 称	外 观	用量(树脂 g/100g)	固化条件	性 能
乙二胺	DEA	无色、刺激臭味液体	12	115℃,1.5h	挥发性大、毒性较大、使用期短
三乙烯四胺	TTA	无色黏稠液体	10~12	室温,48h;或 100℃,2h	毒性较小,使用期较长
四乙烯五胺	TPA	棕色黏稠液体	11~15	同上	同上

续上表

名 称	简 称	外 观	用量(树脂 g/100g)	固化条件	性 能
多乙烯多胺	PEPA	浅黄色透明液体	14～15	同上	同上
间苯二胺	MPD	白色晶体	14～15	80℃,2h;150℃,2h	要预热方法溶解,使用期长
间苯二甲胺	MXDA	透明液体	16～20	室温,24h;70℃,3h	

b. 固化促进剂。它的主要作用是加速固化反应,降低固化温度、缩短固化时间,通常与固化剂合并使用。固化促进剂用量应严格控制,一般应不超过双酚A型环氧树脂的5%,用量过多会降低胶黏剂的耐高温性能。常用的固化促进剂是酚类、三剂胺类、氮杂环氧化合物、硫化二甘醇、硼的络化物等。常用改性胺类固化剂见表6-5。

改性胺类固化剂　　表6-5

名 称	合成原理	状 态	一般用量 (g/100g 树脂)	性 能
590 固化剂 591 固化剂 593 固化剂	由间苯二胺与环氧丙烷基醚反应而得的一种衍生物;二乙烯三胺与丙烯反应及氰化反应的产物	黄至棕黑色黏稠体	15～20	

c. 增韧剂。为了改善双酚A环氧树脂胶黏剂的脆性,通常要加入非活性或活性增韧剂。活性的要参与反应,非活性不参与反应,挥发后易造成胶的老化,使用时应严格控制用量。常用的增韧剂见表6-6。

常见增韧剂　　表6-6

类 别	名 称	简称	外 观	密度(g/cm³)	用量(%)	性 能
非活性	磷苯二甲酸二丁酯	DBP	无色液体	1.05	5～20	固化时会游离出来,造成老化,加入量过多会降低强度
	磷苯二甲酸二辛酯	DOP	无色液体	0.987	5～20	
	磷苯三苯酯	TTP	白色晶体	1.185	5～20	
	磷酸三甲酚酯	TCP	无色液体	1.167	5～20	
活性	聚酰胺树脂	200	棕红黏稠状		20～30	常温下可以与环氧树脂反应,有较好弹性和附着力
	聚酰胺树脂	304	深棕黄色黏稠状		30	
	聚酰胺树脂	650	棕色流体		45	
	聚酰胺树脂	651	棕色流体			
	聚硫橡胶	LP-2	黄色流体		30～50	不同配方下有不同的硬度和状态,反应慢,需加入固剂
	聚硫橡胶	LP-3	黄色流体		30～50	
	聚硫橡胶	LP-8	黄色流体		30～50	

d. 稀释剂。主要作用是降低环氧树脂黏结剂的黏度,改善施工工艺,也可以相应增大填料的用量及延长胶液的活性期。不过,过多的稀释剂会影响环氧的性质,加大硬化过程的收缩率;降低热变形温度、韧性强度和黏结力,特别时在使用非活性的丙酮作稀释剂时,用量控制在20%以下。常用的稀释剂及用量见表6-7。

常用稀释剂及用量　　　　　　　表6-7

类别	名称	型号	沸点(℃)	外观	用量(%)	性能
非活性	丙酮		56.0	易挥发无色液体	5～15	仅起降低黏度作用,在树脂固化时,增加收缩率,降低黏结力
	环异酮		156.0	无色或淡黄色油状液体	5～15	
	苯		80.3	无色易燃液体	5～15	
	甲苯		110.8	无色易燃液体	5～15	
	二甲苯		144	无色易燃液体	5～15	
活性	环氧丙烷丁基醚	501	170	无色透明液		增强作用、毒性低、提高冲击能力
	环氧丙烷苯基醚	690	245	无色透明液		毒性低,对人体有过敏反应
	环氧氯丙烷		117	无色透明液		
	甘油环氧树脂	662	>300	无色透明液		毒性、刺激最小

e. 填料。主要作用是降低胶层的收缩力和热应力,提高胶结强度,尤其是显著提高在高温下的抗剪强度。但是用量过多会使胶层的机械模量增加,也会是胶结接头的内应力增加而影响胶结质量,填料的最大添加量见表6-8。

填料的最大添加量　　　　　　　表6-8

名称	最大添加量(g/100树脂)	名称	最大添加量(g/100树脂)
氧化铁	300	石英砂	300
氧化铝	200	碳酸钙	30
铝粉	150	硅粉	5
水泥	200	中砂	300

f. 偶联剂。主要作用是改善环氧脂胶的胶结强度和提高热老化性。目前,大多使用的偶联剂是有机硅偶联剂,它是由两部分组成:一部分是能和环氧树脂或固化剂发生化学反应的活性基团;另一部分是吸湿后可以水解的基团。常用的偶联剂有 γ-氨基丙基三乙氧基硅烷(KH-550)、γ-环氧化丙氧基、丙基三乙基硅烷(KH-560)。

使用方法:将偶联剂配制成1%～2%的乙醇溶液,喷涂在胶结表面上,待乙醇蒸发后再涂胶;将偶联剂直接加到环氧树脂胶液中去,用量约为1%～5%。

常见环氧砂浆配比见表6-9、表6-10,环氧树脂胶浆配比见表6-11。

环氧砂浆各掺料的掺配料顺序:环氧树脂→增韧剂→稀释剂→固化剂→填料。

每次调配的环氧树脂用量,应根据需要配制,如果一次调配数量过大,用不完会造成浪费。在调试时注意通风、个人化学防护、防火等。

(干燥)环氧砂浆配比   表 6-9

组 分	名 称	配比 1	配比 2	配比 3	配比 4
主剂	环氧树脂 E-44 或 E-42	100	100	100	100
增韧剂	不饱和聚酯树脂 304 磷苯二甲酸二丁酯	30	15~20		
稀释剂	环氧丙基丁基醚 501 501	15~20 10~15	15~20 10~15	15~20 10~15	15~20 10~15
固化剂	间苯二胺 591 或 593 聚酰胺 650 或 351 乙二胺	16	8~10	20~25 70~80	80 或 50~60
填料	中砂 石英粉或滑石粉	600~750 100~150	600~750 100~150	400~600 150	600~750 100~150

(水下)环氧砂浆配比   表 6-10

组 分	配比 1	配比 2	配比 3	配比 4
环氧树脂 E-44 或 E-42	100	100	100	100
磷苯二甲酸二丁酯	5	5		10
乙二胺	10	12		5
酮亚胺			16	25
水				0~5
乙二醇胺+水杨酸			10+3	
煤焦油	25			
煤沥青		20		
生石灰或水泥		100	100~200	200
石棉	15	10		
氯苯	0~5			
砂	100~200	100~200	500~600	适量

环氧树脂胶浆配比   表 6-11

环氧树脂 6101(kg)	增韧剂 (kg)	稀释剂(kg)		硬化剂(kg)		水泥 (kg)
		二甲苯	501	乙二胺	591	
100	15~20	30	10~15	8~10	20~25	150~200

五、混凝土桥梁表层缺陷修补

1. 采用混凝土修补

采用混凝土修补,适用于混凝土桥梁构件表面蜂窝、空洞以及较大范围破损等缺陷的修补施工。用混凝土材料进行缺陷修补,应采用比原结构强度指高程一级的混凝土,混凝土粗骨料的粒径一般不大于15mm。在施工条件受限时可采用自流平混凝土。在修补前应对混凝土表面的蜂窝、空洞进行处理、凿毛,对已经生锈的钢筋除锈,并使旧混凝土表面保持湿润、清洁。混凝土施工技术要求应符合现行《公路桥涵施工技术规范》的规定,浇筑施工时应注意振捣及养生。如图6-3所示。

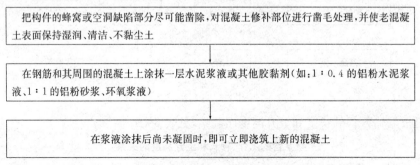

图6-3 修补程序

修补方法:直接浇筑、喷射、压浆、涂抹等。

混凝土修补完成后,要进行最后处理,特别要注意新老混凝土胶界面(缝)的处理,最后要注意和加强养护。

2.采用水泥砂浆的修补法

桥梁构件表面出现深度较浅、小面积缺陷的修补,可采用水泥砂浆人工涂抹法进行修补,修补材料主要采用普通水泥砂浆或专用修补材料。当桥梁构件表面出现大面积浅层缺陷及破损时,可采用喷浆修补法。

(1)水泥砂浆人工涂抹法

人工对损坏部位进行人工压力性涂抹。对于小面积的缺陷、损坏深度较浅的部位的修补,常常采用水泥涂抹法进行修补,采用的修补程序:准备、涂抹修补、反复压光处理、注意养护。修补一个月后再次检查、再次采用胶液进行防护。

(2)喷浆修补法

将水泥、砂和水的混合料,经高压喷射到修补部位的一种修补法。

①喷浆法的特点:可采用较小水灰比,较多的水泥,从而获得较高强度和密实度,喷射砂浆层与受喷之间有较高的黏结强度、耐久性较好,工艺简单、工效简单,消耗材料较多。当喷浆层胶薄或不均匀时,伸缩率大,容易发生裂缝。

②喷浆准备:对老混凝土进行凿毛处理,并将表面清理干净。修补要求挂网时,要进行制作和固定处理。喷浆前一小时,应对受喷面进行洒水处理,保持受喷面的湿润。

③喷浆工艺流程一般采用干料法,如图6-4所示。

④喷浆作业:喷浆前应准备充足的砂子和水泥,经拌和后要及时使用,注意保护。输料管道的设置:一般采用软管作为输料管,不宜采用短于15m长的管道。气压和水压的选择:喷浆的压力应控制在0.25~0.40MPa的范围。喷头操作:喷头与喷面的距离为80~120cm,喷头与受喷面要保持垂直。

⑤喷层厚度:喷射厚度与喷射的方式有关,如果分层喷射,要在第一层没有完全凝固时可

以开始第二层的喷射,每层的间歇时间以 2~3h 为宜;如果上层已凝固,则采用刷子将层间松层刷除,然后再喷射;最后根据要求进行表面处理。养护处理:注意养护、遮阴和保湿措施。

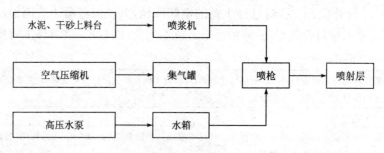

图 6-4 干料法

一般可根据输料管的长度和上升高度而调整,见表 6-12。

喷浆管的工作、管长和上升高度的关系　　　　表 6-12

喷浆工作压力 (MPa)	管长 (m)	最大升高 (m)	喷浆工作压力 (MPa)	管长 (m)	最大升高 (m)
0.25~0.35	25~45	5	0.35~0.40	100~120	
0.35~0.40	45~70	10			

3. 采用混凝土黏结剂的修补法

聚合物水泥砂浆适用于混凝土桥梁表面的风化、剥落、露筋及小面积的破损等缺陷的修补。聚合物水泥砂浆的性能指标应符合《公路桥梁加固设计规范》(JTG T/J22—2008)表 4.7.2 的规定。聚合物水泥砂浆修补施工过程中,应避免振动。修补部位的聚合物砂浆终凝前,应保护其表面免受雨水、风及阳光直射而产生的不利影响,并应及时养护。

(1)表面封涂修补

对于混凝土桥梁结构表面的风化、剥落、露筋及小面积的破损,可以多用混凝土胶黏剂进行修补。

①人工表面封涂施工工艺:工艺流程如图 6-5 所示。

②注意事项:涂抹修补实施从低向高、由内向外,并保证在涂抹缺陷处的周边有 2cm 粘层,涂抹厚度不小于 2.5cm。

(2)浇筑修补

混凝土结构破坏较大且深入构造内一定深度时,可以采用混凝土胶黏剂筑涂层的方法进行修补。

①操作程序如图 6-6 所示。

②注意事项:施工操作时,应避免荷载和振动。在修补强度达到原结构强度的 100%,才可承受荷载或振动。在修补部位,早期和中期都应避免高温影响,注重养护。

4. 环氧树脂养护

环氧树脂具有较高的强度、抗腐蚀、抗渗透,能与混凝土材料牢固粘贴,是一种较好的修补材料。但是价格较高,工艺要求高,通常在特别需要的情况下才使用。采用改性环氧砂浆(混凝土)修补混凝土表面缺陷时,改性环氧基液的安全性能指标应符合国家标准、规范的有关规定。涂抹改性环氧砂浆(混凝土)修补前,应先在已凿毛的混凝土表面涂一层改性环氧基液,使旧混凝土表面充分浸润。立模浇筑改性环氧混凝土的工艺要求与浇筑普通混凝土基本相同,但应防止扰动已涂刷的改性环氧基液。浇筑时应充分插捣,反复压抹平整。改性环氧砂浆施工温度宜为20℃±5℃,高温或寒冷季节应采取有效措施控制施工温度。

图6-5 人工表面封涂流程图

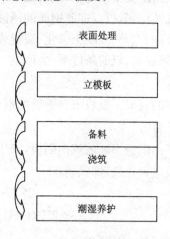

图6-6 浇筑修补流程图

(1)修补表面处理的一般技术要求

混凝土表面要求做到无水湿、无油渍、无灰尘和其他污物,无软弱带。对混凝土面加以凿毛,保持平整、干燥、坚固、密实。混凝土表面凿毛可以采用人工、高压水或空气吹净,或采用风沙枪喷砂除净。

(2)修补施工工艺要求

涂抹环氧树脂基液:采用人工或喷枪,使混凝土表面充分被环氧树脂基液所湿润(厚度不超过1mm)。间隔30~60min后,再进行下一步工作。涂抹环氧砂浆:平面涂抹时,应均匀,每层厚度不超过15cm,进行反复压抹。斜、立面涂抹时,适当增加浆内填料,再涂抹、反复压抹。底面涂抹时,使用黏度大的基液,环氧砂浆厚度在0.5cm为宜,均匀压抹。浇筑混凝土时,浇筑工艺与普通混凝土的基本相同。平面应充分插捣或反复压抹,浇筑侧面或顶面时均须架立模板,并插实密实。环氧材料的养护时,注意温度保持在20℃±5℃。养护时间,夏天2d,冬天7d以上。养护前3d,不应有水的浸泡或其他冲击。

(3)修补施工时注意事项

环氧材料的每次配置数量要严格控制,保证在2h内用完为标准。配置的环氧材料要注意放置地点或装置器皿。注意季节的温度影响,注意施工人员的安全、防止污染环境。

5. 混凝土表面防腐涂装

处于严重腐蚀环境下的混凝土桥梁,其混凝土表面可进行防腐涂装。选择防腐材料型号时,应综合考虑桥梁所处环境的温度、湿度及养护条件等因素,采用能有效抵抗外部不良因素侵害的、经检验符合国家有关标准要求的材料。混凝土桥梁涂装前应除去混凝土表面模板残渣、油污及杂物等,金属外露的锐边、尖角和毛刺应打磨圆顺。涂装前应使混凝土表面保持干燥、清洁。在混凝土表面处理检查合格后4h内进行施工。

六、钢筋锈蚀处理

1. 钢筋锈蚀的原因

在钢筋混凝土结构中,钢筋处于水泥水化时所生成的强碱介质中($pH=12\sim14$),钢筋表面会形成钝化膜,可以抑制钢筋的锈蚀过程。如果有其他因素的影响,如混凝土不密实、保护层遭受破坏、太薄、混凝土碳化、裂缝或者外加剂的原因,将会导致钢筋锈蚀。从钢筋锈蚀机理上讲,钢筋在水、氧的条件下,会产生一系列的电化学反应,钢筋处于阳极,释放出电子 e:

$$Fe \rightarrow Fe^{2+} + 2e$$

水中的氧离子吸收来自钢筋的电子呈现阴极:

$$O_2 + 2H_2O + 4e \rightarrow 4OH^-$$

电子由阳极不断的流向阴极,产生腐蚀电流,在钢筋表面生成氢氧化亚铁薄膜,并与水、氧结合生成氢氧化铁,即铁锈:

$$2Fe + O_2 + 2H_2O \rightarrow 2Fe(OH)_2$$
$$2Fe(OH)_2 + H_2O + O_2/2 \rightarrow 2Fe(OH)_3$$

2. 钢筋锈蚀的检测方法

半电池电位法是目前国内外混凝土中钢筋锈蚀状况的主要检测方法。这种检测法是利用混凝土中锈筋的电化学反应引起的电位变化来测定钢筋锈蚀状态,通过测定钢筋—混凝土作为一个电极与在混凝土表面的铜/硫酸铜参考电极之间的电位差,评定钢筋的锈蚀状态。如图 6-7 所示。

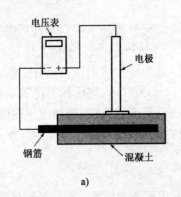
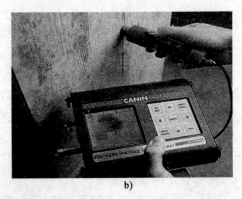

图 6-7 钢筋锈蚀检测原理及仪器

3. 钢筋锈蚀对混凝土结构产生影响

钢筋的锈蚀可分为红色锈蚀和黑色锈蚀。氢氧化铁在水的作用下,进一步生成红锈(铁锈),一部分氧化不完全生成 Fe_3O_4(黑锈),在钢筋表面形成锈层。红锈体积可大到原来体积的 4 倍,黑锈体积可大到原来的 2 倍,从而使混凝土开裂、剥离,破坏了混凝土的受力性能,降低了材料的耐久性,影响桥梁的使用寿命,削弱了钢筋的受力截面。铁锈层及其引起的混凝土裂缝,削弱了钢筋和混凝土的共同作用效果。

除此以外,还会使预应力钢筋、高强钢筋产生预应力损失或脆性破坏等的严重后果。

4. 钢筋锈蚀的一般修补方法和步骤

混凝土表层缺陷处理前应对生锈钢筋进行除锈,除锈后应及时涂刷阻锈剂。阻锈剂的质量及性能指标应符合有关现行国家标准的规定。采用阻锈剂溶液时,混凝土拌和物的搅拌时间应延长 1min;采用阻锈剂粉剂时,应延长 3min。

凿除松脱、剥离等已损坏部分的混凝土。对钢筋进行防锈处理,涂以环氧胶液等黏结剂。立模、配料浇筑、喷浆、涂抹施工,对新喷涂或浇筑的环氧混凝土进行表面处理。对于锈蚀而出现的微小裂缝的部位,可以采用粘贴两层玻璃布的方法进行修补。

第二节　圬工桥梁缺损的维修

砌体表层损坏表现在抹灰层、砌缝脱落、砌体表面麻面、起皮、起鼓、粉化和剥落等。如果不及时处理将会向深度发展,造成内部材料的变质、酥化,使强度降低,对此类问题常见的修补方法有以下几种。

一、勾缝修补

对于砌缝砂浆的脱落、松散,都需要重新进行勾缝修补。勾缝时,可用手凿或风动凿子凿去已破损的灰缝,深度 3～5cm,用压力水彻底冲洗干净,再用 M10 以上的水泥浆重新勾缝。采用的方法是:用抹子把砂浆填入缝内,再用勾缝器压紧,形成凹形缝,切去飞边使其密实。常用勾缝形式如图 6-8 所示。

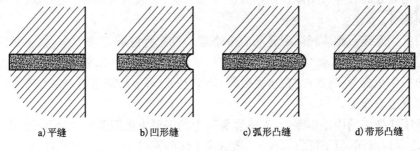

图 6-8　常用勾缝形式

二、抹浆或喷浆整治砖石表面风化

对于砌体表面风化、剥落、蜂窝、麻面,可以采用抹喷一层 M10 以上水泥砂浆进行防护。其防护步骤是:清理风化、剥落的表面;凿毛暴露的完好面;用水冲洗干净表面并保持湿润;然后再分别抹浆或喷浆,一般每层厚度 10～15mm。

三、表面局部修补

对于砌体表面出现局部损伤,脱落不太严重时,可以将破损的部分清除,凿毛清洗,再用 M10 水泥砂浆分层填补至需要的厚度,并将其抹平。如果损坏深度和范围较大时,可以在新旧结构结合处设置牵钉,必要时挂钢筋网,立模板浇筑混凝土。

四、镶面石的修补

局部破损,则可以个别更换。如果破损面较大,则要在原结构上安置带倒钩的套扣,加强与新镶面的承托。

第三节 桥梁裂缝修补技术

圬工桥梁、混凝土及钢筋混凝土桥梁均可能存在不同程度的裂缝。为了恢复桥梁结构的整体性,保持其强度、刚度、耐久性,使其更加美观,应对这些裂缝进行仔细的检查、评价,并进行针对性的维修。常用维修方法如图 6-9 所示。

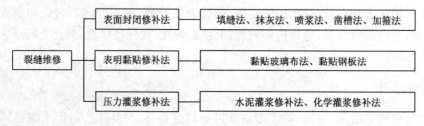

图 6-9 裂缝修补方法的分类

一、裂缝的表面封闭修补法

桥梁结构裂缝的表面封闭修补常用方法有填缝法、表面抹灰法、表面喷浆法、凿槽嵌补法和加箍封闭法等。

填缝法常用于砖石砌体轻微裂缝的简单修理。首先将缝隙清理干净,根据裂缝宽度选择相应的勾缝刀、抹子、刮刀等。填缝所用水泥砂浆(1:2.5 或 1:3)强度不得低于原灰浆。表面抹灰法的操作步骤为:将水泥浆、水泥砂浆、环氧基液、环氧砂浆等材料涂抹在裂缝部位的砖石砌体或混凝土表面上。

水泥砂浆涂抹法的操作步骤为:先将裂缝附近的混凝土表面凿毛(糙面应平整),洗刷干净后,洒水使之保持湿润(但不可有水珠)。然后将水泥砂浆(1:1~1:2)涂抹其上,涂抹时应先用纯水泥浆涂刷一层底浆(厚度约 0.5~1.0mm),在将水泥砂浆一次或分次抹完(厚度越厚,所需次数越多)。涂抹的总厚度一般为 10~20mm。最后用涂抹压实、抹光,配制砂浆时,砂子不宜太粗,以中细砂为宜,水泥可用普通水泥(标号不宜低于 32.5 号)。夏季施工时,应防止阳光直射,在涂抹 3~4h 后应洒水养护。冬季应注意保温,避免因受冻而降低强度。

环氧砂浆涂抹法的操作步骤为:先在裂缝的口上凿一宽约 1~2cm,深约 0.5cm 的 V 形槽,槽面应尽量平整,再用钢丝刷或竹刷刷净缝口,凿去浮渣,用手持式皮风箱吹清缝内灰砂并烘干混凝土表面。在裂缝外用蘸有丙酮或二甲苯的纱头洗擦一边,保持槽内混凝土面无灰尘、油污等。在裂缝周围涂一层环氧浆液,若裂缝较深,在垂直方向可静力灌注(环氧浆液可灌入 0.5mm 的细缝中)。最后嵌入环氧砂浆,用刮刀将其平面与原混凝土面齐平,待环氧树脂硬化后(常温 20℃~25℃时,约需 6~7d),即可应用(注:该方法中施工人员应做好防火、防毒工作)。

表面喷浆法的操作步骤为：先对需要喷浆的结构表层仔细敲击，敲碎并除去剥离的部分，若为钢筋混凝土，还须清除露筋部分钢筋上的铁锈。接着将裂缝表面凿毛（V形槽），并用水冲洗结构物表面，在开始喷浆前将基层湿润一下。最后喷射一层密实、高强的水泥砂浆保护层以封闭裂缝。根据裂缝的部位与性质及修理的要求与条件，该方法可分为无筋素喷法、挂网喷浆法等。

凿槽嵌补法的操作步骤为：先沿混凝土裂缝凿一条深槽，槽形根据裂缝位置和填补材料而定（多采用V形槽）。再将槽两边混凝土修理整平，将槽内清洗干净。最后在槽内嵌补黏结材料（当填补水泥砂浆时，应先保持槽内湿润且无积水。当填补沥青或环氧材料时，应先保持槽内干燥）。

加箍封闭法主要用于钢筋混凝土梁的主应力裂缝，加箍以封闭裂缝。选用的直箍或斜箍可由扁钢焊成或圆钢制成，设箍方向应与裂缝方向垂直，箍、梁上下面接触处可垫以角钢或钢板，如图6-10所示。

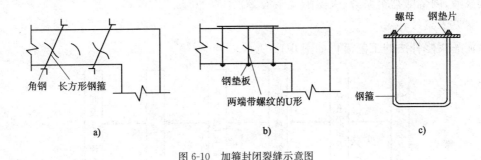

图6-10 加箍封闭裂缝示意图

二、裂缝的表面粘贴修补法

表面粘贴法用胶黏剂将玻璃布或钢板等材料粘贴在裂缝部位的混凝土面上，现将粘贴玻璃布法与粘贴钢板法分别加以介绍。

1. 粘贴玻璃布法

粘贴玻璃布法所用的玻璃布由无碱玻璃纤维织成，耐水性好、强度高。它又可分为无捻粗纱布、平纹冰、斜纹布、缎纹布、单向布等多种，其中无捻粗纱布因强度高，气泡易排除，施工方便，最为常用。

玻璃布在使用前必须除去油蜡（玻璃布在制作工程中加入了含油脂和蜡的浸润剂），以提高粘贴效果。玻璃布除油蜡的方法有两种：一是将其在碱水中30～60min，再用清水洗净；二是将其放在烘烤炉上加温到190℃～250℃，使油蜡燃烧（会产生很多灰尘），烘烤后将玻璃布在浓度为2％～3％的碱水中煮沸30min，取出用清水洗净并晾干。其中后一种方法效果较好。

粘贴前先将混凝土面凿毛，并冲洗干净，使表面无油污灰尘，若表面不平整，可先用环氧砂浆抹平。粘贴时，先在粘贴面上均匀刷一层环氧基液（不能有气泡），接着展开、拉直玻璃布，放置并抹平使之紧贴在混凝土表面，用刷子或其他工具在玻璃布面上刷一遍，使环氧基液浸透玻璃布并溢出，在该玻璃布上刷环氧基液。按同样方法粘贴第二层玻璃布（为了压边，上层玻璃布应比下层的宽1～2cm）。

2. 粘贴钢板法

首先按所需尺寸切好钢板,用打磨机研磨,使其表面露出钢的本色。修凿裂缝附近混凝土表面使其平整,用丙酮或二甲苯擦洗修补部位的混凝土表面及钢板面以去除粘结面的油脂和灰尘。在钢板和混凝土粘贴面上均匀地涂刷环氧基液黏结剂,用方木、角钢和固定螺栓等均匀地压贴钢板,待养护到所需时间,拆除方木、角钢等材料,并在钢板表面上再涂刷一层养护涂料(如防锈油漆)。

三、裂缝的压力灌浆修补法

压力灌浆法一般用于裂缝多且深入结构内部或结构有空隙的部位。它通过施加一定的压力,将浆液灌入结构内部裂缝中,以封闭裂缝,恢复并提高结构强度、耐久性和抗渗性。该法依据灌入浆材的不同,可分为水泥灌浆法(灌浆材料:纯水泥、水泥砂浆、水泥黏土、石灰、石灰黏土、石灰水泥),化学灌浆法(灌浆材料:环氧树脂类浆液、丙烯酸酯类浆液、水玻璃类浆液、丙烯酰胺类浆液、丙烯酸盐类浆液、聚氨酯类浆液等)。

1. 水泥灌浆修补法

水泥灌浆修补法的工艺流程如图 6-11 所示。

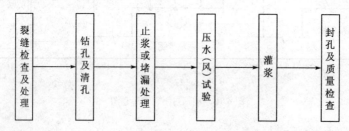

图 6-11 水泥灌浆修补法工艺流程

水泥灌浆修补法的施工要点如下:

(1)灌浆前应再仔细检查一遍裂缝,确定修补的数量、范围、钻孔的位置及浆液数量。

(2)钻孔时,一般不可顺着裂缝方向,钻孔轴线与裂缝面的交角以大于 30°为宜。

(3)钻孔完毕后应清孔,可用水由上向下冲洗各孔。用水冲净后,再用压缩空气将各孔吹干。孔眼的冲洗、吹风是按由上向下、一横排接一横排的顺序进行的。

(4)灌浆前应先将结构中大的裂缝与孔隙堵塞起来,以防灌浆时浆液通过它们流到表面(即止浆、堵漏处理)。止浆、堵漏主要有三种方法:用水泥砂浆或环氧砂浆涂抹,用环氧胶泥粘贴,用棉絮、麻布条等嵌塞等。

(5)灌浆前应作压水或压风试验,以检查孔眼畅通情况及止浆效果。

(6)通过结构上人工钻成的孔眼将水泥浆液灌入。

(7)圬工结构灌浆时,水泥标号一般不低于 325 号,灌浆压力一般为 0.1~0.304MPa。

(8)混凝土、钢筋混凝土结构灌浆时所用的水泥标号一般不低于 425 号,灌浆压力一般为 0.405~0.608MPa。

(9)当工程量较大时,可采用灌浆机、灌(压)浆泵、风泵等加压设备。

当工程量较小时,可采用打气筒状的注射器施工,注射器如图 6-12 所示。

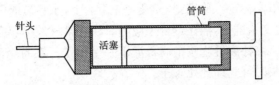

图 6-12　打气筒状灌浆设备剖面图

2. 化学灌浆修补法

化学灌浆修补法工艺流程如图 6-13 所示。

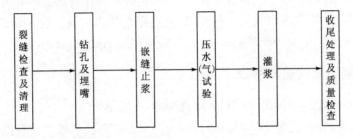

图 6-13　化学灌浆修补法工艺流程

化学灌浆修补法的施工要点如下：

（1）灌浆前应先对修补部位的裂缝情况进行详细的检查、记录，做好定量和定性的分析。据此计算和安排有关灌浆材料配量、埋嘴、灌浆注射等工作。

（2）在裂缝两侧画线之内用小锤、手铲、钢丝刷等工具将构件表面整平，凿除突出部分，再用丙酮擦洗，清除裂缝周围的油污（不要将裂缝堵塞）。

（3）应选择大小合适、自重尽可能轻的嘴子。嘴子的布置原则是：宽缝稀，窄缝密；断缝交错处单独设嘴；贯通缝的嘴子设在构件的两面交错处。

（4）埋嘴前，先把嘴子底盘用丙酮擦洗干净，然后用灰刀将环氧胶泥抹在底盘周围，骑缝埋贴到构件裂缝处（不要将嘴子和裂缝灌浆通道堵塞）。

（5）埋嘴后，应封闭其余裂缝，进行嵌缝或堵漏处理，以保证浆液将裂缝填充密实、防止浆液流失。封闭方法为：对于裂缝较小的混凝土构件，先沿裂缝走向均匀地涂刷一层环氧浆液（宽约 7～8cm），再在其上分段紧密贴上一层玻璃丝布（宽约 5～7cm）。在嘴子底盘周围 5～10mm 的范围内不贴玻璃丝布，可用灰刀沿其周围先抹上一层环氧胶泥（鱼脊状），再刷上一层环氧浆液。对于裂缝较大的混凝土构件，先沿裂缝用风镐凿成 V 形槽（宽约 5～10cm，深约 3～5cm），再清除槽内松动的碎屑、粉尘，最后向槽内填塞水泥砂浆。

（6）在前一步骤完成一天以后，应进行压水或压气试验，以检查裂缝封闭及孔眼畅通情况。

（7）化学灌浆可采用两种工具：手压泵，裂缝较大时采用。灌浆注射器，裂缝较细微、灌浆量不大时采用。两者灌浆时均应保证泵或注射器针头与嘴子的严密连接，不能漏气。前者与灌嘴可用聚氯乙烯透明塑料管连接，后者可将气门芯套在针头上，再将针头插入灌浆嘴内进行灌浆。

（8）灌浆时应注意压力的控制。当裂缝较宽，进浆通畅时，压力应小（手压泵泵压控制在 0.1～0.2MPa 左右）。当裂缝细微、进浆困难时，压力应大（手压泵泵压控制在 0.4MPa 左右）。用灌浆注射器注射主要靠手的推力，以灌得进浆液为准。

(9) 灌注的次序应事先标定。原则：竖向裂缝先下后上，水平裂缝由低端逐渐灌向高端，贯通裂缝在两面一先一后交错进行，灌注过程中应随时注意排气。每灌完一个嘴子，不要急于转移器械，稳压几分钟待所修补裂缝吃浆饱满再灌下一个嘴子。在每个灌完的嘴子上绑扎一段透明塑料管，以便其溢浆时可立即扎死管子。

(10) 灌浆完毕待浆液聚合固化后，拆除灌浆嘴，并用环氧胶泥抹平。在每一道裂缝表面再刷一层环氧树脂水泥浆，以确保封闭严实。

另外，施工时应注意安全事宜：施工现场注意通风，以防技术人员呼吸中毒。灌浆材料应密封储存。施工人员应佩带口罩、橡胶手套、防护眼镜等。身体接触到环氧树脂材料时不可用丙酮等溶剂清洗，应先用锯木屑或去污粉擦除，再用肥皂热水清洗。施工器械可用丙酮、甲苯等溶剂或热水清洗。施工现场严禁明火，注意器械与残液的回收，以防污染环境。

四、裂缝修复质量检验与验收

表面封缝材料固化后应均匀、平整，不出现裂缝，无脱落。

当注入裂缝的胶粘剂达到 7d 固化期时，应采用取芯法对注浆效果进行检验。芯样检验应采用劈裂抗拉强度测定方法。当检验结果符合下列条件之一时为符合设计要求：

(1) 沿裂缝方向施加的劈力，其破坏应发生在混凝土内部（即内聚破坏）。

(2) 破坏虽有部分发生在界面上，但这部分破坏面积不大于破坏面总面积的 15%。

五、加固示例——利用环氧树脂灌浆修补示例

1. 示例工程背景

某高架桥桥型为两联 9 跨不等跨变截面钢筋混凝土空心板连续梁桥（图 6-14～图 6-16），于 2004 年建成交付使用，2007 年对该桥进行定期检查时发现，该桥连续梁底板开裂严重，部分

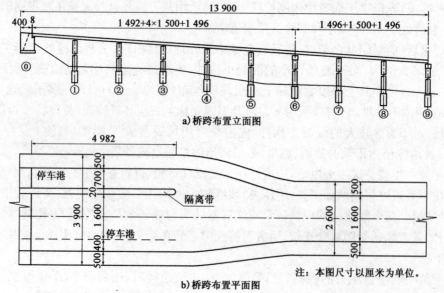

图 6-14 某高架桥桥跨布置图

裂缝宽度超出规范限值,部分裂缝深度已穿透空心板的底板。2008年5月汶川大地震发生后,检查这些裂缝长度、宽度和深度又有所发展,为保证该桥正常、安全使用,需进行裂缝修补设计和施工。

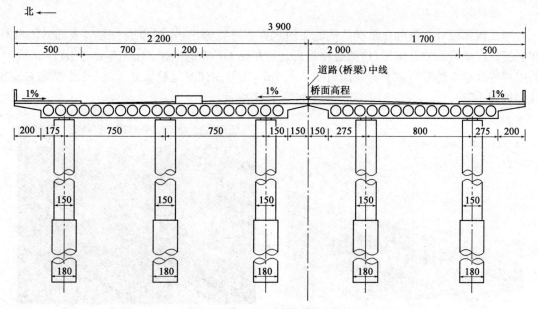

图6-15 第1、2、3跨桥梁横断面构造

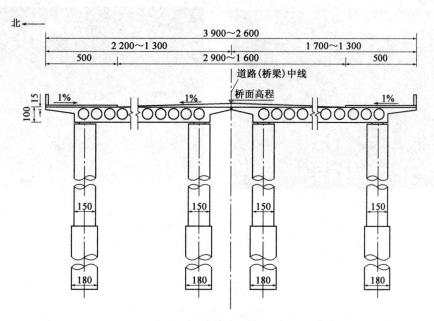

图6-16 某高架桥桥梁横断面构造图

2. 裂缝修补设计

经结构检算和检测分析,认为连续梁裂缝既有结构性裂缝又有非结构性裂缝,修补设计对缝宽<0.15mm的裂缝采用涂刷环氧树脂封缝胶进行封闭修补;对于缝宽≥0.15mm的裂缝

采用压注潮湿型裂缝灌缝胶修补;跨中部位再粘贴1～2层CFRP布进行增强封护作用并达到抗弯、抗裂补强和提高结构耐久性加固的效果,图6-15为该桥第一联第三跨右幅的裂缝修补施工设计图。

3. 裂缝修补施工

施工按照设计文件和审批确认的施工组织方案进行施工,先同步进行裂缝表面封闭修补和裂缝压注灌缝胶修补施工,检验合格后再进行粘贴GF布的增强、加固施工,工期为1个月,共完成连续梁6跨左右幅裂缝表面封闭239.7m^2,裂缝压注灌缝胶修复3 085.4m,粘贴GF布补强加固1 511.6m^2,裂缝施工部分照片如图6-17所示。

图6-17 裂缝施工部分照片

第七章　梁桥上部结构加固技术

第一节　梁桥加固基本原理

一、梁桥基本力学图示

在竖向荷载作用下,梁结构(图7-1)是一种同时受到弯矩与剪力的结构;荷载在结构上既产生弯矩又引起剪力。梁上不同的截面上弯矩与剪力的量值有差别,材料力学给出了弹性状态下正应力的计算公式:

$$\sigma = \frac{M}{W} \tag{7-1}$$

式中:σ——在荷载作用下,主梁产生的正应力;

M——荷载对主梁产生的弯矩;

W——主梁截面的几何抗弯弹性模量。

图7-1　梁桥基本力学图式

由此可见,梁式桥的主梁受力状况由三个要素决定,即荷载(恒载、活载)作用产生的内力(弯矩)、主梁截面面积决定的截面几何特性(惯性矩、几何抗弯弹性模量)以及主梁材料的自身强度。

当外界条件改变,如车辆荷载增加、超限、超重等,对桥梁引起的内力增大,超过主梁结构和材料强度的允许范围时,势必造成主梁受拉部位开裂、破损、承载力下降,成为危桥,随着运营年限的增加,各种外界因素导致材料性能恶化、强度降低,也将造成原桥承载力下降、开裂、破损,最终成为旧危桥。

二、加固基本原理

目前梁式桥加固、提高承载力的方法和技术种类繁多,但基本原理却是相同的。归纳起来都是遵循力学的基本原理,从桥梁结构的外界因素和内在状况改变的角度进行加固补强,提高承载力。

1.从外因角度通过结构性能改变提高主梁的承载力

(1)增大截面

采用喷射混凝土、现浇混凝土、外包混凝土加大主梁截面尺寸等加固方法,都是属于增加截面的加固方法和技术。从式(7-1)可知,采用增大主梁截面的方法加固,目的是增加主梁截面抗弯惯矩或几何抗弯模量。当荷载产生的内力(弯矩)不变或荷载等级提高时,通过改变截面几何特性的途径,减少主梁截面承受的拉应力(通常压应力不控制设计),使其不超过主梁材料性能承受范围,即 $\sigma<[\sigma]$,从而达到加固主梁提高承载力的目的。

(2)增加主梁的强度

对主梁采用环氧砂浆(胶浆)粘贴钢板(筋)、环氧玻璃钢、碳纤维布、芳纶纤维布等高强材料,增加主梁的强度,都是属于此类加固方法和技术。从式(7-1)可知,增加主梁强度的方法,在不变原主梁截面的前提下,当荷载等级不变或荷载等级增加时,增加了主梁受拉区的材料强度,使荷载在主梁上产生的拉应力小于补强材料的强度,即 $\sigma<[\sigma]$,从而达到加固主梁,提高主梁的承载力的目的。

2. 从内因角度通过调整内力提高主梁的承载力

改变原桥结构体系,将简支梁体系改变为连续梁体系、加八字支撑改变桥梁的跨径,或施加预应力将主梁结构由弯剪结构变为压弯剪结构,通过改变结构内力或应力分布,以达到提高承载能力的目的。

综上所述,无论采取何种加固方法和技术,无论采取外部条件改变主梁的结构性能,还是通过结构体系的改变调整主梁的内力的加固方法,其基本原理都是为了减少主梁承受的拉应力或增强主梁承受拉应力的能力,满足结构受力的需要,提高原桥梁的承载能力。

第二节 增大截面加固方法

目前,国内有相当一部分桥梁,在修建时荷载等级仅适应当年的要求,面对当今交通运输事业的发展,有的已表现出荷载等级偏低、承载力不足的缺陷,有的病害逐渐产生、发展,甚至成为危桥。其主要原因是:原桥钢筋和截面尺寸偏小,不能满足当前荷载等级和安全通行的要求。对于这部分桥梁,可以采用增大构件截面的方法进行加固。

一、加固基本原理与特点

增大截面加固法,是增大构件截面和配筋,用以提高构件的强度、刚度、稳定性和抗裂性,适用于钢筋混凝土和预应力混凝土受弯构件、钢筋混凝土受压构件的加固。

1. 受弯构件加固受力特征

该法属于被动加固法,根据被加固构件的受力特点和加固目的的要求、构件部位与尺寸、施工方便等可设计为单侧、双侧或三侧加固,以及四周外包加固。根据不同的加固目的和要求,又可分为增大截面为主的加固和加配钢筋为主的加固,或者两者同时采用的加固。增大截面为主的加固,为了保证补加的混凝土正常工作,亦需适当配置构造钢筋。增加配钢筋为主的加固,为了保证配筋的正常工作,需按钢筋的间距和保护层等构造要求决定适当增大截面尺寸。

钢筋混凝土和预应力混凝土受弯构件采用增大截面法加固设计,主要有:增加受力主筋截面、增大混凝土截面两种方法。增大混凝土截面是增设现浇混凝土层来增大正截面高度,进而提高正截面抗弯承载力和刚度。而增加受力钢筋主筋截面是在受拉区截面外增设纵向钢筋,为了保证加固纵向钢筋的正常工作,需要按构造要求浇筑混凝土保护层,进而增大了截面尺寸。因此,旧桥受弯构件的加固设计,应根据现场结构的实际情况,分别采用受压区或受拉区两种不同的加固形式。

该加固方法有以下特点:

(1)主梁受力明确,计算简单方便,加固后主梁的承载能力、刚度、稳定性得到明显提高,加固效果较好。

(2)施工简便,经济有效。桥面施工活动全部在桥面进行,操作便利,易于控制工程质量。与其他加固方法相比,增大截面法加固可获得较好的经济效益。

(3)加大构件截面,会使上部结构恒载增加,对原桥梁结构的下部结构有一定影响。

(4)现场湿作业工作量大,养护期较长,加固期间需适当中断交通。

(5)若对梁底增大尺寸,会使桥下净空有所减小。

2. 加固构造规定

(1)新浇混凝土应符合下列要求:

①新浇混凝土强度级别宜比原构件混凝土强度提高一级,并不低于C25。

②新浇混凝土层的最小厚度,对板不宜小于100mm;对梁和受压构件不宜小于150mm。

③当新浇混凝土层厚度小于100mm时,可采用小石子混凝土或喷射高性能抗拉复合砂浆。在结构尺寸复杂和新浇混凝土施工条件差的情况下,可采用微膨胀或自密实混凝土。

(2)加固用的受力钢筋直径不小于12mm,不宜大于25mm,构造钢筋直径不小于10mm,箍筋直径不宜小于8mm。

(3)新增钢筋应符合下列要求:

①当新增纵向钢筋与原构件受力钢筋采用短筋焊接时,短筋的直径不宜小于12mm,各短筋的中距不应大于500mm。

②当用单侧或双侧加固时,应设置U型箍筋或封闭式箍筋。

(4)在受拉区增设混凝土加固的受弯构件,新增纵向钢筋需截断时,应从计算截断点至少再延长锚固长度。受压构件新增纵向受力钢筋应伸入与之相连的原结构中,并满足锚固要求。

(5)新老混凝土接合面处,原构件的表面应凿成凹凸差不小于6mm的粗糙面。

二、增焊主筋加固法

当梁内所配置的主要受力钢筋截面面积不足,无法满足抗弯承载力的要求,而桥下净空又受到限制不允许过多的增加主梁高度时,可采用增加纵向主梁钢筋的方法进行设计加固。增焊主筋加固法主要施工步骤如下。

1. 增焊主筋

凿开梁肋下缘混凝土保护层,露出主筋,将原箍筋切断并拉直,再把新增钢筋焊在原主筋上,新增受力钢筋与原受力钢筋净间距在20mm以上,采用短筋或箍筋与原钢筋焊接(图7-2),增焊钢筋断头宜设在弯矩较小的截面。为减少焊接时温度应力的影响,施焊时应采用断续双面施焊,并从跨中向两支点方向依次施焊。

2. 增设箍筋

如果原桥梁的箍筋不足或梁腹出现剪切裂缝,则在加固过程中,在增焊主筋的同时还应在梁的侧面增加 U 形箍筋或封闭式箍筋(图 7-3),并与原构件牢固连接。具体做法是:在梁腹上埋入梢钉,把补充的箍筋固定起来,并把箍筋上端埋入桥面板中。

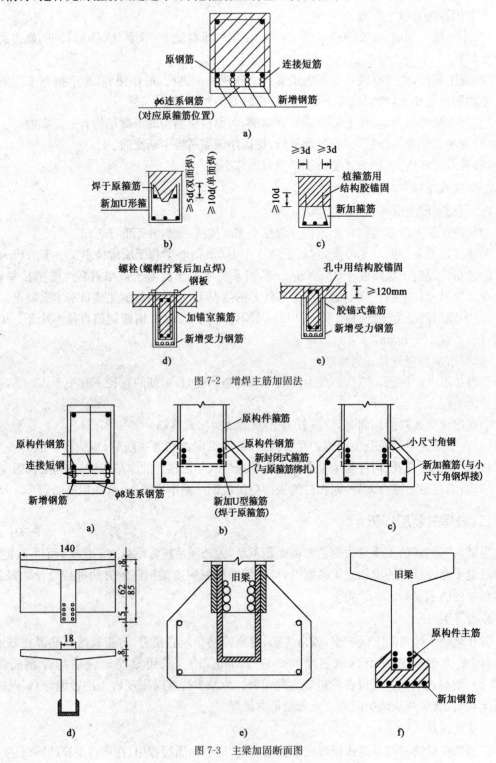

图 7-2 增焊主筋加固法

图 7-3 主梁加固断面图

3. 卸除部分恒载

加固时,为了减少原结构的截面应力,使新增加的钢筋充分发挥作用,有条件时应采取多点顶起等措施,将梁顶起或凿除部分桥面铺装,然后再进行加固(起顶位置和吨位由计算来确定)。

4. 恢复保护层

钢筋焊接好并接卡箍筋后,重新做好混凝土保护层。

此外,在现有桥梁中有一部分属于T型梁桥。这类桥因原截面高度不够或尺寸过小,导致承载力不足。对于这部分桥梁,可在梁肋下缘扩大截面面积,而在靠近支座的梁端部分仍保持原截面(即仅在跨中某区段将梁肋下缘截面加大),在截面扩大部分与原截面之间作一斜面过渡。在新增混凝土截面中增设受力主筋,通过加固层与原结构紧密结合在一起,共同承受外荷载作用。

为了保证新旧混凝土之间有良好的黏结,须在浇筑混凝土前,先将结合部位的旧混凝土表面凿毛,露出骨料,清洗干净。同时每隔一定距离(一般为1m左右)凿露出主筋。以便通过锚固钢筋将新增加的主筋与原结构中的主筋相连接,如图7-4所示,新增加的混凝土一般采用悬挂模板现场浇筑。

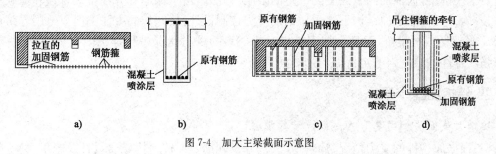

图 7-4 加大主梁截面示意图

当采用加大混凝土截面法进行补强加固设计时,必须考虑结构分阶段受力这一特点,并进行详细的分析计算。这种加固方法只有在因补强加固所增加的恒载仍在原结构下缘受拉区强度许可的限度内方可采用,也就是说原结构截面必须能承受原有恒载和补强加固增加的恒载,而活载则由最后的组合截面承受。如图7-5所示。

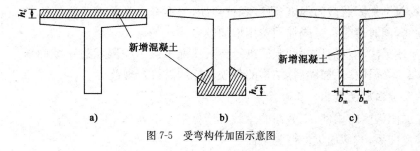

图 7-5 受弯构件加固示意图

三、增大混凝土截面加固法

受压区增大截面加固方法,一般适用于跨径较小的T形梁桥或板梁桥。在原桥上部结构构件的承载力不足,截面面积过小,而墩台及基础较好,承载力较大的情况下,为了方便施工,可将原有桥面铺装层拆除,对桥面板表面进行处理后,再浇筑一层新的钢筋混凝土补强层,用以提高梁(板)的抗弯能力。如图7-6所示。

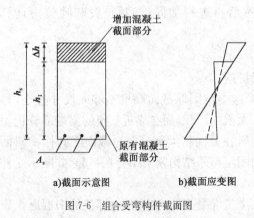

a)截面示意图　　b)截面应变图

图7-6　组合受弯构件截面图

为了使新旧混凝土有良好的结合,应把原桥面板表面凿毛洗净,每隔一定的距离都要设置齿形剪力槽或埋设桩状(钢筋柱)剪力键,或用环氧树脂作为胶结层。同时,在桥面板上铺设钢筋网,以增强桥面板的整体性和抗压能力,防止新浇筑的混凝土补强层开裂。钢筋网的钢筋直径与间距可根据补强层参与桥面板共同受力来确定。加固后重新铺设桥面的铺装层。

对于有三角垫层的桥面板,可将原作为传力结构的三角垫层凿去,代之以与原桥面板结合为整体,共同受力的钢筋混凝土补强层,或用钢筋混凝土补强层取代桥面铺装层。这样在不增加桥梁自重的情况下进行加固补强,效果更为明显。

这种方法施工简便,不需搭设支架,但施工时桥上行车受阻。因此,对于不允许中断交通的重要干线桥梁,这种加固方法受到一定的限制。此外,由于加厚部分使桥梁自重和恒载弯矩增加较多,并且仍然是原结构下缘受拉钢筋应力控制设计,故此加固方法一般只适用于跨径较小的T形梁桥或板梁桥,而且在加固前应对梁(板)的受力状况进行详细内分析,在梁(板)下翼缘强度容许的限度内确定桥面的加厚高度。

四、结构加固计算

1. 增大截面法加固受弯构件设计计算步骤

(1)根据原构件的受力情况、病害情况、尺寸及配筋、现场条件,结合设计及施工经验,初步确定需要增加的截面尺寸,新增钢筋量。

(2)第一阶段计算,即新增混凝土凝固前,构件各种自重作用下截面内各材料的应力强度计算。

(3)第二阶段计算,即新、旧混凝土形成整体共同承受后荷载作用下截面强度计算。

(4)验算以上加固后截面强度、刚度和抗裂性,若不符合要求或富余太多,应调整截面增大的尺寸及配筋,同时避免自重或加固费用增加较多。

(5)按上述最终确定的尺寸和配筋进行持久状况承载力极限状态正截面承载力计算和斜截面抗剪承载力等计算。加固后,结构的各项性能均需符合规范要求。

2. 受拉区加固的受弯构件正截面承载力计算

受拉区加固的受弯构件,正截面的承载力计算基于下列基本假设:

①构件弯曲后,其截面仍保持为平面。

②在受弯承载能力极限状态下,截面受压边缘混凝土应变达到极限压应变 ε_{cu},截面受压区混凝土应力等效为矩形应力图形,混凝土抗压强度取原构件混凝土轴心抗压强度设计值 f_{cd},截面受拉混凝土的抗拉强度不予考虑。

③在承载能力极限状态计算时,受拉区钢筋应力取抗拉强度设计值 f_{sd},受压区钢筋应力

取抗压强度设计值 f'_{sd}。

④钢筋应力等于钢筋应变与其弹性模量的乘积,但不大于其强度设计值。

⑤构件达到受弯承载能力极限状态时,新增普通钢筋的拉应变 ε_{s2} 按平截面假定确定,新增普通钢筋的拉应力 σ_{s2} 应为钢筋的弹性模量 E_{s2} 与其拉应变 ε_{s2} 的乘积。

(1)矩形截面

矩形截面钢筋混凝土受弯构件的受拉区在进行抗弯加固时,其正截面受弯承载力应按下列公式计算(图7-7):

$$\gamma_0 M_d \leqslant M_u = f_{cd1} b_2 x \left(h_0 - \frac{x}{2}\right) + f'_{sd1} A'_{s1} (h_0 - a'_{s1}) \tag{7-2}$$

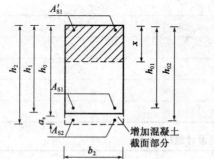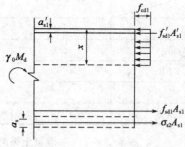

图7-7 受弯构件的抗弯承载力计算

混凝土受压区高度应按下式确定:

$$f_{cd1} b_2 x = f_{sd1} A_{s1} - f'_{sd1} A'_{s1} + \sigma_{s2} A_{s2} \tag{7-3}$$

$$\sigma_{s2} = \varepsilon_{s2} E_{s2} \leqslant f_{sd2} \tag{7-4}$$

混凝土受压区高度尚应符合下列条件:

$$2 \sigma'_{s1} \leqslant x \leqslant \xi_b h_{01} \tag{7-5}$$

式中：γ_0——桥梁结构的重要性系数,按结构设计安全等级采用,对于公路桥梁安全等级一级、二级和三级,分别取用1.1、1.0、0.9;

M_d——第二阶段弯矩组合设计值;

f_{cd1}——原构件混凝土抗压强度设计值,可根据现场检测强度推算值按照现行《公路钢筋混凝土及预应力混凝土桥涵设计规范》确定;

f_{sd1}、f'_{sd1}——原构件纵向普通钢筋的抗拉强度设计值和抗压强度设计值;

f_{sd2}——新增纵向普通钢筋的抗拉强度设计值;

A_{s1}、A'_{s1}——原构件受拉区和受压区纵向普通钢筋的截面积;

A_{s2}——新增纵向普通钢筋的截面积;

b_2——加固后构件截面宽度;

h_0——加固后截面有效高度,$h_0 = h_2 - a_s$,此处 h_2 为加固后截面全高,a_s 为受拉区普通钢筋 A_{s1} 和 A_{s2} 的合力点至截面受拉区边缘的距离;

h_{01}——原构件截面有效高度,为原构件受拉区钢筋 A_{s1} 合力点至截面受压区边缘距离;

x——等效矩形应力图形的混凝土受压区高度,简称混凝土受压区高度;

E_{s2}——新增纵向普通钢筋的弹性模量；

ε_{s2}——在构件达到承载能力极限状态时，新增纵向普通钢筋的拉应变，按式(7-4)计算；

ξ_b——正截面相对界限受压区高度，按原构件混凝土和受拉钢筋强度级别，按照表7-1规定选用。

混凝土强度设计值见表7-2；普通钢筋抗拉、抗压强度设计值见表7-3；混凝土的弹性模量见表7-4；钢筋的弹性模量见表7-5。

相对界限受压区高度 ξ_b 表7-1

混凝土强度等级 钢筋种类	C50 及以下	C55、C60	C65、C70	C75、C80
R235	0.62	0.60	0.58	—
HRB335	0.56	0.54	0.52	—
HRB400、KL400	0.53	0.51	0.49	—
钢绞线、钢丝	0.40	0.38	0.36	0.35
精轧螺纹钢筋	0.40	0.38	0.36	—

混凝土强度设计值(MPa)   表7-2

强度等级 强度种类	C15	C20	C25	C30	C35	C40	C45	C50	C55	C60	C65	C70	C75	C80
f_{cd}	6.9	9.2	11.5	13.8	16.1	18.4	20.5	22.4	24.4	26.5	28.5	30.5	32.4	34.6
f_{sd}	0.88	1.06	1.23	1.39	1.52	1.65	1.74	1.83	1.89	1.96	2.02	2.07	2.10	2.14

普通钢筋抗拉、抗压强度设计值(MPa)   表7-3

钢筋种类	f_{sd}	f'_{sd}	钢筋种类	f_{sd}	f'_{sd}
R235 $d=8\sim20$	195	195	HRB400 $d=6\sim50$	330	330
HRB335 $d=6\sim50$	280	280	KL400 $d=8\sim40$	330	330

混凝土的弹性模量(MPa)   表7-4

混凝土强度等级	C15	C20	C25	C30	C35	C40	C45	C50	C55	C60	C65	C70	C75	C80
E_c	2.20×10^4	2.55×10^4	2.80×10^4	3.00×10^4	3.15×10^4	3.25×10^4	3.35×10^4	3.45×10^4	3.55×10^4	3.60×10^4	3.65×10^4	3.70×10^4	3.75×10^4	3.80×10^4

钢筋的弹性模量(MPa)   表7-5

钢筋种类	E_s	钢筋种类	E_p
R235	2.1×10^5	消除应力光面钢丝、螺旋肋钢丝、刻痕钢丝	2.05×10^5
HRB335、HRB400、KL400、精轧螺纹钢筋	2.0×10^5	钢绞线	1.95×10^5

当 $x<2a'_{s1}$ 时，正截面抗弯承载力按下列公式计算：

$$\gamma_0 M_d \leqslant f_{sd1}A_{s1}(h_{01}-a'_{s1})+E_{s2}\varepsilon_{s2}A_{s2}(h_{02}-a'_{s1}) \tag{7-6}$$

式中：h_{02}——新增纵向普通钢筋的合力点至截面受压边缘的距离；

其他符号意义同前。

(2) T形截面

对翼缘位于受压区的T形钢筋混凝土截面受弯构件,在其受拉区采用增大截面进行抗弯加固后的正截面抗弯承载力应按下列规定计算:

① 当混凝土受压区高度 $x \leqslant h'_f$ 时,应以宽度为 b'_f 的矩形截面(图7-8a)进行计算。

② 当混凝土受压区高度 $x > h'_f$ 时,其正截面抗弯承载力应按下列公式计算(图7-8b):

$$\gamma_0 M_d \leqslant f_{cd}\left[b_2 x\left(h_0 - \frac{x}{2}\right) + (b'_f - b_2)h'_f\left(h_0 - \frac{h'_f}{2}\right)\right] \tag{7-7}$$

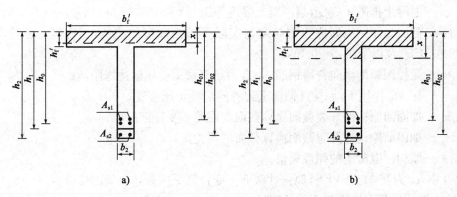

图7-8 T形截面受弯构件正截面承载力计算

混凝土受压区高度应按下式计算,并应满足 $x \leqslant \xi_b h_{01}$:

$$f_{cd1} b_2 x + f_{cd1}(b'_f - b_2)h'_f = f_{sd1} A_{s1} + \sigma_{s2} A_{s2} \tag{7-8}$$

$$\sigma_{s2} = \varepsilon_{s2} E_{s2} \leqslant f_{sd2} \tag{7-9}$$

式中:h'_f——T形截面受压翼缘厚度;

b'_f——T形截面受压翼缘的有效宽度。

T形截面梁的翼缘有效宽度 b'_f,应按下列规定采用:

① 内梁翼缘的有效宽度取下列三者中的最小值:

a. 对于简支梁,取计算跨径的1/3。对于连续梁,各中间跨正弯矩区段,取该计算跨径的0.2倍。边跨正弯矩区段,取该跨计算跨径的0.27倍。各中间支点负弯矩区段,取该支点相邻两计算跨径之和的0.07倍。

b. 相邻两梁的平均间距。

c. $b + 2b_h + 12h'_f$,此处,b 为梁腹板宽度,b_h 为承托长度,h'_f 为受压区翼缘悬出板的厚度。当 $h_h/b_h \leqslant 1/3$ 时,上式 b_h 应以 $3h_h$ 代替,h_h 为承托根部厚度。

② 外梁翼缘的有效宽度取相邻内梁翼缘有效宽度的一半,加上腹板宽度的1/2,再加上外侧悬臂板平均厚度的6倍或外侧悬臂板实际宽度两者中的较小者。

预应力混凝土梁在计算预加力引起的混凝土应力时,预加力作为轴向力产生的应力可按实际翼缘全宽计算;由预加力偏心引起的弯矩产生的应力可按翼缘有效宽度计算。

对超静定结构进行作用(或荷载)效应分析时,T形截面梁的翼缘宽度可取实际全宽。

(3)新增纵向普通钢筋拉应变 ε_{s2}

如图 7-9 所示,在受拉区采用增大截面加固的钢筋混凝土受弯构件达到受弯承载能力极限状态时,新增纵向普通钢筋的拉应变 ε_{s2} 按下列公式计算:

$$\varepsilon_{s2} = \frac{\varepsilon_{cu}(\beta h_{02} - x)}{x} - \frac{\varepsilon_{c1}(h_{02} - x_1)}{x_1} \quad (7\text{-}10)$$

$$\varepsilon_{c1} = \frac{M_{k1}}{E_{c1} I_{cr}} x_1 \quad (7\text{-}11)$$

式中:M_{k1}——第一阶段弯矩标准值;

ε_{cu}——混凝土极限压应变,当混凝土强度等级为 C50 及以下时,取 $\varepsilon_{cu}=0.0033$;

β——截面受压区矩形应力图高度与实际受压区高度的比值,当混凝土强度等级为 C50 及以下时,$\beta=0.8$;

h_{02}——受拉区新增纵向普通钢筋 A_{s2} 合力点至截面受压区边缘距离;

ε_{c1}——在 M_{k1} 作用下,原构件截面上边缘的混凝土压应变;

x_1——加固前原构件开裂截面换算截面的混凝土受压区高度;

I_{cr}——加固前原构件开裂截面换算截面的惯性矩;

E_{c1}——原构件混凝土的弹性模量。

图 7-9 中,ε_{s1} 为在 M_{k1} 作用下,原构件截面上受拉区纵向普通钢筋的拉应变。

(4)原构件开裂截面换算截面的几何特性

①矩形截面

加固前原构件开裂截面换算截面的混凝土受压区高度(图 7-10)为:

$$x_1 = \sqrt{A_1^2 + B_1} - A_1 \quad (7\text{-}12)$$

$$A_1 = \alpha_{Es}(A_{s1} + A'_{s1})/b_1 \quad (7\text{-}13)$$

$$B_1 = 2\alpha_{Es}(A_{s1} h_{01} + A'_{s1} h'_{s1})/b_1 \quad (7\text{-}14)$$

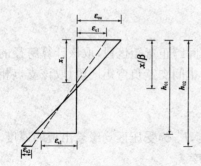

图 7-9 截面应变图

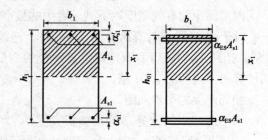

图 7-10 矩形截面换算示意图

加固前原构件开裂截面换算截面的惯性矩:

$$I_{cr} = b_1 x_1^3/3 + \alpha_{Es} A_{s1}(h_{01} - x_1)^2 + \alpha_{Es} A'_{s1}(h_{01} - a'_{s1})^2 \quad (7\text{-}15)$$

其中 $\alpha_{Es} = E_{s1}/E_{c1}$。

②T形截面

加固前原构件开裂截面换算截面的混凝土受压区高度(图7-11)为：

$$x_1 = \sqrt{A_1^2 + B_1} - A_1 \tag{7-16}$$

$$A_1 = [\alpha_{Es}A_{s1} + (b'_{f1} - b_1)h'_{f1}]/b_1 \tag{7-17}$$

$$B_1 = [2\alpha_{Es}A_{s1}h_{01} + (b'_{f1} - b_1)(h'_{f1})^2]/b_1 \tag{7-18}$$

加固前原构件开裂截面换算截面的惯性矩：

$$I_{cr} = b'_{f1}x_1^3/3 - (b'_{f1} - b_1)(x_1 - h'_{f1})^3/3 + \alpha_{Es}A_{s1}(h_{01} - x_1)^2 \tag{7-19}$$

其中 $\alpha_{Es} = E_{s1}/E_{c1}$。

3. 受压区加固受弯构件正截面承载力计算

在受压区加固受弯构件正截面的承载力计算基于下列基本假定：

①构件弯曲后，其截面仍保持为平面。

②在受弯承载能力极限状态下，截面受压区新旧混凝土应力等效为矩形应力图形，其大小为相应的混凝土轴心抗压强度设计值，截面受拉区混凝土的抗拉强度不予考虑。

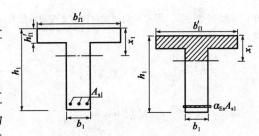

图7-11 T形截面换算示意图

③在承载力极限状态计算时，受拉区钢筋应力取其抗拉强度设计值 f_{sd}，受压区钢筋应力取其抗压强度设计值 f'_{sd}。

(1)矩形截面

在矩形截面钢筋混凝土受弯构件的受压区进行抗弯加固时，一般采用加厚桥面板对受压区补强，其正截面受弯承载力式(7-20)计算(图7-12)。

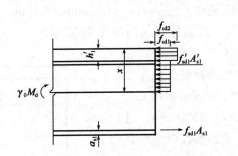
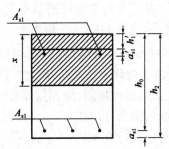

图7-12 受压区叠合后矩形截面受弯构件正截面承载力计算

由截面上对受拉钢筋合力作用点的力矩之和等于零的平衡条件，可得到：

$$\gamma_0 M_d \leqslant f_{cd1}b_2(x - h'_1)\left(h_0 - h'_1 - \frac{x - h'_1}{2}\right) + f_{cd2}b_2 h'_1\left(h_0 - \frac{h'_1}{2}\right) + f'_{sd1}A'_{s1}(h_0 - a'_{s1} - h'_1) \tag{7-20}$$

混凝土受压区高度按下式计算：

$$f_{cd1}b_2(x - h'_1) + f_{cd2}b_2 h'_1 = f_{sd1}A_{s1} - f'_{sd1}A'_{s1} \tag{7-21}$$

混凝土受压区高度应符合下列条件：

$$2(a'_{s1}+h'_1) \leqslant x \leqslant \xi_b h_0 \tag{7-22}$$

当 $x<2(a'_{s1}+h'_1)$ 时,正截面抗弯承载力按下式计算:

$$\gamma_0 M_d \leqslant f_{sd1} A_{s1}(h_0-a'_{s1}-h'_1) \tag{7-23}$$

式中:h'_1——后加混凝土层的厚度;
f_{cd1}——后加混凝土轴心抗压强度设计值;
其他符号意义同前。

(2)T 形截面

①第一类 T 形截面承载能力应以宽度为 b'_f 的矩形截面进行计算;

②第二类 T 形截面其正截面承载力按下式计算(图 7-13):

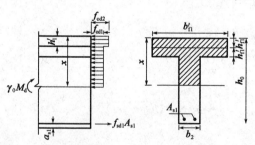

图 7-13 叠合后第二类 T 形截面受弯构件正截面承载力计算

$$\gamma_0 M_d \leqslant f_{cd1} b_2 (x-h'_1)\left(h_0-h'_1-\frac{x-h'_1}{2}\right) + f_{cd1}(b'_f-b_2)h'_{f1}\left(h_0-h'_1-\frac{h'_{f1}}{2}\right) +$$

$$f'_{cd2} b'_f h'_1\left(h_0-\frac{h'_1}{2}\right) \tag{7-24}$$

$$f_{cd2} b_2 (x-h'_1) + f_{cd1} h'_{f1}(b'_f-b_2) + f_{cd2} b'_f h'_1 = f_{sd1} A_{s1} \tag{7-25}$$

公式适用条件:

$$x \leqslant \xi_b h_0$$

式中:h'_{f1}——原翼缘板厚度;
其他符号意义同前。

4. 计算示例

【例 7-1】 某受弯构件为双筋矩形截面,截面尺寸 $b_1 \times h_1 = 200mm \times 400mm$。采用 C25 混凝土,纵向钢筋采用 HRB335 级钢筋。跨中截面配置纵向受拉钢筋为 $3\phi20+3\phi14$ ($A_{s1}=942+462=1404mm^2$),受压钢筋为 $2\phi12$ ($A'_{s1}=226mm^2$),如图 7-14 所示,由于荷载等级提高,需对构件加固补强。拟在受拉区采用增大截面进行加固,加固层厚度为 100mm,采用 C30 混凝土,配置纵向钢筋(HRB335)为 $3\phi12$ ($A_{s2}=339mm^2$)。已知,第一阶段弯矩设计值 $M_{d1}=100kN\cdot m$,第二阶段弯矩组合设计值 $M_d=125kN\cdot m$。Ⅰ类环境条件,安全等级为二级。试验算加固后梁跨中正截面抗弯承载能力。

【解】 由题意可知:$f_{cd1}=11.5MPa$, $E_{c1}=2.8\times10^4 MPa$, $f_{sd1}=f'_{sd1}=280MPa$, $E_{s1}=E_{s2}=2.0\times10^5 MPa$, $\varepsilon_{cu}=0.0033$, $\xi_b=0.56$, $\gamma_0=1.0$。

(1)原梁开裂截面换算截面几何特性计算

原梁受拉区钢筋 A_{s1} 的合理作用点至截面受拉边缘距离为:

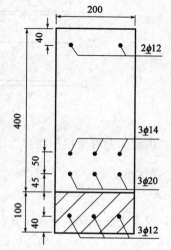

图 7-14 矩形截面(尺寸单位:mm)

$$a_{s1} = \frac{942 \times 45 + 462 \times 95}{1\,404} = 61\,\text{mm}$$

截面有效高度:
$$h_{01} = h_1 - a_{s1} = 400 - 61 = 339\,\text{mm}$$

钢筋与混凝土弹性模量之比为:
$$\alpha_{Es} = E_{s1}/E_{c1} = 2 \times 10^5 / 2.8 \times 10^4 = 7.143$$

原构件开裂截面换算截面的混凝土受压区高度为:
$$x_1 = \sqrt{A_1^2 + B_1} - A_1$$

$$A_1 = \alpha_{Es}(A_{s1} + A'_{s1})/b_1 = 7.143 \times (1\,404 + 226)/200 = 58.2\,\text{mm}$$

$$B_1 = 2\alpha_{Es}(A_{s1}h_{01} + A'_{s1}a'_{s1})/b_1$$
$$= 2 \times 7.143 \times (1\,404 \times 339 + 226 \times 40)/200 = 34\,643\,\text{mm}^2$$

于是
$$x_1 = \sqrt{58.2^2 + 34\,590} - 58.2 = 136.8\,\text{mm}$$

开裂截面惯性矩为:
$$I_{cr} = \frac{b_1 x_1^3}{3} + \alpha_{Es} A_{s1}(h_{01} - x_1)^2 + \alpha_{Es} A'_{s1}(h_{01} - a'_{s1})^2$$
$$= \frac{200 \times 136.8^3}{3} + 7.143 \times 1\,404 \times (339 - 136.8)^2 +$$
$$7.143 \times 226 \times (136.8 - 40)^2 = 595.8 \times 10^6\,\text{mm}^4$$

(2) 原构件截面受压边缘混凝土在 M_{d1} 的作用下压应变计算
$$\varepsilon_{c1} = \frac{M_{d1}}{E_{c1} I_{cr}} x_1 = \frac{100 \times 10^6}{2.8 \times 10^4 \times 595.8 \times 10^6} \times 136.8 = 8.2 \times 10^{-4}$$

(3) 加固后跨中正截面承载力计算

受拉区纵向钢筋 A_{s1} 和 A_{s2} 的合力作用点至截面受拉边缘距离为:
$$a_s = \frac{942 \times (45 + 100) + 462 \times (95 + 100) + 339 \times 40}{1\,404 + 339} = 137.8\,\text{mm}$$

截面有效高度为:
$$h_0 = h_2 - a_s = 500 - 137.8 = 362.2\,\text{mm}$$

受拉区新增纵向普通钢筋 A_{s2} 合力作用点至截面受压区边缘距离为:
$$h_{02} = h_2 - a_{s2} = 500 - 40 = 460\,\text{mm}$$

新增纵向普通钢筋的拉应变 ε_{s2} 为:
$$\varepsilon_{s2} = \frac{\varepsilon_{cu}(\beta h_{02} - x)}{x} - \frac{\varepsilon_{c1}(h_{02} - x_1)}{x_1}$$
$$= \frac{0.003\,3 \times (0.8 \times 460 - x)}{x} - \frac{8.2 \times 10^{-4} \times (460 - 136.8)}{136.8}$$
$$= \frac{1.214\,4}{x} - 0.003\,3 - 0.001\,937 = \frac{1.214\,4}{x} - 0.005\,237$$

新增纵向普通钢筋的拉应力为:
$$\sigma_{s2} = \varepsilon_{s2} E_{s2} = \left(\frac{1.214\,4}{x} - 0.005\,237\right) \times 2 \times 10^5$$

混凝土受压区高度按下式计算:
$$f_{cd1}b_2 x = f_{sd1}A_{s1} - f'_{sd1}A'_{s1} + \sigma_{s2}A_{s2}$$
代入数据得:
$$11.5 \times 200 \times x = 280 \times 1\,404 - 280 \times 226 + \left(\frac{1.214\,4}{x} - 0.005\,237\right) \times 2 \times 10^5 \times 339$$
求解 $2a'_{s1} = 2 \times 40 = 80\text{mm} < x = 183.8\text{mm} < \xi_b h_{01} = 0.56 \times 339 = 189.8\text{mm}$
跨中正截面抗弯承载力为:
$$M_u = f_{cd1}b_2 x \left(h_0 - \frac{x}{2}\right) + f'_{sd1}A'_{s1}(h_0 - a'_{s1})$$
$$= 11.5 \times 200 \times 183.8 \times \left(362.2 - \frac{183.8}{2}\right) + 280 \times 226 \times (362.2 - 40)$$
$$= 134.7 \times 10^6 \text{N} \cdot \text{mm} = 134.7 \text{kN} \cdot \text{m} > \gamma_0 M_d = 1.0 \times 125 = 125 \text{kN} \cdot \text{m}$$
加固后的正截面承载力满足要求。

【例 7-2】 某装配式钢筋混凝土简支 T 梁,采用 C25 混凝土,纵向受力钢筋采用 HRB335 级钢筋(Ⅱ级钢筋),截面尺寸如图 7-15 所示。翼板有效宽度 $b'_f = 1\,500\text{mm}$,肋板宽度 $b_2 = 180\text{mm}$,翼板高度 $h'_f = 110\text{mm}$,梁高 $h_1 = 1\,300\text{mm}$。配置纵向受拉钢筋及配筋 $8\phi32 + 2\phi20$($A_{s1} = 7\,062\text{mm}^2$),$a_{s1} = 106\text{mm}$。Ⅰ类环境条件,安全等级为二级。由于旧路改建,原桥设计荷载等级由汽车—20 级,挂车—100 提高到公路—Ⅰ级。需对构件进行加固补强。增加截面尺寸如图 7-15 所示,纵向配置 HRB335 钢筋为 $3\phi25$($A_{s2} = 1\,473\text{mm}^2$),$a_{s2} = 50\text{mm}$。已知第一阶段弯矩组合设计值 $M_{d1} = 1\,800 \text{kN} \cdot \text{m}$,第二阶段弯矩组合设计值 $M_d = 2\,800 \text{kN} \cdot \text{m}$。试验算加固后构件正截面抗弯承载能力。

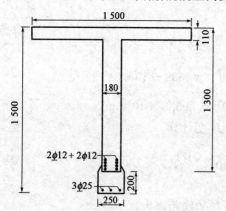

图 7-15 截面尺寸(尺寸单位:mm)

【解】 由题意可知:$f_{cd} = 11.5\text{MPa}$,$E_{c1} = 2.8 \times 10^4 \text{MPa}$,$f_{sd1} = f_{sd2} = 280\text{MPa}$,$E_{s1} = E_{s2} = 2.0 \times 10^5 \text{MPa}$,$\varepsilon_{cu} = 0.003\,3$,$\xi_b = 0.56$,$\gamma_0 = 1.0$。

(1)原梁开裂截面换算截面几何特性计算

截面有效高度为:
$$h_{01} = h_1 - a_{s1} = 1\,300 - 106 = 1\,194\text{mm}$$
钢筋与混凝土弹性模量之比为:
$$\alpha_{Es} = E_{s1}/E_{c1} = 2 \times 10^5 / 2.8 \times 10^4 = 7.143$$
原构件开裂截面换算截面的混凝土受压区高度为:
$$x_1 = \sqrt{A_1^2 + B_1} - A_1$$
$$A_1 = [\alpha_{Es}A_{s1} + (b'_{f1} - b_1)h'_{f1}]/b_1$$
$$= [7.143 \times 7\,062 + (1\,500 - 180) \times 110]/180$$
$$= 1\,087\text{mm}$$

$$B_1 = [2\alpha_{Es}A_{s1}h_{01} + (b'_{f1} - b_1)(h'_{f1})^2]/b_1$$
$$= [2 \times 7.143 \times 7\,062 \times 1\,194 + (1\,500 - 180) \times 110^2]/180$$
$$= 757\,955\,\text{mm}^2$$

则有：
$$x_1 = \sqrt{1\,087^2 + 757\,955} - 1\,087 = 305.7\,\text{mm} > h'_f = 110\,\text{mm}$$

开裂截面惯性矩为：
$$I_{cr} = b'_{f1}x_1^3/3 - (b'_{f1} - b_1)(x_1 - h'_{f1})^3/3 + \alpha_{Es}A_{s1}(h_{01} - x_1)^2$$
$$= 1\,500 \times 305.7^3/3 - (1\,500 - 180) \times (305.7 - 110)^3/3 +$$
$$7.143 \times 7\,062 \times (1\,194 - 305.7)^2$$
$$= 50\,790 \times 10^6\,\text{mm}^4$$

(2)原构件截面受压边缘混凝土在 M_{d1} 的作用下压应变为：
$$\varepsilon_{c1} = \frac{M_{d1}}{E_{c1}I_{cr}}x_1 = \frac{1\,800 \times 10^6}{2.8 \times 10^4 \times 50\,790 \times 10^6} \times 305.7 = 3.9 \times 10^{-4}$$

(3)加固后跨中正截面承载力计算

受拉区纵向钢筋 A_{s1} 和 A_{s2} 的合力作用点至截面受拉边缘距离为：
$$a_s = \frac{7\,062 \times (106 + 200) + 1\,473 \times 50}{7\,062 + 1\,473} = 261.8\,\text{mm}$$

截面有效高度为：
$$h_0 = h_2 - a_s = 1\,500 - 261.8 = 1\,238.2\,\text{mm}$$

受拉区新增纵向普通钢筋 A_{s2} 合力作用点至截面受压区边缘距离为：
$$h_{02} = h_2 - a_{s2} = 1\,500 - 50 = 1\,450\,\text{mm}$$

新增纵向普通钢筋的拉应变 ε_{s2} 为：
$$\varepsilon_{s2} = \frac{\varepsilon_{cu}(\beta h_{02} - x)}{x} - \frac{\varepsilon_{c1}(h_{02} - x_1)}{x_1}$$
$$= \frac{0.003\,3 \times (0.8 \times 1\,450 - x)}{x} - \frac{3.9 \times 10^{-4} \times (1\,450 - 305.7)}{305.7}$$
$$= \frac{3.828}{x} - 0.004\,76$$

新增纵向普通钢筋的拉应力为：
$$\sigma_{s2} = \varepsilon_{s2}E_{s2} = \left(\frac{3.828}{x} - 0.004\,76\right) \times 2 \times 10^5$$

混凝土受压区高度按下式计算：
$$f_{cd1}b_2x + f_{cd1}(b'_f - b_2)h'_f = f_{sd1}A_{s1} + \sigma_{s2}A_{s2}$$

代入数据得：
$$11.5 \times 180x + 11.5 \times (1\,500 - 180) \times 110$$
$$= 280 \times 7\,062 + \left(\frac{3.828}{x} - 0.004\,76\right) \times 2 \times 10^5 \times 1\,473$$

求解 $h'_f = 110\,\text{mm} < x = 519.6\,\text{mm} < \xi_b h_{01} = 0.56 \times 1\,194 = 668.6\,\text{mm}$

跨中正截面抗弯承载力为：

$$M_u = f_{cd}\left[b_2 x\left(h_0 - \frac{x}{2}\right) + (b'_f - b_2)h'_f\left(h_0 - \frac{h'_f}{2}\right)\right]$$

$$= 11.5 \times \left[180 \times 519.6 \times \left(1\,238.2 - \frac{519.6}{2}\right) + (1\,500 - 180) \times 110 \times \left(1\,238.2 - \frac{110}{2}\right)\right]$$

$$= 3\,028 \times 10^6 \text{N} \cdot \text{mm} = 3\,028 \text{kN} \cdot \text{m} > \gamma_0 M_d = 1.0 \times 2\,800 = 2\,800 \text{kN} \cdot \text{m}$$

【例 7-3】 某装配式钢筋混凝土空心板桥,计算跨径 9.6m,设计荷载为汽车—20 级,挂车—100。原结构采用 C25 混凝土,纵向钢筋采用 HRB335 级钢筋,受拉区配置钢筋为 14φ22 ($A_{s1}=5\,321.4\text{mm}^2$),$a_{s1}=42.5\text{mm}$,截面尺寸如图 7-16 所示。由于道路改扩建,桥梁设计荷载等级提高到公路—Ⅰ级。跨中截面弯矩组合设计值 $M_d=550\text{kN} \cdot \text{m}$,Ⅰ类环境条件,安全等级为二级。试验算原结构跨中截面抗弯承载能力。如不满足要求,拟将原桥已破损的桥面铺装全部拆除,在空心板顶面加铺一层厚度为 100mm 的 C30 混凝土,使其与原空心板形成整体。试验算桥面补强后正截面承载能力。

【解】 由题意可知:$f_{cd1}=11.5\text{MPa}$,$f_{cd2}=13.8\text{MPa}$,$f_{sd1}=280\text{MPa}$,$\xi_b=0.56$,$\gamma_0=1.0$,$y_1=y_2=\frac{1}{2}\times 450=225\text{mm}$,$D=300\text{mm}$,$b_{f1}=1\,000\text{mm}$。

(1)原截面等效计算

将空心板截面换算为抗弯等效的Ⅰ形截面(图 7-17),上翼缘板宽度为 $b'_{f1}=1\,000\text{mm}$,孔洞面积形心轴距板截面上下边缘距离 $y_1=y_2=450/2=225\text{mm}$。

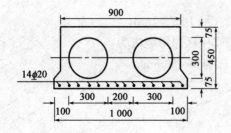

图 7-16 空心板截面构造及尺寸(尺寸单位:mm)

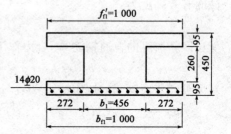

图 7-17 空心板截面工字形截面尺寸(尺寸单位:mm)

上翼缘板厚度为:

$$h'_{f1} = y_1 - \frac{\sqrt{3}}{4}D = 225 - \frac{\sqrt{3}}{4}\times 300 \approx 95\text{mm}$$

下翼缘板厚度为:

$$h_{f1} = y_2 - \frac{\sqrt{3}}{4}D = 225 - \frac{\sqrt{3}}{4}\times 300 \approx 95\text{mm}$$

腹板宽度为:

$$b_1 = b_{f1} - \frac{\sqrt{3}}{3}\pi D = 1\,000 - \frac{\sqrt{3}}{3}\times 3.14 \times 300 \approx 456\text{mm}$$

(2)原构件正截面抗弯承载力计算

截面有效高度为:

$$h_{01} = h_1 - a_{s1} = 450 - 42.5 = 407.5\text{mm}$$

判断T形截面类型：

$$f_{cd1}b'_{f1}h'_{f1} = 11.5 \times 1\,000 \times 95 = 1.093 \times 10^6 \text{N}$$

$$f_{sd1}A_{s1} = 280 \times 5\,321.4 = 1.49 \times 10^6 \text{N}$$

由于 $f_{cd1}b'_{f1}h'_{f1} < f_{sd1}A_{s1}$，故为第二类T形截面。

受压区高度为：

$$x = \frac{f_{sd1}A_{s1} - f_{cd1}h'_{f1}(b'_{f1} - b_1)}{f_{cd1}b_1}$$

$$= \frac{280 \times 5\,321.4 - 11.5 \times 95 \times (1\,000 - 456)}{11.5 \times 456}$$

$$= 170.8\text{mm} < \xi_b h_{01} = 0.56 \times 407.5 = 228.2\text{mm}$$

原截面抗弯承载力为：

$$M_{u1} = f_{cd1}b_1 x \left(h_{01} - \frac{x}{2}\right) + f_{cd1}(b'_{f1} - b_1)h'_{f1}\left(h_{01} - \frac{h'_{f1}}{2}\right)$$

$$= 11.5 \times 456 \times 170.8 \times \left(407.5 - \frac{170.8}{2}\right) + 11.5 \times (1\,000 - 456) \times 95 \times \left(407.5 - \frac{95}{2}\right)$$

$$= 502.5 \times 10^6 \text{N} \cdot \text{mm} = 502.5 \text{kN} \cdot \text{m} < \gamma_0 M_d = 1.0 \times 550 = 550 \text{kN} \cdot \text{m}$$

原结构跨中正截面承载力不满足要求，需进行加固补强。

(3)加固后正截面承载力验算

截面有效高度为：

$$h_0 = h_{01} + h'_1 = 407.5 + 100 = 507.5\text{mm}$$

桥面补强后上翼缘板厚度为：

$$h'_{f2} = 95 + 100 = 195\text{mm}$$

判断T形截面类型：

$$f_{cd1}b'_{f1}h'_{f1} + f_{cd2}b'_{f1}h'_1 = 11.5 \times 1\,000 \times 95 + 13.8 \times 1\,000 \times 100 = 2.473 \times 10^6 \text{N}$$

由于 $f_{cd1}b'_{f1}h'_{f1} + f_{cd2}b'_{f1}h'_1 > f_{sd1}A_{s1}$，故为第一类T形截面。

桥面补强后(图7-18)受压区高度按下式计算：

$$f_{cd1}b'_f(x - h'_1) + f_{cd2}b'_f h'_1 = f_{sd1}A_{s1}$$

代入数据得：

$11.5 \times 1\,000 \times (x - 100) + 13.8 \times 1\,000 \times 100$
$= 280 \times 5\,321.4$

求解 $x = 109.6\text{mm} < \xi_b h_{01} = 0.56 \times 407.5 = 228.2\text{mm}$

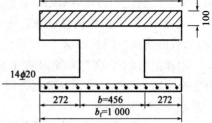

图7-18 路面补强计算示意图(尺寸单位：mm)

桥面补强后抗弯承载力为：

$$M_u = f_{cd1}b'_f(x - h'_1)\left(h_0 - h'_1 - \frac{x - h'_1}{2}\right) + f_{cd2}b'_f h'_1\left(h_0 - \frac{h'_1}{2}\right)$$

$$= 11.5 \times 1\,000 \times (109.6 - 100) \times \left(507.5 - 100 - \frac{109.6 - 100}{2}\right) +$$

$$13.8 \times 1\,000 \times 100 \times \left(507.5 - \frac{100}{2}\right)$$
$$= 675.8 \text{kN} \cdot \text{m} > \gamma_0 M_d = 1.0 \times 550 = 550 \text{kN} \cdot \text{m}$$

计算结果表明,桥面补强后跨中正截面抗弯承载力符合要求。

五、加固实例

(1)江苏省某桥,为单孔 10m 钢筋混凝土空心板梁桥,桥面净宽 5.35m,设计载荷为汽—13、拖—60,1970 年建成。

1981 年检查发现,在板梁下缘,从跨中至两侧 1/4 跨径之间,有少许裂缝(缝宽 0.1~0.2mm)。按汽—20、挂—100 载重标准加固。加固方法是在梁板底主筋之下,加焊了钢筋,并分段浇筑 4cm 厚的封底早强混凝土,如图 7-19a)、b)所示。

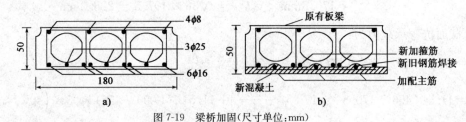

图 7-19　梁桥加固(尺寸单位:mm)

本桥加固前后,均作了荷载试验。加固后,在汽—20 作用下,跨中挠度为(1.952×10^{-6}mm),桥台垂直位移 0.14mm,无水平位移,全部加固费用约 9500 元。

(2)江苏苏州地区,某桥为单孔—13.5m,钢筋混凝土 T 梁桥,桥面净宽 6.5m,设计载荷汽—13、拖—60,1959 年建成。因碍航,1980 年拆建。江苏省交通科研所等单位,选择拆下的两片 T 梁作加固试验。两片梁在受拉区均有裂缝,除个别外,缝宽均小于 0.20mm。

取一片 T 梁进行加固,其方法是在 T 梁梁肋下新浇一马蹄形断面,马蹄形两侧比梁肋宽 5cm,其上口高于肋底。马蹄形断面内新加的 4 根主筋预先按设计图弯成元宝形,先把上下两层钢筋与用 5mm 钢筋板弯成的箍筋焊成骨架,并在老梁梁肋下端每隔 70cm 左右凿去保护层,然后把新加上的主筋连同钢板箍筋电焊在老梁主板上。新浇的梁肋在梁端往跨中处开始向梁端支点前作一斜面,以便桥孔上、下梁不起吊也可加固。

经验算,原 T 梁翼板可以通过汽—20 荷载,加固设计的计算按全部恒载均由原梁断面承受,活载由补强后的断面承受,用应力组合的方法计算钢筋与混凝土应力。

对加固后的 T 梁与未加固的 T 梁均进行了荷载试验。两者比较,在汽—20 作用下,前者跨中挠度减小 57%,最下一排钢筋应变,跨中减小 46%,1/4 跨减小 40%;顶面混凝土应变,跨中减小 47%,1/4 跨减小 64%。

与另做新梁比较,加固 T 梁节省混凝土 63%,钢筋 50%,是制造新梁工作量的 75%。

(3)江西省某桥,为 3 孔 6.24m 的钢筋混凝土梁桥,设计荷载:汽—13、拖—60。在(南)昌—赣(州)公路改建中,采取加厚桥面板的方法进行加固,使桥梁的荷载等级提高到汽—20、挂—100。Ⅱ形板上加铺 8cm 厚的 C25 混凝土补强层,内设钢筋:纵向为 ϕ12mm 钢筋,间距 12cm;横向为 ϕ16mm 钢筋,间距 15cm。

(4)江苏省某桥为单孔 8.8m 装配式空心板梁桥,原桥荷载标准为汽—13、拖—60。采用加高空心板的方法进行加固,同时将车道宽度由 6.8m 加宽到 9m,使荷载等级提高到汽—20、挂—100。

加固时,先加宽桥台,然后在桥的两侧各增加一根边梁,加宽桥面,最后才在原有桥面板上浇筑空心混凝土板加固补强。

第三节　粘贴钢板加固方法

一、粘贴钢板加固法概述

钢板粘贴补强法采用环氧树脂系列黏结剂,将钢板直接粘贴在被加固的钢筋混凝土结构物的受拉区或抗剪薄弱部位,使之与结构物形成整体,用以代替需增设的补强钢筋,通过钢板与补强结构的共同作用,提高其刚度,限制裂缝开展,改善钢筋及混凝土的应力状态,提高梁的承载能力,以达到补强效果。如图 7-20、图 7-21 所示。

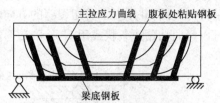

图 7-20　T 梁粘贴钢板加固示意图

1. 特点

用粘贴钢板来加固桥梁,在国外已得到广泛的应用,国内也有不少实例。这是因为这种加固法具有以下特点:

(1)不损伤原有结构物。

(2)施工工艺简单,施工质量易于控制。

(3)施工工期短,经济型较好。

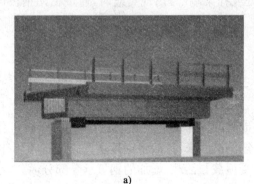

a)　　　　　　　　　　　　　　b)

图 7-21　桥梁采用粘贴钢筋法加固

(4)钢板所占空间小,加固工程几乎不增大原结构物的尺寸,不影响桥下净空。桥梁自重增加很小。

(5)可在不影响或少影响交通的情况下施工。尽管工程质量要求很高,但施工时并不要求高级的专门技术人员操作。

(6)几乎可以不改变具有历史价值建筑的原有艺术特点。

(7)黏结剂的质量及耐久性是影响加固效果的主要因素。

(8)加固钢板容易锈蚀,必须进行严格的防锈处理。

2. 适用范围

本方法适用于对钢筋混凝土受弯、大偏心受压和受拉构件的加固。加固时,一般将钢板粘贴在被加固结构受力部位的表面,既能充分发挥粘贴钢板的作用,又能封闭粘贴部位的裂缝和缺陷,从而有效提高构件的强度、刚度和抗裂性。设计时,可根据需要,在不同的部位粘贴钢板,有效地发挥钢板的抗弯、抗剪、抗压性能。

(1)为了提高桥梁结构的抗弯能力,在构件的受拉边缘表面粘贴钢板,使其与结构形成整体受力。设计钢板长度时,应将钢板的梁端延伸到低应力区,以减少钢板锚固端的黏结集中应力,防止黏结部位构件出现裂缝或粘贴钢板被拉脱的现象发生。

(2)如果桥梁结构的主拉应力区斜筋不足,为了增加结构的抗剪切强度,可将钢板粘贴在结构的侧面,并垂直于剪切裂缝的方向斜向粘贴(斜度一般为 45°~60°),以承受主拉应力。也可以竖向粘贴成条状或用 U 形和 L 形箍板,两种形式都需要钢板压条,如图 7-22 所示。

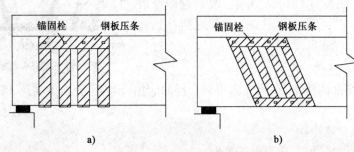

图 7-22 T 梁抗剪加固示意图

当局部受力比较集中部位(悬臂梁牛腿处或挂梁端部)出现裂缝时,通过粘贴钢板可增强构件抗剪强度,如图 7-23 所示。

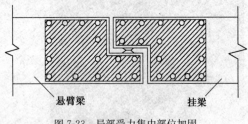

图 7-23 局部受力集中部位加固

(3)粘贴钢板法也可提高桥梁刚度。

二、粘贴钢板加固法的设计

许多试验结果表明,粘贴后钢板与原有结构能够共同作用。因此,加固设计时钢板可作为钢筋的断面来考虑,将钢板换算成钢筋,原有构件承受恒载与活载,增加的钢板承受部分活载,钢板仅承受轴向应力作用。

粘贴钢板外表面,应进行防护处理,表面防护材料对钢板及胶黏剂应无害。如果原结构混凝土强度过低,它与钢板的黏结强度也必然很低,极易发生呈脆性的剥离破坏。因此,本方法不适用于素混凝土构件的加固,被加固混凝土受弯构件混凝土强度等级不应低于 C20,受压构件不应低于 C15,预应力混凝土构件不应低于 C30。

1. 抗弯加固

国内、外的试验研究表明,在受弯构件的受拉面和受压面粘贴钢板进行受弯加固时,其截面应变分布仍可采用平截面假定。

当用来提高构件的抗弯能力时，应把钢板粘贴在梁（板）受拉翼缘的表面上，使钢板与混凝土作为整体受力，以钢板与混凝土接缝处混凝土局部剪切强度控制设计。用于粘贴的钢板尺寸应尽可能薄而宽。薄钢板由于具有较好的柔性和弹性而易于与混凝土构件表面结合较为紧密。允许使用较厚的钢板，但为了防止钢板与混凝土粘接的劈裂破坏，要求其端部与梁柱节点的连接构造符合外粘型钢焊接及注胶方法的规定。合理的设计应控制在钢板发生屈服变形前，混凝土不出现剪切破坏。为避免钢板在自由端脱落，端部可用夹紧螺栓固定，或在钢板上按一定的距离用螺栓固定，效果更有保证。如图 7-24 所示。

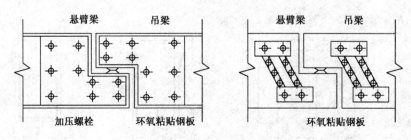

图 7-24 不同方式粘贴钢板加固示意图

钢筋混凝土结构构件加固后，其正截面受弯承载力的提高幅度，不超过 40%，其目的是为了控制加固后构件的裂缝宽度和变形，并且验算其受剪承载力，避免受弯承载力提高后而导致构件受剪破坏先于受弯破坏（强剪弱弯）。构造要求如下：

(1) 采用直接涂胶粘贴的钢板厚度不应大于 5mm。钢板厚度大于 5mm 时，应采用压力注胶粘贴。对钢筋混凝土受弯构件进行正截面加固时，钢板宜采用条带粘贴，钢板的宽厚比不应大于 50。

(2) 为了避免因加固量过大而导致超筋性质的脆性破坏，对于重要构件的相对界限受压区高度 ξ_b，采用构件加固前控制值的 0.9 倍。若按 HRB335 级钢筋计算，达到界限时相应的钢筋应变约为 1.35 倍屈服应变，对于一般构件，采用构件加固前控制值的 1.0 倍。若按 HRB335 级钢筋计算，达到界限时相应的钢筋应变约为 1.0 倍屈服应变。满足此条要求，实际上已经确定了粘钢的"最大加固量"。粘贴板板的加固量，当采用厚度小于 5mm 的钢板时，对受拉区不超过 3 层，对受压区不超过 2 层。当钢板厚度为 10mm 时，仅允许粘贴 1 层。当加固的受弯构件需粘贴一层以上钢板时，相邻两层的截断位置应错开一定距离，错开的距离不应小于 300mm，并应在截断处加设 U 形箍（对梁）或横向压条（对板）进行锚固。

在受弯构件受拉区粘贴钢板，其板端一段由于边缘效应，往往会在胶层与混凝土黏合面之间产生较大的剪应力峰值和法向正应力的集中，成为粘钢的最薄弱部位。若锚固不当或粘贴不规范，均易导致脆性剥离或过早剪坏，为此有必要采取加强锚固措施。

2. 抗剪加固

当粘贴钢板用以加固和增加梁的剪切强度时，钢板应粘贴在梁的侧面，跨缝粘贴。用于粘贴的钢板可以是块状的，也可以是带状的，长度方向与主拉应力方向一致，垂直于裂缝，端部进行锚固如图 7-25 所示。带状钢板沿垂直于裂缝的方向粘贴，斜度一般为 45°～60°。梁的上下端应设水平锚固板，以提高端部的锚固强度，钢板厚度依设计而定。当采用钢板对受弯构件的斜截面承载力进行加固时，应粘贴成斜向钢板、U 形箍或 L 形箍（图 7-26）。斜向钢板和 U 形箍、

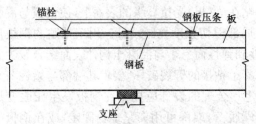

图 7-25 负弯矩区粘贴钢板端部锚固措施

L形箍的上端应粘贴成纵向钢压条予以锚固。

根据实际经验,对受弯构件斜截面加固的钢箍板粘贴方式作统一的规定,并且在构造上,只允许采用垂直于构件轴线方向的加锚封闭箍和其他三种有效的U形箍,不允许仅在侧面粘贴钢条受剪,因为试验表明,这种粘贴方式受力不可靠。

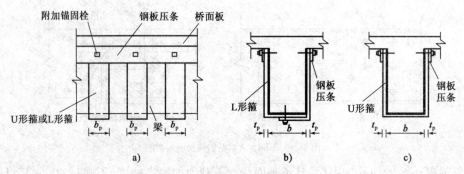

图 7-26 钢板抗剪箍及其粘贴方式示意图

3. 锚固措施

(1)对受弯构件正弯矩区的正截面加固时,当粘贴的钢板延伸至支座边缘仍不满足延伸长度的要求时,采取下列锚固措施:

①梁应在延伸长度范围内均匀设置U形箍(图7-27),且应在延伸长度的端部设置一道加强箍,U形箍应伸至梁翼缘板底面。U形箍的宽度,对端箍不应小于200mm,对中间箍不应小于受弯加固钢板宽度的1/2,且不应小于100mm。U形箍的厚度不应小于受弯加固钢板厚度的1/2。U形箍的上端应设置纵向钢压条,压条下面的空隙应加胶粘钢垫块填平。

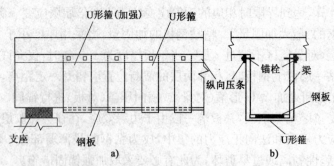

图 7-27 梁粘贴钢板端部锚固措施

②板应在延伸长度范围内通常设置垂直于受力钢板方向的压条。压条应在延伸长度范围内均匀布置,且应在延伸长度的端部设置一道。钢压条的宽度不应小于受弯加固钢板宽度的3/5,钢压条的厚度不应小于受弯加固钢板厚度的1/2。

(2)直接涂胶粘贴钢板时也应使用锚固螺栓,锚固深度不应小于6.5倍螺栓直径。螺栓布置的间距应满足下列要求:

①螺栓中心最大间距为24倍钢板厚度;最小间距为3倍螺栓孔径。
②螺栓中心距钢板边缘最大距离为8倍钢板厚度或120mm中的较小者,最小距离为2倍螺栓孔径。

如果螺栓只用于钢板定位或粘贴加压时,则不受上述限制。

三、粘贴钢板加固法的施工工艺

钢板粘贴依据采用黏结剂的不同,其施工工艺也有所不同。若黏结剂为液状时,用灌注法;若黏结剂为胶状时,用涂抹法。前者在钢板安装后用注入法加入,后者是在钢板粘贴前用涂刷法事先涂好。当钢板厚度小于或等于5mm或宽度小于或等于300mm时,采用涂抹法粘贴钢板;当钢板厚度大于5mm或宽度大于300mm时,采用灌注法粘贴钢板。

1. 灌注法

先将加固钢板固定在混凝土上,将钢板与混凝土边缘密封后再向钢板与混凝土的间隙中压注流体状结构胶。施工略复杂,但加固钢板厚度可较大(可超过5mm,允许达到10mm,但应采取类似外粘型钢节点的加强锚固措施),且单块加固钢板面积可较大,施工基本不受胶液可操作时间限制。

2. 涂抹法

在加固钢板及混凝土表面涂刮膏状建筑结构胶,在结构胶凝胶硬化前将钢板和混凝土黏合固定。施工较简单,但粘贴钢板厚度不能太厚(不超过5mm,最好2~3mm),且单块钢板面积较小,配胶、涂胶、固定等施工操作要求在胶的可操作时间(约为40min)内全部完成。

3. 粘贴钢板法施工步骤

(1)混凝土表面处理

混凝土面应凿除粉饰层、油垢、污物,然后用角磨机打磨除去1~2mm厚表层,较大凹陷处用找平胶修补平整,打磨完毕用压缩空气吹净浮尘,最后用棉布蘸丙酮拭净表面,待粘贴面完全干燥后备用。如图7-28所示。

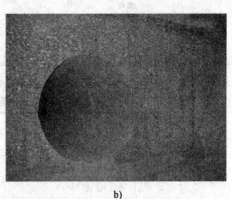

图7-28 混凝土表面处理

(2)钢板表面处理

钢板粘贴面应用角磨机进行粗糙、除锈处理,直至打磨出现光泽,使用前若洁净仅用干布擦拭即可,否则可用棉布蘸丙酮拭净表面,待完全干燥后备用。如图 7-29 所示。

该工序所用主要设备与材料:护目镜、防尘口罩、冲击电锤及扁铲、手锤、角磨机、金刚石磨片、砂轮片、空压机、棉布、丙酮。

图 7-29 钢板表面处理

(3)加压固定及卸荷系统准备

加压固定宜采用千斤顶、垫板、顶杆所组成的系统,该系统不仅能产生较大压力,而且加压固定的同时卸去了部分加固构件承担的荷载,能更好地使后粘钢板与原构件协同受力,加固效果最好,施工效率较高。

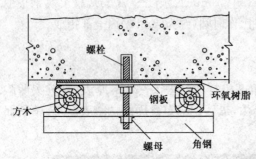

图 7-30 加压固定及卸荷系统

加压固定也可采用膨胀螺栓、角钢、垫板所组成的系统,该系统需要在加固构件上合适位置钻孔固定膨胀螺栓,仅能产生较小压力,不能产生卸荷效果,适合侧面钢板的粘贴。如图 7-30所示。

(4)胶黏剂配制

建筑结构胶常为多组分,取洁净容器(塑料或金属盆,不得有油污、水和杂质)和称重衡器,按说明书配合比混合,并用搅拌器搅拌至色泽均匀为止。搅拌时最好沿同一方向搅拌,尽量避免混入空气形成气泡,配置场所宜通风良好。黏剂性能要求见表 7-6。

该工序所用主要物资:搅拌器、容器、衡器、腻刀、手套。

黏剂的各项性能指标和耐久性要求　　　　　　　　表 7-6

		性 能 要 求	
性 能 项 目		A 级胶	B 级胶
胶体性能	抗拉强度(MPa)	≥30	≥25
	抗拉弹性模量(MPa)	≥3 500(≥3 000)	
	抗弯强度(MPa)	≥45	≥35
		且不得呈脆性破坏	
	抗压强度(MPa)	≥65	
	伸长率(%)	≥1.3	≥1.0

续上表

性能项目		性能要求	
		A 级胶	B 级胶
黏结能力	钢—钢拉伸抗剪强度标准值(MPa)	≥15	≥22
	钢—钢不均匀扯离强度(kN/m)	≥16	≥12
	钢—钢黏结抗拉强度(MPa)	≥33	≥25
	与混凝土的正拉黏结强度(MPa)	≥2.5,且为混凝土内聚破坏	
不挥发物含量(固体含量)(%)		≥99	

(5)涂胶和粘贴

胶黏剂配制完成后,用腻刀涂抹在已处理好的钢板面上(或混凝土表面),胶断面宜成三角形,中间厚 3mm 左右,边缘厚 1mm 左右,然后将钢板粘贴在混凝土表面,用准备好的固定加压系统固定,适当加压,以胶液刚从钢板边缝挤出为度。

钢板粘贴应选择干燥环境下进行。将配好的胶黏剂均匀地涂抹在清洁的混凝土和钢板条黏结面上。立面涂胶应自上而下地进行。钢板条黏结面上的抹胶可中间厚两边薄,板的中央涂抹胶的厚度为 3~5mm。将钢板平稳对准螺栓孔并迅速拧紧螺帽,使钢板与混凝土紧密黏合,清除挤出的多余胶黏剂。钢板加压的顺序应由中间向两边对称进行。钢板厚度大于 5mm 时,采用压力注胶黏结,先用封边胶将钢板周围封闭,留出排气孔,在钢板低端粘贴注浆嘴并通气试漏后,以不小于 0.1MPa 的压力压入胶黏剂,当排气孔出现浆液后停止加压,并用封边胶封堵,再以较低压力维持 10min 以上。如图 7-31 所示。

该工序所用主要物资:加压固定及卸荷系统,腻刀、手套。

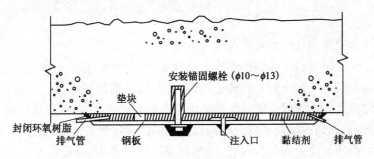

图 7-31 涂胶和粘贴

(6)检验

检验时可用小锤轻击粘贴钢板,从音响判断粘贴效果,也可采用超声仪检测。若锚固区有效黏结面积少于 90%,非锚固区有效黏结面积少于 70%,应剥离钢板,重新粘贴。锚栓的植入深度应符合设计要求,钻孔深度偏差不应大于 5mm。目测钢板边缘的溢胶色泽应均匀,胶体应固化。钢板的有效黏结面积应不小于 95%,可采用以下三种方法检查:敲击检测法、超声波检测法和红外线检测法。

(7)维护

加固后钢板宜采用 20mm 厚的 M15 水泥砂浆抹面保护,也可采用涂防锈漆保护,以避免钢材的腐蚀。

四、加固计算

1. 受力特点

将钢板或钢筋粘贴于构件受拉部位或者薄弱部位的面层，使其与结构形成整体，共同承受荷载。原结构的恒载内力由原构件承担，新增钢板或钢筋只承受粘贴加固后的荷载产生的应力。一般情况下，由于加固前一期恒载等作用，原构件混凝土及钢筋的应力、应变已经有了相当的储备，在加固后的二期恒载及活载作用下，原构件混凝土及钢筋的应力、应变积累值往往大于在新增混凝土及钢板或钢筋内产生的相应值，使得原构件的钢筋达到破坏时，新增钢板或钢筋的强度还达不到充分发挥。只有当原受拉钢筋屈服后，新增钢板或钢筋的应变、应力才迅速增加。除此之外，受压区混凝土的压应力也是主要的控制因素。设计时应考虑这种分阶段受力的特点。图 7-32 所示为加固前后受拉钢材及受压混凝土应变的变化图。

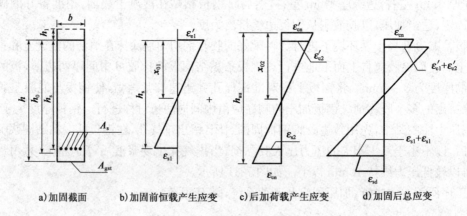

a) 加固截面　　b) 加固前恒载产生应变　　c) 后加荷载产生应变　　d) 加固后总应变

图 7-32　加固前后的应变变化图

2. 钢筋混凝土受弯构件加固计算原理及方法

对于使用多年又出现裂缝的钢筋混凝土构件来说，经常有混凝土碳化、钢筋锈蚀现象，再加上新增钢板或钢筋由于黏结材料和施工原因，与原构件混凝土的黏结强度比不上原钢筋与原混凝土的黏结强度。这些因素要反映到极限状态的计算中来，因此不能按新材料、新结构的计算方法来计算，也就是不仅要考虑新增钢板或钢筋的实际受力情况，而且要考虑对构件的承载能力有一定的折减。前者表现为对新、旧钢筋或钢板的应力，应根据分阶段受力特点，依据换算截面分阶段验算，在采用钢与混凝土弹性模量比值时考虑了混凝土弹性模量的降低。后者表现为考虑钢筋锈蚀的影响，对钢筋的屈服强度进行折减。采用上述方法来计算加固构件的抗弯承载力，固然要比新材料、新结构的计算工作量大一些，但却更能反映加固构件的实际受力状况。

对于钢筋混凝土受弯构件的粘钢加固计算，前提是截面应变分布仍符合平截面假定，应保证所粘贴钢板或钢筋与原构件保持变形协调，即保证粘贴可靠，不发生因粘贴面过早剥离而导致破坏。

粘钢加固的正截面配筋设计方法的基本原则是：如果完全按承载能力极限状态法来设计计算，不能反映加固构件分阶段受力的特点，只能反映构件最终状况的承载力。因此，先按弹性理论的计算方法计算各阶段材料的最大应力,并按容许应力法验算强度。这样,可同时适用I形截面梁和矩形截面梁的计算。在第二阶段,即加固后的截面应力计算中,设计人员根据工程经验、构件的受力情况、病害情况和尺寸及配筋等,初步确定新增钢板或钢筋截面积 A_s。经试算所选择粘钢面积满足材料强度要求后,利用最终得到的新增钢板或钢筋截面积进行持久状况承载能力极限状态正截面抗弯承载力计算,符合要求后全部设计计算完成。

(1)基本假定

①构件弯曲后,截面仍保持为平面。

②截面受压混凝土的应力图形简化为矩形,强度取为抗压强度设计值 f_{cd},截面受拉混凝土的抗拉强度不予考虑。

③极限状态计算式,受拉区钢筋应力取其抗拉强度设计值 f_{sd};受压区钢筋应力取其抗压强度设计值 f'_{sd}。

④新增钢板应力等于钢筋应变与其弹性模量的乘积,但不大于其强度设计值。

⑤构件达到受弯承载能力极限状态时,必须采取可靠的锚固措施,避免发生钢板与混凝土之间的黏结剥离破坏。

(2)基本公式

粘贴钢板加固桥梁构件的作用效应宜分别按下列两个阶段进行计算:

第一阶段:粘贴钢板加固施工前,作用(或荷载)应考虑加固时包括原构件自重在内的实际恒载及施工时的其他荷载。

第二阶段:粘贴钢板加固后,作用(或荷载)应考虑包括构件自重在内的恒载,二期恒载作用及使用阶段的可变作用,作用效应组合系数按现行《公路桥涵设计通用规范》(JTG D60—2015)取用。

①矩形截面

在正截面承载能力极限状态,构件加固后截面受压边缘混凝土的压应变达到极限压应变 $\varepsilon_{cu}=0.0033$,原构件截面纵向受拉钢筋已屈服,取抗拉强度设计值 f_{sd},而钢板的应力由其应变确定,取 $\sigma_{sp}=E_{sp}\varepsilon_{sp}$,但应小于其抗拉强度设计值 f_{sd}。如图7-33所示。

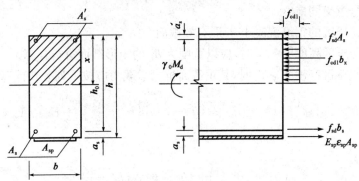

图7-33 矩形截面正截面受弯承载力计算

加固后的正截面承载力按下式计算:

$$\gamma_0 M_d \leqslant f_{cd1}bx\left(h_0-\frac{x}{2}\right)+f'_{sd}A'_s(h_0-a'_s)+E_{sp}\varepsilon_{sp}A_{sp}a_s \tag{7-26}$$

或

$$\gamma_0 M_d \leqslant f_{cd1} bx \left(h - \frac{x}{2}\right) + f'_{sd} A'_s (h_0 - a'_s) - f_{sd} A_s a_s \quad (7-27)$$

混凝土受压区高度按下式确定：

$$f_{cd1} bx = f_{sd} A_s + E_{sp} \varepsilon_{sp} A_{sp} - f'_{sd} A'_s \quad (7-28)$$

混凝土受压区高度尚应符合下列条件：

$$2a'_s \leqslant x \leqslant \xi_b h_0 \quad (7-29)$$

式中：γ_0——桥梁结构的重要性系数，按公路桥涵的设计安全等级，一级、二级、三级分别取用 1.1、1.0、0.9；桥梁抗震设计时不考虑结构重要性系数；

M_d——第二阶段弯矩组合设计值；

f_{cd1}——原构件混凝土抗压强度设计值，按表 7-2 确定；

x——等效矩形应力图形的混凝土受压区高度，简称混凝土受压区高度；

h_0——原构件截面有效高度，$h_0 = h - a_s$；

b、h——原构件截面宽度和高度；

f_{sd}、f'_{sd}——原构件钢筋的抗拉、抗压强度设计值；

E_{sp}——加固钢板的弹性模量；

ε_{sp}——构件达到承载能力极限状态时，加固钢板的拉应变；

A_{sp}——加固钢板的截面面积；

A_s、A'_s——原构件受拉钢筋和受压钢筋的截面面积；

a_s——纵向受拉钢筋合力点至截面最近边缘的距离；

a'_s——纵向受压钢筋合力点至混凝土受压区边缘的距离；

ε_{cu}——混凝土极限区应变，当混凝土强度等级为 C50 及以下时，取 $\varepsilon_{cu} = 0.0033$；

ξ_b——相对界限受压区高度，按原构件混凝土和受拉钢筋强度级别，按表 7-1 选用。

当 $x < 2a'_s$ 时，正截面抗弯承载力按下式计算：

$$\gamma_0 M_d \leqslant f_{sd} A_s (h_0 - a'_s) + E_{sp} \varepsilon_{sp} A_{sp} (h - a'_s) \quad (7-30)$$

式中各项符号意义同前。

②翼缘位于受压区的钢筋混凝土 T 形有效截面

a. 当混凝土受压区高度 $x \leqslant h'_f$ 时，应以宽度为 b'_f 的矩形截面进行计算。

b. 当混凝土受压区高度 $x > h'_f$ 时，其正截面抗弯承载力应按下列公式计算：

$$\gamma_0 M_d \leqslant f_{cd1} \left[bx\left(h_0 - \frac{x}{2}\right) + (b'_f - b) h'_f \left(h_0 - \frac{h'_f}{2}\right)\right] + E_{sp} \varepsilon_{sp} A_{sp} a_s \quad (7-31)$$

或

$$\gamma_0 M_d \leqslant f_{cd1} \left[bx\left(h_0 - \frac{x}{2}\right) + (b'_f - b) h'_f \left(h_0 - \frac{h'_f}{2}\right)\right] - f_{sd} A_s a \quad (7-32)$$

混凝土受压区 x 高度按下式计算，并应满足：

$$2a'_{s1} \leqslant x \leqslant \xi_b h_{01} \quad (7-33)$$

$$f_{cd1} bx + f_{cd1} (b'_f - b) h'_f = f_{sd} A_s + E_{sp} \varepsilon_{sp} A_{sp} \quad (7-34)$$

③加固钢板的拉应变 ε_{sp}

$$\varepsilon_{sp} = \frac{\varepsilon_{cu}(\beta h - x)}{x} - \frac{\varepsilon_{c1}(h - x_1)}{x_1} \tag{7-35}$$

$$\varepsilon_{c1} = \frac{M_{d1} x_1}{E_c I_{cr}} \tag{7-36}$$

式中：M_{d1}——第一阶段弯矩标准值；

x——混凝土受压区高度；

x_1——加固前原构件开裂截面换算截面混凝土受压区高度；

β——截面受压区矩形应力图高度与实际受压区高度的比值，当混凝土强度等级为 C50 及以下时，取 $\beta = 0.8$；

E_c——原加固构件混凝土的弹性模量；

I_{cr}——加固前原构件开裂截面换算截面的惯性矩；

ε_{c1}——在 M_{d1} 的作用下，原构件截面受压边缘混凝土压应变。

④原构件截面几何特性计算

参见第二节增大截面法。

⑤钢板的最小粘贴延伸长度

对受弯构件正弯矩区的正截面加固，受拉钢板的截断位置距其充分利用截面的距离应不小于按下式确定的粘贴延伸长度：

$$l_p = \frac{f_{sp} A_{sp}}{\tau_p b_p} + 300 \tag{7-37}$$

式中：l_p——受拉钢板粘贴延伸长度(mm)；

b_p——对梁为受拉面粘贴钢板的总宽度(mm)，对板为 1m 板宽范围内粘贴钢板的总宽度；

f_{sp}——加固钢板的抗拉强度设计值；

τ_p——钢板与混凝土之间的黏结强度设计值(MPa)，设计时可参照表 7-7 的设计值采用。

钢板与混凝土之间的黏结强度设计值(MPa)　　　　表 7-7

混凝土强度等级	C15	C20	C25	C30	C35	C40	C45	C50	≥C60
黏结强度设计值 τ_p	0.61	0.80	0.94	1.05	1.14	1.21	1.26	1.31	1.35

3. 计算示例

【例 7-4】 双筋矩形截面梁 $b \times h = 300\text{mm} \times 650\text{mm}$。采用 C25 混凝土，HRB335 级钢筋，受拉钢筋为 $3\phi25$（$A_s = 1473\text{mm}^2$），受压钢筋为 $3\phi14$（$A_s' = 462\text{mm}^2$），结构重要性系数 $\gamma_0 = 1.0$。由于荷载等级提高，需验算原构件跨中截面抗弯承载力，若不满足，试进行粘贴 Q235 钢板加固设计。已知第一阶段弯矩组合设计值为 $M_{d1} = 92\text{kN} \cdot \text{m}$，第二阶段弯矩组合设计值为 $M_d = 260\text{kN} \cdot \text{m}$，如图 7-34 所示。

【解】 由题意可知：$f_{cd} = 11.5\text{MPa}$，$E_c = 2.8 \times 10^4 \text{MPa}$，$f_{sd} = f_{sd}' = 280\text{MPa}$，$E_s = 2.0 \times 10^5 \text{MPa}$，$a_s = a_s' = 45\text{mm}$，$f_{sp} =$

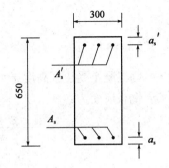

图 7-34 双筋矩形截面(尺寸单位：mm)

$215\text{MPa}, E_{sp} = 2.06 \times 10^5 \text{MPa}, \varepsilon_{cu} = 0.0033, \xi_b = 0.56$。

(1) 原梁承载力验算

截面有效高度为：
$$h_0 = h - a_s = 650 - 45 = 605 \text{mm}$$

钢筋与混凝土弹性模量之比：
$$\alpha_{Es} = E_{s1}/E_{c1} = 2 \times 10^5 / 2.8 \times 10^4 = 7.143$$

混凝土受压区高度为：
$$x = \frac{f_{sd}A_s - f'_{sd}A'_s}{f_{cd1}b} = \frac{280 \times 1473 - 280 \times 462}{11.5 \times 300}$$
$$= 82.1\text{mm} < 2a'_s = 90\text{mm}$$

则原构件跨中截面抗弯承载力为：
$$M_u = f_{sd}A_s(h_0 - a'_s) = 280 \times 1473 \times (605 - 45)$$
$$= 231\text{kN} \cdot \text{m} < \gamma_0 M_d = 260\text{kN} \cdot \text{m}$$

原构件承载力不满足设计要求，需要进行加固。

(2) 原梁几何特性计算（未计受压钢筋）
$$A_1 = \alpha_{Es} A_s / b = 7.143 \times 1473 \div 300 = 35.1\text{mm}$$
$$B_1 = 2\alpha_{Es} A_s h_0 / b = 2 \times 7.143 \times 1473 \times 605 \div 300 = 42437.3\text{mm}^2$$

加固前原构件开裂截面换算截面的混凝土受压区高度：
$$x_1 = \sqrt{A_1^2 + B_1} - A_1 = \sqrt{35.1^2 + 42437.3} - 35.1 = 173.9\text{mm}$$

开裂截面惯性矩为：
$$I_{cr} = bx_1^3 \div 3 + \alpha_{Es} A_s (h_0 - x_1)^2$$
$$= 300 \times 173.9^3/3 + 7.143 \times 1473 \times (605 - 173.9)^2$$
$$= 2.48 \times 10^9 \text{mm}^4$$

在 M_{d1} 的作用下，原构件截面受压边缘混凝土压应变为：
$$\varepsilon_{c1} = \frac{M_{d1}}{E_c I_{cr}} x_1 = \frac{92 \times 10^6}{2.48 \times 10^9 \times 2.8 \times 10^4} \times 173.9 = 2.3 \times 10^{-4}$$

(3) 粘贴钢板截面积估算

由式(7-27)知：
$$\gamma_0 M_d = f_{cd1} bx\left(h - \frac{x}{2}\right) + f'_{sd}A'_s(h - a'_s) - f_{sd}A_s a_s$$

代入数据，即：
$$1.0 \times 260 \times 10 = 11.5 \times 300x\left(650 - \frac{x}{2}\right) + 280 \times 462 \times (650 - 45) - 280 \times 1473 \times 45$$

则混凝土受压区高度 $x = 96.5\text{mm} > 2a'_s = 90\text{mm}$。

钢板应变为：
$$\varepsilon_{sp} = \frac{\varepsilon_{cu}(\beta h_{02} - x)}{x} - \frac{\varepsilon_{c1}(h - x_1)}{x_1}$$
$$= \frac{0.0033 \times (0.8 \times 650 - 96.5)}{96.5} - \frac{2.3 \times 10^{-4} \times (650 - 173.9)}{173.9}$$
$$= 0.014$$

钢板应力 $\sigma_{sp}=\varepsilon_{sp}E_{sp}=2.06\times10^5\times0.014=2\,884\text{MPa}>215\text{MPa}$,钢板达到屈服,应力取 $\sigma_{sp}=f_{sp}=215\text{MPa}$。

由式(7-28)计算所需钢板截面积:

$$A_{sp}=\frac{f_{cd1}bx-f_{sd}A_s+f'_{sd}A'_s}{f_{sp}}$$

$$=\frac{11.5\times300\times96.5-280\times1\,473+280\times462}{215}$$

$$=231.8\text{mm}^2$$

选择钢板宽度为175mm,厚度为4mm,截面面积为 $A_{sp}=175\text{mm}\times4\text{mm}=700\text{mm}^2$。

(4)加固后主梁承载力复核

将 $\sigma_{sp}=\varepsilon_{sp}E_{sp}=215\text{MPa}$ 及 $A_{sp}=700\text{mm}^2$ 代入式(7-28)得:

$$x=\frac{280\times1\,473+215\times700-280\times462}{11.5\times300}=125.7\text{mm}(>2a'_s=90\text{mm})$$

由式(7-26)计算跨中截面抗弯承载力如下:

$$M_u=f_{cd1}bx\left(h_0-\frac{x}{2}\right)+f'_{sd}A'_s(h_0-a'_s)+E_{sp}\varepsilon_{sp}A_{sp}a_s$$

$$=11.5\times300\times125.7\times\left(605-\frac{125.7}{2}\right)+280\times462\times(605-45)+215\times700\times45$$

$$=314\text{kN}\cdot\text{m}$$

计算结果表明,加固后的正截面承载力由 231kN·m 提高到 314kN·m。

【例7-5】 某 T 梁跨中截面如图 7-35 所示,采用 C25 混凝土,HRB335 级钢筋,受拉钢筋为 $8\phi32+2\phi25$($A_s=7\,416\text{mm}^2$),不考虑受压钢筋,结构重要性系数 $\gamma_0=1.0$。设计荷载由汽—20级,挂—100 提高到公路—Ⅰ级,第一阶段弯矩组合设计值为 $M_{d1}=1\,095\text{kN}\cdot\text{m}$,第二阶段弯矩组合设计值为 $M_d=2\,450\text{kN}\cdot\text{m}$,验算原梁承载力是否满足设计要求,若不满足,试进行粘贴钢板加固设计。

【解】 由题意可知:$f_{cd1}=11.5\text{MPa}$,$E_c=2.8\times10^4\text{MPa}$,$f_{sd}=280\text{MPa}$,$E_s=2.0\times10^5\text{MPa}$,$a_s=113\text{mm}$,$a'_s=45\text{mm}$,$f_{sp}=215\text{MPa}$,$E_{sp}=2.06\times10^5\text{MPa}$,$\varepsilon_{cu}=0.003\,3$,$\xi_b=0.56$。

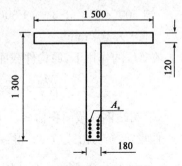

图 7-35 T 梁跨中截面(尺寸单位:mm)

(1)截面有效高度为:

$$h_0=h-a_s=1\,300-113=1\,187\text{mm}$$

假设 $x>h'_f$,则有:

$$x=\frac{f_{sd}A_s+f_{cd1}(b'_f-b)h'_f}{f_{cd1}b}$$

$$=\frac{280\times7\,416-11.5\times(1\,500-180)\times120}{11.5\times180}$$

$$=123.1\text{mm}(>h'_f=120\text{mm})$$

原梁跨中截面抗弯承载力为:

$$M_u = f_{cd1}(b'_f - b)h'_f\left(h_0 - \frac{h'_f}{2}\right) + f_{cd1}bx\left(h_0 - \frac{x}{2}\right)$$

$$= 11.5 \times (1\,500 - 800) \times 120 \times \left(1\,187 - \frac{120}{2}\right) + 11.5 \times 180 \times 123.1 \times \left(1\,187 - \frac{123.1}{2}\right)$$

$$= 2\,339.7 \text{kN} \cdot \text{m} < \gamma_0 M_d = 2\,450 \text{kN} \cdot \text{m}$$

(2)原梁几何特性计算(未计受压钢筋)

钢筋与混凝土弹性模量之比为:

$$\alpha_{Es} = E_{s1}/E_{c1} = 2 \times 10^5 \div 2.8 \times 10^4 = 7.143$$

假设 $x > h'_f$,则有:

$$A_1 = [\alpha_{Es} A_{s1} + (b'_f - b)h'_f]/b$$

$$= [7.143 \times 7\,416 + (1\,500 - 180) \times 120] \div 180$$

$$= 1\,174 \text{mm}$$

$$B_1 = [2\alpha_{Es} A_{s1} h_{01} + (b'_{f1} - b_1)(h'_{f1})^2]/b_1$$

$$= [2 \times 7.143 \times 7\,461 \times 1\,187 + (1\,500 - 180) \times 120^2] \div 180$$

$$= 804\,248 \text{mm}^2$$

则有:

$$x_1 = \sqrt{A_1^2 + B_1} - A_1 = \sqrt{1\,174^2 + 804\,248} - 1\,174 = 303 \text{mm} > h'_f = 120 \text{mm}$$

计算开裂截面惯性矩为:

$$I_{cr} = b'_f x_1^3/3 - (b'_f - b)(x_1 - h'_f)^3/3 + \alpha_{Es} A_s (h_0 - x_1)^2$$

$$= 1\,500 \times 303^3 \div 3 - (1\,500 - 180) \times (303 - 120)^3 \div 3 + 7.143 \times 7\,416 \times (1\,187 - 303)^2$$

$$= 5.3 \times 10^{10} \text{mm}^4$$

在 M_{d1} 的作用下,原构件截面受压边缘混凝土压应变为:

$$\varepsilon_{c1} = \frac{M_{d1}}{E_c I_{cr}} x_1 = \frac{1\,095 \times 10^6}{2.8 \times 10^4 \times 5.3 \times 10^{10}} \times 3.3 = 2.2 \times 10^{-4}$$

(3)粘贴钢板截面积估算

假设 $x > h'_f$,由式(7-32)得:

$$\gamma_0 M_d = f_{cd1}\left[bx\left(h_0 - \frac{x}{2}\right) + (b'_f - b)h'_f\left(h_0 - \frac{h'_f}{2}\right)\right] - f_{sd} A_s a$$

代入数据,即

$$r_0 M_d = 2\,450 = 11.5 \times 180 x\left(1\,300 - \frac{x}{2}\right) + (1\,500 - 180) \times 120 \times \left(1\,300 - \frac{120}{2}\right)] -$$

$$280 \times 7\,416 \times 113$$

则混凝土受压区高度 $x = 169 \text{mm} > h'_f = 120 \text{mm}$,假设正确。

钢板应变为:

$$\varepsilon_{s2} = \frac{\varepsilon_{cu}(\beta h - x)}{x} - \frac{\varepsilon_{c1}(h - x_1)}{x_1}$$

$$= \frac{0.003\,3 \times (0.8 \times 1\,300 - 169)}{169} - \frac{2.2 \times 10^{-4} \times (1\,300 - 303)}{303}$$

$$= 441.6 \text{mm}^2$$

选择钢板宽度为 160mm,厚度 6mm,截面积为 $A_{sp}=160\text{mm}\times 6\text{mm}=960\text{mm}^2$。

(4)加固后主梁承载力复核

将 $\sigma_{sp}=f_{sp}=215\text{MPa}$ 及 $A_{sp}=960\text{mm}^2$ 代入式(7-34)得:

$$x = \frac{f_{sd}A_s + f_{sp}A_{sp} - f_{cd1}(b_f'-b)h_f'}{f_{cd1}b}$$

$$= \frac{280\times 7\,416 + 215\times 960 - 11.5\times(1\,500-180)\times 120}{11.5\times 180} = 223\text{mm} > h_f' = 120\text{mm}$$

由式(7-31)计算跨中截面抗弯承载力如下:

$$M_u = f_{cd1}\left[bx\left(h_0-\frac{x}{2}\right)+(b_f'-b)h_f'\left(h_0-\frac{h_f'}{2}\right)\right]+E_{sp}\varepsilon_{sp}A_{sp}a_s$$

$$= 11.5\times\left[180\times 223\times\left(1\,187-\frac{223}{2}\right)+(1\,500-180)\times 120\times\left(1\,187-\frac{120}{2}\right)\right]+215\times 960\times 113 = 2\,572.7\text{kN}\cdot\text{m} > \gamma_0 M_d$$

$$= 2\,450\text{kN}\cdot\text{m}$$

计算结果表明,加固后的 T 梁跨中截面抗弯承载力由 2 339.7kN·m 提高到 2 572.7kN·m,提高了 9.96%,满足要求。

五、加固实例

1. 英国某高速公路立交桥

英国某高速公路上有 4 座立交桥,均为三跨连续变截面钢筋混凝土空心板梁桥、中跨 27.4m、边跨 17m。该桥由于经常通行重型拖车,使底板的下方出现了裂缝,于是采用环氧树脂粘贴钢板进行加固补强。在配制的环氧树脂胶结料中,掺入细磨二氧化硅填料,最大粒径为 0.4mm、钢板厚 6.6mm、宽 254mm、长 3.6m。施工过程中桥下设有吊杆,悬挂反作用梁,并以反作用梁为支承,用木楔将钢板楔紧贴在板的底面上。钢板两自由端用夹紧螺栓固定,用无色云母氧化铁漆料进行防护处理。整个加固工作是在高速公路正常开放交通的情况下完成的。试验表明:树脂在硬化过程中因受交通振动的影响,其剪切强度降低了 16%,但仍然高于桥面板混凝土的剪切强度,不会影响加固效果。

2. 云南省巍山河桥

该桥为 25.6m+3×25.9m+25.60m 梁式钢筋混凝土悬臂梁桥,设计荷载为:汽—10、拖—60,由于通行 20t 以上重型车辆,造成桥梁变形开裂,最大裂缝的宽度达到 0.5mm 以上,成为危桥,故限载限速通行。1980 年 2 月,采用环氧树脂粘贴玻璃钢板对该桥进行加固补强。在主梁的底面粘贴了 10 层厚 0.22mm 的无碱无捻方格玻璃布,中间布设 26 根 φ5mm 的高强钢丝加劲,总厚约 8mm。同时浇筑 9cm 厚的钢筋混凝土桥面补强层。牛腿裂缝用环氧树脂粘贴块状钢板加固。通过加固后大大提高了桥梁的刚度,跨中活载挠度平均减少了 26.8%。试验证明,荷载等级由汽—10、拖—60 提高到了汽—20、拖—100,满足了通行 20t 车辆的要求。

3. 上海市河南路桥

上海市苏州河上的河南路桥为单悬臂加挂梁的钢筋混凝土桥,全长 64.68m,三孔跨径组成为 13.41m+37.64m+13.41m。其中中孔挂梁长 17.22m,两悬臂长均为 10.25m。两边孔及两单悬臂均为钢筋混凝土箱形结构。

(1)钢筋混凝土单悬臂梁的混凝土碳化深度已达到或部分超过混凝土保护层,在潮湿环境下引起大面积的钢筋锈蚀,造成混凝土保护层崩裂,局部钢筋截面面积减小,特别是单悬臂梁腹板箍筋和人行道板底钢筋截面面积减小较严重。同时,这些区段钢筋与混凝土之间黏结力减弱,个别甚至丧失,因此本桥钢筋混凝土结构目前已处于非正常使用状态。

(2)箱梁各室顶板和腹板上缘有纵向负弯矩引起的横桥向受力裂缝,顶板底部的裂缝宽度已达 0.2mm,个别已超过 0.2mm,上顶板有多处渗水,上顶板顶面(桥面)横桥向裂缝的宽度比板底裂缝宽度大。这是造成板顶渗水的主要原因,也是造成箱梁顶板和腹板的钢筋锈蚀及混凝土崩裂的主要原因之一。这些钢筋若继续锈蚀,将降低本桥的实际承载能力和安全度。

(3)边孔箱梁底缘有顺桥向裂缝,间隔 1.5m 左右,裂缝宽度达 0.2~0.5mm。产生纵向裂缝的主要原因是:箱梁底板下缘横向配筋较少,而且底板底缘横向钢筋不是通长的,在箱肋边弯起。这不仅使该处钢筋有效长度减小,而且形成内折角,抵抗横向弯曲能力降低。

(4)混凝土保护层崩裂、钢筋锈蚀、设计采用粘贴钢板法进行加固。

第四节　粘贴碳纤维复合材料加固方法

现代复合材料以 20 世纪 40 年代碳纤维增强复合材料 CFRP(Carbon Fiber Reinforced Polymer/Plastic)(玻璃钢)的出现为标志。目前已研发出了具有各种优异性能的聚合物复合材料,包括玻璃纤维、碳纤维、芳纶纤维等增强复合材料。在航空航天领域、现代国防工业中 FRP 首先得到发展、应用。在民用工业(如机械工业、交通运输、建筑工业以及生物医学、体育等领域),FRP 由于其优异性能而得到广泛应用。应用于钓鱼竿,高尔夫球棒,网球拍,羽毛球拍,赛车,赛艇,火箭壳体,卫星用结构材料,飞机刹车片等。如图 7-36 所示。

图 7-36　复合材料

一、碳纤维复合材料加固机理

工程材料的进步及新材料的出现,历来是土木结构工程发展的先驱和动力。碳纤维材料的出现和成功应用于土木工程的加固与补强上,使土木工程加固技术研究更上一个台阶。碳纤维是一种新型建材,因其质轻、耐腐蚀、片材很薄、抗拉强度高而被广泛应用。碳纤维布(片)加固法亦被视为梁式桥加固补强、提高承载能力,尤其是当高度受限制时的首选加固方法,其施工工艺也很简单。适用于钢筋混凝土受压柱,提高延性、耐久性的加固;亦可用于梁、板的加固。

与传统的其他加固方法相比,将抗拉性能优良的碳纤维布用粘贴材料粘贴到梁体底面或箱梁内壁上,使其与原结构一起受力,即碳纤维布可以与原结构内布置的钢筋一道共同承受拉力,以提高旧桥的承载能力。沿桥梁的主拉力方向(或与裂缝正交方向)粘贴碳纤维布,两端分别设置锚固端,据此可约束混凝土表面裂缝、防止裂缝再扩展,从而达到提高构件抗弯刚度、减少构件挠度、改善梁体受力状态的目的。

粘贴碳纤维复合材料加固法适用于梁、板的加固,可提高梁、板的承载力,对刚度的提高效果相对较差;亦可用于加固钢筋混凝土受压柱,以提高其承载力、延性、耐久性等。如图 7-37 所示。适用范围如下:

(1)原构件受拉主筋或腹筋配筋不足的梁和板,抗弯、抗剪加固效果较为显著。
(2)原构件受拉钢筋严重腐蚀或受损,以致承载力无法满足安全及使用要求。
(3)提高构件的抗裂性,可限制裂缝的发展。
(4)以延长结构使用年限为主要目的的耐久性加固。
(5)混凝土墩柱的抗剪、抗压补强及抗震延性补强。

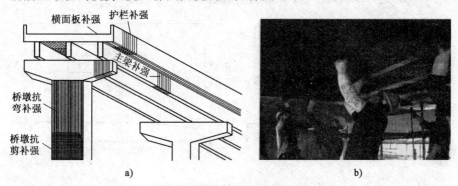

图 7-37 粘贴碳纤维复合材料加固

碳纤维片材可采用下列方式对混凝土结构构件进行加固:
(1)在梁、板构件的受拉区粘贴碳纤维片材进行受弯加固,纤维方向与加固处的受拉方向一致。
(2)采用封闭式粘贴、U 形粘贴或侧面粘贴对梁、柱构件进行受剪加固,纤维方向宜与构件轴向垂直。
(3)采用封闭式粘贴对柱进行抗震加固,纤维方向与柱轴向垂直。
(4)当有可靠依据时,碳纤维片材也可用于其他形式和受力状况的混凝土结构构件的加固。

二、碳纤维材料与要求

采用粘贴碳纤维片材对混凝土结构加固时,应使用碳纤维片材、配套树脂类黏结材料和表面防护材料。

1. 碳纤维片材

碳纤维布的抗拉强度应按纤维的净截面面积计算,净截面面积取碳纤维布的计算厚度乘以宽度。碳纤维布的计算厚度应取碳纤维布的单位面积质量除以碳纤维密度。

碳纤维板的性能指标应按板的截面(含树脂)面积计算,截面(含树脂)面积取实测厚度乘以宽度。

碳纤维片材的主要力学性能指标应满足表7-8的要求。

碳纤维片材的主要力学性能指标　　　　　　　表7-8

性能项目	碳纤维布	碳纤维板
抗拉强度标准值 f_{cfk} (MPa)	≥3 000	≥2 000
弹性模量 E_{cf} (MPa)	≥2.1×10⁵	≥1.4×10⁵
伸长率(%)	≥1.5	≥1.5

单层碳纤维布的单位面积碳纤维质量不宜低于150g/m²,且不宜高于450g/m²。在施工质量有可靠保证时,单层碳纤维布的单位面积碳纤维质量可提高到600g/m²。碳纤维板的厚度不宜大于2.0mm,宽度不宜大于200mm,纤维体积含量不宜小于60%。碳纤维片材的力学性能参照现行国家标准《定向纤维增强塑料拉伸性能试验方法》(GB/T 3354)测定。对厚0.222mm的CFRP进行试验,测得其应力应变曲线,如图7-38、图7-39所示。

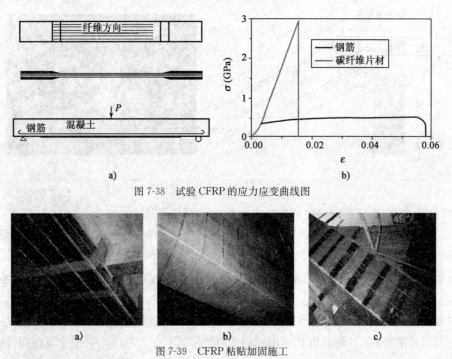

图7-38　试验CFRP的应力应变曲线图

图7-39　CFRP粘贴加固施工

2.配套树脂类黏结材料

采用碳纤维片材对混凝土结构加固时,应采用与碳纤维片材配套的底层树脂、找平树脂、浸渍树脂或黏结树脂。

配套树脂类黏结材料的主要性能应满足表7-9～表7-11的要求。

底层树脂的性能指标　　　　　　　表7-9

性能项目	性能指标	试验方法
正拉黏结强度	≥2.5MPa,且不小于被加固混凝土的抗拉强度标准值 f_{tk}	附录A

找平材料的性能指标 表7-10

性 能 项 目	性 能 指 标	试 验 方 法
正拉黏结强度	≥2.5MPa,且不小于被加固混凝土的抗拉强度标准值 f_{tk}	附录A

浸渍树脂和黏结树脂的性能指标 表7-11

性 能 项 目	性 能 指 标	试 验 方 法
拉伸剪切强度	≥10MPa	GB 7124—1986
拉伸强度	≥30MPa	GB/T 2568—1995
压缩强度	≥70MPa	GB/T 2569—1995
弯曲强度	≥40MPa	GB/T 2570—1995
正拉黏结强度	≥2.5MPa,且不小于被加固混凝土的抗拉强度标准值 f_{tk}	附录A
弹性模量	≥1 500MPa	GB/T 2568—1995
伸长率	≥1.5%	GB/T 2568—1995

3. 表面防护材料

对已加固完的结构表面应进行防护处理。表面防护材料应与浸渍树脂或黏结树脂可靠黏结。选用的防火材料及其处理方法,应使加固后的建筑物达到要求的防火等级。当被加固的结构处于特殊环境时,应根据具体情况选用有效的防护材料。

三、碳纤维复合材料加固设计及要点

1. 一般规定

(1)采用碳纤维复合材料加固受压柱时,原构件混凝土强度等级不得低于C25。

(2)纤维复合材料宜粘贴呈条带状,非围束时板材不宜超过2层,布材不宜超过3层。

(3)对钢筋混凝土柱进行粘贴纤维复合材料加固时,条带应粘贴成环形箍,且纤维方向应与柱的纵轴线垂直。

加固大偏心受压构件,可将纤维复合材料粘贴于构件受拉区边缘混凝土表面,纤维方向应与柱的纵轴线方向一致。

加固受拉构件,纤维方向应与构件受拉方向一致。

梁的受拉区两侧粘贴纤维复合材料进行抗弯加固时,粘贴高度不宜高于1/4梁高;

采用封闭式粘贴或U型粘贴对梁、柱构件进行斜截面加固,纤维方向宜与构件轴线垂直或与其主拉应力方向平行。

(4)纤维复合材料沿纤维受力方向的搭接长度不应小于100mm,当采用多条或多层纤维复合材加固时,其搭接位置应相互错开。

(5)当纤维复合材料绕过构件(截面)的外倒角时,构件的截面棱角应在粘贴前打磨成圆弧面(图7-40),圆弧半径,梁不应小于20mm;柱不应小于25mm。对于主要受力纤维复合材料不宜绕过内倒角。

(6)粘贴多层纤维复合材料加固时,宜将纤维复合材料逐层截断,并在每层截断处最外侧加压条,其粘贴形式采用内短外长式,如图7-41所示。

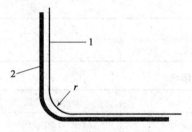

图 7-40 构件外倒角处粘贴示意
1-构件;2-纤维复合材料

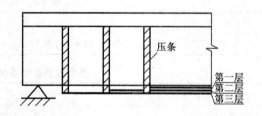

图 7-41 多层纤维复合材料粘贴构造

(7)采用纤维复合材料对钢筋混凝土梁或柱的斜截面承载力进行加固时,其构造应符合下列规定:

①宜选用环形箍或加锚固的 U 形箍;仅按构造需要设箍时,也可采用一般 U 形箍。

②U 形箍的纤维受力方向应与构件轴向垂直。

③一般情况下,在梁的中部应增设一道纵向中压带。

2.梁和板的加固

对梁、板进行抗弯加固时,可在纤维复合材料两端设置 U 形箍或横向压条。其切断位置距其充分利用截面的距离不应小于按下式计算得出的黏结长度 l_d(图 7-42):

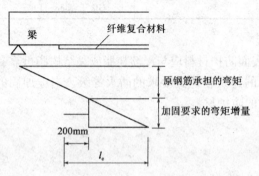

图 7-42 纤维复合材料的粘贴延伸长度

$$l_d = \frac{E_f \varepsilon_f A_f}{\tau_f b_f} + 200 \quad (7\text{-}38)$$

式中:l_d——纤维复合材料从强度充分利用截面向外延伸所需的黏结长度(mm);

ε_f——充分利用截面处纤维复合材料的拉应变;

τ_f——纤维复合材料与混凝土间的黏结强度设计值,一般取 0.5MPa;

b_f——受拉面上粘贴的纤维复合材料的宽度(mm)。

当纤维复合材料延伸至支座边缘仍不满足黏结长度 l_d 的规定时,应采取以下锚固措施:

①对于梁,在纤维复合材料延伸长度范围内至少应设置两道纤维复合材料 U 形箍锚固(图 7-43a)。U 形箍宜在延伸长度范围内均匀布置,且在延伸长度端部必须设置一道。U 形箍的粘贴高度宜伸至顶板底面。每道 U 形箍的宽度不宜小于受弯加固纤维复合材料宽度的 1/2,U 形箍的厚度不宜小于受弯加固纤维复合材料厚度的 1/2。

②对于板,在纤维复合材料延伸长度范围内至少设置两道垂直于受力纤维方向的压条(图 7-43b)。压条宜在延伸锚固长度范围内均匀布置,且在延伸长度端部必须设置一道。每道压条的宽度不宜小于受弯加固纤维复合材料条带宽度的 1/2,压条的厚度不宜小于受弯加固纤维复合材料厚度的 1/2。

③当纤维复合材料的黏结长度小于按公式计算所得长度的 1/2 时,应采取可靠的附加机械锚固措施。

对梁、板负弯矩区进行受弯加固时,碳纤维片材的截断位置距支座边缘的延伸长度应根据负弯矩分布确定,且对板不小于1/4跨度,对梁不小于1/3跨度。

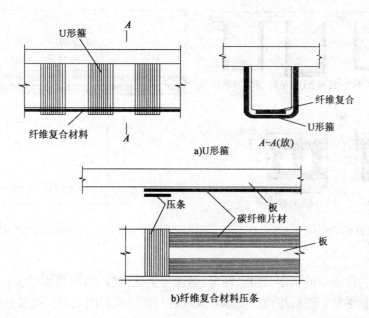

图 7-43 抗弯加固时纤维复合材料端部附加锚固措施

当采用碳纤维片材对框架梁负弯矩区进行受弯加固时,应采取可靠锚固措施与支座连接。当碳纤维片材需绕过柱时,宜在梁侧 $4h'_f$ 范围内粘贴(图 7-44);当有可靠依据和经验时,此限制可适当放宽。板受弯加固时,碳纤维片材宜采用多条密布方案。当沿柱轴向粘贴碳纤维片材对柱的正截面承载力进行加固时,碳纤维片材应有可靠的锚固措施。

采用碳纤维片材对钢筋混凝土梁、柱构件进行受剪加固时,应符合下列规定:

①碳纤维片材的纤维方向宜与构件轴向垂直。

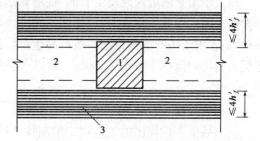

图 7-44 负弯矩区加固时梁侧有效粘贴范围平面图
1-柱;2-梁;3-板顶面碳纤维片材;h'_f-板厚

②应优先采用封闭粘贴形式,也可采用 U 形粘贴和侧面粘贴(图 7-45)。对碳纤维板,可采用双 L 形板形成 U 形粘贴。

③当碳纤维片材采用条带布置时,其净间距 S_{of} 不应大于现行国家标准《混凝土结构设计规范》(GB 50010)规定的最大箍筋间距的 0.7 倍。

④U 形粘贴和侧面粘贴的粘贴高度 h_{cf} 宜取构件截面高度。对于 U 形粘贴形式,宜在上端粘贴纵向碳纤维片材压条;对于侧面粘贴形式,宜在上、下端粘贴纵向碳纤维片材压条(图 7-46)。

四、施工工序

1. 施工准备

认真阅读设计施工图,然后根据施工现场和被加固构件混凝土的实际情况,拟订施工方案和施工计划。最后对所使用的碳纤维片材、配套树脂、机具等做好施工前的准备工作。

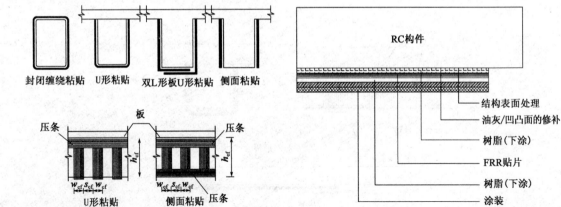

图 7-45　碳纤维片材的抗剪加固方式　　　　图 7-46　纵向碳纤维片才材压条

2. 表面处理

清除被加固构件表面的剥落、疏松、蜂窝、腐蚀等劣化混凝土,露出混凝土结构层,并用修复材料将表面修复平整。然后按设计要求对裂缝进行灌缝或封闭处理。把被粘贴的混凝土表面打磨平整,除去表层浮浆、油污等杂质,直至完全露出混凝土结构新面。转角粘贴处应进行导角处理并打磨成圆弧状,圆弧半径不应小于20mm。混凝土表面应清理干净并保持干燥。

3. 涂刷底层树脂

该工序用于渗透入混凝土表面,促进黏结并形成长期持久界面的基础;油灰,用于填充整个表面空隙并形成平整表面,以便使用碳纤维片材;浸渍树脂或黏结树脂,前者用于碳纤维布粘贴,后者用于碳纤维板粘贴。按产品生产厂提供的工艺规定配制底层树脂。采用滚筒刷将底层树脂均匀涂抹于混凝土表面。可以在底层树脂表面指触干燥后,尽快进行下一工序的施工。

4. 找平处理

按产品生产厂提供的工艺规定配制找平材料。对混凝土表面凹陷部位用找平材料填补平整,不应有棱角。转角处应采用找平材料修理成为光滑的圆弧,半径不应小于20mm。可以在找平材料表面指触干燥后,尽快进行下一工序的施工。

5. 粘贴碳纤维片材

(1) 粘贴碳纤维布

按设计要求的尺寸裁剪碳纤维布;按产品生产厂提供的工艺规定配制浸渍树脂,并均匀涂抹于粘贴部位;将碳纤维布用手轻压放在需粘贴的位置,采用专用的滚筒顺纤维方向多次滚压,挤除气泡,使浸渍树脂充分浸透碳纤维布,滚压时不得损伤碳纤维布;多层粘贴时重复上述步骤,并宜在纤维表面的浸渍树脂指触干燥后尽快进行下一层粘贴;在最后一层碳纤维布的表面均匀涂抹浸渍树脂。

(2) 粘贴碳纤维板

按设计要求的尺寸裁剪碳纤维板,并按产品生产厂提供的工艺规定配制黏结树脂;将碳纤维板表面擦拭干净至无粉尘。当需粘贴两层时,底层碳纤维板的两面均应擦拭干净;擦拭干净的碳纤维板应立即涂刷黏结树脂,树脂层应呈突起状,平均厚度不应小于2mm;将涂有黏结树脂的碳纤维板用手轻压贴于需粘贴的位置。用橡皮滚筒顺纤维方向均匀平稳压实,使树脂从两边挤出,保证密实无空洞。当平行粘贴多条碳纤维板时,两条板带之间的空隙不应小于5mm;需粘贴两层碳纤维板时,应连续粘贴。当不能立即粘贴时,在开始粘贴前应对底层碳纤维板重新进行清理。

6. 表面防护

防紫外线辐照、防火和保证防护材料与碳纤维片材之间有可靠的黏结。施工宜在5℃以上环境温度条件下进行,环境温度低于5℃时,应使用适用于低温环境的配套树脂或采用升温处理措施。在表面处理和粘贴碳纤维片材前,应按加固设计部位放线定位。

7. 检查与验收

碳纤维片材粘贴施工各项要求参见表7-12。碳纤维下片材实际粘贴面积应不少于设计量,位置偏差应不大于10mm。碳纤维片材与混凝土之间的黏结质量可用小锤轻轻敲击或手压碳纤维片材表面的方法来检查,总有效黏结面积不应低于95%。当碳纤维布的空鼓面积小于10 000mm^{2}时,可采用针管注胶的方式进行补救,空鼓面积大于10 000mm^{2}时,宜将空鼓处的碳纤维片材切除,重新搭接贴上等量的碳纤维片材,搭接长度应不小于100mm。碳纤维片材粘贴效果由拉拔力试验方法进行测定(图7-47)。

图7-47 碳纤维片材拉拔力试验方法

碳纤维片材粘贴施工质量要求　　　　表7-12

项次	检验项目		合格标准	检验方法	频　数
1	碳纤维布材粘贴误差		中心线偏差≤10mm	钢尺测量	全部
2	碳纤维布材粘贴		≥设计数量	计算	全部
3	粘贴质量	空鼓面积之和与总粘贴面积之比	小于5%	小锤敲击法	全部或抽样
		胶黏剂厚度 板材	2mm±1.0mm	钢尺测量	构件3处
		胶黏剂厚度 布材	<2mm		
		硬度(布材)	>70°	测量	—

五、受弯构件加固计算

1. 加固受力特点分析

(1)碳纤维布加固混凝土构件,在提高其抗弯承载力时,还可能对抗弯构件的破坏形态产生影响。当碳纤维布用量过多时,构件的破坏形态将由碳纤维被拉断引起的破坏转变为混凝土被突然压碎破坏。与此同时,由于碳纤维为完全弹性的材料,它与钢筋的共同工作会减弱钢筋塑性性能对构件延性的影响。碳纤维布用量过多,构件延性将有所降低。因此,碳纤维布用于钢筋混凝土梁式桥的加固补强时,应根据实际情况合理使用。

(2)用碳纤维布加固的旧桥,一旦发生破坏(如拉断或剥离等脆性破坏)具有突发性,因此其承载力极限状态不能按普通钢筋混凝土的定义,一般应按碳纤维抗拉强度的 2/3 进行抗弯承载力计算。

(3)试验研究证实,碳纤维布能够提高混凝土梁抗剪承载力,其作用机理与箍筋类似,同时还能明显改善构件的变形性能,增强构件抗变形能力。

2. 基本假定

(1)构件弯曲后,截面仍保持为平面。

(2)截面受压混凝土的应力图形简化为矩形,其压应力强度取混凝土的轴心抗压强度设计值 f_{cd};截面受拉混凝土的抗拉强度不予考虑。

(3)极限状态计算时,受拉区钢筋应力取其抗拉强度设计值 f_{sd};受压区钢筋应力取其抗压强度设计值 f'_{sd}。

(4)达到受弯承载力极限状态时,按平截面假定确定纤维复合材料的拉应变 ε_f,且纤维复合材料的拉应变 ε_f 不应超过纤维复合材料的允许拉应变 $[\varepsilon_f]$。纤维复合材料的应力 σ_f 取拉应变 ε_f 与弹性模量 E_f 的乘积,即 $\sigma_f = E_f \varepsilon_f$。

(5)构件达到正截面承载能力极限状态时,纤维复合材料与混凝土之间不应发生黏结剥离破坏。

(6)受弯构件的作用荷载效应分为两个阶段受力进行计算。

第一阶段为加固前,作用(或荷载)应包括原构件自重在内的实际恒载及施工荷载。

第二阶段为加固后,作用(或荷载)应考虑包括自重在内的恒载、二期恒载作用及使用阶段的可变作用。作用效应组合系数,按现行《公路桥涵设计通用规范》(JTG D60—2015)取用。

3. 基本公式

(1)矩形截面或翼缘位于受拉区的钢筋混凝土 T 形截面

对矩形截面或翼板位于受拉边的钢筋混凝土 T 形截面受弯构件,在受拉面粘贴加固时,正截面承载力按下列公式计算(图 7-48):

①当混凝土受压区高度 $\xi_{fb}h < x < \xi_b h_0$ 时:

$$\gamma_0 M_d \leqslant f_{cd}bx\left(h_0 - \frac{1}{2}x\right) + f'_{sd}A'_s(h_0 - a'_s) + E_f\varepsilon_f A_f a_s \tag{7-39}$$

②混凝土受压区高度 x 和受拉面纤维复合材料拉应变 ε_f 按下列两式联立求解:

$$f'_{sd}A'_s + f_{cd}bx = f_{sd}A_s + E_f\varepsilon_f A_f \tag{7-40}$$

$$(\varepsilon_{cu} + \varepsilon_f + \varepsilon_1)x = 0.8\varepsilon_{cu}h \tag{7-41}$$

③当混凝土受压区高度 $x \leqslant \xi_{fb}h$ 时:

$$\gamma_0 M_d \leqslant f_{sd}A_s(h_0 - 0.5\xi_{fb}h) + E_f[\varepsilon_f]A_f h(1 - 0.5\xi_{fb}) \tag{7-42}$$

④当混凝土受压区高度 $x < 2a'_s$ 时:

$$\gamma_0 M_d \leqslant f_{sd}A_s(h_0 - a'_s) + E_f[\varepsilon_f]A_f(h - a'_s) \tag{7-43}$$

式中:A_f——受拉面粘贴的纤维复合材料的截面面积;

f_{sd}——原构件混凝土抗压强度设计值;

E_f——纤维复合材料的弹性模量,按表 7-13 选用;

x——实际混凝土受压区高度(图 7-48);

ε_f——构件达到承载力极限状态时,纤维复合材料的拉应变;

ξ_{fb}——纤维复合材料达到其允许拉应变与混凝土压坏同时发生时的界限相对受压区高度,取 $\xi_{fb} = \dfrac{0.8\varepsilon_{cu}}{\varepsilon_{cu}+[\varepsilon_f]+\varepsilon_1}h$;

ε_1——考虑二次受力影响时,加固前构件在初始弯矩作用下,截面受拉边缘混凝土的初始应变,按《混凝土结构加固设计规范》中式 7.6.2-7 计算,当不考虑二次受力时,取 0;

$[\varepsilon_f]$——纤维复合材料的允许拉应变,取 $[\varepsilon_f]=k_m\varepsilon_{fu}$,且不应大于纤维复合材料极限拉应变的 2/3 和 0.007 两者中的较小值,ε_{fu} 为纤维复合材料的极限拉应变;

k_m——纤维复合材料强度折减因子,取 k_{m1}、k_{m2} 的较小值,且当 $k_m>0.9$ 时,取 $k_m=0.9$。k_{m1} 的计算见式(7-44),k_{m2} 的取值见表 7-14;

$$k_{m1} = \begin{cases} 1 - \dfrac{n_f E_f t_f}{428\,000} & n_f E_f t_f \leqslant 214\,000 \\[2mm] \dfrac{107\,000}{n_f E_f t_f} & n_f E_f t_f > 214\,000 \end{cases} \tag{7-44}$$

n_f——纤维复合材料的层数;

t_f——每层纤维复合材料的厚度。

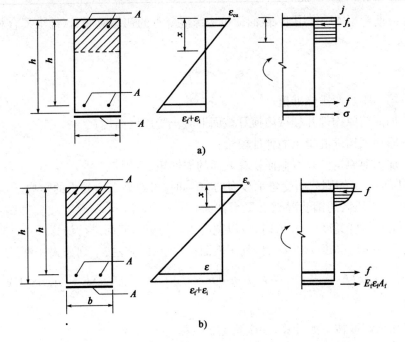

图 7-48 粘贴纤维复合材料的矩形截面正截面受弯承载力计算

桥梁加固用纤维复合材料主要力学性能指标 表7-13

性能项目 纤维类别			抗拉强度标准值 （MPa）	弹性模量 （MPa）	伸长率 （%）
碳纤维	布材	Ⅰ级	≥3 400	≥2.4×10⁵	≥1.7
		Ⅱ级	≥3 000	≥2.1×10⁵	≥1.5
	板材	Ⅰ级	≥2 400	≥1.6×10⁵	≥1.7
		Ⅱ级	≥2 000	≥1.4×10⁵	≥1.5
芳纶纤维	布材		≥2 060	≥1.1×10⁵	≥2.0
	板材		≥1 300	≥7.0×10⁴	≥2.0
玻璃纤维	S玻璃（高强型）		≥2 200	≥1.0×10⁵	≥2.5
	E玻璃（无碱型）		≥1 500	≥7.2×10⁴	≥2.0

纤维复合材料环境影响折减系数 k_{m2} 表7-14

环境分类	片材类型	折减系数
Ⅰ类	碳纤维	0.85
	芳纶纤维	0.75
	玻璃纤维	0.65
Ⅱ、Ⅲ、Ⅳ类	碳纤维	0.85
	芳纶纤维	0.70
	玻璃纤维	0.50

加固前在一期弯矩 M_{d1} 作用下，截面受拉边缘混凝土的初始应变 ε_1（纤维复合材料的滞后应变）按下列公式计算：

$$\varepsilon_1 = \frac{M_{d1}x_1}{E_c I_{cr}} \tag{7-45}$$

式中：M_{d1}——第一阶段弯矩标准值；

x_1——加固前原构件开裂截面换算截面混凝土受压区高度；

E_c——原加固构件混凝土的弹性模量；

I_{cr}——加固前原构件开裂截面换算截面的惯性矩。

当弯矩 M_{d1} 小于未加固截面受弯承载力的 20% 时，可忽略二次受力的影响。

(2) 翼缘位于受压区的钢筋混凝土 T 形截面

① 当混凝土受压区高度 $x \leq h'_f$ 时，应以宽度为 b'_f 的矩形截面进行计算。

② 当混凝土受压区高度 $x > h'_f$ 时，其正截面抗弯承载力应按下列公式计算：

$$\gamma_0 M_d \leq f_{cd}\left[bx\left(h_0 - \frac{x}{2}\right) + (b'_f - b)h'_f\left(h_0 - \frac{h'_f}{2}\right)\right] + f'_{sd}A'_{sd}(h_0 - a'_s) + E_f\varepsilon_f A_f a_s \tag{7-46}$$

混凝土受压区高度按下式计算，并应满足 $2a'_s \leq x$：

$$f_{cd}bx + f_{cd}(b'_f - b)h'_f + f'_{sd}A'_s = f_{sd}A_s + E_f\varepsilon_f A_f \tag{7-47}$$

$$(\varepsilon_{cu}+\varepsilon_f+\varepsilon_1)x = 0.8\varepsilon_{cu}h \tag{7-48}$$

③当混凝土受压区高度 $x > h'_f$，且 $x \leqslant \xi_b h$ 时，其正截面抗弯承载力按下式计算：

$$\gamma_0 M_d \leqslant f_{sd}A_s(h_0 - 0.5\xi_{fb}h) + E_f[\varepsilon_f]A_f h(1 - 0.5\xi_{fb}) \tag{7-49}$$

尚应满足 $2a'_s \leqslant x$。

式中：h'_f——T 形截面受压翼缘厚度；

$\quad\quad b'_f$——T 形截面受压翼缘的有效宽度；

其余符号同前。

计算正截面受弯承载力时，尚应满足下列要求：

①受压区高度 x 不宜大于 $0.8\xi_b h_0$。

②加固后在荷载效应基本组合下受拉钢筋的拉应力不应超过其抗拉强度设计值。

4. 计算示例

【例 7-6】 预制钢筋混凝土简支空心板，截面尺寸如图 7-49 所示，顶板宽度为 900mm，板间设同等级混凝土铰缝，截面高度 $h = 600$mm；采用 C25 混凝土，HRB335 钢筋，截面受拉钢筋为 10 根 Φ25；($A_s = 4\,909$mm^2)，$a_s = 45$mm；安全等级为二级，Ⅰ类环境条件。因桥梁设计荷载等级提高，拟在板底粘贴一层总宽度为 300mm 的 Ⅰ 级碳纤维布进行加固，纤维布计算厚度 $t_f = 0.167$mm，弹性模量 $E_f = 2.4 \times 10^5$MPa，抗拉强度标准值为 3 400MPa。加固前恒载作用下跨中截面处弯矩 $M_{GK} = 97.8$kN·m。试计算加固后截面的抗弯承载力。

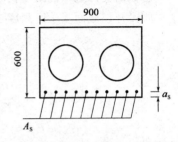

图 7-49 钢筋混凝土简支空心板截面
（尺寸单位：mm）

【解】 由题意，材料强度等参数取值为：$f_{cd} = 11.5$MPa，$f_{sd} = 280$MPa，$E_c = 2.8 \times 10^4$MPa，$E_s = 2 \times 10^5$MPa，$\xi_b = 0.56$，$\gamma_0 = 1.0$，$\varepsilon_{cu} = 0.003\,3$。

$$\alpha_{Es} = \frac{E_s}{E_c} = 7.143$$

（1）截面等效换算

根据面积、惯性矩不变的原则，将空心板截面换算成等效的工字形截面，将空心板的孔洞换算成 $b_k \times h_k$ 的矩形孔，按下式计算：

$$b_k h_k = \frac{\pi}{4}D^2 + Dh_1$$

$$\frac{1}{12}b_k h_k^3 = \frac{\pi D^4}{64} + \frac{h_1 D^3}{6} + \frac{\pi D^2 h_1^2}{16} + \frac{Dh_1^3}{12}$$

代入数据，得：

$$b_k h_k = \frac{\pi}{4} \times 300^2 + 300 \times 140$$

$$\frac{1}{12}b_k h_k^3 = \frac{\pi \times 300^4}{64} + \frac{140 \times 300^3}{6} + \frac{\pi \times 300^2 \times 140^2}{16} + \frac{300 \times 140^3}{12}$$

联立求解得：$h_k = 392$mm，$b_k = 287$mm。

考虑到铰缝参与顶板受压，取顶板计算宽度 $b_f = 1\,000$mm，$y_1 = y_2 = 300$mm，等效工字梁截面尺寸为：

上翼板厚度
$$h'_f = y_1 - \frac{1}{2}h_k = 300 - 0.5 \times 392 = 104\text{mm}$$

下翼板厚
$$h_f = y_2 - \frac{1}{2}h_k = 300 - 0.5 \times 392 = 104\text{mm}$$

腹板厚度
$$b = b_f - 2b_k = 1000 - 2 \times 287 = 426\text{mm}$$

有效高度
$$h_0 = h - a_s = 600 - 45 = 555\text{mm}$$

(2)加固后承载力验算

在板底粘贴的碳纤维布面积 $A_f = 300 \times 0.167 = 50.1\text{mm}^2$。

①截面受拉边缘混凝土初始应变 ε_1 计算

假设开裂截面受压区高度 $x_1 > h'_f$，开裂截面换算截面受压区高度 x_1 计算式为：

$$x_1 = \sqrt{A_1^2 + B_1} - A_1$$
$$A_1 = [\alpha_{Es}A_s + (b'_f - b)h'_f]/b$$
$$= [7.143 \times 4909 + (1000 - 426) \times 104] \div 426$$
$$= 222\text{mm}$$
$$B_1 = [2\alpha_{Es}A_s + (b'_f - b)h'^2_f]/b$$
$$= [2 \times 7.143 \times 4909 \times 555 + (1000 - 426) \times 104^2] \div 426$$
$$= 1.06 \times 10^5\text{mm}^2$$

于是
$$x_1 = \sqrt{222^2 + 1.06 \times 10^5} - 222$$
$$= 172\text{mm} > 104\text{mm}$$

假设正确。

开裂截面惯性矩为：
$$I_{cr} = b'_f x_1^3 \div 3 - (b'_f - b)(x_1 - h'_f)^3/3 + \alpha_{Es}A_s(h_0 - x_1)^2$$
$$= 1000 \times 172^3 \div 3 - (1000 - 426) \times (172 - 104)^3 \div 3 +$$
$$7.143 \times 4909 \times (555 - 172)^2 = 6.78 \times 10^9\text{mm}^4$$

第一阶段弯矩：
$$M_{d1} = \gamma_0 M_{GK} = 1.2 \times 97.8 = 117.4\text{kN·m}$$

加固前在第一阶段弯矩作用下，截面受拉边缘混凝土的初始应变为：
$$\varepsilon_1 = \frac{M_{d1}(h - x_1)}{E_c I_{cr}} = \frac{117.4 \times 10^6 \times (600 - 172)}{2.8 \times 10^4 \times 6.78 \times 10^9} = 2.647 \times 10^{-4}$$

②ξ_{fb}的计算

$n_f E_f t_f = 1 \times 2.4 \times 10^5 \times 0.167 = 40080 < 214000$，故 $k_{m1} = 1 - \dfrac{40080}{428000} = 0.906$

Ⅰ类环境条件下碳纤维 $k_{m2} = 0.85$，k_m 取 k_{m1} 和 k_{m2} 中较小值，即 $k_{m2} = 0.85$。

$$\varepsilon_{fu} = \frac{3\,400}{2.4\times10^5} = 0.014\,2$$

$$[\varepsilon_f] = k_m \varepsilon_{fu} = 0.012 > \min\left(\frac{2}{3}\varepsilon_{fu}, 0.007\right) = 0.007, 取[\varepsilon_f] = 0.007$$

$$\xi_{fb} = \frac{0.8\varepsilon_{cu}}{\varepsilon_{cu} + [\varepsilon_f] + \varepsilon_1} = \frac{0.8 \times 0.003\,3}{0.003\,3 + 0.007 + 0.000\,264\,7} = 0.250$$

③正截面承载力验算

假设受压区高度 $x > h'_f = 104\text{mm}$,且 $x > \xi_{fb}h = 0.250 \times 600 = 150\text{mm}$,按下式求解受压区高度及碳纤维布应变:

$$f_{cd}bx + f_{cd}(b'_f - b)h'_f + f'_{sd}A'_s = f_{sd}A_s + E_f\varepsilon_f A_f(\varepsilon_{cu} + \varepsilon_f + \varepsilon_1)x = 0.8\varepsilon_{cu}h$$

代入数据,即

$$11.5 \times (1\,000 - 426) \times 104 + 11.5 \times 426x$$
$$= 280 \times 4\,909 + 240\,000 \times \varepsilon_f \times 50.1$$
$$(0.003\,3 + \varepsilon_f + 2.647 \times 10^4)x = 0.8 \times 0.003\,3 \times 600$$

联立以上两式求得:$x = 156.5\text{mm} > 104\text{mm}$

$$\xi_{fb}h < x < 0.8\xi_b h_0 = 0.8 \times 0.56 \times 555 = 249\text{mm}$$
$$\varepsilon_f = 6.555 \times 10^{-3} < [\varepsilon_f] = 0.007$$

跨中截面抗弯承载力为:

$$M_u = f_{cd}bx\left(h_0 - \frac{1}{2}x\right) + f_{cd}(b'_f - b)h'_f\left(h_0 - \frac{h'_f}{2}\right) + E_f\varepsilon_f A_f a_S$$

$$= 11.5 \times 426 \times 156.5 \times \left(555 - \frac{156.5}{2}\right) + 11.5 \times (1\,000 - 426) \times 104 \times$$
$$\left(555 - \frac{104}{2}\right) + 240\,000 \times 6.555 \times 10^3 \times 50.1 \times 45$$
$$= 714.4\text{kN} \cdot \text{m}$$

【例7-7】 已知双筋矩形截面梁的尺寸 $b \times h = 250\text{mm} \times 400\text{mm}$,原结构采用C25混凝土,HRB335级钢筋;截面受拉钢筋面积 $A_s = 603\text{mm}^2$(3⊥6),受压钢筋面积 $A'_s = 226\text{mm}^2$(2⊥2),$a_s = 45\text{mm}$,$a'_s = 40\text{mm}$。Ⅰ类环境条件,在梁底粘贴了一层总宽度为150mm的Ⅰ级碳纤维布材进行加固,纤维布计算厚度 $t_f = 0.167\text{mm}$,弹性模量 $E_f = 2.4 \times 10^5\text{MPa}$,抗拉强度标准值为3 400MPa。加固施工时,截面承受的弯矩组合设计值为 $M_{d1} = 6\text{kN} \cdot \text{m}$,试计算加固后截面的抗弯承载力。

【解】 由题意,材料强度等参数值为:$f_{cd} = 11.5\text{MPa}$,$f_{sd} = 280\text{MPa}$,$E_c = 2.8 \times 10^4\text{MPa}$,$E_s = 2 \times 10^5\text{MPa}$,$\varepsilon_{cu} = 0.003\,3$。

$$\alpha_{Es} = \frac{E_s}{E_c} = 7.143$$

在梁底粘贴的碳纤维布面积 $A_f = 150 \times 0.167 = 25.05\text{mm}^2$。

(1)截面受拉边缘混凝土初始应变 ε_1 计算

截面有效高度为:

$$h_0 = 400 - 45 = 335\text{mm}$$

开裂截面受压区高度为：

$$x_1 = \frac{\alpha_{Es}(A_s - A'_s)}{b} + \frac{\sqrt{\alpha_{Es}^2(A_s - A'_s)^2 - 2b\alpha_{Es}(A'_s a'_s - A_s a_s)}}{b}$$

$$= \frac{7.143 \times (603 - 226)}{250} +$$

$$\frac{\sqrt{7.143^2 \times (603 - 226)^2 - 2 \times 250 \times 7.143 \times (226 \times 40 - 603 \times 45)}}{250}$$

$$= 45\text{mm}$$

开裂截面惯性矩为：

$$I_{cr} = \frac{bx_1^3}{3} + \alpha_{Es}A'_s(x_1 - a'_s)^2 + \alpha_{Es}A_s(h_0 - x_1)^2$$

$$= \frac{250 \times 45^3}{3} + 7.143 \times 226 \times (45 - 40)^2 + 7.143 \times 603 \times (355 - 45)^2$$

$$= 4.216 \times 10^8 \text{mm}^4$$

加固前在第一阶段弯矩 M_{d1} 作用下，截面受拉边缘混凝土的初始应变为：

$$\varepsilon_1 = \frac{M_{d1}(h - x_1)}{E_c I_{cr}} = \frac{6 \times 10^6 \times (400 - 45)}{2.8 \times 10^4 \times 4.216 \times 10^6} = 1.804 \times 10^{-4}$$

（2）ξ_{fb} 的计算

$$n_f E_f t_f = 1 \times 2.4 \times 10^5 \times 0.167 = 40\,080 < 214\,000, \text{故 } k_{m1} = 1 - \frac{40\,080}{428\,000} = 0.906$$

I 类环境条件下碳纤维 $k_{m2} = 0.85$，k_m 取 k_{m1} 和 k_{m2} 中较小值，即 $k_m = 0.85$。

$$\varepsilon_{fu} = \frac{3\,400}{2.4 \times 10^5} = 0.0142$$

$$[\varepsilon_f] = k_m \varepsilon_{fu} = 0.013 > \min\left(\frac{2}{3}\varepsilon_{fu}, 0.007\right) = 0.007，取 [\varepsilon_f] = 0.007$$

$$\xi_{fb} = \frac{0.8\varepsilon_{cu}}{\varepsilon_{cu} + [\varepsilon_f] + \varepsilon_1} = \frac{0.8 \times 0.0033}{0.0033 + 0.007 + 0.0001804}$$

$$= 0.252$$

$$\xi_{fb}h = 0.252 \times 400 = 101\text{mm}$$

（3）加固后承载力计算

假设 $x > \xi_{fb}h$，且 $x > 2a'_s$，按下式联立求解受压区高度和纤维布应变：

$$f_{cd}bx + f'_{sd}A'_s = f_{sd}A_s + E_f \varepsilon_f A_f$$

$$(\varepsilon_{cu} + \varepsilon_f + \varepsilon_1) = 0.8\varepsilon_{cu}h$$

代入数据，即

$$11.5 \times 250x + 280 \times 226 = 280 \times 603 + 240\,000 \times \varepsilon_f \times 25.05$$

$$(0.0033 + \varepsilon_f + 1.804 \times 10^{-4})x = 0.8 \times 0.0033 \times 400$$

联立以上两式解得：$x = 64\text{mm}$，$\varepsilon_f = 0.013$

$$\varepsilon_f = 0.013 > [\varepsilon_f] = 0.007$$

$$x < 2a'_s = 80\text{mm}, \ x < \xi_{fb}h = 101\text{mm}$$

截面抗弯承载力为：

$$M_u = f_{sd}A_s(h_0 - a'_s) + E_f\varepsilon_f A_f(h - a'_s)$$
$$= 280 \times 603 \times (355-40) + 2.4 \times 10^5 \times 0.007 \times 25.05 \times (400-40)$$
$$= 68.3 \text{kN} \cdot \text{m}$$

【例 7-8】 T 形截面如图 7-50 所示，截面高度 $h=1\,200\text{mm}$，翼板有效分布宽度 $b'_f = 1\,600\text{mm}$，梁肋宽度 $b = 220\text{mm}$；采用 C25 混凝土，HRB335 级钢筋，截面受拉钢筋面积 $A_s = 6\,837\text{mm}^2(8 \underline{\Phi} 32 + 2 \underline{\Phi} 16)$，$a_s = 106\text{mm}$；I 类环境条件，安全等级为二级。荷载等级提高后，截面处弯矩设计值 $M_d = 2\,150\text{kN} \cdot \text{m}$。验算截面抗弯承载力，若不满足，试采用粘贴碳纤维复合材料法进行加固设计，加固前恒载作用下截面处弯矩 $M_{GK} = 418.3\text{kN} \cdot \text{m}$。

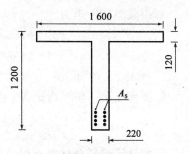

图 7-50 T 形截面(尺寸单位：mm)

【解】 由题意，材料强度等参数取值为：$f_{cd} = 11.5\text{MPa}$，$f_{sd} = 280\text{MPa}$，$E_c = 2.8 \times 10^4 \text{MPa}$，$E_s = 2 \times 10^5 \text{MPa}$，$\xi_b = 0.56$，$\gamma_0 = 1.0$，$\varepsilon_{cu} = 0.003\,3$。

$$\alpha_{Es} = \frac{E_s}{E_c} = 7.143$$

弯矩设计值 $M = \gamma_0 M_d = 2\,150\text{kN} \cdot \text{m}$

(1) 正截面承载力复核

截面有效厚度 $h_0 = 1\,200 - 106 = 1\,094\text{mm}$

翼板等效厚度 $h'_f = \frac{10+14}{2} = 120\text{mm}$，判定 T 形截面类型如下：

$$x = \frac{f_{sd}A_s}{f_{cd}b'_f} = \frac{280 \times 6\,837}{11.5 \times 1\,600} = 104\text{mm} < h'_f = 120\text{mm}$$

故为第一类 T 形截面。

正截面抗弯承载力为：
$$M = f_{cd}b'_f x \left(h_0 - \frac{x}{2}\right) = 11.5 \times 1\,600 \times 104 \times \left(1\,094 - \frac{104}{2}\right)$$
$$= 1\,994\text{kN} \cdot \text{m} < 2\,150\text{kN} \cdot \text{m}$$

正截面抗弯承载力不满足要求，需要进行加固补强。

(2) 截面加固设计

采用梁底架设支架进行粘贴施工，施工中封闭桥上车辆通行，故不计活载作用，第一阶段弯矩组合设计值为：
$$M_{d1} = 1.2 M_{GK} = 1.2 \times 418.3 = 502.4\text{kN} \cdot \text{m}$$

①截面受拉边缘混凝土初始应变 ε_1 计算

假设开裂截面受压区高度 $x_1 > h'_f$，换算截面受压区高度 x_1 计算式为：

$$x_1 = \sqrt{A_1^2 + B_1} - A_1$$
$$A_1 = [\alpha_{Es}A_s + (b'_f - b)h'_f] \div b$$
$$= [7.143 \times 6\,837 + (1\,600 - 220) \times 120] \div 220$$
$$= 975\text{mm}$$
$$B_1 = [2\alpha_{Es}A_s h_0 + (b'_f - b)(h'_f)^2] \div b$$

$$= [2 \times 7.143 \times 6\,837 \times 1\,094 + (1\,000-220) \times 120^2] \div 220$$
$$= 5.76 \times 10^5 \mathrm{mm}^2$$

于是 $x_1 = \sqrt{A_1^2 + B_1} - A_1 = \sqrt{975^2 + 5.76 \times 10^5} - 975 = 261\mathrm{mm} > h'_\mathrm{f} = 120\mathrm{mm}$。
假设正确。
开裂截面惯性矩为:
$$I_\mathrm{cr} = b'_\mathrm{f} x_1^3 \div 3 - (b'_\mathrm{f}-b)(x_1-h'_\mathrm{f})^3/3 + \alpha_\mathrm{Es} A_\mathrm{s}(h_0-x_1)^2 + \alpha_\mathrm{Es} A_\mathrm{s}(x_1-a'_\mathrm{s})$$
$$= 1\,600 \times 261^3 \div 3 - (1\,600-220) \times (261-120)^3 \div 3 + 7.143 \times 6\,837 \times (1\,094-261)^2$$
$$= 4.2 \times 10^{10} \mathrm{mm}^4$$

加固前在第一阶段弯矩 M_{d1} 作用下,截面受拉边缘混凝土的初始应变为:
$$\varepsilon_1 = \frac{M_{di}(h-x_1)}{E_\mathrm{c} I_\mathrm{cr}} = \frac{502.4 \times 10^6 \times (1\,200-261)}{2.4 \times 10^4 \times 4.2 \times 10^{10}} = 4.012 \times 10^{-4}$$

②粘贴纤维复合材料面积 A_f 的估算

假设粘贴一层Ⅰ级碳纤维板材,厚度 $t_\mathrm{f}=1.2\mathrm{mm}$,弹性模量 $E_\mathrm{f}=1.6 \times 10^5 \mathrm{MPa}$,抗拉强度标准值为 $2\,400\mathrm{MPa}$。

$n_\mathrm{f} E_\mathrm{f} t_\mathrm{f} = 1 \times 1.6 \times 10^5 \times 1.2 = 192\,000 < 214\,000$,故 $k_{m1} = 1 - \dfrac{192\,000}{428\,000} = 0.551$

Ⅰ类环境条件下碳纤维 $k_{m2}=0.85$,k_m 取 k_{m1} 和 k_{m2} 中较小值,即 $k_m=0.551$。

$$\varepsilon_\mathrm{fu} = \frac{2\,400}{1.6 \times 10^5} = 0.015$$

$[\varepsilon_\mathrm{f}] = k_m \varepsilon_\mathrm{fu} = 0.008 > \min\left(\dfrac{2}{3}\varepsilon_\mathrm{fu}, 0.007\right) = 0.007$,取 $[\varepsilon_\mathrm{f}]=0.007$。

$$\xi_\mathrm{fb} = \frac{0.8 \times 0.003\,3}{0.003\,3 + 0.007 + 4.012 \times 10^{-4}} = 0.247$$

假定 $x < h'_\mathrm{f}$,且 $x > \xi_\mathrm{fb} h$,由下式求解混凝土受压区高度:
$$M = f_\mathrm{cd} b'_\mathrm{f} x \left(h - \frac{x}{2}\right) - f_\mathrm{sd} A_\mathrm{s} a_\mathrm{s}$$

代入数据,即
$$2\,150 \times 10^6 = 11.5 \times 1\,600 x \left(1\,200 - \frac{x}{2}\right) - 280 \times 6\,837 \times 106$$

解得,$x=111.8\mathrm{mm} < h'_\mathrm{f}=120\mathrm{mm}$,$x < \xi_\mathrm{fb} h = 0.247 \times 1\,200 = 296$,表明纤维板材在达到允许应变时,受压区混凝土应变尚未达到 ε_cu。

当仅在梁底粘贴时,可有:
$$A_\mathrm{f} = \frac{M - f_\mathrm{sd} A_\mathrm{s}(h_0 - 0.5\xi_\mathrm{fb} h)}{E_\mathrm{f} [\varepsilon_\mathrm{f}] h (1 - 0.5\xi_\mathrm{fb})}$$

代入数据,即
$$A_\mathrm{f} = \frac{2\,150 \times 10^6 - 280 \times 6\,837 \times (1\,094 - 0.5 \times 0.247 \times 1\,200)}{1.6 \times 10^5 \times 0.007 \times 1\,200 \times (1 - 0.5 \times 0.247)} = 288.1\mathrm{mm}^2$$

则需粘贴宽度 $b_\mathrm{f} = \dfrac{A_\mathrm{f}}{t_\mathrm{f}} = 288.1 \div 1.2 = 240\mathrm{mm} > b = 220\mathrm{mm}$,故在梁底粘贴一层200mm宽的碳纤维板材,在梁肋两侧各粘贴一层50mm高的碳纤维板材,$50\mathrm{mm} < \dfrac{1}{4}h = 300\mathrm{mm}$,粘贴

的板材面积为：

$$A_f = 200 \times 1.2 + \left(1 - 0.5 \times \frac{50}{1\,200}\right) \times 50 \times 1.2 \times 2 = 357.5 \text{mm}^2$$

粘贴纤维板材面积形心至梁底距离为：

$$a_f = \frac{50 \times 1.2 \times 2 \times \frac{50}{2} - 200 \times 1.2 \times \frac{1.2}{2}}{50 \times 1.2 \times 2 + 200 \times 1.2} = 8 \text{mm}$$

纤维板材截面面积形心至梁底受压区边缘为：

$$h_{f0} = h - a_f = 1\,200 - 8 = 1\,192 \text{mm}$$

③加固后承载力计算

假设受压区高度 $x > h'_f = 120$mm，$x > \xi_{fb} h = 296$mm，联立下列两式求解受压区高度和纤维板应变为：

$$f_{cd} bx + f_{cd}(b'_f - b) h'_f = f_{sd} A_s + E_f \varepsilon_f A_f$$
$$(\varepsilon_{cu} + \varepsilon_f + \varepsilon_1) x = 0.8 \varepsilon_{cu} h_{f0}$$

代入数据，即

$$11.5 \times 220 x + 11.5 \times (1\,600 - 220) \times 120 = 280 \times 6\,837 + 1.6 \times 10^5 \times \varepsilon_f \times 357.5$$
$$(0.003\,3 + \varepsilon_f + 4.012 \times 10^{-4}) x = 0.8 \times 0.003\,3 \times 1\,192$$

联立以上两式求解得：$\varepsilon_f = 0.01 > [\varepsilon_f] = 0.007$，$x = 229.8$mm > 120mm

$2a'_s = 90$mm $< x < \xi_{fb} h = 296$mm，$x \leqslant 0.8 \xi_b h_0 = 0.8 \times 0.56 \times 1\,200$mm $= 490$mm

加固后正截面承载力为：

$$M_u = 280 \times 6\,837 \times (1\,094 - 0.5 \times 0.247 \times 1\,192) + 1.6 \times 10^5 \times 0.007 \times 357.5 \times$$
$$1\,192 \times (1 - 0.5 \times 0.247) = 2\,230.8 \text{kN} \cdot \text{m} > 2\,150 \text{kN} \cdot \text{m}$$

加固后正截面承载力满足要求。

六、加固实例

天津于家岭大桥是一座钢筋混凝土简支梁桥，桥长 702.5m，桥宽 9m，单孔跨径 13.5m，共 52 孔。上部结构由 6 片 T 型梁组成，下部结构是灌柱桩双柱式墩台。由于 1976 年唐山地震及重载车行驶等因素影响，桥梁的上、下部结构均受到不同程度的损害，尤其是下部结构的帽梁和墩柱损坏比较严重。部分帽梁的负弯矩区里出现了宽达 1.5mm 的裂缝，正弯矩区也有少数由下向上的垂直裂缝，靠近支点的帽梁腹板有剪力引起的斜裂缝，最大缝 2mm。还有部分墩柱出现不同程度的纵裂和横裂。经诊断，由业主及有关部门共同研究，采用了碳纤维修补方案，在帽梁负弯矩区先将裂缝注入环氧树脂封闭，然后打磨平整，顺抗力方向粘贴 1～2 层 TXD-C-20 型碳纤维片，腹板的剪力补强用上述同样的方法，粘贴了两层 TXD-C-20 型碳纤维片，一层沿垂直方向，一层沿水平方向粘贴。墩柱用同样方法在补强区沿垂直方向粘贴一层、环包一层 TXD-C-20 型碳纤维片。碳纤维片的施工与桥面的维修同时进行，甚为简便。补强后安全运营至今。

第五节　体外预应力加固方法

一、体外预应力加固法基本概念

体外预应力加固是指运用预应力原理，通过增设体外预应力索（包括钢绞线、高强钢丝束和精轧螺纹钢筋）对既有混凝土梁体主动施加外力，以改善原结构的受力状况的加固方法。对于钢筋混凝土或预应力混凝土梁板，采用对受拉区施以预加压力的加固方法，可以抵消部分自重应力，起到卸载作用，从而能较大幅度地提高梁的承载能力。体外预应力加固法，既可作为桥梁通过重车的临时加固手段，又可作为永久性提高桥梁荷载等级的措施。

体外预应力加固体系主要由预应力钢筋（束）、锚固系统、转向块或滑块、水平束减振装置和梁体组成，可用于混凝土简支梁、连续梁及连续钢构桥等的加固。用预应力方法加固桥梁结构时，应考虑的主要问题有：施加预应力方式的方法，预应力损失的估计，减少预应力损失的措施，预应力加固的计算等。

工程实践表明，桥梁体外束加固技术具有如下优点：

(1)施工工艺简单。体外束不需要设置结构内部管道，在原有结构上固定预应力束方便、快捷，加固块件的制作质量容易控制，安装张拉方便，所需设备简单、人力投入少、工期短、干扰交通少、经济效益明显。

(2)附加重量小，能够较大幅度地提高旧桥承载能力。加固后所能达到的等级与原桥设计标准及安全储备有关，一般情况下可将原桥承载力提高30%～40%，利于结构的轻便和美观。

(3)对原结构损伤小，可以做到不影响桥下净空、不增加路面高程。

(4)体外预应力束线形简单，预应力损失小，材料使用效率高。

(5)在加固过程中，可以实现不中断交通或短时限制交通，便于检测、检查及维护。

(6)体外预应力加固需要可靠的防腐设计，要限制自由长度以控制振动，防止火灾。

1. 施加预应力常用方法

用预应力法加固钢筋混凝土或预应力混凝土梁板，其加固件一般采用钢杆、粗钢筋或钢丝索等钢材，施加预应力的方法有纵向张拉法、横向张拉法和张拉钢丝束等。纵向张拉法在施加的预应力数值较小时可采用螺栓、丝杆、花篮螺丝等简易拉紧器进行张拉。在施加的预应力较大时，可采用手拉葫芦、千斤顶张拉或电热法张拉。横向张拉法基本原理是在钢拉杆中部施加较小的横向外力，从而可在钢拉杆内获得较大的纵向内力。由于横向张拉外力一般并不很大，采用螺栓、丝杆、花篮螺丝等简易工具即可。钢丝束通常通过锚具用千斤顶进行张拉，如果张拉要求不高，可以采用撬棍等工具绞紧钢丝绳束亦可产生预拉应力。

2. 预应力损失估计和减少预应力损失的措施

预应力损失是影响到预应力加固的适用范围和加固后工作状态的重要问题。预应力损失，由加固件本身和承受加固件作用的结构两方面的变形而产生，主要因素有：

(1)基础徐变和地基沉降；

(2)被加固构件收缩和其他变形；

(3)加固件本身徐变；

(4)加固件节点和传力构造变形;

(5)温度应变。

在预应力加固件使用过程中,由于基础沉降、温度应变、新浇混凝土徐变等具体原因,将产生较大预应力损失,这时,为减少预应力损失、保证加固效果,必须在加固过程中,预留构造措施,以便在使用过程中及时调整加固件的工作应力数值。

3.预应力加固设计特点

(1)在自重很小的情况下,能较大幅度地改善和调整原结构的受力情况,提高承重结构的刚度、抗裂性;体外预应力筋布置在构件截面以外,其锈蚀状况便于检查,可以修补或更换;由于体外预应力筋的变形与混凝土截面不协调,体外预应力筋的应力沿长度方向分布均匀,变化幅度小,能够有效控制原结构的裂缝和挠度,使裂缝部分或全部闭合;能够控制和调校体外束的应力。

(2)体外预应力筋无混凝土保护,易遭火灾破坏,并要限制自由长度以控制振动;转向和锚固装置因承受着巨大的纵、横向力,比较笨重;对于体外预应力结构,锚固失效意味着预应力的丧失,所以锚具防腐要求高;承载极限状态下体外预应力结构的抗弯能力小于有黏结和无黏结预应力结构;体外预应力结构在极限状态下可能因延性不足而产生没有预兆的失效。

4.适用范围

(1)正截面抗弯承载力不足或正截面受拉区钢筋锈蚀。

(2)梁抗弯刚度不足导致原梁挠度超过规范规定,或由于刚度太小导致梁的受拉区裂缝宽度超过规范规定。

(3)梁斜截面抗弯承载力不足。

二、预应力拉杆加固钢筋混凝土梁板

钢筋混凝土梁/板预应力补强加固一般采用预应力拉杆,常用的拉杆体系有三种:水平预应力补强拉杆、下撑式预应力补强拉杆以及组合式预应力补强拉杆。各种拉杆体系的结构和加固原理分述如下:

1.水平预应力补强拉杆加固法

对于钢筋混凝土或预应力混凝土的T梁或工字梁桥,可采用在梁断面的受拉力,即在梁底下加设顶应力水平拉杆的简易补强方法进行加固,加固结构如图7-51所示。从图7-51中可以看到,当拉杆安装并通过紧销钢栓实施横向拉力后,钢拉杆内将产生较大纵向拉力,于是,梁受拉区就受到拉杆顶压应力的作用,梁中受拉应力也就相应减少。从加固原理上看,这种补强加固法可提高梁构件正截面抗弯承载能力,但不能提高支座附近斜截面抗剪承载能力。

2.下撑式预应力补强拉杆加固法

下撑式预应力补强拉杆的加固方法,将水平补强拉杆在接近支座处向上弯起,锚固于梁板支座的上部,弯起点处增设传力构造,再施加预拉应力。在桥下净空许可的条件下,可采用如图7-52所示的下撑式补强拉杆法加固梁式钢筋混凝土梁。这种加固法的预应力补强拉杆用钢材做成,拉杆弯起点设立柱,立柱用钢筋混凝土或混凝土做成;立柱一般设在1/4跨径的地方,以使预应力加固的斜拉杆与水平线的角度为30°~45°。

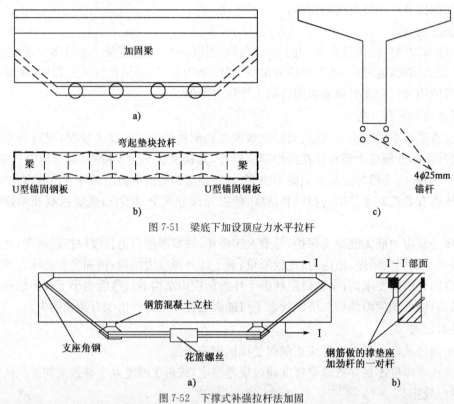

图 7-51 梁底下加设顶应力水平拉杆

图 7-52 下撑式补强拉杆法加固

预应力加固件的斜拉杆,装在被加固的 T 梁腹板左右两侧支座上方的两端。在钢筋混凝土梁上凿开一个安装垫座的位置,割去一部分梁的钢筋箍和竖钢箍,将用角钢或槽钢做成的支承垫座安放在凿好的洞内,并与斜拉杆成垂直角。斜拉杆的一端插入支承垫座内用螺帽扣紧,另一端在立柱下面用一对节点板和水平拉杆结合。装好之后,用花篮螺丝把加劲的水平拉杆拧紧。为减少对桥下净空的影响,预应力补强拉杆也可布置在主梁腹部的两侧(中性轴以下),如图 7-53 所示。

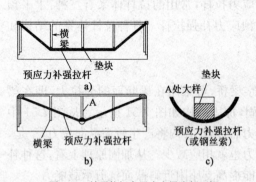

图 7-53 补强拉杆布置在主梁腹部两侧

为使补强拉杆锚固于梁腹板,形成整体,锚固的方法有很多种,图 7-54a)为夹具锚固的情况;图 7-54b)为用钢板套箍锚固的情况。

由于下撑式预应力补强拉杆布置较为合理,拉杆中施加预应力后,通过拉杆弯起点的支托构件传力,与梁结构产生作用力,起到卸载的作用。这种加固方法的优点是可对受弯构件垂直截面上的抗弯强度和斜截面上的抗剪强度同时起到补强作用。此法加固效果显著,可将原结构的承载能力增大一倍。

3.组合式预应力补强拉杆加固法

既布置水平补强拉杆,又布置有下撑式补强拉杆,这种加固方式称为组合式预应力加固方法,如图 7-55 所示。

组合式预应力补强拉杆的加固方法,既具有下撑式预应力补强拉杆,同时提高抗弯、抗剪强度的优点,又可在必要时将通常安设的两根拉杆增加到4根(两根水平拉杆),从而可更大幅度地提高承载能力。

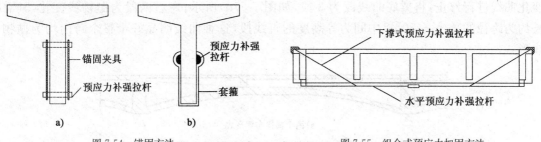

图7-54 锚固方法　　　　　　　　图7-55 组合式预应力加固方法

上述3种预应力补强拉杆加固法的采用,可根据具体情况进行选择。从补强的内力种类来看,当梁板跨中受弯强度不足,而斜截面上抗剪强度足够时,可采用水平预应力拉杆及其他两种拉杆。当梁板支座附近斜截面抗剪强度不足时,则采用下撑式和组合式预应力拉杆。从要求补强加固后承载力能提高较大时,宜采用组合式补强拉杆。此外,3种拉杆的选择均须考虑施工的方便与可能。

三、体外预应力索加固大跨径连续梁桥、连续刚构桥

1. 体外预应力的布设原则

(1)预应力筋的外形和位置应尽可能与弯矩图一致,合理的预应力筋的布置形状应该是使张拉预应力筋所产生的等效荷载与外部荷载的分布形式上基本一致。

(2)为了获得较大的截面抵抗弯矩,控制截面处的预应力筋应尽量靠近受拉边缘布置,以提高其抗裂能力及承载能力。

(3)尽可能减少预应力筋的摩擦损失和锚固损失,增大有效预应力值,以提高施加预应力的效益和构件的抗裂性。

2. 布束形式

体外预应力筋(束)布置方式须考虑桥梁结构的内力分布状况。体外预应力筋(束)可根据原结构的构造及断面形式布置在梁体的外侧或内侧。对箱梁宜将体外预应力筋(束)布置在箱(室)的内侧。体外预应力筋(束)沿桥梁纵向长线布置,横桥向应对称。如图7-56所示。

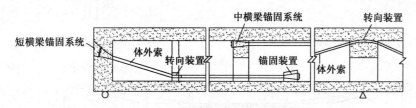

图7-56 体外预应力加固束在箱梁内的纵向布束形式

对于截面变高度桥梁的情况完全不同。当每跨内有两个转向内横梁时,如图7-57a)所示,由于截面高度的变化,内横梁必须尽量靠近跨中弯矩较大的区域,以提供必需的偏心距,但此时体外束提供的预剪力却很小。当跨中截面与墩顶截面的高度相差较大时,体外束仅有很小

的偏转角度,对结构的抗剪不利,此时应该增加转向内横梁的数目以改善结构的抗剪性能。

由于墩顶附近截面高度变化较快,没有必要在此处引入较大的预剪力,因此在跨内其他部分增大体外索的偏转角度是合适的,如图 7-57b)、c)所示。最好的解决方法是对主梁高度的变化曲线进行修正,将梁底曲线改为 3 段,如图 7-57d)所示;左右两段为抛物线变化,其总长约为跨径的 40%~50%,中间为等高度的直线段,这种曲线明显好于整个跨内均为抛物线形式。

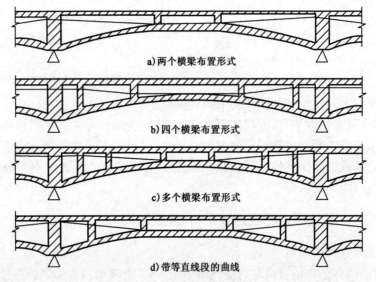

图 7-57 变高度梁体外索的布置形式

为减少墩顶横梁上锚固点的数目,体外束也可以在两跨之间通长布置,即体外索在两跨的中间墩顶横梁通过而不锚固,这样,有利于锚固点的空间布置,改善了横梁的受力条件。同时可以降低工程造价,因为锚具的费用很高,尤其是可更换的体外索的锚具。

一般来说下挠桥梁势必会有跨中箱梁下缘截面压应力储备不足、1/4 跨~墩顶位置附近截面主拉应力偏大等病害,因此采用图 7-58~图 7-60 布置的体外预应力布置形式是最常见的。总的来说改善结构下挠的体外预应力布置应以结构计算分析为依据。

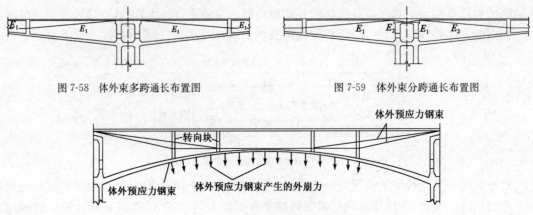

图 7-58 体外束多跨通长布置图　　　　图 7-59 体外束分跨通长布置图

图 7-60 变高度箱梁体外预应力布置图

四、施工工艺

体外预应力体系有4个基本组成部分,即体外预应力束、体外束锚固系统、体外束转向装置和体外束防腐系统。体外预应力混凝土结构是一种采用体外预应力体系的混凝土结构,根据其是否同时配置体内预应力筋,可区分为体内、体外混合预应力混凝土结构和全体外预应力混凝土结构。

1. 预应力筋加工与运输

(1)预应力所用的粗钢筋、钢绞线等预应力材料在下料安装之前要密封包裹,防止锈蚀。

(2)运输过程中要防止钢材之间相互碰撞而变形损坏。预应力材料必须保持清洁,在存放和搬运过程中应避免机械损伤和锈蚀。如材料进场后需长时间存放,必须安排人员定期进行外观检查。仓储保管时,仓库应干燥、防潮、通风良好、无腐蚀性气体和介质;室外保管时,时间不宜超过6个月,不得直接堆放在地面上,必须采取下面垫以枕木并在其上用防雨布覆盖等有效措施,防止雨露和各种腐蚀性气体、介质的影响。

(3)钢绞线、精轧螺纹钢筋应采用切断机或砂轮锯切断,不得采用电弧切割。预应力筋的下料长度应通过计算确定,计算时应考虑张拉设备所需的工作长度、冷拉伸长值、弹性回缩值、张拉伸长值和外露长度等因素。

2. 安装及张拉

(1)简支梁桥体外预应力加固

按设计要求凿出锚固槽口,在槽口内按设计要求的角度钻孔,并粘贴锚固钢板。按设计要求安装转向装置。对称、均衡张拉至设计吨位,拉杆的松紧度应调整一致。张拉方法按现行《公路桥涵施工技术规范》执行。

(2)箱梁体外预应力加固

按设计要求增设横隔板或齿板,安装锚具,在横梁、转向块位置的混凝土上粘贴钢板,待结构胶完全达到强度后才能进行张拉。为了使预应力钢绞线在锚固点附近成喇叭口状分布在锚具上,锚固端400mm范围内应将孔道逐渐扩宽满足锚具安装要求。

各体外束的张拉应按设计要求进行。当设计未做具体要求时,施加张拉力次序为:0→15%→0→50%→80%→100%。

3. 施工监控

在控制张拉力和伸长量的同时,应对旧桥主要断面的应变及整体挠度进行监控。

4. 齿板、转向块(板)及滑块

(1)齿板

按照设计图纸进行放样,确定齿板纵向位置。探测出底板原预应力筋位置如果与新增齿板位置有冲突时,可经设计同意后调整齿板横向位置。然后凿除底板混凝土保护层,漏出新鲜混凝土面,将混凝土碎渣清理干净,使底板纵向和横向钢筋外露,并用钢刷除去钢筋上的锈迹。按照设计要求在底板植筋。等到植筋胶固化后,绑扎齿板钢筋,调整锚具位置及角度,并将齿板钢筋和原底板钢筋焊接成整体。立模浇筑齿板混凝土,等到齿板混凝土强度达到设计强度后才能张拉预应力束。

(2)转向块

新浇混凝土转向块与梁体间接缝处必须人工凿毛处理,需要植筋时可参照相关规范的要求。为减少体外索水平筋(束)在活载作用下发生振动,应沿其纵向设置水平筋(束)减振装置。

(3)滑块

滑块可用钢材或混凝土浇筑成型,对于后者需预留孔道,以穿入水平预应力钢筋。水平滑块的钢垫板需粘贴在梁的底面。当在水平滑块上设置聚四氟乙烯滑板时,可将其预先粘贴在钢垫板上或滑块的顶面上。水平预应力钢筋的定位座可粘贴在跨中梁底位置上。

5. 防腐与防护

体外预应力筋张拉结束后,应按设计要求进行防腐处理。当体外预应力筋采用成品索,自身带有防腐功能时,可不采取防腐措施。如图 7-61 所示。

图 7-61 新型防腐体外预应力钢束

五、加固计算

预应力加固设计计算,应首先绘制加固前后结构受力图形,分析内力的变化。加固件中工作应力数值应满足原有结构加固的需要。加固件中施加的预应力数值应为工作应力和预应力损失数值之和。预应力损失值在具备一定经验和资料时可由计算确定,在经验和资料尚不充分时宜在加固前用实验测定。

1. 持久状况承载能力极限状态计算

正截面抗弯承载力计算时基本假定如下:

①在极限状态下,加固梁仍须为适筋梁破坏,受拉区的混凝土退出工作,全部拉力由原梁中的预应力钢筋或普通钢筋与体外索共同承担。

②加固后原梁的正截面变形仍符合平截面假设。

③受压区混凝土的应力分布按矩形应力图考虑,其应力大小取为混凝土抗压强度设计值 f_{cd},混凝土的极限压应变取为 $\varepsilon_{cu}=0.003$。

④原混凝土梁中普通钢筋或预应力钢筋应力分别达到其抗拉强度设计值 f_{sd} 或 $f_{pd,i}$。

⑤体外索水平筋(束)在极限状态下的应力达到其极限应力 $\sigma_{pd,i}$。

(1)体外索加固梁的正截面抗弯承载力

加固结构抗弯承载力计算时,应根据截面形状和中性轴的位置分两种情况考虑。如图 7-62 所示。

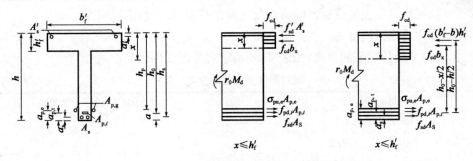

图 7-62 矩形、T 形截面梁正截面抗弯承载力计算图

① 矩形截面或中性轴位于 T 形或 I 形截面翼板内($x \leqslant h'_f$)

$$f_{cd}b'_f x + f'_{sd}A'_s = \sigma_{pu,e}A_{p,e} + f_{pd,i}A_{p,i} + f_{sd}A_s \tag{7-50}$$

$$\gamma_0 M_d \leqslant f_{cd}b'_f x \left(h_0 - \frac{x}{2}\right) \tag{7-51}$$

② T 形或 I 形截面且中性轴位于截面腹板内($x > h'_f$)

$$f_{cd}bx + f_{cd}(b'_f - b)h'_f + f'_{sd}A'_s = \sigma_{pu,e}A_{p,e} + f_{pd,i}A_{p,i} + f_{sd}A_s \tag{7-52}$$

$$\gamma_0 M_d \leqslant f_{cd}bx\left(h_0 - \frac{x}{2}\right) + f_{cd}(b'_f - b)h'_f\left(h_0 - \frac{h'_f}{2}\right) + f'_{sd}A'_s(h_0 - a'_s) \tag{7-53}$$

为确保加固后的混凝土梁仍为塑性破坏,上述公式中的截面受压区高度 x 应满足下列条件:

$$x \leqslant \xi_b h_s \quad \text{或} \quad x \leqslant \xi_b h_p \tag{7-54}$$

$$x \geqslant 2a'_s \tag{7-55}$$

式中:γ_0——桥梁结构重要性系数;

M_d——计算截面弯矩组合设计值;

$A_{p,e}$——体外预应力水平钢筋(束)的截面面积;

$\sigma_{pu,e}$——当构件达到极限抗弯承载能力时,体外预应力筋(束)的极限应力计算值;

$A_{p,i}$——原梁体内预应力筋的截面面积;

$f_{pd,i}$——原梁体内预应力筋的抗拉强度设计值;

A_s——原梁体内纵向受拉普通钢筋的面积;

A'_s——原梁体内纵向受压普通钢筋的面积;

f_{sd}——原梁体内纵向受拉普通钢筋的抗拉强度设计值;

f_{cd}——混凝土的抗压强度设计值;

b'_f——受压翼板的有效宽度;

h'_f——受压翼板的厚度;

h_s、h_p——原梁中普通钢筋和预应力钢筋的合力作用点至梁顶面的距离;

h_0——体(内)外预应力筋和原梁普通钢筋的合力点到梁顶面的距离,$h_0 = h - a$;

a——受拉区体内(外)预应力筋(束)和普通钢筋的合力作用点至受拉区边缘的距离;

a'_s——受压区普通钢筋的合力作用点至受压区边缘的距离;

ξ_b——原钢筋混凝土梁或原预应力混凝土梁的相对界限受压区高度。

(2) 相对界限受压区高度 ξ_b

可根据原梁中受拉钢筋的种类,由表 7-15 确定对界限受压区高度 ξ_b。

相对界限受压区高度 ξ_b 表 7-15

原结构中钢筋种类	C50 及以下混凝土强度等级
R235(Ⅰ级钢钢筋)	0.62
HRB335(Ⅱ级钢钢筋)	0.56
HRB400、KL400(Ⅲ级钢钢筋)	0.53
5 号钢	0.60
钢绞线、钢丝	0.40
精轧螺纹钢钢筋	0.40

注:①截面受拉区内配置不同种类钢筋的受弯构件,其 ξ_b 值应选用相应于各种钢筋的较小者。
②原构件混凝土强度等级超过 C50 时,ξ_b 的取值应参照《公路钢筋混凝土及预应力混凝土桥涵设计规范》(JTG D62—2004)第 5.2.1 条取值。
③表中Ⅰ、Ⅱ、Ⅳ级钢钢筋及 5 号钢是指《钢筋混凝土及预应力混凝土桥涵设计规范》(JTJ—023—85)中的钢筋牌号。

(3) 体外索的水平筋(束)的极限应力 $\sigma_{pu,e}$

理论和试验研究表明,影响体外预应力筋极限应力的主要因素有普通钢筋面积、体外预应力钢筋面积、混凝土强度、跨高比、加载方式、布索方式 6 项。

正截面抗弯承载力计算中,体外索的水平筋(束)极限应力 $\sigma_{pu,e}$ 按下式计算:

$$\sigma_{pu,e} = \sigma_{pe,e} + 0.03 E_{p,e} \frac{h_{p,e} - c}{l_e} \leqslant f_{pd,e} \tag{7-56}$$

式中:l_e——计算跨体外索的有效长度,$l_e = \dfrac{2l_i}{N_s + 2}$;

l_i——两端锚具间体外索的总长度;对于简支梁加固体系,$l_e = l_i$;

$h_{p,e}$——体外预应力筋(束)合力点到截面顶面的距离;

$E_{p,e}$——体外预应力筋(束)的弹性模量;

N_s——构件失效时形成的塑性铰数目,对于简支梁,$N_s = 0$,对于连续梁,$N_s = n - 1$;n 为连续梁的跨数;

c——截面中性轴到混凝土受压区顶面的距离,其值为:

对于 T 形截面 $c = \dfrac{A_{p,e}\sigma_{pu,e} + A_s f_{sk} + A_p f_{pk} - A'_s f'_{sk} - 0.75 f_{cu,k}\beta(b'_f - b)h'_f}{0.75 f_{cu,k} b \beta}$

对于矩形截面 $c = \dfrac{A_{p,e}\sigma_{pu,e} + A_s f_{sk} + A_p f_{pk} - A'_s f'_{sk}}{0.75 f_{cu,k} b \beta}$

β——混凝土受压区高度折减系数,取 $\beta = 0.80$。当混凝土强度等级高于 C50 时,应按表 7-16 折减;

$f_{cu,k}$——混凝土轴心抗压强度标准值;

$f_{pd,e}$——体外预应力筋(束)的抗拉强度设计值;

$\sigma_{pe,e}$——体外预应力筋(束)的永存预应力;

$A_{p,e}$——体外预应力筋(束)的截面面积。

系 数 β 值　　表 7-16

混凝土强度等级	C55	C60	C65	C70	C75	C80
β	0.79	0.78	0.77	0.76	0.75	0.74

2. 持久状况正常使用极限状态计算

体外预应力加固受弯构件按下列三种情况设计：

①全预应力混凝土加固结构。在作用(或荷载)短期效应组合下控制截面边缘不容许出现拉应力,在结构自重和体外预应力作用下简支梁控制截面的上缘不得消压。

②A类体外预应力混凝土加固结构。在作用(或荷载)短期效应组合下控制截面边缘可出现不超过限值的拉应力。

③B类体外预应力混凝土加固结构。在作用(或荷载)短期效应组合下控制截面边缘可出现超过限值的拉应力,但裂缝宽度应小于限值。

体外预应力混凝土结构弹性内力分析时,应采用原梁全截面换算截面几何性质,亦可近似采用毛截面几何性质。

计算体外预应力混凝土结构的弹性应力时,全预应力构件、A类构件应采用全截面换算截面几何性质;B类构件应采用开裂的换算截面几何性质。

(1)体外预应力钢材的张拉控制应力

钢绞线、钢丝束：

$$\sigma_{con,e} \leqslant 0.65 f_{pk,e} \tag{7-57}$$

精轧螺纹钢：

$$\sigma_{con,e} \leqslant 0.75 f_{pk,e} \tag{7-58}$$

式中,$f_{pk,e}$ 为体外预应力钢材的抗拉强度标准值,按表 7-17 取用。

预应力钢筋抗拉、抗压强度设计值(MPa)　　表 7-17

钢筋种类		f_{pd}	f'_{pd}
钢绞线 1×2(二股) 1×3(三股) 1×7(七股)	$f_{ph}=1470$	1000	390
	$f_{ph}=1570$	1070	
	$f_{ph}=1720$	1170	
	$f_{ph}=1860$	1260	
消除应力光面钢丝和螺旋肋钢丝	$f_{ph}=1470$	1000	410
	$f_{ph}=1570$	1070	
	$f_{ph}=1670$	1140	
	$f_{ph}=1770$	1200	
消除应力刻痕钢丝	$f_{ph}=1470$	1000	410
	$f_{ph}=1570$	1070	
精轧螺纹钢筋	$f_{ph}=540$	450	400
	$f_{ph}=785$	650	
	$f_{ph}=930$	770	

(2)体外预应力损失估算

考虑到加固桥梁多为运行十几年的旧桥,其混凝土的收缩、徐变已基本完成,故在体外预应力加固旧桥的预应力损失计算中不在考虑由于收缩、徐变引起的应力损失。则采用体外索加固的既有混凝土桥梁在正常使用极限状态计算中应考虑如下因素引起的预应力损失:

①在转向和锚固构造管道内的摩擦引起的预应力损失

$$\sigma_{l1} = \sigma_{con}[1 - e^{-(kx+\mu\theta)}] \tag{7-59}$$

式中:k——单位长度管道轴线局部偏差的摩擦系数(1/m);

x——自张拉端的管道累计计算长度(m);

μ——体外预应力筋(束)与曲线管道的摩擦系数;

θ——自张拉端的管道累计偏转角(rad)。对于空间布束方式,应考虑空间包角的影响。

体外预应力钢筋(束)的摩擦系数可按表7-18取值。

摩擦系数 k 与 μ 值　　　　　　　　　　　　　表7-18

管道种类	k	μ
钢管穿无黏结钢绞线	0.004	0.09
钢管穿光面钢绞线	0.001	0.25
HDPE管穿光面钢绞线	0.002	0.13

②锚具变形、筋(束)回缩和接缝压密引起的预应力损失

$$\sigma_{l2} = E_{p,e} \frac{\sum \Delta l}{l} \tag{7-60}$$

式中:$E_{p,e}$——体外预应力钢筋(束)的弹性模量;

Δl——锚具变形、筋(束)回缩或接缝压密值,按表7-19取用;

l——预应力筋(束)的计算总长度,对于折线布筋(束)情况应为相关各段长度之和。

锚具变形、筋(束)回缩和接缝压密值(mm)　　　　　表7-19

锚具、接缝类型		Δl	锚具、接缝类型	Δl
夹片锚具	有顶压	4	镦头锚具	1
	无顶压	6	每块后加钢垫板的缝隙	1
带螺帽锚具的螺帽缝隙		1	水泥或环氧树脂砂浆的接缝	1

注:表中数据以一个锚具或接缝计。

③分批张拉引起的构件混凝土弹性压缩预应力损失

弹性压缩损失的平均值可近似按下式估算:

$$\sigma_{l4} = \frac{m-1}{2} \alpha_{E_p} \Delta\sigma_{pe} \tag{7-61}$$

式中:α_{E_p}——体外预应力筋(束)的弹性模量与混凝土弹性模量的比值;

$\Delta\sigma_{pe}$——在计算截面先张拉的体外预应力钢(束)中心处,由后张拉每一批体外预应力筋(束)产生的混凝土法向应力;

m——体外预应力筋(束)分批张拉的次数。

由于施加体外预应力引起的原构件预应力筋(束)的弹性压缩损失 σ_{l4o} 可按下式计算:

$$\sigma_{l4o} = \alpha_{EP} m \Delta\sigma_{pe} \tag{7-62}$$

式中：$\Delta\sigma_{pe}$——原梁控制截面上预应力钢筋重心处，由张拉的一批体外预应力筋（束）产生的法向应力。

④钢筋松弛引起的预应力损失终极值

预应力钢丝、钢绞线：

$$\sigma_{l5} = \psi\zeta\left(0.52\frac{\sigma_{p,ei}}{f_{pk}} - 0.26\right)\sigma_{p,ei} \tag{7-63}$$

式中：ψ——张拉系数，一次张拉时，$\psi=1.0$；超长拉时，$\psi=0.9$；

ζ——钢筋松弛系数，普通松弛 $\zeta=1.0$；低松弛 $\zeta=0.3$；

$\sigma_{p,ei}$——传力锚固时体外预应力筋（束）的应力，$\sigma_{p,ei}=\sigma_{con,e}-\sigma_{l1}-\sigma_{l2}-\sigma_{l4}$；

f_{pk}——体外预应力筋（束）的抗拉强度标准值。

精轧螺纹钢筋：

一次张拉：

$$\sigma_{l5} = 0.05\sigma_{con,e} \tag{7-64}$$

超张拉：

$$\sigma_{l5} = 0.035\sigma_{con,e} \tag{7-65}$$

⑤体外预应力筋（束）的应力损失总值

$$\sigma_l = \sigma_{l1} + \sigma_{l2} + \sigma_{l4} + \sigma_{l5} \tag{7-66}$$

正常使用阶段，体外预应力筋（束）中的永存预应力 $\sigma_{pe,e}$

$$\sigma_{pe,e} = \sigma_{con,e} - \sigma_l = \sigma_{con,e} - (\sigma_{l1} + \sigma_{l2} + \sigma_{l4} + \sigma_{l5}) \tag{7-67}$$

（3）抗裂性验算

①正截面抗裂性验算

整体浇筑或整体预制构件在作用（或荷载）短期效应组合下正截面混凝土的抗裂性要求为：

$$\sigma_{st} - 0.90\sigma_{pc} \leqslant 0 \tag{7-68}$$

分段浇筑或分段拼装的构件为：

$$\sigma_{st} - 0.85\sigma_{pc} \leqslant 0 \tag{7-69}$$

对于 A 类预应力混凝土：

作用（或荷载）短期效应组合下：

$$\sigma_{st} - \sigma_{pc} \leqslant 0.75f_{tk} \tag{7-70}$$

作用（或荷载）长期效应组合下：

$$\sigma_{lt} - \sigma_{pc} \leqslant 0 \tag{7-71}$$

式中：σ_{pc}——由体外（内）预应力筋（束）的永存预加力和水平筋（束）中可变作用频遇值或准永久值产生的拉力增量 $\Delta N_{p,e}$ 在构件抗裂验算边缘产生的混凝土预压应力；

σ_{st}——由作用（或荷载）短期效应组合引起的截面抗裂验算边缘混凝土拉应力；

σ_{lt}——由作用（或荷载）长期效应组合引起的构件抗裂验算边缘混凝土拉应力。

②斜截面抗裂性验算

体外索加固的全预应力混凝土构件在作用（或荷载）短期效应组合下有：

整体浇筑或整体预制的抗裂要求为：
$$\sigma_{tp} \leqslant 0.65 f_{tk} \tag{7-72}$$
分段浇筑或分段拼装的抗裂要求为：
$$\sigma_{tp} \leqslant 0.45 f_{tk} \tag{7-73}$$
整体浇筑或整体预制 A 类和 B 类构件、分段浇筑或分段拼装 A 类的加固构件在作用（或荷载）短期效应组合下斜截面抗裂要求为：

整体浇筑或整体预制的抗裂要求：
$$\sigma_{tp} \leqslant 0.75 f_{tk} \tag{7-74}$$
分段浇筑或分段拼装的抗裂要求：
$$\sigma_{tp} \leqslant 0.55 f_{tk} \tag{7-75}$$

式中：σ_{tp}——斜截面上由作用（或荷载）短期效应组合引起的混凝土主拉应力；

f_{tk}——混凝土抗拉强度标准值，按表 7-2 取值。

③预应力混凝土 B 类加固构件的裂缝宽度验算

整体浇筑或整体预制 B 类加固构件的裂缝宽度按下式计算：
$$W_{tk} = C_1 C_2 C_3 \frac{\sigma_{ss}}{E_s} \left(\frac{30+d}{0.28+10\rho} \right) \tag{7-76}$$

式中：C_1——钢筋表面形状系数。对光圆钢筋，$C_1=1.4$；对带肋钢筋，$C_1=1.0$；

C_2——作用（或荷载）长期效应影响系数。对于混凝土转向块抗裂性计算取 $C_2=1.0$；

C_3——与构件受力性质有关的系数。混凝土转向块为偏心受拉构件，$C_3=1.1$；

d——箍筋或受拉钢筋直径（mm）。当用不同直径的钢筋时，d 改用换算直径 $d_e = \frac{\sum n_i d_i^2}{\sum n_i d_i}$，对钢筋混凝土构件，$n_i$ 为受拉区第 i 种普通钢筋的根数，d_i 为受拉区第 i 种普通钢筋的公称直径，钢丝束或钢绞线组成的预应力钢筋为等代直径 d_{pe}，$d_{pe} = \sqrt{n}d$，n 为钢丝束中钢丝根数或钢绞线束中钢绞线根数，d 为单根钢丝或钢绞线的公称直径，对于钢筋混凝土构件中的焊接钢筋骨架，式（7-76）中的 d 应乘以系数 1.3；

ρ——受拉较大侧钢筋配筋率，$\rho = A_s/b_1 b_2$。对钢筋混凝土构件，当 $\rho > 0.02$ 时，取 $\rho = 0.02$；当 $\rho < 0.006$ 时，取 $\rho = 0.006$；

σ_{ss}——受拉较大边的钢筋拉应力按下式计算：
$$\sigma_{ss} = \frac{N_{vc} e'_s}{A_s (b_2 - a_s - a'_s)}$$

e'_s——轴向拉力作用点至受拉较小边钢筋合力点的距离：
$$e'_s = e_0 + h/2 - a'_s$$

预应力混凝土 B 类构件，在正常使用极限状态下的裂缝宽度，应按作用（或荷载）短期效应组合并考虑长期效应影响进行计算。其计算的最大裂缝宽度不应超过下列规定的限值：

a. 原梁为钢筋混凝土梁

Ⅰ类或Ⅱ类环境　　0.20mm

Ⅲ类或Ⅳ类环境　　0.15mm

b. 原梁为预应力混凝土梁

Ⅰ类或Ⅱ类环境　　0.10mm

Ⅲ类或Ⅳ类环境不得采用 B 类构件。

3. 应力计算

不论原梁是钢筋混凝土梁还是预应力混凝土梁,只要其加固后为全预应力混凝土或预应力混凝土 A 类构件,加固后的梁体混凝土截面不开裂,均采用全截面的换算截面几何性质,其截面应力计算应按不开裂的偏心受压构件考虑。由于钢筋混凝土桥梁的混凝土强度等级较低,施加的体外预应力也较小,因此上述两种加固情况在实际工程中出现的概率较小。钢筋混凝土梁加固后多为预应力混凝土 B 类构件。

若原梁为预应力混凝土构件,由于体外预应力的作用,将使原梁中预应力钢筋的应力损失发生变化,例如体外预应力将使得原梁预应力筋在原分批张拉损失的基础上新增加弹性压缩损失;由于原梁预应力钢筋重心处的混凝土压应力发生变化,其混凝土收缩徐变损失也将发生变化。原梁预应力钢筋的预应力损失的变化在加固设计中应予以适当考虑。

持久状况设计的体外预应力混凝土受弯构件,应计算其使用阶段正截面混凝土的法向压应力、斜截面混凝土的主压应力,原梁受拉区预应力钢筋的拉应力,以及体外预应力筋(束)中的拉应力。计算上述应力时,作用(或荷载)取其标准值。应力计算时汽车荷载须考虑其冲击系数。

体外预应力筋(束)中的拉力 $N_{po,e}$ 等于其永存预加力与可变作用标准值产生的拉力增量之和,即:

$$N_{po,e} = (\sigma_{pe,e} + \Delta\sigma_{p,e})A_{p,e} \tag{7-77}$$

式中:$N_{po,e}$——在使用阶段,体外预应力水平筋(束)中的拉力;

$\Delta\sigma_{p,e}$——体外预应力水平筋(束)中由可变作用标准值引起的拉应力增量;

$A_{p,e}$、$\sigma_{pe,e}$——体外预应力水平筋(束)的截面面积和永存预应力。

使用荷载作用阶段,体外预应力水平筋(束)中的最大拉应力为:

$$\sigma_{p,e} = \sigma_{pe,e} + \Delta\sigma_{p,e} \quad 或 \quad \sigma_{p,e} = N_{po,e}/A_{p,e} \tag{7-78}$$

4. 法向应力计算

(1)加固后为全预应力混凝土或预应力混凝土 A 类构件

①原梁为钢筋混凝土构件

钢筋混凝土构件加固后为全预应力混凝土或预应力混凝土 A 类构件时,混凝土法向压应力和法向拉应力可按下式计算:

$$\sigma_{kcp} \text{ 或 } \sigma_{ktp} = \frac{N_{po,e}}{A_0} \mp \frac{N_{po,e}h_2}{I_0}y_0 \mp \frac{M_k}{I_0}y_0 \tag{7-79}$$

式中:σ_{kcp}、σ_{ktp}——使用阶段由作用(或荷载)标准值产生的混凝土法向压应力和拉应力;

M_k——按作用(或荷载)标准值组合计算的弯矩值;

y_0——原梁换算截面重心轴至受压区或受拉区计算纤维处的距离。

其他符号意义同前。

②原梁为预应力混凝土构件

预应力混凝土构件加固后,应考虑原构件中体内预应力筋引起的受压边缘压应力和拉应力,计算中应考虑由体外预应力引起的原构件体内预应力钢筋的弹性压缩损失的变化。

在体内、体外预应力水平筋(束)和作用(或荷载)标准值组合的共同作用下,原构件的混凝土压应力或拉应力按下式计算:

先张法:

$$\sigma_{kcp} \text{ 或 } \sigma_{ktp} = \frac{N_{po,e} + N_{po}}{A_o} \mp \frac{N_{po,e}h_2}{I_o}y_o \mp \frac{N_{po}e_{po}}{I_o} \pm \frac{M_k}{I_o}y_o \tag{7-80}$$

后张法:

$$\sigma_{kcp} \text{ 或 } \sigma_{ktp} = \frac{N_{po,e}}{A_o} + \frac{N_p}{A_n} \mp \frac{N_{po,e}h_2}{I_o}y_o \mp \frac{N_p e_{pn}}{I_n}y_n \pm \frac{M_k}{I_o}y_o \pm \frac{M_{p2}}{I_n}y_n \tag{7-81}$$

原构件预应力钢筋的最大应力为:

$$\sigma_{p,i} = \sigma_{pe,i} + \alpha_{EP}\left(\frac{M_k}{I_o}y_o \pm \frac{M_{p2}}{I_n}y_n\right) \tag{7-82}$$

式中: N_{po}、N_P ——原构件中预应力钢筋和普通钢筋的合力,其值为:

先张法构件: $N_{po} = \sigma_{pe}A_p + \sigma'_{po}A'_p - \sigma_{l6}A_s - \sigma'_{l6}A'_s$

后张法构件: $N_p = \sigma_{pe}A_p + \sigma'_{po}A'_p - \sigma_{l6}A_s - \sigma'_{l6}A'$

$N_{po,e}$ ——在使用阶段,体外预应力水平筋(束)中的拉力;

A_n、I_n ——原梁(跨中)净截面面积和惯性矩;

α_{Ep} ——原梁体内预应力钢筋与混凝土的弹性模量之比;

σ_{kcp} 或 σ_{ktp} ——原梁混凝土截面由体内、体外预应力、作用(或荷载)标准值组合及预应力二次力矩引起的法向压、拉应力;

$\sigma_{pe,i}$ ——原梁体内预应力筋的永存预应力,应包括体外索水平筋对其引起的弹性压缩影响;

M_{p2} ——由预加力 N_P 在后张法预应力混凝土连续梁等超静定结构中产生的次弯矩,与 M_k 同号为正,异号为负;

e_{po}、e_{pn} ——原梁中先张法或后张法构件的预应力钢筋和普通钢筋的合力 N_{po} 或 N_P 对换算截面或净截面的偏心距。

(2)加固后的结构为预应力混凝土 B 类构件

混凝土的法向压应力 σ_{cc} 应按照《公路钢筋混凝土及预应力混凝土桥涵设计规范》(JTG D62—2004)第 7.1.4 条的方法计算,相关参数的计算方法如下:

$$\sigma_{cc} = \frac{N_{po}}{A_{cr}} + \frac{N_{po}e_{0N}c}{I_{cr}} \tag{7-83}$$

式中: N_{po} ——混凝土法向应力等于零时体内、体外预应力钢筋和原梁中普通钢筋的合力,应按《公路钢筋混凝土及预应力混凝土桥涵设计规范》(JTG D62—2004)第 6.1.6 条的公式计算,计算中须增加体外预应力水平筋(束)的拉力 $N_{po,e}$ 一项;

e_{0N} —— N_{po} 作用点至开裂截面重心轴的距离, $e_{0N} = e_N + c$;

e_N —— N_{po} 作用点至截面受压边缘的距离, N_{po} 位于截面之外为正, N_{po} 位于截面之内为负, $e_N = \frac{M_k \pm M_{p2}}{N_{po}} - h_{pse}$;

c ——截面受压区边缘至开裂换算截面重心轴的距离;

A_{cr}、I_{cr}——B 类构件开裂截面换算截面的面积和惯性矩;

h_{pse}——体内、外预应力钢筋与普通钢筋合力点至截面受压边缘的距离,应按《公路钢筋混凝土及预应力混凝土桥涵设计规范》(JTG D62—2004)第 7.1.4 条的公式 (7.1.4-4)计算,计算时其分子中须增加 $\sigma_{p,e}A_{p,e}(h+a_{pe})$ 一项,分母中应包括 $N_{po,e}$。

原构件开裂截面体内预应力钢筋的应力增量 $\Delta\sigma_{p,i}$ 为:

$$\Delta\sigma_{p,i} = \alpha_{EP}\left[\frac{N_{po}}{A_{cr}} - \frac{N_{po}e_{0N}(h_p-c)}{I_{cr}}\right] \tag{7-84}$$

式中:α_{EP}——原构件体内预应力钢筋弹性模量与混凝土弹性模量的比值;

h_p——截面受拉预应力钢筋合力点至截面受压边缘的距离。

原构件开裂截面体内预应力钢筋的最大拉应力 $\sigma_{p,i}$ 为:

$$\sigma_{p,i} = \sigma_{pe,i} + \Delta\sigma_{p,i} \tag{7-85}$$

式中:$\sigma_{pe,i}$——原构件体内预应力钢筋的永存预应力。

用体外预应力加固后的预应力混凝土 B 类构件开裂截面换算截面中性轴位置,应按《公路钢筋混凝土及预应力混凝土桥涵设计规范》(JTG D62—2004)附录 G 中(受压区高度 x)的方法计算。

使用阶段体外索加固受弯构件正截面混凝土的压应力和预应力钢筋(束)中的拉应力应满足下列规定:

①受压区混凝土的最大压应力

$$\left.\begin{array}{l}未开裂构件:\sigma_{kcp} \\ 容许开裂构件:\sigma_{cc}\end{array}\right\} \leqslant 0.5 f_{ck} \tag{7-86}$$

②体内、体外预应力筋(束)的最大拉应力

钢绞线、钢丝:

$$\left.\begin{array}{l}未开裂构件:\sigma_{p,i} 或 \sigma_{p,e} \\ 容许开裂构件:\sigma_{p,i} 或 \sigma_{p,e}\end{array}\right\} \leqslant 0.65 f_{pk,i} \quad 或 \quad 0.65 f_{pk,e} \tag{7-87}$$

精轧螺纹钢筋:

$$\left.\begin{array}{l}未开裂构件:\sigma_{p,i} 或 \sigma_{p,e} \\ 容许开裂构件:\sigma_{p,i} 或 \sigma_{p,e}\end{array}\right\} \leqslant 0.8 f_{pk,i} \quad 或 \quad 0.8 f_{pk,e} \tag{7-88}$$

式中:$f_{pk,i}$、$f_{pk,e}$——体内、体外预应力筋(束)材料的抗拉强度标准值,应按《公路钢筋混凝土及预混凝土桥涵设计规范》(JTG D62—2004)表 3.2.3-2 取值;

σ_{cc}——原构件混凝土开裂截面最大压应力;

$\sigma_{p,e}$——体外预应力水平筋(束)中的最大拉应力,$\sigma_{p,e} = \sigma_{pe} + \Delta\sigma_{p,e}$;

$\sigma_{p,i}$——原构件截面的体内预应力钢筋的最大拉应力。

使用阶段构件混凝土主压应力计算应考虑体外、体内预应力弯起钢筋及作用(或荷载)标准值组合的影响,且应满足下式要求:

$$\sigma_{cp} \leqslant 0.6 f_{ck} \tag{7-89}$$

式中:σ_{cp}——使用阶段由作用(或荷载)标准值组合产生的混凝土主压应力,应按《公路钢筋混凝土及预应力混凝土桥涵设计规范》(JTG D62—2004)第 6.3.3 条计算。其他符号意义同前。

4. 计算示例

【例 7-9】 某跨径为 16m 的钢筋混凝土简支 T 梁,采用 30 号混凝土,纵向钢筋采用Ⅱ级钢筋 10Φ28,$A_s = 6158\text{mm}^2$,保护层厚度 $c = 35\text{mm}$,$a_s = 114\text{mm}$。跨中截面尺寸如图 7-63 所示。原桥设计荷载等级为汽车—20 级,挂车—100,拟采用体外预应力加固方法将该桥的设计荷载提高至公路—Ⅰ级,提高后的跨中截面弯矩组合设计值 $\gamma_o M_d = 2201.6\text{kN·m}$,结构重要性系数 $\gamma_o = 1.0$。

体外预应力钢筋拟采用 1×7 标准型钢绞线,抗拉强度 $f_{pk,e} = 1860\text{MPa}$,抗拉强度设计值 $f_{pd,e} = 1260\text{MPa}$,弹性模量 $E_{p,e} = 1.95 \times 10^5 \text{MPa}$。采用 1 束 3Φ^{s}15.2 钢绞线,截面面积 $A_{p,e} = 139 \times 3 = 417\text{mm}^2$。加固后的跨中截面钢筋如图 7-64 所示,体外索纵向布置形式如图 7-65 所示。试对加固后跨中截面抗弯承载力进行验算。

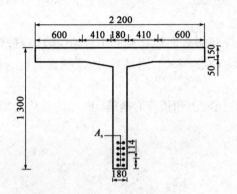

图 7-63 原桥构造图(尺寸单位:mm)

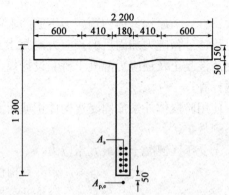

图 7-64 加固后构造图(尺寸单位:mm)

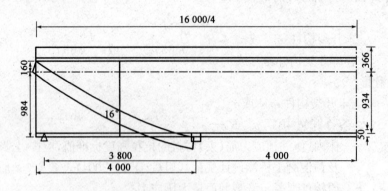

图 7-65 体外预应力(束)筋纵向布置图(尺寸单位:mm)

【解】 由题意知换算后的 $f_{cu,k} = 28\text{MPa}$,$f_{ck} = 18.74\text{MPa}$,$f_{cd} = 12.88\text{MPa}$,$f_{sd} = 280\text{MPa}$,$A_s = 6158\text{mm}^2$,$a_s = 114\text{mm}$,$f_{pk,e} = 1860\text{MPa}$,$E_{p,e} = 1.95 \times 10^5 \text{MPa}$,$A_{p,e} = 139 \times 3 = 417\text{mm}^2$,$f_{pd,e} = 1260\text{MPa}$,$\xi_b = 0.56$。

(1)原梁抗弯承载力校核

①判定 T 形截面类型

$$h'_f = 150 + \left[\frac{2 \times \frac{1}{2} \times 410 \times 50}{2200 - 180}\right] = 160\text{mm} \quad b'_f = 2200\text{mm}$$

$$h_o = h - a_s = 1300 - 114 = 1186\text{mm}$$

$$x = \frac{f_{sd}A_s}{f_{cd}b'_f} = \frac{280 \times 6158}{12.88 \times 2200} = 60.9 < \xi_b h_o = 0.56 \times 1186 = 664\text{mm},\text{且小于}\ h'_f = 160\text{mm}。$$

中性轴在受压翼缘中,为第一类 T 形截面。

②正截面抗弯承载力计算

$$M_u = f_{cd}b'_f x\left(h_o - \frac{x}{2}\right)$$

$$= 12.88 \times 2200 \times 60.9 \times \left(1186 - \frac{60.9}{2}\right)$$

$$= 1994.1\text{kN} \cdot \text{m} < \gamma_o M_d = 2201.6\text{kN} \cdot \text{m}$$

故需要进行加固。

(2)加固设计计算

①体外预应力筋的极限应力 $\sigma_{pu,e}$

体外预应力筋合力作用点到截面顶面的距离 $h_{p,e}$ 为:

$$h_{p,e} = h + a_{pe} = 1300 + 50 = 1350\text{mm}$$

计算跨体外索的有效长度 $l_e = 16322\text{mm}$,体外预应力筋(束)的永存预应力为:

$$\sigma_{pe,e} = 1066.4\text{MPa}$$

体外预应力筋的极限应力 $\sigma_{pu,e}$ 为:

$$\sigma_{pu,e} = \sigma_{pe,e} + 0.03E_{p,e}\frac{h_{p,e} - c}{\gamma_p l_e}$$

假设截面中性轴到混凝土受压区顶面的距离 c 位于 T 形截面翼板内,且该桥为钢筋混凝土桥,梁体内未配预应力钢筋,所以 $A_{p,i}f_{pk,i} = 0$,梁体内未配受压钢筋,所以 $A'_s f'_s = 0$,则截面中性轴到混凝土受压区顶面的距离 c 为

$$c = \frac{A_{p,e}\sigma_{pu,e} + A_s f_{sk}}{0.75 f_{cu,k} b \beta}$$

体外预应力筋的极限应力 $\sigma_{pu,e}$ 为:

$$\sigma_{pu,e} = \frac{0.75 f_{cu,k} b \beta \sigma_{pe,e} \gamma_p l_e + 0.75 f_{cu,k} b \beta 0.03 E_{p,e} h_{p,e} - 0.03 E_{p,e} A_s f_{sk}}{0.75 f_{cu,k} b \beta \gamma_p l_e + 0.03 E_{p,e} A_{p,e}}$$

$$= \frac{0.75 \times 28 \times 180 \times 0.8 \times 1066.4 \times 2.2 \times 16322}{0.75 \times 28 \times 180 \times 0.8 \times 2.2 \times 16322 + 0.03 \times 1.95 \times 10^5 \times 417} +$$

$$\frac{0.75 \times 28 \times 180 \times 0.8 \times 0.03 \times 1.95 \times 10^5 \times 1350}{0.75 \times 28 \times 180 \times 0.8 \times 2.2 \times 16322 + 0.03 \times 1.95 \times 10^5 \times 417} -$$

$$\frac{0.03 \times 1.95 \times 10^5 \times 6158 \times 335}{0.75 \times 28 \times 180 \times 0.8 \times 2.2 \times 16322 + 0.03 \times 1.95 \times 10^5 \times 417}$$

$$= 1149.4\text{MPa}(< 1260\text{MPa})$$

②正截面抗弯承载力计算

受拉区体外预应力筋和普通钢筋的合力作用点至受拉区边缘的距离 a 为:

$$a = \frac{A_s f_{sd} a_s - A_{p,e}\sigma_{pu,e} a_{pe}}{A_s f_{sd} + A_{p,e}\sigma_{pu,e}} = \frac{6\,158 \times 280 \times 114 - 417 \times 1\,149.4 \times 50}{6\,158 \times 280 + 417 \times 1\,149.4} = 78\text{mm}$$

体外预应力筋和原梁普通钢筋的合力作用点到梁顶面的距离 h_0 为：

$$h_s = h - a_s = 1\,300 - 114 = 1\,186\text{mm}, h_0 = h - a = 1\,300 - 78 = 1\,222\text{mm}$$

由 $f_{cd} b'_f x = A_{p,e}\sigma_{pu,e} + A_s f_{sd}$ 求截面受压区高度 x，即：

$$x = \frac{A_{p,e}\sigma_{pu,e} + A_s f_{sd}}{f_{cd} b'_f}$$

$$= \frac{1\,149.4 \times 417 + 280 \times 6\,158}{12.88 \times 2\,200}$$

$$= 77.8\text{mm} < \xi_b h_s = 0.56 \times 1\,186 = 664\text{mm}$$

小于 $h'_f = 160\text{mm}$，说明中性轴位于 T 形截面翼板内。

加固后梁的抗弯承载力为：

$$M_u = f_{cd} b'_f x \left(h_0 - \frac{x}{2}\right)$$

$$= 12.88 \times 2\,200 \times 77.8 \times \left(1\,222 - \frac{77.8}{2}\right)$$

$$= 2\,608.2\text{kN} \cdot \text{m} > \gamma_0 M_d = 2\,201.6\text{kN} \cdot \text{m}$$

计算表明，加固后跨中正截面抗弯承载力满足要求。

【例 7-10】 已知装配式部分预应力混凝土 A 类简支箱梁，截面尺寸如图 7-66 所示。计算跨径 $l = 39\text{m}$，采用 C50 混凝土，跨中截面采用 8 束 $7\Phi^s 15.2$ 的预应力钢筋，$A_{p,i} = 8 \times 7 \times 139 = 7\,784\text{mm}^2$，$a_{p,i} = 180\text{mm}$，抗拉强度标准值 $f_{pk,i} = 1\,860\text{MPa}$；跨中截面纵向普通钢筋采用 HRB335 级钢筋为 $14\Phi 18$，$A_s = 3\,563\text{mm}^2$，$a_s = 40\text{mm}$。

由于临时过重型车辆，需要提高原梁跨中抗弯承载力，提高后的跨中截面弯矩组合设计值 $\gamma_0 M_d = 18\,146.8\text{kN} \cdot \text{m}$。采用体外预应力加固，体外预应力钢筋拟采用 1×7 标准型钢绞线，抗拉强度标准值 $f_{pk,e} = 1\,860\text{MPa}$，抗拉强度设计值 $f_{pd,e} = 1\,260\text{MPa}$，弹性模量 $E_{p,e} = 1.95 \times 10^5 \text{MPa}$，采用 2 束 $7\Phi^s 15.2$ 钢绞线，截面面积 $A_{p,e} = 2 \times 7 \times 139 = 1\,946\text{mm}^2$。

跨中加固后的截面配筋如图 7-67 所示，体外索纵向布置形式如图 7-68 所示。试复核该构件跨中正截面抗弯承载力是否满足要求。结构重要性系数 $\gamma_0 = 1.0$。

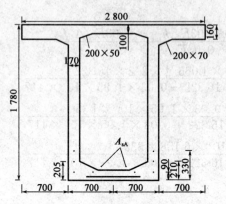

图 7-66 原桥构造图(尺寸单位:mm)

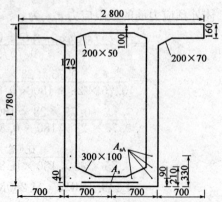

图 7-67 加固后构造图(尺寸单位:mm)

第七章 梁桥上部结构加固技术

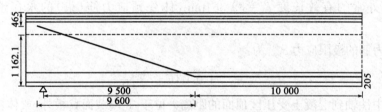

图 7-68 体外预应力束纵向布置图(尺寸单位:mm)

【解】 由题意知 $f_{cd}=22.4\text{MPa}, f_{sd}=280\text{MPa}, A_s=3\,563\text{mm}^2, a_s=40\text{mm}, A_{p,i}=7\,784\text{mm}^2, f_{pk,e}=1\,860\text{MPa}, f_{pd,e}=1\,260\text{MPa}, A_{p,e}=139\times7\times2=1\,946\text{mm}^2, E_{p,e}=1.95\times10^5\text{MPa}, A_{p,e}=139\times7\times2=1\,946\text{mm}^2, f_{pd,e}=1\,260\text{MPa}, a_{p,i}=180\text{mm}, \xi_b=0.4$。

(1)原梁抗弯承载力校核

箱型截面在正截面抗弯计算中按 T 形截面处理。

① 判定 T 形截面类型

$$h'_f = 160 + \frac{200\times70 + 200\times50}{2\,800-340} = 170\text{mm}, b'_f = 2\,800\text{mm}$$

$$h_s = h - a_s = 1\,780 - 40 = 1\,740\text{mm}$$

$$h_p = h - a_{p,i} = 1\,780 - 180 = 1\,600\text{mm}$$

$$a_{sp,i} = \frac{f_{pd,i}A_{p,i}a_{p,i} + f_{sd}A_s a_s}{f_{pd,i}A_{p,i} + f_{sd}A_s} = \frac{1\,260\times7\,784\times180 + 280\times3\,563\times40}{1\,260\times7\,784 + 280\times3\,563} = 167\text{mm}$$

$$h_o = h - a_{sp,i} = 1\,780 - 167 = 1\,613\text{mm}$$

混凝土受压区高度为:

$$x = \frac{f_{pd,i}A_{p,i} + f_{sd}A_s - f_{cd}(b'_f - b)h'_f}{f_{cd}b}$$

$$= \frac{1\,260\times7\,784 + 3\,563 - 22.4\times(2\,800-340)\times170}{22.4\times340}$$

$$= 188.8\text{mm} < \xi_b h_o = 0.4\times1\,613 = 645.2\text{mm}, 且大于 h'_f = 170\text{mm}。$$

说明中性轴在受压翼缘外,为第二类 T 形截面。

② 正截面抗弯承载力计算

$$M_u = f_{cd}(b'_f - b)h'_f\left(h_o - \frac{h'_f}{2}\right) + f_{cd}bx\left(h_o - \frac{x}{2}\right)$$

$$= 22.4\times(2\,800-340)\times170\times\left(1\,613 - \frac{170}{2}\right) + 22.4\times340\times188.8\times\left(1\,613 - \frac{188.8}{2}\right)$$

$$= 16\,497.4\text{kN}\cdot\text{m} < \gamma_o M_d = 18\,146.8\text{kN}\cdot\text{m}$$

故需要进行加固。

(2)加固设计计算

① 体外预应力筋的极限应力 $\sigma_{pu,e}$

体外预应力筋合力作用点到截面顶面的距离 $h_{p,e}$ 为:

$$h_{p,e} = h - a_{pe} = 1\,780 - 205 = 1\,575\text{mm}$$

计算跨体外索的有效长度 $l_e = 39\,384$ mm，体外预应力筋（束）的永存预应力 $\sigma_{pe,e} = 1\,121.6$ MPa。

体外预应力筋的极限应力 $\sigma_{pu,e}$ 为：

$$\sigma_{pu,e} = \sigma_{pe,e} + 0.03 E_{p,e} \frac{h_{p,e} - c}{\gamma_p l_e}$$

假设截面中性轴到混凝土受压区顶面的距离 c 位于 T 形截面翼板外，梁体内未配受压钢筋，所以 $A'_s f'_{sk} = 0$，则截面中性轴到混凝土受压区顶面的距离 c 为：

$$c = \frac{A_{p,e}\sigma_{pu,e} + A_s f_{sk} + A_{p,i} f_{pk,i} - 0.75 f_{cu,k}\beta(b'_f - b)h'_f}{0.75 f_{cu,k} b \beta}$$

体外预应力筋的极限应力 $\sigma_{pu,e}$ 为：

$$\begin{aligned}
\sigma_{pu,e} &= \frac{(0.75 f_{cu,k} b \beta \sigma_{pe,e} \gamma_p l_e + 0.75 f_{cu,k} b \beta 0.03 E_{p,e} h_{p,e})}{0.75 f_{cu,k} b \beta \gamma_p l_e + 0.03 E_{p,e} A_{p,e}} - \\
&\quad \frac{[0.03 E_{p,e} A_s f_{s,k} + 0.03 E_{p,e} A_{p,i} f_{pk,i} - 0.03 E_{p,e} 0.75 f_{cu,k}\beta(b'_f - b)h'_f]}{0.75 f_{cu,k} b \beta \gamma_p l_e + 0.03 E_{p,e} A_{p,e}} \\
&= \frac{0.75 \times 50 \times 340 \times 0.8 \times 1\,121.6 \times 2.2 \times 39\,384}{0.75 \times 50 \times 340 \times 0.8 \times 2.2 \times 39\,384 + 0.03 \times 1.95 \times 10^5 \times 1\,946} + \\
&\quad \frac{0.75 \times 50 \times 340 \times 0.8 \times 0.03 \times 1.95 \times 10^5 \times 1\,540}{0.75 \times 50 \times 340 \times 0.8 \times 2.2 \times 39\,384 + 0.03 \times 1.95 \times 10^5 \times 1\,946} - \\
&\quad \frac{0.03 \times 1.95 \times 10^5 \times 3\,563 \times 335 + 0.03 \times 1.95 \times 10^5 \times 7\,784 \times 1\,860}{0.75 \times 50 \times 340 \times 0.8 \times 2.2 \times 39\,384 + 0.03 \times 1.95 \times 10^5 \times 1\,946} + \\
&\quad \frac{0.03 \times 1.95 \times 10^5 \times 0.75 \times 50 \times 0.8 \times (2\,800 - 340) \times 170}{0.75 \times 50 \times 340 \times 0.8 \times 2.2 \times 39\,384 + 0.03 \times 1.95 \times 10^5 \times 1\,946} \\
&= 1\,190 \text{MPa} (< 1\,260 \text{MPa})
\end{aligned}$$

②正截面抗弯承载力计算

受拉区体外预应力筋和普通钢筋的合力作用点至受拉区边缘的距离 a 为：

$$a = \frac{A_{p,i} f_{pd,i} a_{p,i} + A_s f_{sd} a_s + A_{p,e} \sigma_{pu,e} a_{p,e}}{A_{p,i} f_{pd,i} + A_s f_{sd} + A_{p,e} \sigma_{pu,e}}$$

$$= \frac{1\,260 \times 7\,784 \times 180 + 280 \times 3\,563 \times 40 + 1\,190 \times 1\,946 \times 205}{1\,260 \times 7\,784 + 280 \times 3\,563 + 1\,190 \times 1\,946} = 174 \text{mm}$$

体外预应力筋和原梁普通钢筋的合力作用点到梁顶面的距离 h_o 为：

$$h_o = h - a = 1\,780 - 174 = 1\,606 \text{mm}$$

由 $f_{cd} b x + f_{cd}(b'_f - b) h'_f = A_{p,e}\sigma_{pu,e} + A_s f_{sd} + A_{p,i} f_{pd,i}$ 求截面受压区高度 x，即：

$$x = \frac{A_{p,e}\sigma_{pu,e} + A_{p,i} f_{pd} + A_s f_{sd} - f_{cd}(b'_f - b) h'_f}{f_{cd} b}$$

$$= \frac{1\,190 \times 1\,946 + 1\,260 \times 7\,748 + 280 \times 3\,563 - 22.4 \times (2\,800 - 340) \times 170}{22.4 \times 340}$$

$= 487 \text{mm} < \xi_b h_p = 0.4 \times 1\,600 = 640 \text{mm}$，且 $x > h'_f = 170 \text{mm}$，属于第二类 T 形截面。

加固后梁的抗弯承载力为：

$$M_u = f_{cd} b x \left(h_o - \frac{x}{2}\right) + f_{cd}(b'_f - b) h'_f \left(h_o - \frac{h'_f}{2}\right)$$

$$= 22.4 \times 340 \times 487 \times \left(1\,606 - \frac{487}{2}\right) + 22.4 \times (2\,800 - 340) \times 170 \times \left(1\,606 - \frac{170}{2}\right)$$

$$= 19\,301.7 \text{kN} \cdot \text{m} < \gamma_o M_d = 18\,146.7 \text{kN} \cdot \text{m}$$

计算表明,加固后跨中正截面抗弯承载力满足要求。

六、加固实例

某桥为装配式钢筋混凝土 T 型梁桥,梁长 14.06m,桥面宽 9m,原设计标准为汽—18、拖—80。现因通过重车,需要提高至挂—300 平板车载重 150t 级重物的荷载等级。

根据验算,确定提高荷载等级后承载不足,必须予以加固,加固时采用了下撑式预应力拉杆的加固方法,拉杆用螺栓端杆纵向电热张拉。在梁的两侧安设 4′2Sm 冷拉级水平钢筋,斜筋部分采用 14 号槽钢。斜筋和水平筋的连接部位则焊接一个钢箱进行转折过渡,并在第一内横梁上设置钢承托,如图 7-69 所示。该桥加固后进行的荷载试验表明情况正常。通过 150t 级载重货车后结构并无异常现象。

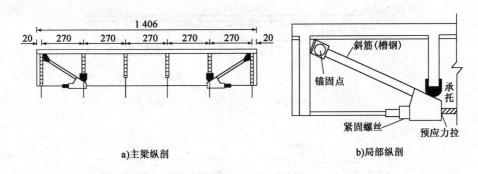

图 7-69 预应力拉杆加固实例(尺寸单位:mm)

第六节 增加辅助构件加固方法

一、增设纵梁加固法

在墩台地基安全性能好,并具有足够承载能力的情况下,可采用增设承载能力高和刚度大的新纵梁,这些新梁与旧梁相连接,共同受力。由于荷载在新增主梁后的桥梁结构中重新分布,使原有梁中所受荷载得以减少,由此使加固后的桥梁承载能力和刚度得到提高。当增设的纵梁位于主梁的一侧或两侧时,则兼有加宽的作用。

旧桥梁中间增设纵梁时,可拆除个别主梁或两相邻主梁之间的翼板,从而形成空位,然后再在空位上安装承载能力和刚度都比原有主梁大的新纵梁,如图 7-70 所示。

为保证新旧主梁能够共同工作,关键在于使新旧混凝土之间形成可靠的连接。因此,必须注意做好新旧梁之间的横向联结。横向联结的做法很多,有企口铰接、键槽联结、焊接和钢板铰接等。对装配式板梁,可采用企口铰接、键槽联结的形式,而常用的是梁跨中部分采用企口铰接,而在较薄弱的梁端需采用数道键槽联结,如图 7-71 所示。

原桥为装配式 T 梁时,可采用沿梁跨设置数道键槽的方法,使新纵梁与原有主梁的翼板联结成一体。这种键槽联结能承受接头处的剪切应力和局部承压力。为实现这种键槽联结,施工时必须在原梁翼板上每隔一小段距离凿一个正方形或圆形孔洞,安装后正好互相吻合对齐,键槽的构造如图 7-71a)所示,或刚性型钢筋如图 7-71b)所示。在设置好锚固钢筋和防收缩钢筋网之后,在对齐的孔洞中和装配式钢筋混凝土梁的接缝中浇筑细石水泥混凝土使之成为整体。

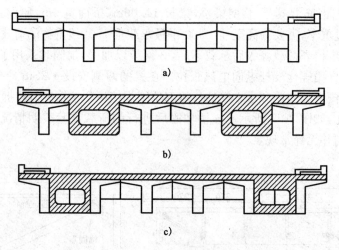

图 7-70　钢筋混凝土 T 梁桥增设纵梁的加固形式

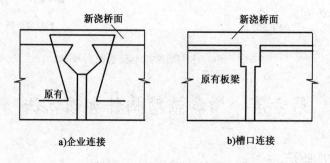

图 7-71　新旧装配式钢筋混凝土板梁的联结形式

采用这种加固方法加固的桥梁,对其做静动试验的情况表明,加固后桥梁整体刚度增大,荷载横向分布性能改善,各梁受力均匀,实测挠度很小,达到提高通行能力的要求。

二、增设横隔梁

对于因横向整体性差而降低承载能力的桥梁上部结构,可以采用增加横隔梁的方法,增加各主梁之间的横向连接。此时可在新增横隔梁部位的主梁梁肋上钻孔,设置贯通全桥宽的横向连接钢筋,此钢筋的梁端用螺帽锚固在两侧主梁梁肋外侧。新筑新增横隔梁混凝土之前应将与主梁结合处的混凝土表面先凿毛洗净,然后悬挂模板浇注横隔梁混凝土。

三、梁式桥上部结构拓宽与改建

为了提高桥梁的通行能力,适应线路拓宽改建要求,必须把宽度较窄的桥梁加以拓宽改建,梁式桥梁上部结构拓宽改建,有单边拓宽改建和双边拓宽改建两种形式。

1. 单边拓宽改建法

当原有公路路线是以单边拓宽进行改建时,相应地对旧桥也可采用单边拓宽的形式予以改建。单边拓宽的做法是,平行于原桥另建一座新的桥跨结构,如图7-72所示。

2. 双边对称拓宽改建法

为了与旧有路线双边对称拓宽的方案相适应,许多旧桥也应采用双边对称拓宽的改建方案。双边拓宽的形式,主要有增设独立边梁作为人行道,以及增设大边梁来拓宽旧桥桥面和提高旧桥承载能力等。施工步骤如下:

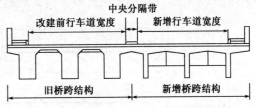

图7-72 单边拓宽钢筋混凝土梁氏桥的实例

(1)掀开桥面铺装,凿除旧梁翼板,切断横隔梁。
(2)利用原桥搭设脚手架,支立模板,安装钢筋骨架,安装支座。
(3)浇筑混凝土,强度达到75%后拆除模板。
(4)焊接新旧横隔梁联结部位的钢板,浇筑接缝处的混凝土。
(5)焊接上翼板处和桥面的钢筋,并浇筑混凝土。

3. 拓宽实例

广西某桥:为 $4 \times 22m$ 预制装配式T型梁桥,原设计荷载为汽—13、拖—60,1966年建成。为了满足大化电站建设需要,能够通行201t大型拖车,1981年采用增加纵梁的方法对该桥进行了加固补强。鉴于大型拖车靠中间行驶,只在桥中线竖侧各现浇一片新梁,把原桥的纵梁由7梁式变为9梁式。施工步骤如下:

(1)首先掀开桥面铺装,将设计需要增建的新主梁处的旧梁的翼板凿除,切断横隔梁。
(2)利用原桥悬挂脚手架,支立模型板。
(3)安装钢筋骨架,安好支座。
(4)浇筑混凝土,待混凝土强度达到75%时,再卸架拆除模板。
(5)焊接新旧混凝土横隔梁连接部位的钢板,并浇筑横隔梁底部的扩大截面和接缝处的混凝土。
(6)焊接上翼板处的钢筋和绑扎好桥面的钢筋,并及时浇筑上翼板和桥面的混凝土。

同时,为了加强全桥的横向刚度,还应该在横隔梁的两侧各增设一根 $\phi 32mm$ 的钢筋,让其横穿全桥。并且在横隔梁部位也应增加2根 $\phi 25mm$ 的钢筋,以加强横隔梁部位刚度。

加固后的试验证明:桥梁由于增设了纵梁,性能和承载能力均得到了较大的改善,与原桥比较整体刚度较大,横向分布性能好,达到了通行201t大型拖车设计荷载的要求,取得了较好的经济效益。

第七节 改变结构体系加固方法

一、改变结构体系加固概念及原理

改变结构体系加固,实际就是通过改变桥梁结构体系以调整结构上内力的分布,例如:在简支梁下增设支架或桥墩,或把简支梁与简支梁加以连接从而变为连续梁,或者在梁下增设钢桁架等的加劲梁或叠合梁，或者改小桥为涵洞等。改变结构体系的根本目的，在于提高桥梁的承载能力。

改变结构体系的方法很多（图7-73），但往往皆要在桥下操作，或设置永久设施，因而影响桥下净空。因此，要在不影响通航及桥梁泄洪能力的情况下使用。

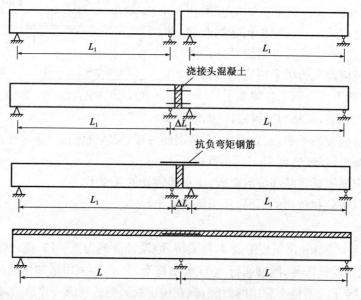

图7-73 改变结构体系加固

该法加固效果较好，也是一种解决临时通行超重车辆常见的加固措施。重车通过后临时支墩可以拆除，故对通航、排洪影响不大。

改变桥梁原结构受力体系会使某些控制截面内力降下来，但也会使某些截面内力增大，或者支承反力发生变化。因此，使用该法加固梁桥要求：

(1)对需要采用改变体系法加固的结构，须进行深入、细致的方案论证。

(2)采用改变结构受力体系加固法，应对新、旧整体结构的各受力阶段进行验算。

(3)必要时综合使用其他加固法作为加固补充。

(4)施工中应严格执行规定的施工方法。

二、简支梁变为连续梁加固法

简支变连续加固是将多跨简支梁转变为连续梁的方法。采用在简支梁下增设临时支墩或把相邻的简支梁加以连接的方法，可改变原有结构物的受力体系——由简支梁变为连续梁，降低了车辆活载、人群以及二期恒载在原梁跨中截面的弯矩。但在原相邻跨梁端，将出现负弯矩，同时支座反力也会发生变化。如图7-74所示。该法的构造要求为：

(1)简支变连续加固的结构连续可采用在墩顶部位结构上缘加设普通钢筋或增设预应力束并现浇接头混凝土形成结构连续体系。原梁的截面尺寸不足时，需采用增大截面法等措施。

(2)中支点处T梁应新增横系梁。

(3)除对主梁墩顶部位连接段进行分析外，还应对其他相关截面进行验算。简支梁体系转换后的正截面承载力和斜截面承载力计算时,结构体系转换前恒载仍由简支体系承担,转换后新加恒载及活载由连续体系承担。对于桥龄 10 年以上的桥梁,可不考虑原混凝土收缩、徐变的影响。

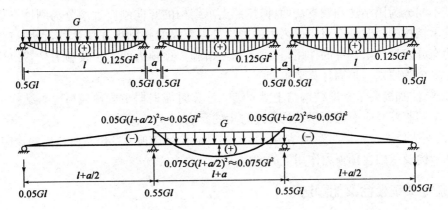

图 7-74 简支梁变为连续梁加固法

将多跨简支梁的梁端连接起来,变为多跨连续梁,施工工序做法如下:

(1)掀开桥面铺装层,将梁顶保护层凿除使主筋外露,并将箍筋切断拉直;沿梁顶增设纵向受力主筋,钢筋直径和根数依梁端连接处所受负弯矩大小而配置。

(2)浇注梁顶加高混凝土和梁端接头混凝土。

(3)拆除原有支座,用一组带有加劲垫板的新支座代替原有的两个支座。

(4)重新做好桥面铺装。

用临时支架加固时,改变了原简支梁桥的受力体系,支点处将产生负弯矩,故与上述方法基本原理相同。此法由于缩短了桥梁跨径,使梁桥承载能力得到提高。

例如,山东省潍县潍河大桥,为 26 孔跨径 20m 钢筋混凝土 T 梁桥,设计标准为汽—13、拖—60。T 梁出现严重裂缝,不能满足通过 400t 大型平板车通行要求,决定进行加固。加固前检查,T 梁出现严重裂缝,但下部构造完好,具有足够承受重载通行能力。经多方案研究比较后,决定对中部 24 孔的各片 T 梁梁肋下加设钢筋混凝土斜撑作承托,使原来的简支梁体系转换成撑架桥式体系。斜撑下端支承于台顶承面,水平夹角 50°20′;上端 35cm×35cm。中部没有相同断面的系梁。托梁长 10.80m,断面为 25cm×40cm。而边孔则在跨中加设两个钢筋混凝土立柱:将简支梁体系转换为 3 孔连续梁体系。

斜撑的位置该由该点 T 梁截面所容许承担的弯矩和剪力来确定,在恒载和活载组合的情况下,控制新加支点处不出现负弯矩。T 梁按三跨弹性支承连续梁验算。

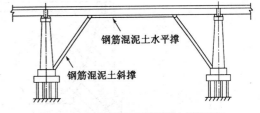

图 7-75 在梁下设置钢筋混凝土斜腿钢架

后采用了如图 7-75 所示在梁下设置钢筋混凝土斜腿钢架的方法进行加固,从而提高了桥梁承载能力,顺利地通过了 400t 大型平板车。

三、增设支承结构加固

该方法适用于桥下净空有利用空间的梁、板、桁架等结构的加固。按支承结构与原结构的连接形式不同分为固结法和铰支法两种,按照支承结构的竖向刚度大小分为刚性支撑和弹性支撑。支承结构的竖向变形对主梁内力的影响可以忽略时按刚性支撑计算,否则按弹性支撑考虑。为充分发挥新增构件的作用,宜采用预顶措施。预顶力的大小及施力位置以保证结构恒载下的安全为原则。加固计算要求如下:

(1)固结法加固要求新增结构与主梁固结。计算时需根据主梁预顶情况对结构进行必要的验算。基础验算时应考虑新增结构传递弯矩的影响。

(2)铰支法加固是主梁与新增结构铰接。主梁应验算预顶力及位移所产生的效应;同时应验算支承结构及基础在预顶力作用下的效应。

四、加劲梁或叠合梁加固法

采用加劲梁或叠合梁以增强主梁的承载能力,也是常用的改变桥梁结构体系的一种加固法。加劲梁或叠合梁的形式有多种,如图7-76所示。

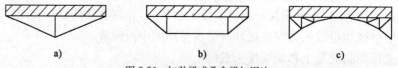

图 7-76 加劲梁或叠合梁加固法

采用加劲梁和叠合梁加固时,应根据加固时结构体系转换的实际受力状态,分清主次,进行合理的抽象和简化,得出计算图示,进行补强计算。因实际结构比较复杂,各种结构部分之间存在着多种多样的联系,而决定联系性质的主要因素是结构各部分的刚度比值。故新旧结构体系可依据相对刚度大小分解为基本部分和附属部分,以分开计算其内力,如分为主梁与次梁、主跨与副跨,并注意略去结构的次要变形,从而得到较简明的力学图式。

五、改桥为涵加固法

对于跨径较小的桥梁,在不影响通航和排洪能力的情况下,可采用改桥为涵的方法进行加固,如图7-77所示。涵洞的形式可采用圆管涵、拱涵等形式,因构造简单。这里就不一一赘述了。

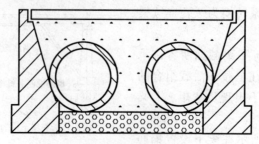

图 7-77 改梁为涵的构造示意

第八章 拱桥上部结构加固技术

第一节 拱桥加固基本原理

一、历史发展

拱桥是我国使用最广泛的桥型之一,在桥梁发展史上具有重要的地位。据统计,目前我国公路桥梁60%左右为拱桥,这些拱桥大部分为20世纪70~80年代建设,设计荷载等级比较低;随着我国经济高速发展以及交通大件运输的需求,这些桥梁发生了不同程度的病害,一些结构性病害甚至危及桥梁运营安全。如何确保低荷载等级桥梁的使用安全和提高桥梁的荷载等级,是桥梁加固工作中的重要问题。

二、结构受力特点

1. 拱桥基本力学图示

拱结构的基本力学图式,如图8-1所示。拱在荷载(恒载、活载)作用下,除了承受荷载产生的轴向压力外,还承受荷载产生的弯矩和剪力。由于剪力影响相对较小,所以拱式结构通常被认为是以压弯受力为主的结构。根据材料力学,截面上任意点在弹性状态下的正应力为:

$$\sigma = \frac{N}{A} \pm \frac{M}{W} \tag{8-1}$$

式中:σ——主拱截面某点的正应力;
N——主拱截面轴向力;
A——主拱圈截面面积;
M——主拱截面弯矩;
W——主拱圈截面抗弯几何弹性模量。

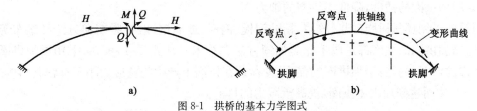

图8-1 拱桥的基本力学图式
M-拱顶处的弯矩;Q-拱顶处的剪力;H-拱顶处的水平推力

2. 受力特点

拱式结构以受压为主。在竖向荷载作用下,拱桥产生水平反力,造成墩台基础竖向沉降以及水平位移,墩台的位移往往引起主拱受力体系产生较大的位移附加应力,使得压力线和拱轴线发生偏离,造成拱轴截面偏心受压。当偏心距大于限值时,拱圈将有可能开裂破坏。

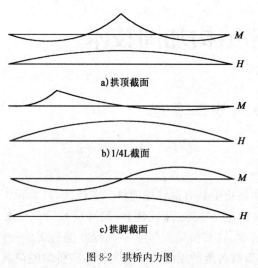

图 8-2 拱桥内力图

拱式桥梁主拱圈结构受力状况由三个要素决定,即荷载(活载、恒载)作用产生的内力(轴力、弯矩)、主拱圈截面的面积、抗弯惯性矩和抗弯截面模量等几何特性,以及主拱圈材料的自身强度。如图 8-2 所示。当车辆荷载增加、超限、超载车辆行驶,对桥梁引起的内力超过主拱圈材料强度的允许范围时,势必造成主拱圈受拉部位开裂破损、承受力下降甚至成为危桥;或者随着运营年限增加,各种因素作用导致材料性能恶化、强度降低,也将造成原桥承载力下降,成为危桥。

3. 加固后拱桥的二次受力特性

加固结构属于二次受力结构。加固前原结构已有荷载作用(即第一次受力),内部存在一定的应力和形变;而加固一般是在未卸载或未完全卸载的条件下进行,新加的加固(增强)部分(以下简称"加固层")在自身强度形成之后,才开始参与承担后来的新增荷载(如活载)。因此,加固层的应力和应变均滞后于原结构。

三、加固基本原理

拱桥加固方法和技术,归纳起来不外乎从外因和内因两个角度对桥梁结构进行加固补强。

1. 从外因角度(通过结构的性能改变提高拱圈的承载力)

(1)增大主拱圈截面面积,增加主拱圈的抗弯刚度。

对拱圈采用喷射混凝土、现浇混凝土、外包混凝土等加固方法,都是属于此类加固技术和方法。从式(8-1)可知,采用增大拱圈截面的方法加固,其目的是:在荷载等级不变的前提下减小拱圈截面的拉应力;当荷载等级增加时,使拱圈截面承受的拉应力,保持在拱圈材料性能承受范围内,即 $\sigma < [\sigma]$,从而达到加固拱圈、提高承载力的目的。

(2)增加拱圈的强度,降低主拱圈的轴力 N。

对拱圈采用环氧树脂砂浆(胶浆)粘贴钢板、钢筋、玻璃钢、碳纤维布和芳纶纤维布等高强度材料,增加拱圈的强度都是属于此类加固方法和技术。从式(8-1)可知,采用增加拱圈强度的方法加固,其目的是:增加拱圈的强度,使荷载在拱圈上产生的拉应力小于补强材料的强度,即 $\sigma < [\sigma]$,从而达到加固主拱圈,提高承载力的目的。

2. 从内因角度(采用改变结构体系、减轻拱上建筑恒载重量提高拱圈的承载力)

(1)改变结构体系,减小主拱圈的内力。

采用梁拱结合共同受力的方式,将原桥重力式拱上建筑改变为轻型的桁架或刚架或减轻拱圈承受的恒载重力,减小了拱圈上拉应力,即 $\sigma < [\sigma]$,从而达到加固主拱圈、提高承载能力

的目的。

(2)减轻拱上建筑恒载重量,减小主拱圈的内力。

采用减轻桥面系自重和减轻拱上建筑自重,减小拱圈承受的恒载内力,达到提高拱桥承受活载的能力的目的。

综上所述,拱桥加固的根本目标之一是减小拱圈上的拉应力。对于抗压性能极好的圬工或钢筋混凝土拱桥,减小了主拱圈的拉应力,也就意味着提高了主拱圈即原桥的承载能力。随着科学技术的不断进步和发展,将还有更多的桥梁加固新材料、新技术不断地涌现和问世,促进拱桥的维修、养护、加固和技术改造。

第二节 增大截面加固方法

当因断面不足或施工质量不佳、墩台地基沉降、桥梁长期超载运营等引起拱圈开裂和变形时,可采用增大拱圈截面的方法加固。最常用的方法是:用钢纤维混凝土、钢筋混凝土、钢筋钢纤维混凝土,或钢筋钢丝网钢纤维混凝土(简称"三钢混凝土")加大主拱圈的厚度。也可用钢筋混凝土外包石拱桥、双曲拱桥的拱肋截面,或在双曲拱肋波背部加盖钢筋混凝土倒槽形板,或用预制拱肋加固桁架拱等。

一、主拱圈下缘增大截面加固法

实腹式拱桥存在实腹段。拱圈截面承载力不足时,如果采取拆除拱上实腹部分加固主拱围拱背难度大,费工、费时、费用高,又要中断交通。在桥下净空容许或报据水文资料桥下泄水面积容许压缩时,可在原拱圈下面喷射钢筋网混凝土或紧贴原拱圈下面浇筑钢筋混凝土新拱圈进行加固。

该方法不用开挖拱上填料,具有不中断交通的优点;但是施工难度较大,应特别注意新旧拱圈的密切结合。为了增强新老拱圈之间的连接强度,需要在拱腹植入锚筋等措施。在设计时,应验算墩台能否满足加固要求;必要时,须增大墩台尺寸。

1.钢筋网混凝土拱圈内壁喷固法

该方法在主拱圈拱腹,按一定间距钻孔设置锚杆,再在锚杆上焊接或绑扎钢筋网,然后喷射混凝土加固。喷射混凝土的厚度,按结构受力需要确定,如图 8-3 所示。

目前,通常采用的锚杆为高强膨胀锚栓。条件受限、没有膨胀锚栓时,亦可采用传统的钢筋砂浆锚杆或锲缝式金属锚杆,如图 8-4 所示。砂浆锚杆由于需要灌浆施工存在一定难度。此外,还可采用聚酯树脂锚杆、膨胀锚栓等锚杆形式。

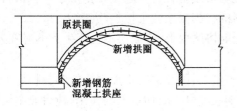

图 8-3 喷射混凝土加固

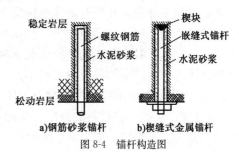

图 8-4 锚杆构造图

喷锚加固施工工艺如下：

(1)先去除剥落、松散的表层,并用水冲洗干净。若有裂缝存在,可采用前述修补裂缝方法,先对裂缝进行修补和处治。

(2)钻锚杆孔、安装锚杆、布设钢筋网。按照提高承载能力的需要,在主拱下缘布设钢筋网。通常是按一定间距设置锚杆,将钢筋沿桥的纵横方向焊接到锚栓上构成钢筋骨架,钢筋网的作用在于承受拉应力,提高喷护层强度,传递温度应力,减少收缩裂纹,加强喷射混凝土的整体性等。

(3)喷射混凝土。喷射混凝土层的厚度根据设计需要确定,每次喷护厚度不宜超过5~8cm;若需加厚,应反复多喷几次。受喷混凝土时间应视水泥品种、施工时间的气温和速凝剂掺量等因素而定。

2.钢筋混凝土复合拱圈加固法

钢筋混凝土复合拱圈(肋)加固实腹式石拱桥技术,主要针对实腹式拱桥的主要承重构件——拱圈,适用于实腹式拱桥因拱石风化、砂浆脱落、拱圈开裂或拱圈发生不可恢复的永久性变形而导致的结构承载力不足等情况下的拱桥加固与增强。采用增设钢筋混凝土复合拱圈(肋)技术加固后,可较大幅度地提高拱圈的强度、刚度和承载力。

该加固技术通过在原拱圈拱腹和两侧面增设一层钢筋混凝土加固层(成"⌴"型),或仅在原拱圈拱腹增设钢筋混凝土拱板形成复合拱圈。通过复合拱圈的协调变形、共同作用来承担后期荷载,达到增大拱圈刚度与强度,提高桥梁承载力的目的。该加固技术的构造示意图如图8-5所示。

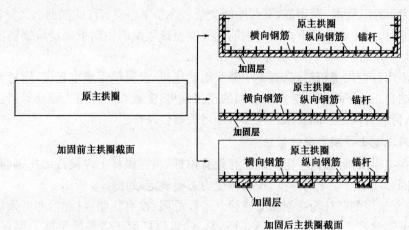

图8-5 钢筋混凝土复合拱圈加固构造图

新增混凝土加固层和原石砌体结构层之所以能够形成复合主拱圈主要是由于两种材料之间的黏结作用以及锚杆的锚固作用;同时,两种材料的线膨胀系数很接近(混凝土:1×10^{-5},砌体:0.8×10^{-5}),在温度升高或降低情况下两结构层能协调变形,界面层不会产生大的应变差,从而界面间由此而产生的剪应力也较小。

此外,由于混凝土的弹性模量比石砌体的弹性模量大,因而混凝土加固层能够分担更多的荷载,充分发挥了加固层材料的强度。加固后由于钢筋混凝土附加拱圈的作用,使得原主拱圈表面裂纹变为内部裂纹。如图8-6所示。

加固层和原结构层能够协调变形、共同作用，则加固部分才能为原结构承担一部分后期荷载，从而起到加固的效果。因此，加固层和原结构层的界面连接处理和保障措施成了加固工程成败的关键。有效的连接处理措施，使得界面之间荷载的传递更加充分、顺畅，最终确保加固效果。

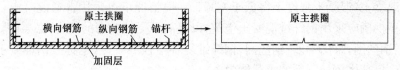

图8-6　钢筋混凝土加固层抑制裂纹扩展示意图

采用增设钢筋混凝土复合拱圈（肋）技术加固后，在原拱圈与加固层之间的界面上就能传递剪应力；剪应力由两个结构层的黏结力（混凝土、砂浆和原砌体之间的胶着力）、界面之间的摩阻力承担。因此，加固过程中对原拱圈的凿毛处理也能够增大界面层的摩阻力；锚杆的安设也能增强了加固层和原结构的连接，提高了两者之间的协调变形能力。由以上分析可知，加固层和原结构能够协调变形、共同承载。

增设复合钢筋混凝土拱圈加固技术的锚杆锚固技术，是基于岩土锚固技术的锚固理论以及植筋技术中的黏结锚固机理和荷载传递理论。锚杆所起的主要作用：首先是挂设纵、横钢筋网；其次，是加强了新、老结构层的黏结。锚杆从抗拔和抗剪两方面的力学性态来增强加固层与原结构层的黏结强度，保障复合拱圈的整体性。

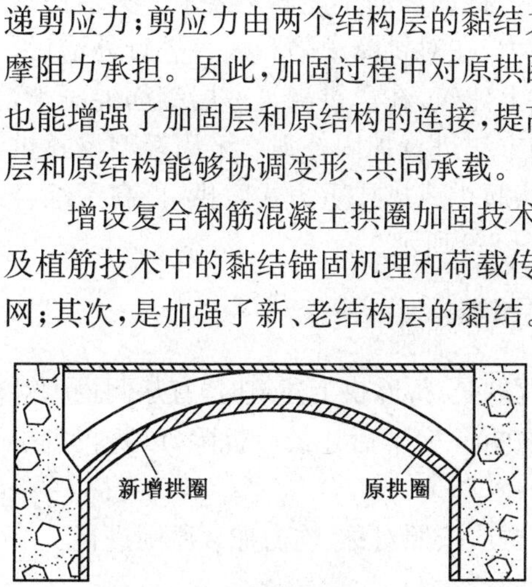

具体做法与上述喷固法相似，在采用以上清理和维修处理措施后，再在原拱圈下绑扎钢筋网；在正确位置搭架、支模、固定后，浇筑混凝土形成新拱圈，如图8-7所示。为加强新旧拱圈的连接强度，可在混凝土中掺加一定膨胀剂，加强养生工作。

图8-7　新增拱圈

该加固技术根据实腹式拱桥的病害严重程度以及原拱圈的宽度，分为增设钢筋混凝土拱板加固技术和增设钢筋混凝土板肋加固技术。对于原桥技术等级较高、情况较好和主拱圈宽度大于等于9m的实腹式拱桥（根据实际需要），可以考虑采用增设钢筋混凝土板肋加固技术。

二、主拱上缘增大截面加固法

1.局部增大截面加固法

绝大多数无铰拱桥主拱圈的拱脚是荷载作用下内力最大的控制截面，按照结构受力的需要，无铰拱的主拱圈本应设计为变截面形式，但施工难度较大。为了方便施工，绝大多数拱桥都是以拱脚为控制截面，采用等截面形式。因此，在荷载作用下，除拱脚外其他截面一般情况下都有不同程度的冗余。通常，在拱脚截面及其附近也是病害多发区。基于上述原因，对绝大多数空腹式拱桥，为了方便施工、减少加固费用，可采用在主拱圈上缘局部增大主拱圈截面的加固方法，如图8-8所示，以提高原桥的承载能力。

采用该方法加固拱圈的施工要点如下：

(1)清除主拱圈拱背上面的破损部分和风化层，再

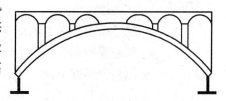

图8-8　增大主拱圈截面

凿毛、清理干净。

(2)按一定间距钻孔,植入锚固钢筋后布设纵、横向钢筋网。钢筋的直径,根据结构受力需要确定,最小直径应不小于 $\phi 12mm$。

(3)浇筑混凝土,混凝土强度不得低于 C30。一般情况下可采用普通混凝土,当拉应力较大时,或大跨径拱桥应采用钢纤维混凝土浇筑,以提高承受拉应力的能力;必要时,还可在钢筋网上铺设高强钢丝网,采用钢筋、钢丝网、钢纤维复合增强混凝土(也称三钢混凝土)增强加固层的结构性能,提高拱桥加固后的承载能力。

2. 全拱加固法

如果拱桥病害严重或承载力显著不足,采用局部增大截面法已不能满足要求。为了提高结构的承载能力,在对拱圈缺陷和病害进行处治后,可采取拆除拱上建筑,在全拱浇筑一层钢筋混凝土,以增大截面的方法进行加固补强。采用轻型梁式拱上建筑,取代实腹拱或拱式重力式腹拱,提高了综合承载能力,如图 8-9 所示。

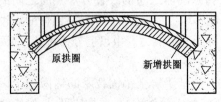

图 8-9 全拱加固法

其施工工艺如下:

(1)如原拱圈有开裂、损坏等病害,应对主拱圈进行修复、补强。

(2)对称、均衡和分步拆除原桥拱上建筑。需要强调的是,拆除拱上建筑时,宜从两拱脚对称向跨中进行,并保留拱顶一定范围内的填料,直到两侧拆除完毕后才最后拆除,以防止主拱"冒顶"造成主拱圈开裂甚至坍塌。

(3)在全拱浇筑钢筋混凝土加固层。浇筑混凝土时也应按照对称、均衡加载原则进行。

(4)对称、均衡砌筑拱上建筑和桥面系。

全拱加固法,需预先设计好加固卸载、加载程序,严格按设计规定程序进行施工。施工烦琐、难度大、工程造价高,需较长时间中断交通,通常较少采用。

三、加固计算

1. 计算理论

(1)轴心受压构件正截面加固

采用增大截面加固钢筋混凝土轴心受压构件时,其正截面受压承载力应按下列公式计算:

$$\gamma_0 N_d \leqslant 0.9\varphi[f_{cd1}A_{c1} + f'_{sd1}A'_{s1} + \sigma_{c2}A_{c2} + \sigma_{s2}A'_{s2})] \tag{8-2}$$

式中: γ_0——桥梁结构的重要性系数,按公路桥涵的设计安全等级,一级、二级、三级分别取用 1.1、1.0、0.9,桥梁抗震设计时不考虑结构重要性系数;

N_d——第二阶段轴向力组合设计值;

φ——轴心受压构件稳定系数,按表 8-1 采用;

f_{cd1}、f'_{sd1}——原构件混凝土轴心抗压强度设计值和纵向钢筋抗压强度设计值;

A_{c1}、A_{c2}——原构件和新增部分混凝土毛截面面积;

A'_{s1}、A'_{s2}——原有纵向钢筋和新增纵向钢筋的截面面积;

σ_{c2}——在达到承载力极限状态时,新增混凝土的应力: $\sigma_{c2} = E_{c2}\varepsilon_{c2} \leqslant f_{cd2}$;

ε_{c2}——新增混凝土的应变,其值为:

$$\varepsilon_{c2} = \varepsilon_u - \frac{N_{d1}}{(b_1 h_1 + \alpha_{Es} A'_{s1})E_{c1}} \tag{8-3}$$

σ_{s2}——在达到承载力极限状态时,新增纵向钢筋 A'_{s2} 的应力 $\sigma_{s2} = E_{s2}\varepsilon_{s2} \leqslant f'_{sd2}$;

ε_{s2}——新增钢筋 A_{s2} 的应变 $\varepsilon_{s2} = \varepsilon_{c2}$;

ε_{cu}——轴心受压混凝土极限压应变,计算时可取 $\varepsilon_{cu} = 0.002$;

E_{c1}、E_{s2}——原构件混凝土弹性模量和新增纵向受压钢筋的弹性模量;

α_{Es}——原构件纵向普通钢筋与混凝土弹性模量比,$\alpha_{Es} = E_{s1}/E_{c1}$;

b_1、h_1——原构件截面宽度与高度;

N_{d1}——第一阶段轴向力组合设计值。

钢筋混凝土轴心受压构件的稳定系数 φ 表 8-1

l_0/b_2	≤8	10	12	14	16	18	20	22	24	26	28
l_0/d_2	≤7	8.5	10.5	12	14	15.5	17	19	21	22.5	24
l_0/r_2	≤28	35	42	48	55	62	69	76	83	90	97
φ	1.0	0.98	0.95	0.92	0.87	0.81	0.75	0.70	0.65	0.60	0.56
l_0/b_2	30	32	34	36	38	40	42	44	46	48	50
l_0/d_2	26	28	29.5	31	33	34.5	36.5	38	40	41.5	43
l_0/r_2	104	111	118	125	132	139	146	153	160	167	174
φ	0.52	0.48	0.44	0.40	0.36	0.32	0.29	0.26	0.23	0.21	0.19

注:①表中 l_0 为构件计算长度,b 为矩形截面短边尺寸;d 为圆形截面直径;r 为截面最小回转半径。
②构件计算长度 l_0 的确定,两端固定为 $0.5l$;一端固定,一端为不移动的铰为 $0.7l$;两端均为不移动的铰为 l;一端固定,一端自由为 $2l$。

当加固后截面全部纵向钢筋配筋率大于 3% 时,式(8-2)中的 A_{c1} 应改用 $A_{n1} = A_{c1} - A'_{s1}$,$A_{c2}$ 应改用 $A_{n2} = A_{c2} - A'_{s2}$。

(2)偏心受压

采用增大截面法加固偏心受压构件的主要目的是增强构件的刚度、稳定性及强度。加固偏心受压构件最合适采用增大截面法。增大截面时应主要增加偏心力方向的尺寸,以有效地增大构件抗弯刚度。同样假设截面应变分布符合平截面假定,以及不考虑混凝土的抗拉作用,通过必要的设计及施工措施,保证增大截面后,新、旧混凝土黏结可靠、变形协调一致。

钢筋混凝土矩形截面偏心受压构件,可采用在原构件截面的单侧加厚和两侧加厚的增大截面加固法。

如图 8-10 所示,两侧加厚的矩形截面偏心受压正截面抗压承载力的计算应符合下列规定:

$$\gamma_0 N_d \leqslant f_{cd1}bx + f'_{sd2}A'_{s2} + f'_{sd1}A'_{s1} - \sigma_{s1}A_{s1} - \sigma_{s2}A_{s2} \tag{8-4}$$

$$\gamma_0 N_d e_s \leqslant f_{cd1}bx\left(h_0 - \frac{x}{2}\right) + f'_{sd2}A'_{s2}(h_0 - a'_{s2}) + f'_{sd1}A'_{s1}(h_0 - a'_{s1}) \tag{8-5}$$

$$f_{cd1}bx\left(e_s - h_0 + \frac{x}{2}\right) = (\sigma_{s1}A_{s1} + \sigma_{s2}A_{s2})e_s - (f'_{sd1}A'_{s1} + f'_{sd2}A'_{s2})e'_s \tag{8-6}$$

$$e_s = \eta e_0 + \frac{h_2}{2} - a_s \tag{8-7}$$

$$e'_s = \eta e_0 + \frac{h_2}{2} - a'_s \tag{8-8}$$

式中： N_d ——第二阶段轴向力组合设计值；

e_s ——轴向力作用点至截面受拉边或受压较小边纵向钢筋 A_{s1} 和 A_{s2} 合力点的距离；

e_0 ——轴向力对加固后截面重心轴的偏心距，$e_0 = M_d/N_d$；

M_d ——相应于轴向力 N_d 的第一阶段弯矩组合设计值；

x ——加固后构件截面混凝土受压区高度；

f_{cd1} ——原构件混凝土抗压强度设计值；

σ_{s1}, σ_{s2} ——构件达到承载能力极限状态时，原构件截面受拉边或受压较小边的纵向钢筋应力和新增的纵向钢筋应力，$\sigma_{s1} \leqslant f_{sd1}$，$\sigma_{s2} \leqslant f_{sd2}$；

A'_{s1}, A'_{s2} ——原构件截面受压较大边缘的纵向钢筋截面积和增加的纵向钢筋截面积；

A_{s1}, A_{s2} ——原构件截面受拉边或受压较小边的纵向钢筋截面积和增加的纵向钢筋截面积；

f'_{sd1}, f'_{sd2} ——原构件截面受压较大边缘纵向钢筋抗压强度设计值和增加的纵向钢筋抗压强度设计值；

h_2 ——加固后截面的高度；

h_0 ——加固后构件截面受拉边或受压较小边纵向钢筋 A_{s1} 和 A_{s2} 截面重心至受压较大边缘的距离，$h_0 = h - a_s$；

η ——偏心受压构件轴向力偏心距增大系数，按规范的规定计算；

a_s ——原构件截面受拉边（或受压较小边）钢筋 A_{s1} 和增加的钢筋 A_{s2} 的合力作用点至加固后截面受拉边或受压较小边的距离；

a'_s ——原构件截面受压较大边钢筋 A'_{s1} 和增加的钢筋 A'_{s2} 的合力作用点至加固后截面受压较大边缘的距离。

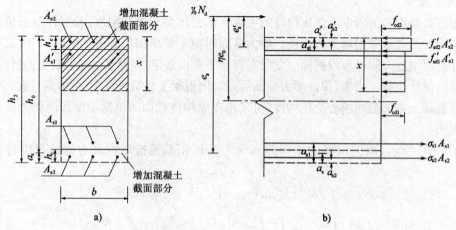

图 8-10 两侧加厚矩形截面偏心受压构件正截面抗压承载力计算

① 为了保证构件破坏时，大偏心受压构件截面受压钢筋能达到抗压强度设计值，必须

满足：
$$x \geqslant 2a'_s \tag{8-9}$$

若不符合式(8-9)的条件时，加固后的偏心受压构件正截面抗压承载力的计算应按下式计算：
$$\gamma_0 N_d e'_s \leqslant f_{sd1} A_{s1}(h_2 - a_{s1} - a'_s) + f_{sd2} A_{s2}(h_2 - a_{s2} - a'_s) \tag{8-10}$$

式中：f_{sd1}、f_{sd2}——截面受拉边原构件纵向普通钢筋和新增纵向普通钢筋的抗拉强度设计值。

②对小偏心受压构件，当轴向力作用在纵向钢筋 A'_{s1} 和 A'_{s2} 合力点与 A_{s1} 和 A_{s2} 合力点之间时，抗压承载力按下式计算：
$$\gamma_0 N_d e' \leqslant f_{cd1} b h_2 \left(h'_0 - \frac{h_2}{2}\right) + f'_{sd1} A_{s1}(h'_0 - a_{s1}) + f'_{sd2} A_{s2}(h'_0 - a_{s2}) \tag{8-11}$$

$$e' = \frac{h_2}{2} - e_0 - a'_s \tag{8-12}$$

式中：e'——轴向力作用点至截面受压较大边纵向钢筋 A'_{s1} 和 A'_{s2} 合力点的距离，计算时偏心距 e_0 可不考虑增大系数 η；

h'_0——截面受压较小边边缘至受压较大边纵向钢筋合力点的距离，$h'_0 = h_2 - a'_s$；

其他符号意义同前。

③纵向普通钢筋 A_{s1} 的应力 σ_{s1} 取值

a. 当 $\xi \leqslant \xi_b$ 时为大偏心受压构件，此处，相对受压区高度 $\xi = x/h_0$，$h_0 = h_2 - a_s$，h_2 为加固后截面的高度。原构件截面受拉边纵向钢筋 A_{s1} 的应力取 $\sigma_{s1} = f_{sd1}$。

b. 当 $\xi > \xi_b$ 时为小偏心受压构件，原构件截面受拉边纵向钢筋 A_{s1} 的应力可按下列公式计算：
$$\sigma_{s1} = \varepsilon_{cu} E_{s1} \left(\frac{\beta h_{01}}{x - \beta h'_c} - 1\right) \tag{8-13}$$
$$-f_{sd1} \leqslant \sigma_{s1} \leqslant f_{sd1} \tag{8-14}$$

式中：σ_{s1}——构件达到承载能力极限状态时，原构件截面受拉边或受压较小边的纵向钢筋应力，压应力为负号，拉应力为正号；

ε_{cu}——混凝土极限区应变，当混凝土强度等级为 C50 及以下时，取 $\varepsilon_{cu} = 0.0033$；

E_{s1}——原构件截面受拉边或受压较小边的纵向钢筋的弹性模量；

h_0——构件加固前的截面有效高度，$h_0 = h - a_s$；

h_{01}——原构件截面有效高度；

f_{sd1}——原构件纵向普通钢筋的抗拉强度设计值；

x——混凝土受压区高度；

β——截面受压区矩形应力图高度与实际受压区高度的比值，当混凝土强度等级为 C50 及以下时，取 $\beta = 0.8$；

其他符号意义同前。

④纵向普通钢筋 A_{s2} 的应力 σ_{s2} 取值

两侧加厚的矩形截面偏心受压构件截面受拉边或受压较小边新增加的纵向普通钢筋应力 σ_{s2} 按下式计算：

$$-f_{sd2} \leqslant \sigma_{s2} = E_{s2}\varepsilon_{s2} \leqslant f_{sd2} \tag{8-15}$$

$$\varepsilon_{s2} = \left(\frac{\beta h_{02} - x}{x - \beta h'_c}\right)\varepsilon_{cu} - \varepsilon'_{s2} \tag{8-16}$$

式中：E_{s2}——截面受拉边或受压较小边增加的纵向钢筋 A_{s2} 的弹性模量；

　　　h_{02}——加固后截面受拉边或受压较小边新增纵向受拉钢筋 A_{s2} 截面重心至受压较大边缘距离，$h_{02}=h_2-a_{s2}$；

　　　ε_{s2}——受拉边或受压较小边新增加纵向普通钢筋的应变，拉应变为正号，压应变为负号；

　　　f_{sd2}——截面受拉边或受压较小边新增纵向普通钢筋 A_{s2} 截面重心至受压较大边缘距离，$h_{02}=h_2-a_{s2}$。

其他符号意义同前。

⑤ε'_{s2}的确定

第一阶段受力时原矩形截面偏心受压构件截面受压较大边缘混凝土压应变 ε_{c1} 和相应于新增纵向普通钢筋 A_{s2} 位置处的应变 ε'_{s2} 按下列情况进行计算。

a. 当原构件为轴心受压构件时

$$\varepsilon'_{s2} = \frac{N_{k1}}{[bh + \alpha_{Es}(A_{s1} + A'_{s1})]E_c} \tag{8-17}$$

$$\varepsilon_{c1} = \varepsilon'_{s2} \tag{8-18}$$

式中：N_{k1}——第一阶段轴向力组合设计值；

　　　b_1、h_1——原构件矩形截面的宽度和高度；

　　　A_{s1}、A'_{s1}——原构件截面受拉边或受压较小边纵向普通钢筋面积和截面受压较大边纵向普通钢筋面积；

　　　α_{Es}——原构件钢筋与混凝土弹性模量之比；

　　　E_c——原构件混凝土弹性模量。

b. 当原构件为大偏心受压构件时

$$\varepsilon'_{s2} = \frac{x_1 - h_{02} + h'_c}{x_1}\varepsilon_{c1} \tag{8-19}$$

式中：h_{02}——加固后截面受拉边或受压较小边新增纵向受拉钢筋 A_{s2} 截面重心至受压较大边缘距离，$h_{02}=h_2-a_{s2}$；

　　　x_1——原构件开裂截面换算截面的混凝土受压区高度；

　　　h'_c——截面受压较大边的加厚混凝土厚度；

　　　ε_{c1}——原构件截面受压较大边混凝土的计算压应变。

c. 当原构件为小偏心受压构件时

$$\varepsilon'_{s2} = \varepsilon_{c1} - \frac{h_{02} - h'_c}{h_{01} - h'_c}(\varepsilon_{c1} - \varepsilon_{s1}) \tag{8-20}$$

式中：h_{01}——原构件截面受拉边或受压较小边纵向受拉钢筋 A_{s1} 至受压较大截面的距离；

　　　ε_{s1}——第一阶段原构件截面受拉边或受压较小边纵向普通钢筋 A_{s1} 的应变。

其他符号意义同前。

⑥偏心距增大系数 η

计算偏心受压构件正截面承载力时,对长细比 $l_0/i > 17.5$ 的构件,应考虑构件在弯矩作用平面内的挠曲对轴向力偏心距的影响。此时,应将轴向力对截面重心的偏心距 e_0 乘以偏心距增大系数 η,可按下列公式计算:

$$\eta = \left[1 + \frac{1}{1\,400e_0/h_0}\left(\frac{l_0}{h}\right)^2 \zeta_1 \zeta_2\right]\psi_\eta \tag{8-21}$$

$$\zeta_1 = 0.2 + 2.7\frac{e_0}{h_0} \leqslant 1.0 \tag{8-22}$$

$$\zeta_2 = 1.15 - 0.01\frac{l_0}{h_0} \leqslant 1.0 \tag{8-23}$$

式中:l_0——构件的计算长度;

ζ_1——荷载偏心率对截面曲率的影响系数;

ζ_2——构件长细比对截面曲率的影响系数;

ψ_η——偏心距增大系数的修正系数,可按截面增大形式选用:

采用对称形式的增大截面,当 $e_0/h_2 \geqslant 0.3$ 时,$\psi_\eta = 1.1$;当 $e_0/h_2 < 0.3$ 时,$\psi_\eta = 1.2$。

采用非对称形式的增大截面,当 $e_0/h_2 \geqslant 0.3$ 时,$\psi_\eta = 1.2$;当 $e_0/h_2 < 0.3$ 时,$\psi_\eta = 1.3$。

式中其他符号意义同前。

对于加固后偏心受压构件,还应按轴心受压构件复核垂直于弯矩作用平面的承载力。此时不考虑弯矩作用,按第二阶段作用轴心受压构件计算。

(3)钢筋混凝土矩形截面偏心受压构件应力(应变)计算

采用增大截面法加固钢筋混凝土偏心受压构件正截面承载力计算,第一阶段荷载作用下原构件截面受压较大边缘混凝土应变 ε_{c1} 及受拉边纵向钢筋应变 ε_{s1} 的计算方法是以混凝土构件弹性理论为基础。

①偏心距增大系数 η_1

偏心距增大系数 η_1 按下式计算:

$$\eta_1 = \frac{1}{1 - \dfrac{kN_{d1}}{10\alpha_e E_c I_c}l_0^2} \tag{8-24}$$

式中:k——系数,一般可取 1.8;

N_{d1}——第一阶段轴向力设计组合值;

α_e——刚度修正系数,按表 8-2 查得;

E_c——混凝土弹性模量;

I_c——混凝土全截面对其重心轴的惯性矩,对矩形截面,$I_c = 1/12\, b_1 h_1^3$;

b_1、h_1——构件截面宽度和高度;

l_0——构件在其弯矩作用平面内的计算长度。

系　数　α_e　值　　　　　　　　　　　　　　表 8-2

e/h_1	0.05	0.10	0.15	0.20	0.25	0.30	0.35
α_e	0.560	0.493	0.445	0.410	0.382	0.360	0.342
e/h_1	0.40	0.50	0.60	0.70	0.80	0.9	≥1.0
α_e	0.327	0.303	0.285	0.271	0.260	0.251	0.25

注：e 为轴向力作用点至构件截面重心的距离，即初始偏心值。

对于矩形截面构件，当 $\dfrac{l_0}{h_1} \leqslant 8$ 时，取 $\eta_1 = 1.0$。

②小偏心受压构件（图 8-11）

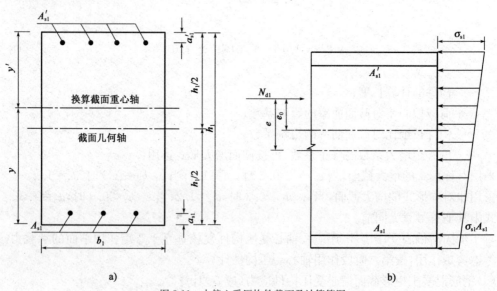

图 8-11　小偏心受压构件截面及计算简图

a. 原构件截面受压较大边缘混凝土应力 σ_{c1} 与应变 ε_{c1} 按下式计算：

$$\sigma_{c1} = -\frac{N_{d1}}{A_0} - \eta_1 \frac{N_{d1} e_0}{I_0} y' \tag{8-25}$$

$$\varepsilon_{c1} = \frac{\sigma_{c1}}{E_c} \tag{8-26}$$

式中：N_{d1}——第一阶段轴向力设计组合值；

A_0——构件全截面的换算截面面积，其值为：

$$A_0 = b_1 h_1 + (\alpha_{Es} - 1)(A_{s1} + A'_{s1})$$

I_0——构件全截面换算截面对换算截面重心轴的惯性矩；

$$I = \frac{1}{3} b_1 (y'^3 + y^3) + (\alpha_{Es} - 1)[A'_{s1}(y' - a'_{s1})^2 + A_{s1}(y - a_{s1})^2]$$

y'——构件截面受压较大边至换算截面重心轴的距离，其值为：$y = h_1 - y'$；

e_0——轴向力作用点至换算截面重心轴的距离，其值为：$e_0 = e + y' - h_1/2$；

e——轴向力作用点至混凝土截面重心轴的距离，其值为：$e = M_{d1}/N_{d1}$；

M_{d1}——第一阶段弯矩设计组合值；

E_c——混凝土弹性模量。

b. 截面受压较小边钢筋的应力与应变按下式计算：

$$\sigma_{s1} = \alpha_{Es}\left[-\frac{N_{d1}}{A_0} + \eta_1\frac{N_{d1}e_0(y-a_{s1})}{I_0}\right] \quad (8-27)$$

$$\varepsilon_{s1} = \sigma_{s1}/E_c \quad (8-28)$$

其中符号意义同前。

③大偏心受压构件（图 8-12）

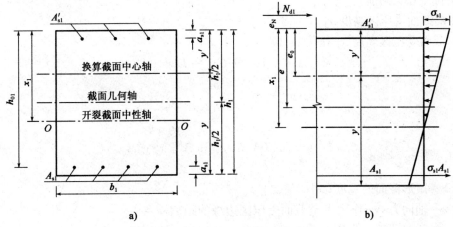

图 8-12 大偏心受压构件截面及计算简图

a. 原构件截面受压较大边缘混凝土的应力 σ_{c1}、应变 ε_{c1}

原构件截面受压较大边缘混凝土的应力 σ_{c1}、应变 ε_{c1} 按下式计算：

$$\sigma_{c1} = -\frac{N_{d1}}{A_0} + \eta_1\frac{N_{d1}e_0}{I_{cr}}y' \quad (8-29)$$

$$\varepsilon_{c1} = \frac{\sigma_{c1}}{E_c} \quad (8-30)$$

式中：N_{d1}——第一阶段轴向力设计组合值；

A_{01}——原构件开裂截面换算截面面积，其值为：

$$A_{01} = b_1 x_1 + \alpha_{Es}A_{s1} + (\alpha_{Es}-1)A'_{s1}$$

y'——开裂换算截面重心轴至截面受压边缘距离，其值为：

$$y' = \frac{\frac{1}{2}b_1 x_1 + \alpha_{Es}A'_{s1}a'_{s1} + (\alpha_{Es}-1)A_{s1}h_{01}}{A_{01}}$$

h_{01}——受拉区纵向钢筋重心至受压区边缘距离，$h_{01}=h_1-a_{s1}$；

y——开裂换算截面重心轴至截面受压边缘距离，$y=h_1-y'$；

I_{cr}——凯雷截面换算截面惯性矩，

$$I_{cr} = \frac{1}{3}b_1[y'^3+(x_1-y')^3]+(\alpha_{Es}-1)A'_{s1}(y'-a'_{s1})^2+\alpha_{Es}A_{s1}(y'-a_{s1})^2$$

e_0——轴向力作用点至原构件开裂截面换算截面重心轴距离，$e_0=y'+e_N$；

e——轴向力作用点至混凝土截面重心轴的距离，$e=\dfrac{M_{d1}}{N_{d1}}$；

η_1——偏心距增大系数。

b. 原构件截面受拉边纵向钢筋 A_{s1} 重心处应变 ε_{s1}

原构件截面受拉边纵向钢筋 A_{s1} 重心处应变 ε_{s1} 按下式计算：

$$\varepsilon_{s1} = \frac{\sigma_{s1}}{E_s} \quad (8\text{-}31)$$

$$\sigma_{s1} = \alpha_{E_s} \frac{\sigma_{c1}}{x_1}(h_{01} - x_1) \quad (8\text{-}32)$$

式中符号意义同前。

c. 矩形截面受压区高度 x_1

矩形截面受压区高度 x_1 按下式计算：

$$Ax_1^3 + Bx_1^2 + Cx_1 + D = 0 \quad (8\text{-}33)$$

$$A = b_1 \quad (8\text{-}34)$$

$$B = 3b_1 e_N \quad (8\text{-}35)$$

$$C = 6\alpha_{Es}(A_{s1} g_{s1} + A'_{s1} g'_{s1}) \quad (8\text{-}36)$$

$$D = -6\alpha_{Es}(A_{s1} h_{01} g_{s1} + A'_{s1} A'_{s1} g'_{s1}) \quad (8\text{-}37)$$

式中：b_1——矩形截面的宽度；

e_N——轴向力 N_{d1} 作用点至截面受压区边缘的距离，$e_N = e - h_1/2$，N_{d1} 位于截面外为正；位于截面内为负；

h_{01}——受拉区纵向钢筋重心至受压区边缘的距离，$h_{01} = h_1 - a_{s1}$；

g_{s1}——受拉区纵向钢筋重心至 N_d 作用点的距离，$g_{s1} = h_{01} - e_N$；

a'_{s1}——受压区纵向钢筋重心至受压区边缘的距离；

g'_{s1}——受压区纵向钢筋重心至 N_d 作用点的距离，$g'_{s1} = a'_{s1} - e_N$。

④两种偏心受压构件的判断

当偏心距 $\eta_1 e_0 \leq a$ 时，为小偏心受压；偏心距 $\eta_1 e_0 > a$ 时，为大偏心受压。截面核心距 a 按下式计算：

$$a = \frac{I_0}{A_0 y'} \quad (8\text{-}38)$$

式中符号意义同前。

2. 计算示例

【例 8-1】 钢筋混凝土偏心受压构件截面尺寸 $b_1 \times h_1 = 400\text{mm} \times 600\text{mm}$，弯矩作用平面内及垂直于模具作用平面内的计算长度 l_0 均为 6m。采用 C25 混凝土，HRB335 钢筋，受拉区钢筋为 $4\phi 20$（$A_{s1} = 1256\text{mm}^2$），受压区钢筋为 $4\phi 22$（$A_{s1} = 1520\text{mm}^2$），$a_{s1} = a'_{s1} = 50\text{mm}$，如图 8-13 所示，结构重要性系数 $\gamma_0 = 1.0$。截面承受轴向力计算值 $N = \gamma_0 N_d = 1300\text{kN}$，弯矩计算值 $M = \gamma_0 M_d = 390\text{kN} \cdot \text{m}$。该构件承载力是否满足要

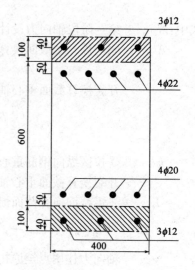

图 8-13 偏心受压构件截面（尺寸单位：mm）

求？若不满足要求,拟在两侧加厚进行加固,在受拉侧和受压侧各加厚100mmC30混凝土,配置3ϕ12的HRB335纵向钢筋,$A_{s2}=A'_{s2}=339\text{mm}^2$,$a_{s2}=a'_{s2}=40\text{mm}$。加固前截面承受的轴向力组合设计值$N_{d1}=1\,000\text{kN}$,弯矩组合设计值$M_{d1}=300\text{kN}\cdot\text{m}$。试对加固后构件的承载力进行复核。

【解】 由题意可知:

$$f_{cd1}=11.5\text{MPa},f_{cd2}=13.8\text{MPa}$$
$$f_{sd1}=f'_{sd1}=280\text{MPa},f_{sd2}=f'_{sd2}=280\text{MPa},\xi_b=0.56$$
$$\beta=0.8,E_{c2}=3\times10^4\text{MPa},E_{c1}=2.8\times10^4\text{MPa}$$
$$E_{s1}=E_{s1}=2.0\times10^5\text{MPa}$$

(1)原构件承载力验算

构件在垂直有弯矩作用方向上的长细比$l_o/b_1=6\,000/400=15$,查表得稳定性系数则$\varphi=0.895$,则有:

$$\begin{aligned}N_u&=0.9\varphi[f_{cd1}b_1h_1+f'_{sd1}(A_{s1}+A'_{s1})]\\&=0.9\times0.895\times[11.5\times400\times600\times280\times(1\,256+1\,520)]\\&=2\,849\times10^3\text{N}=2\,849\text{kN}>N=1\,300\text{kN}\end{aligned}$$

承载力满足要求。

(2)在弯矩作用平面内的截面复核

①偏心距增大系数计算

在第二阶段荷载作用下偏心距为:

$$e_o=\frac{M_d}{N_d}=\frac{390\times10^3}{1\,300}=300\text{mm}$$

原截面有效高度为:

$$h_{o1}=h_1-a_{s1}=600-50=550\text{mm}$$

偏心受压构件考虑二阶弯矩影响的轴向压力偏心距增大系数为:

$$\xi_1=0.2+2.7\frac{e_o}{h_{o1}}=0.2+2.7\times\frac{300}{550}=1.67>1.0,\text{取}1.0。$$

$$\xi_2=1.15-0.01\frac{l_o}{h_1}=1.15-0.01\times\frac{6\,000}{600}=1.05>1.0,\text{取}1.0。$$

则

$$\eta=1+\frac{1}{1\,400e_o/h_{o1}}\left(\frac{l_o}{h_1}\right)^2$$

$$\xi_1\xi_2=1+\frac{1}{1\,400\times300/550}\times\left(\frac{6\,000}{600}\right)^2\times1.0\times1.0=1.13$$

②大小偏心初步判定

$$\eta e_o=1.13\times300=339\text{mm}>0.3h_{o1}=0.3\times550=165\text{mm}$$

初步判定为大偏心受压。

③混凝土受压区高度x计算

$$e_s=\eta e_o+\frac{h_1}{2}-a_{s1}=1.13\times300+600/2-50=589\text{mm}$$

$$e'_s = \eta e_o - \frac{h_1}{2} + a'_{s1} = 1.13 \times 300 - 600/2 + 50 = 89 \text{mm}$$

假设构件为大偏心受压构件,对 $\gamma_o N_d$ 合力作用点取矩得:

$$f_{cd1} b_1 x \left(e_s - h_{o1} + \frac{x}{2}\right) = f_{sd1} A_{s1} e_s - f'_{sd1} A'_{s1} e'_s$$

代入数据

$$11.5 \times 400 \times x \times (589 - 550 + x/2) = 280 \times 1256 \times 589 - 280 \times 1520 \times 89$$

解得 $x = 235.1 \text{mm} > 2a'_{s1} = 2 \times 50 = 100 \text{mm}$, $\xi = \frac{x}{h_o} = \frac{235.1}{550} = 0.43 < \xi_b = 0.56$

故为大偏心受压构件。

④承载力验算

$$N_u = f_{cd1} b_1 x + f'_{sd1} A'_{s1} - f_{sd1} A_{s1}$$
$$= 11.5 \times 400 \times 235.1 + 280 \times 1520 - 280 \times 1256 = 1155 \text{kN} < N = 1300 \text{kN}$$

故原构件承载力不满足要求,需要加固。

(3)第一阶段受力时原构件截面相应于新增钢筋 A_{s2} 位置处的应变计算

①偏心距增大系数 η_1 的计算

由于 $\lambda = l_o/h_1 = 6000/600 = 10 > 8$

轴向力作用点至混凝土截面重心轴的距离为:

$$e = \frac{M_{d1}}{N_{d1}} = \frac{300 \times 10^3}{1000} = 300 \text{mm}$$

$\frac{e}{h_1} = \frac{300}{600} = 0.5$,查表得: $\alpha_e = 0.303$。

混凝土全截面对其重心轴的惯性矩为:

$$I_c \frac{1}{12} b_1 h_1^3 = \frac{1}{12} \times 400 \times 600^3 = 7.2 \times 10^9 \text{mm}^4$$

偏心距增大系数为:

$$\eta_1 = \frac{1}{1 - \frac{kN_{d1}}{10\alpha_e E_c I_c} l_o^2}$$
$$= \frac{1}{1 - \frac{1.8 \times 1000 \times 10^3}{10 \times 0.303 \times 2.8 \times 10^4 \times 7.2 \times 10^9} \times 6000^2} = 1.12$$

②判断加固前构件的大小偏心

钢筋与混凝土弹性模量之比为:

$$\alpha_{es} = \frac{E_{s1}}{E_{c1}} = \frac{2 \times 10^5}{2.8 \times 10^4} = 7.143$$

构件全截面换算截面面积为:

$$A_o = b_1 h_1 + (\alpha_{Es} - 1)(A_{s1} + A'_{s1})$$
$$= 400 \times 600 + (7.143 - 1) \times (1256 + 1520)$$

$$= 2.57 \times 10^5 \text{mm}^2$$

构件截面受压较大边至换算截面重心轴的距离为：

$$y' = \frac{\frac{1}{2}b_1 h_1^2 + (\alpha_{Es}-1)[A'_{sl}a'_{sl} + A_{sl}(h_1-a_{sl})]}{A_o}$$

$$= \frac{\frac{1}{2} \times 400 \times 600^2 + (7.143-1)[1\,520 \times 50 + 1\,256 \times (600-50)]}{2.57 \times 10^5}$$

$$= 298.5 \text{mm}$$

构件截面受压较小边至换算截面重心轴的距离为：

$$y = h_1 - y' = 600 - 298.5 = 301.5 \text{mm}$$

构件全截面换算截面对换算接重心轴的惯性矩为：

$$I_o = \frac{1}{3}b_1(y'^3 + y^3) + (\alpha_{Es}-1)[A'_{sl}(y'-a_{sl})^2 + A_{sl}(y-a_{sl})^2]$$

$$= \frac{1}{3} \times 400 \times (298.5^3 + 301.5^3) + (7.143-1) \times [1\,520 \times (298.5-50)^2 + 1\,256 \times (301.5-50)^2]$$

$$= 8.27 \times 10^9 \text{mm}^4$$

截面核心距为：

$$a\frac{I_o}{A_o y'} = \frac{8.27 \times 10^9}{2.57 \times 10^5 \times 298.5} = 107.8 \text{mm}$$

轴向力作用点至混凝土截面重心轴的距离为：

$$e = \frac{M_{dl}}{N_{dl}} = \frac{300 \times 10^3}{1\,000} = 300 \text{mm}$$

轴向力作用点至换算截面重心轴的距离为：

$$e_o = e + y' - \frac{h_1}{2} = 300 + 298.5 - \frac{600}{2} = 298.5 \text{mm}$$

判断大小偏心：

$$\eta e_o = 1.12 \times 298.5 = 334.3 \text{mm} > a = 107.8 \text{mm}$$

故原构件为大偏心受压构件。

③矩形截面受压区高度的 x_1 计算

轴向力 N_{dl} 作用点至截面受压边缘的距离为：

$$e_N = e - \frac{h_1}{2} = 300 - \frac{600}{2} = 0 \text{mm}$$

受拉区纵向钢筋重心至受压边缘的距离为：

$$h_{ol} - h_1 - a_{sl} = 600 - 50 = 550 \text{mm}$$

受拉区纵向钢筋重心至 N_{dl} 作用点的距离为：

$$g_{sl} = h_{ol} + e_N = 550 + 0 = 550 \text{mm}$$

受压区纵向钢筋重心至 N_{dl} 作用点的距离为：

$$g'_{sl} = a_{sl} = e_N = 50 + 0 = 50 \text{mm}$$

按下式计算 x_1 值：
$$Ax_1^3 + Bx_1^2 + Cx_1 + D = 0$$

其中：
$$A = b_1 = 400 \text{mm}$$
$$B = 3b_1 e_N = 3 \times 400 \times 0 = 0 \text{mm}^2$$
$$C = 6\alpha_{Es}(A_{sl}g_{sl} + A'_{sl}g'_{sl})$$
$$= 6 \times 7.143 \times (1\,256 \times 550 + 1\,520 \times 50)$$
$$= 3.286 \times 10^3$$
$$D = -6\alpha_{Es}(A_{sl}h_{ol}g_{sl} + A'_{sl}a'_{sl}g'_{sl})$$
$$= -6 \times 7.143 \times$$
$$(1\,256 \times 550 \times 550 + 1\,520 \times 50 \times 50)$$
$$= -1.645 \times 10^{10} \text{mm}^4$$

用牛顿迭代法解得 $x_1 = 267.5\text{mm}$。

④原截面受压较大边缘混凝土的应力应变计算

原截面开裂截面换算截面面积为：
$$A_{ol} = b_1 x_1 + \alpha_{Es}A_{sl} + (\alpha_{Es} - 1)A'_{sl}$$
$$= 400 \times 267.5 + 7.143 \times 1\,256 + (7.143 - 1) \times 1\,520$$
$$= 1.253 \times 10^5 \text{mm}^2$$

开裂截面换算截面重心轴至截面受压边缘距离为：
$$y' = \frac{\frac{1}{2}b_1 x_1^2 + \alpha_{Es}A'_{sl}a'_{sl} + (\alpha_{Es} - 1)A_{sl}h_{ol}}{A_{ol}}$$
$$= \frac{\frac{1}{2} \times 400 \times 267.5^2 + 7.143 \times 1\,520 \times 50 + (7.143 - 1) \times 1\,256 \times 550}{1\,253 \times 10^5}$$
$$= 152.4 \text{mm}$$

开裂截面换算截面重心轴至截面受拉边缘距离为：
$$y = h_1 - y' = 600 - 152.4 = 447.6 \text{mm}$$

开裂截面换算截面惯性矩为：
$$I_o = \frac{1}{3}b_1[y'^3 + (x_1 - y')^3] + (\alpha_{Es} - 1)A'_{sl}(y' - a'_{sl})^2 + A_{sl}\alpha_{Es}(y - \alpha_{sl})^2$$
$$= \frac{1}{3} \times 400 \times [152.4^3 + (267.5 - 152.4)^3] + (7.143 - 1) \times 1\,520 \times$$
$$(152.4 - 50)^2 + 7.143 \times 1\,256 \times (447.6 - 50)^2$$
$$= 2.191 \times 10^9 \text{mm}^4$$

轴向力作用点至构件开裂截面换算截面重心轴距离为：
$$e_o = y' + e_N = 152.4 + 0 = 152.4 \text{mm}$$

N_{dl} 作用下原截面受压边缘混凝土的应力 σ_{cl} 为：

$$\sigma_{c1} = -\frac{N_{d1}}{A_{o1}} - \eta \frac{N_{d1}e_o y'}{I_{cr}}$$

$$= -\frac{1\,000 \times 10^3}{1.253 \times 10^5} - 1.12 \times \frac{1\,000 \times 10^3 \times 152.4 \times 152.4}{2.191 \times 10^9}$$

$$= -19.9\text{MPa}$$

原截面受压边缘混凝土的应变 ε_{c1} 为:

$$\varepsilon_{c1} = \sigma_{c1}/E_{c1} = -19.9/2.8 \times 10^4 = -7.107 \times 10^{-4}$$

⑤第一阶段受力时原构件截面相应于新增纵向普通钢筋 A_{s2} 位置处的应变计算新增受拉钢筋重心至受压边的距离为:

$$h_{o2} = h_2 - a_{s2} = 800 - 40 = 760\text{mm}$$

第一阶段受力时原构件截面相应于新增纵向普通钢筋 A_{s2} 位置处的应变为:

$$\varepsilon'_{s2} = \frac{x_1 - h_{o2} + h'_c}{x_1}$$

$$\varepsilon_{c1} = \frac{267.5 - 760 + 100}{267.5} \times (-7.107 \times 10^{-4}) = 1.043 \times 10^{-3}$$

(4)加固后承载力计算

①垂直于弯矩作用平面内的截面复核

新增钢筋 ε_{s2} 和混凝土 ε_{c2} 的应变为:

$$\varepsilon_{s2} = \varepsilon_{c2} = \varepsilon_{cu} - \frac{N_{d1}}{(b_1 h_1 + \alpha_{Es} A'_{s1})E_{c1}}$$

$$= 0.002 - \frac{1\,000 \times 10^3}{(400 \times 600 + 7.143 \times 1\,520) \times 2.8 \times 10^4}$$

$$= 1.858 \times 10^{-3}$$

新增钢筋的应力 σ_{s2} 为:

$$\sigma_{s2} = E_{s2}\varepsilon_{s2} = 1.858 \times 10^{-3} \times 2 \times 10^5 = 371.6\text{MPa}$$

由于 $\sigma_{s2} = E_{s2}\varepsilon_{s2} > f_{sd2} = 280\text{MPa}$,取 $\sigma_{s2} = 280\text{MPa}$,新增混凝土的应力 σ_{c2} 为:

$$\sigma_{c2} = E_{c2}\varepsilon_{c2} = 1.858 \times 10^{-3} \times 3 \times 10^4 = 55.7\text{MPa}$$

由于 $\sigma_{c2} = E_{c2}\varepsilon_{c2} > f_{sd2} = 13.8\text{MPa}$,取 $\sigma_{c2} = 13.8\text{MPa}$。

加固后截面全部纵向钢筋配筋率为:

$$\rho = \frac{1\,256 + 1\,520 + 2 \times 339}{400 \times 600 + 2 \times 100 \times 400} = 1.07\% < 3\%$$

构件在垂直于弯矩作用方向上的长细比 $l_o/b_1 = 6\,000/400 = 15$,查表8-1得轴心受压构件稳定系数 $\varphi = 0.895$,则有:

$$N_u = 0.9\varphi(f_{cd1}A_{c1} + f'_{sd1}A'_{s1} + \sigma_{c2}A_{c2} + \sigma_{s2}A'_{s2})$$

$$= 0.9 \times 0.895 \times (11.5 \times 400 \times$$

$$600 + 280 \times 1\,520 + 13.8 \times 2 \times 100 \times 400 + 280 \times 339)$$

$$= 3.532 \times 10^6 \text{N} = 3\,532\text{kN} > N = 1\,300\text{kN}$$

承载力满足要求。

②在弯矩作用平面内的截面复核

原构件截面受拉边纵向普通钢筋 A_{s1} 和新增纵向普通钢筋 A_{s2} 的合力作用点至加固后截面受拉边的距离为：

$$a_s = \frac{40 \times 339 + (100 + 50) \times 1\,256}{339 + 1\,256} = 126.6 \text{mm}$$

原构件截面受压较大边纵向普通钢筋 A'_{s1} 和新增纵向普通钢筋 A'_{s2} 的合力作用点至加固后截面受压较大边缘的距离为：

$$a'_s = \frac{40 \times 339 + (100 + 50) \times 1\,520}{339 + 1\,520} = 129.9 \text{mm}$$

截面有效高度为：

$$h_o = h_2 - a_s = 800 - 126.6 = 673.4 \text{mm}$$

由于 $\dfrac{e_o}{h_2} = \dfrac{300}{800} = 0.375 > 0.3$，故偏心距增大系数的修正系数 $\psi_\eta = 1.1$。

偏心受压构件考虑二阶弯矩影响的轴向压力偏心距增大系数 η 计算如下：

$$\xi_1 = 0.2 + 2.7 \frac{e_o}{h_o} = 0.2 + 2.7 \times \frac{300}{673.4} = 1.4 > 1.0, \text{取} 1.0。$$

$$\xi_2 = 1.15 - 0.01 \frac{l_o}{h_2} = 1.15 - 0.01 \times \frac{6\,000}{800} = 1.075 > 1.0, \text{取} 1.0。$$

则

$$\eta = \left[1 + \frac{1}{1\,400 e_o/h_o}\left(\frac{l_o}{h_2}\right)^2 \xi_1 \xi_2\right]$$

$$\psi_\eta = \left[1 + \frac{1}{1\,400 \times 300/673.4} \times \left(\frac{6\,000}{800}\right)^2 \times 1.0 \times 1.0\right] \times 1.1 = 1.2$$

偏心压力作用点至受拉钢筋合力作用点的距离为：

$$e_s = \eta e_o + \frac{h_2}{2} - a_s = 1.2 \times 300 + \frac{800}{2} - 126.6 = 633.4 \text{mm}$$

偏心压力作用点至受压钢筋合力作用点的距离为：

$$e'_s = \eta e_o - \frac{h_2}{2} + a'_s = 1.2 \times 300 - \frac{800}{2} + 129.9 = 89.9 \text{mm}$$

截面受拉边新增纵向普通钢筋的应变为：

$$\varepsilon_{s2} = \left(\frac{\beta h_{o2} - x}{x - h'_c}\right)\varepsilon_{cu} - \varepsilon'_{s2}$$

$$= \left(\frac{0.8 \times 760 - x}{x - 0.8 \times 100}\right) \times 0.003\,3 - 1.043 \times 10^{-3}$$

先假定加固后构件为大偏心受压构件，则 $\sigma_{s1} = f_{sd1} = 280 \text{MPa}$。

由于

$$f_{cd1} bx \left(e_s - h_o + \frac{x}{2}\right) = (\sigma_{s1} A_{s1} + \sigma_{s2} A_{s2}) e_s - (f'_{sd1} A'_{s1} + f'_{sd2} A'_{s2}) e'_s$$

代入数据得：

$$11.5 \times 400 \times x \times \left(633.4 - 673.4 + \frac{x}{2}\right)$$

$$= (280 \times 1\,256 + \sigma_{s2} \times 339) \times 633.4 - (280 \times 1\,250 + 280 \times 339) \times 89.9$$

其中：
$$\sigma_{s2} = E_{s2}\varepsilon_{s2} = 2\times 10^5 \times\left[\left(\frac{0.8\times 760-x}{x-0.8\times 100}\right)\times 0.0033 - 1.043\times 10^{-3}\right]$$

联立求得：

$x = 370.3\text{mm} > 2a'_s = 2\times 129.9 = 259.8\text{mm}$。$\xi = \dfrac{x}{h} = \dfrac{370.3}{760} = 0.49 < \xi_b = 0.56$。

确实为大偏心受压构件，原假设正确。

将 $x=370.3\text{mm}$ 代入，得 $\sigma_{s2}=331.8\text{MPa}>280\text{MPa}$，故 $\sigma_{s2}=280\text{MPa}$。

加固后正截面承载力为：

$$\begin{aligned}N_u &= f_{cd1}b_2x + f'_{sd2}A'_{s2} + f'_{sb1}A'_{s1} - \sigma_{s1}A_{s1} - \sigma_{s2}A_{s2}\\ &= 11.5\times 400\times 370.3 + 280\times 339 + 280\times 1520 - 280\times 1256 - 280\times 339\\ &= 1777\text{kN} > N = 1300\text{kN}\end{aligned}$$

加固后构件的承载力满足设计要求。

四、加固实例

【实例一】

1. 概述

某县烽火桥横跨道水，为5孔连续双曲拱桥，桥长约197m，单孔净跨33.24m，行车道宽6m。原桥在1973年设计，按荷载汽—13，挂—60进行计算设计，在1994年进行加固时，依据85版桥梁规范进行复核计算。该桥主拱为现浇混凝土，小拱为预制混凝土，墩台均为圬工结构。

现阶段桥梁的主要病害有：基础局部冲空、承台竖向开裂或向一侧倾斜、基础下沉等。桥面系主要病害为桥面下沉、栏杆及人行道系损坏等，拱肋出现裂缝，腹拱出现多条裂纹。

2. 加固措施

通过增大拱圈截面面积来提高拱桥的承载能力和满足正常使用状况，从而达到加固桥梁的目的。更重要的是，这种加固方法可以使拱波、拱板、拱肋和新的钢筋混凝土构件形成整体，既能提高原双曲拱桥的承载能力，又可大大改善原桥的整体性。本桥的加固采用以下措施：

（1）对桥墩基础周围冲刷、淘空部分用15‰C20片石混凝土填满铺平，防止桥墩基础继续冲刷；在桥墩墩身外侧增加15cm厚C30钢筋混凝土。

（2）主拱圈加固：有限元分析结果表明拱圈承载能力不足，为了提高桥梁的承载能力，增强桥梁的整体刚度，对主拱圈裂缝用环氧树脂灌浆封缝处理；在主拱圈拱肋两侧及地底面增加15cm厚C30现浇钢筋混凝土，采用钢筋φ28；在主拱圈拱波顶面增加10～30cm现浇混凝土；在原有横隔梁上增加10cm厚钢筋混凝土；在新增加立柱下增设横隔梁。施工前对主拱肋、拱波顶表面进行清表、凿毛处理。为了保证新浇注钢筋混凝土能与原结构连接良好共同受力是加固成败的关键所在，为此，在拱肋上采用植筋技术并加钢筋网，既能保证施工质量，达到加固效果，又大大降低了施工难度。

（3）为了使主拱拱圈受力均匀，减小腹拱拱圈承受的活载，人工拆除主桥桥面系（栏杆、人行道板、照明灯、横挑梁、桥面铺装、拱上填料等），达到卸载的目的。

（4）拆除部分拱上建筑（腹拱圈拱波、腹拱拱肋、腹拱横隔板、立墙顶片石混凝土拱座等），保留横墙。

(5)在保留横墙外增加8cm厚C30现浇钢筋混凝土,同时在横墙顶根据设计高程要求增高横墙;在拱顶原实腹部分新做C30钢筋混凝土横墙;在所有墙顶做C40钢筋混凝土墩帽。

(6)新做桥面系(连续桥面板、桥面铺装、人行道、人行道栏杆、照明设施)。

【实例二】

1. 桥梁概况

重庆某区涪江二桥主桥上部结构形式为5孔钢筋混凝土连续肋拱桥形式,由上下游两幅对称结构桥并列组成,两岸边孔跨径为60m,3中孔跨径为120m,全长544.5m。主桥桥面全宽26m,横向布置为0.25m(栏杆)+1.5m(人行道)+10.5m(车行道)+1.5m(中央分隔带)+10.5m(车行道)+1.5m(人行道)+0.25m(栏杆)。主桥下部结构为重力式墩台,基础分别为桩基础、扩大基础及沉井基础。桥梁设计荷载为汽—超20,挂—120。

2. 主拱圈病害情况

(1)60m边孔拱圈拱脚截面在组合4(恒载+汽车+人群+温降)下正截面抗力安全系数为0.986,不满足规范要求。

(2)120m中孔拱圈拱脚截面在组合4(恒载+汽车+人群+温降)下正截面抗力安全系数为0.967,不满足规范要求。

3. 加固方法

采用上缘增大截面法加固主拱圈拱脚。为了有效地加强边孔和中孔拱脚截面,采用如下加固方案:对于60m边孔,在拱圈拱脚和2号立柱间拱背上现浇钢筋混凝土,厚度从拱脚的20cm渐变至2号立柱处的0cm;对于120m中孔,在拱圈拱脚和4号立柱间拱背上现浇钢筋混凝土,厚度从拱脚的10cm渐变至4号立柱处的0cm。为了增强新浇混凝土与原拱圈的联结,保证原拱圈和新增拱圈能够协调受力,需在原拱圈上植筋。如图8-14所示。

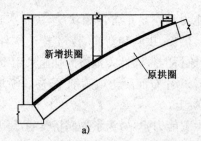
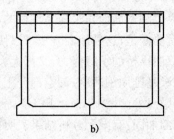

图8-14 加固方案示意图

按照该桥检验报告"60m边跨主拱圈跨中截面受力状态不佳,应力校验系数偏大,强度不能满足'鉴定方法'中的要求"。报告建议"对2跨60m拱肋跨中截面下缘采用粘贴钢板进行补强"。加固设计对60m跨主拱圈跨中截面采用粘贴Q235-C钢板(钢板厚8mm)来加强60m跨拱圈跨中截面。由于主拱圈拱肋接头是确保预制拱圈整体受力的重要部位,其连接一定要非常可靠,为达到此效果,加固设计将除先对接头部位的孔洞用C40小石子混凝土填充密实外,再在接头侧面粘贴三块Q235-C钢板(钢板厚8mm)来加强拱肋连接接头的整体性。

4. 加固后理论效果

(1)加固后,60m 边孔拱圈拱脚截面在组合 4(恒载+汽车+人群+温降)下正截面抗力安全系数由加固前的 0.986 增加至 1.505,满足规范要求,其他各截面的安全系数均有所提高,满足规范要求。

(2)加固后,120m 中孔拱圈拱脚截面在组合 4(恒载+汽车+人群+温降)下正截面抗力安全系数由加固前的 0.967 增加至 1.192,满足规范要求,其他各截面的安全系数均有所提高,满足规范要求。

5. 加固后实际效果

该桥在加固后,外观比加固前已经得到了明显的改善。荷载试验结果表明,其加固后的实际效果满足荷载等级要求。

第三节 粘贴钢板加固方法

一、加固原理及优点

在荷载作用下拱圈产生拉应力,如果超过其材料强度时,将导致拱圈开裂、破损,承载力削弱甚至拱圈坍塌。除了采用增大截面法加固的途径外,还可在拱圈的受拉区段粘贴钢板、钢筋或玻璃纤维布(玻璃钢)、碳纤维布、芳纶纤维布等高强材料,以增加拱圈的强度,提高桥梁的承载力。

粘贴钢板法,对石拱桥、钢筋混凝土拱桥等各类桥型的拱式桥梁均适用。由于钢材强度远远高于原拱圈基材的强度,而且粘贴面的大小可根据结构受力状况全拱圈宽度粘贴亦可间隔分段粘贴,如图 8-15 所示。因此,该法是拱桥中较常采用的加固方法。加固设计时,加固用钢板一般设在拱圈的受拉部位;可按拱圈受拉开裂强度估算补强钢板(或钢筋)的配置数量,

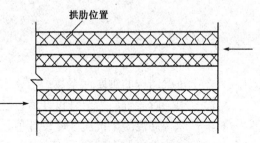

图 8-15 粘贴钢板法

补强范围宜沿整个负弯矩区或正弯矩区导致截面出现拉应力的范围,并向外延伸 1~2m。粘贴用钢板的厚度,一般宜采用 5~10mm;为便于钢板沿拱腹线成型,钢板不宜太长;可分段粘贴,每段长度 1.2~1.5m,接头处搭接钢板或锚缝。钢板在工厂按设计要求加工成型,并沿粘贴面设置一定数量的膨胀锚栓,在环氧砂浆初凝前对钢板加压和固定,保证钢板与拱圈的粘贴效果。粘贴钢板加固拱桥的施工工艺与梁桥的施工方法基本相同,可参照前述章节。

二、加固计算

粘贴钢板加固法一般用于加固拱桥的受拉区段,其目的主要是增强其抗拉能力。拱圈为压弯构件,因受压区界限高度的不同又分为大、小偏心。粘贴钢板加固拱圈一般适用于大偏心受压构件。

1. 计算方法

偏心受压的钢筋混凝土构件的正截面承载力(图 8-16)应按下列公式计算

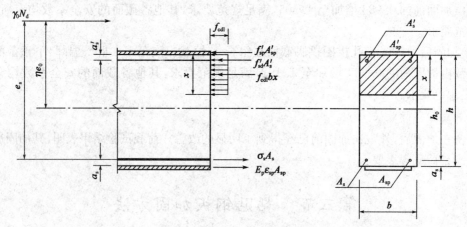

图 8-16 偏心受压构件正截面承载力计算

$$\gamma_0 N_d \leqslant f_{cd1}bx + f'_{sd}A'_s + f'_{sp}A'_{sp} - \sigma_s A_s - E_{sp}\varepsilon_{sp}A_{sp} \tag{8-39}$$

$$\gamma_0 N_d e_s \leqslant f_{cd1}bx\left(h_0 - \frac{x}{2}\right) + f'_{sd}A'_s(h_0 - a'_s) + f'_{sd}A'_{sp}h_0 - E_{sp}\varepsilon_{sp}A_{sp}a_s \tag{8-40}$$

$$f_{cd1}bx\left(e_s - h_0 + \frac{x}{2}\right) = \sigma_s A_s e_s + E_{sp}\varepsilon_{sp}A_{sp}(e_s + a_s) - f'_{sd}A'_s e'_s - f'_{sp}A'_{sp}(e'_s - a'_s) \tag{8-41}$$

$$e_s = \eta e_0 + \frac{h}{2} - a_s \tag{8-42}$$

$$e'_s = \eta e_0 - \frac{h}{2} + a'_s \tag{8-43}$$

式中：γ_0——桥梁结构的重要性系数；

N_d——第二阶段轴向力组合设计值；

f_{cd1}——原构件混凝土抗压强度设计值；

A_s、A'_s——原构件受拉钢筋和受压钢筋的截面面积；

A_{sp}、A'_{sp}——受拉钢板和受压钢板的截面面积；

x——混凝土受压区高度；

b、h——原构件截面宽度和高度；

a_s——纵向受拉钢筋合力点至截面受拉区边缘的距离；

a'_s——纵向受压钢筋合力点至混凝土受压区边缘的距离；

h_0——原构件截面有效高度，$h_0 = h - a_s$；

e_s、e'_s——轴向力作用点至截面受拉钢筋 A_s 合力作用点和受压普通钢筋 A'_s 合力作用点的距离；

e_0——轴向力对截面重心轴的偏心距，$e_0 = M_d/N_d$；

η——偏心受压构件考虑二阶弯矩影响的轴向压力偏心距增大系数；

f'_{sp}——加固钢板的抗压强度设计值；

σ_s——受拉边或受压较小边纵向钢筋的应力;

M_d——相应于 N_d 的第二阶段弯矩组合设计值;

E_{sp}——加固钢板的弹性模量;

ε_{sp}——构件达到承载能力极限状态时加固钢板的拉应变。

(1)为了保证构件破坏时大偏心受压构件截面上的受压钢筋能达到抗压强度设计值,必须满足:

$$x \geqslant 2a'_s \tag{8-44}$$

若 $x < 2a'_s$,加固后的偏心受压构件正截面抗压承载力按下式计算:

$$\gamma_0 N_d e'_s \leqslant \sigma_s A_s (e_s - e'_s) + E_{sp}\varepsilon_{sp} A_{sp}(e_s - e'_s + a_s) + f'_{sp} A'_{sp}(e'_s - a'_s) \tag{8-45}$$

(2)对小偏心受压构件,当轴向力作用在纵向钢筋 A_s 合力点与 A'_s 合力点之间时,且 e_0 很小时,构件全截面受压。若靠近偏心压力一侧的纵向钢筋 A'_s 配置较多,远离偏心压力一侧的纵向钢筋 A_s 配置较少时,钢筋 A_s 的应力可能达到受压屈服强度,离偏心受力较远一侧的混凝土也有可能压坏。为使钢筋 A_s 数量不致过少,抗压承载力计算尚应满足下式:

$$\gamma_0 N_d e' \leqslant f_{cd1} bh \left(h'_0 - \frac{h}{2} \right) + f'_{sd} A_s (h'_0 - a_s) + f'_{sp} A_{sp} h'_0 - E_{sp}\varepsilon_{sp} f'_{sp} a'_s \tag{8-46}$$

$$e' = \frac{h}{2} - e_0 - a'_s \tag{8-47}$$

式中:e'——轴向力作用点至截面受压较大边纵向钢筋 A'_s 合力点的距离,计算时偏心距 e_0 可不考虑增大系数 η;

h'_0——截面受压较小边边缘至受压较大边纵向钢筋合力点的距离,$h'_0 = h - a_s$;

h——原构件截面高度。

(3)普通钢筋应力 σ_s 的取值

①当 $\xi \leqslant \xi_b$ 时,为大偏心受压构件,截面受拉边原构件纵向钢筋 A_s 的应力取 $\sigma_s = f_{sd}$。

②当 $\xi > \xi_b$ 时,为小偏心受压构件,截面受拉边原构件纵向钢筋 A_s 的应力可按下列公式计算:

$$\sigma_s = \varepsilon_{cu} E_s \left(\frac{\beta h_0}{x} - 1 \right) \tag{8-48}$$

$$-f_{sd} \leqslant \sigma_s \leqslant f_{sd} \tag{8-49}$$

(4)加固钢板应力 σ_{sp} 的取值

$$-f_{sd} \leqslant \sigma_{sp} = \varepsilon_{sp} E_{sp} \leqslant f_{sp} \tag{8-50}$$

$$\varepsilon_{sp} = \frac{\beta h - x}{x} \varepsilon_{cu} - \varepsilon_{pl} \tag{8-51}$$

式中:ε_{sp}——截面受拉边或受压较小边钢板的应变,拉应变为正号,压应变为负号;

ε_{pl}——原构件在第一阶段荷载作用下受拉边或受压较小边钢板的滞后应变,计算时应计入应变符号,拉应变为正号,压应变为负号。

(5)加固钢板的滞后应变 ε_{pl} 的取值

①在第一阶段受力时,原构件为轴心受压构件

$$\varepsilon_{pl} = \frac{N_{kl}}{[bh + \alpha_{Es}(A_s + A'_s)] E_c} \tag{8-52}$$

$$\varepsilon_{cl} = \varepsilon_{pl} \tag{8-53}$$

式中:α_{Es}——原构件普通钢筋与混凝土弹性模量之比。

②在第一阶段受力时,原构件为大偏心受压构件

$$\varepsilon_{pl} = -\frac{h-x_1}{x_1}\varepsilon_{cl} \tag{8-54}$$

式中:x_1——加固前原构件开裂截面换算截面的混凝土受压区高度;

ε_{cl}——原构件受压较大边混凝土的应变(负号),计算方法同增大截面法。

③原构件为小偏心受压构件时

$$\varepsilon_{pl} = \varepsilon_{cl} - \frac{h}{h_0}(\varepsilon_{cl} - \varepsilon_{sl}) \tag{8-55}$$

式中:ε_{sl}——第一阶段原构件截面受拉边或受压较小边纵向普通钢筋的应变,计算方法同增大截面法。

(6)单侧粘贴钢板加固或两侧粘贴钢板加固的I形截面偏心受压构件,正截面承载力计算参照上述方法计算。

2. 计算示例

【例 8-2】 某钢筋混凝土偏心受压构件截面尺寸 $b \times h = 400\text{mm} \times 500\text{mm}$,弯矩作用平面内的计算长度为 $l_{0y}=4\text{m}$,垂直于弯矩作用平面内的计算长度 $l_{0x}=5.71\text{m}$,结构重要性系数 $\gamma_0=1.0$。采用 C25 混凝土,HRB335 钢筋,受拉钢筋为 $4\phi22$($A_{sl}=1520\text{mm}^2$)受压区钢筋 $3\phi20$($A_{sl}=942\text{mm}^2$),$a_s=a_s'=45\text{mm}$,如图 8-17 所示。截面承受轴向力计算值 $N_2=\gamma_0 N_d=250\text{kN}$,弯矩计算值 $M_2=\gamma_0 M_d=230\text{kN}\cdot\text{m}$。试验算该构件是否满足承载力要求。若不满足,拟在受拉和受压侧分别粘贴 $200\text{mm}\times4\text{mm}$ 和 $200\text{mm}\times5\text{mm}$ 的 Q235 钢板进行加固。加固前原构件承受的第一阶段轴向力计算值 $N_1=\gamma_0 N_{d1}=200\text{kN}$,弯矩计算值 $M_1=\gamma_0 M_{d1}=120\text{kN}\cdot\text{m}$,试对加固后构件的承载力进行复核。

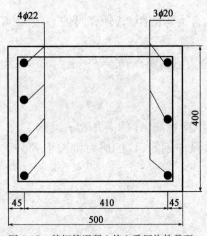

图 8-17 某钢筋混凝土偏心受压构件截面
(尺寸单位:mm)

【解】 由题意可知:$f_{cd1}=11.5\text{MPa}$,$f_{sd}=f_{sd}'=280\text{MPa}$,$E_c=2.8\times10^4\text{MPa}$,$E_s=2.0\times10^5\text{MPa}$,$E_{sp}=2.06\times10^5\text{MPa}$,$f_{sp}=215\text{MPa}$,$\varepsilon_b=0.56$,$\varepsilon_{cu}=0.0033$。

(1)原构件承载力验算

截面有效高度为:

$$h_0 = h - a_s = 500 - 45 = 455\text{mm}$$

钢筋与混凝土弹性模量之比为:

$$\alpha_{Es} = E_s/E_c = 7.143$$

①垂直于弯矩作用平面内正截面承载力验算

构件在垂直于弯矩作用平面内的长细比 $l_0/b=5710/400=14.3$,查《公路钢筋混凝土及

预应力混凝土桥涵设计规范》(JTG D60—2004)得轴心受压构件稳定系数 $\varphi=0.91$，则有：

$$N_u = 0.9\varphi[f_{cd1}bh + f'_{sd}(A_s + A'_s)]$$
$$= 0.9 \times 0.91 \times [11.5 \times 400 \times 500 + 280 \times (942 + 1520)]$$
$$= 2448.29 \times 10^3 N = 2448.29 kN > \gamma_0 N_d = 250 kN$$

承载力满足要求。

②在弯矩作用平面内正截面承载力验算

a. 偏心距增大系数计算

在第二阶段荷载作用下偏心距为：

$$e_0 = \frac{M_2}{N_2} = \frac{250 \times 10^3}{200} = 920 mm$$

偏心受压构件考虑二阶弯矩影响的轴向压力偏心距增大系数按下式计算：

$$\xi_1 = 0.2 + 2.7\frac{e_0}{h_0} = 0.2 + 2.7 \times \frac{920}{455} = 5.66 > 1.0，取 1.0。$$

$$\xi_2 = 1.15 - 0.01\frac{l_0}{h} = 1.15 - 0.01 \times \frac{4000}{500} = 1.07 > 1.0，取 1.0。$$

则

$$\eta = 1 + \frac{1}{1400e_0/h_0}\left(\frac{l_0}{h}\right)^2$$

$$\xi_1\xi_2 = 1 + \frac{1}{1400 \times 920 \div 455} \times \left(\frac{4000}{500}\right)^2 \times 1.0 \times 1.0 = 1.02$$

b. 大小偏心初步判定

$$\eta e_0 = 1.02 \times 920 = 938.4 mm > 0.3h_0 = 136.5 mm$$

初步判定为大偏心受压。

c. 混凝土受压区高度 x 计算

$$e_s = \eta e_0 + h/2 - a_s = 1.02 \times 920 + 500/2 - 45 = 1143.4 mm$$
$$e'_s = \eta e_0 - h/2 + a_s = 1.02 \times 920 - 500/2 + 45 = 733.4 mm$$

假设构件为大偏心受压构件，对 $\gamma_0 N_d$ 作用点取矩，则有：

$$f_{cd}bx(e_s - h_0 + x/2) = f_{sd}A_se_s - f'_{sd}A'_se'_s$$

代入数据，即：

$$11.5 \times 400x(1143.4 - 455 + x/2)$$
$$= 280 \times 1520 \times 1143.3 - 280 \times 942 \times 733.4$$

解得：$x = 87 mm$，$\xi = s/h_0 = 87/455 = 0.19 < \xi_b = 0.56$，故为大偏心受压构件。

d. 承载力验算

$$N_u = f_{cd1}bx + f'_{sd}A'_s - f_{sd}A_s$$
$$= 11.5 \times 400 \times 87 + 280 \times 942 - 280 \times 1520$$
$$= 238.4 kN < \gamma_0 N_d = 250 kN$$

故原构件不满足承载力要求，需要加固。

(2) 钢板的滞后应变计算

①偏心距增大系数 η_1

由于 $l_0/h = 4\,000/500 = 8$，故 $\eta_1 = 1.0$。

②判断加固前构件的大小偏心

构件全截面换算截面面积为：

$$A_0 = bh + (\alpha_{Es} - 1)(A_s + A'_s) = 400 \times 500 + (7.143 - 1) \times (1\,520 + 942)$$
$$= 2.2 \times 10^5 \text{mm}^2$$

构件截面受压较大边至换算截面重心轴的距离为：

$$y' = \frac{\frac{1}{2}bh^2 + (\alpha_{Es} - 1)[A'_s a'_s + A_s(h - a_s)]}{A_0}$$

$$= \frac{\frac{1}{2} \times 400 \times 500^2 + (7.143 - 1)[942 \times 45 + 1\,520 \times (500 - 45)]}{2.2 \times 10^5}$$

$$= 247.8 \text{mm}$$

构件截面受压较小边至换算截面重心轴的距离为：

$$y = h - y' = 500 - 247.8 = 252.2 \text{mm}$$

构件全截面换算截面对换算截面重心轴的惯性矩为：

$$I_0 = \frac{1}{3}b(y'^3 + y^3) + (\alpha_{Es} - 1)[A'_s(y' - a'_s)^2 + A_s(y - a_s)^2]$$

$$= \frac{1}{3} \times 400 \times (247.8^3 + 252.2^3) + (7.143 - 1) \times$$

$$[942 \times (247.8 - 45)^2 + 1\,520 \times (252.2 - 45)^2]$$

$$= 4.8 \times 10^9 \text{mm}^4$$

截面核心距为：

$$a = \frac{I_0}{A_0 y'} = \frac{4.8 \times 10^9}{2.2 \times 10^5 \times 247.8} = 88 \text{mm}$$

轴向力作用点至混凝土截面重心轴的距离为：

$$e = \frac{M_{d1}}{N_{d1}} = \frac{120 \times 10^3}{200} = 600 \text{mm}$$

轴向力作用点至换算截面重心轴的距离为：

$$e_0 = e + y' - \frac{h}{2} = 600 + 247.8 - \frac{500}{2} = 597.8 \text{mm}$$

判断大小偏心：

$$\eta_1 e_0 = 1 \times 597.8 = 597.8 \text{mm} > a = 88 \text{mm}$$

则原构件为大偏心受压构件。

③矩形截面受压区高度 x_1 的计算

轴向力 N_{d1} 作用点至截面受压边缘的距离为：

$$e_N = e - \frac{h_1}{2} = 600 - \frac{500}{2} = 350 \text{mm}$$

受拉区纵向钢筋重心至受压边缘的距离为：

$$h_{01} = h - a_s = 500 - 45 = 455 \text{mm}$$

受拉区纵向钢筋重心至 N_{d1} 作用点的距离为：

$$g_{s1} = h_{01} + e_N = 455 + 350 = 805\text{mm}$$

受压区纵向钢筋重心至 N_{d1} 作用点的距离为：
$$g'_{s1} = a'_s + e_N = 45 + 350 = 395\text{mm}$$

由下式求解 x_1：
$$Ax_1^3 + Bx_1^2 + Cx_1 + D = 0$$

式中：$A = b = 400\text{mm}$

$B = 3be_N = 3 \times 400 \times 350 = 4.2 \times 10^5 \text{mm}^2$

$C = 6\alpha_{Es}(A_s g_{s1} + A'_s g'_{s1})$
$\quad = 6 \times 7.143 \times (1\,520 \times 805 + 942 \times 395) = 6.84 \times 10^7 \text{mm}^3$

$D = -6\alpha_{Es}(A_s h_{01} g_{s1} + A'_s a'_s g'_{s1})$
$\quad = -6 \times 7.143 \times (1\,520 \times 455 \times 805 + 942 \times 45 \times 395)$
$\quad = -2.46 \times 10^{10} \text{mm}^4$

解得：
$$x_1 = 165\text{mm}$$

④原截面受压较大边缘混凝土的应力应变计算

原构件开裂截面换算截面面积为：
$$\begin{aligned}A_{01} &= bx + \alpha_{Es}A_s + (\alpha_{Es}-1)A'_s \\ &= 400 \times 165 + 7.143 \times 1\,520 + (7.143-1) \times 942 \\ &= 8.3 \times 10^4 \text{mm}^2\end{aligned}$$

开裂截面换算截面重心至截面受压边缘距离为：
$$\begin{aligned}y' &= \frac{\frac{1}{2}bx^2 + \alpha_{Es}A'_s a'_s + (\alpha_{Es}-1)A_s h_{01}}{A_{01}} \\ &= \frac{\frac{1}{2} \times 400 \times 165^2 + 7.143 \times 942 \times 45 + (7.143-1) \times 1520 \times 455}{3.3 \times 10^4} \\ &= 120\text{mm}\end{aligned}$$

开裂截面换算截面重心轴至截面受拉边缘距离为：
$$y = h_1 - y' = 500 - 120 = 380\text{mm}$$

开裂截面换算截面惯性矩为：
$$I_{cr} = \frac{1}{3}b[y'^3 + (x1-y')^3] + (\alpha_{Es}-1)A'_s(y'-a'_s)^2 + \alpha_{Es}A_s(y-a_s)^2$$
$$= \frac{1}{3} \times 400 \times [120^3 + (165-120)^3] + (7.143-1) \times 942 \times (120-45)^2 +$$
$$\quad 7.143 \times 1\,520 \times (380-45)^2 + 7.143 \times 1\,520 \times (380-45)^2$$
$$= 1.5 \times 10^9 \text{mm}^4$$

轴向力作用点至原构件开裂截面换算截面重心轴距离为：
$$e_0 = y' + e_N = 120 + 350 = 470\text{mm}$$

原截面受压边缘混凝土应力为：

$$\sigma_{c1} = -\frac{N_{d1}}{A_{01}} - \eta 1 \frac{N_{d1} e_0 y'}{I_{cr}}$$

$$= -\frac{200 \times 10^3}{8.3 \times 10^4} - 1 \times \frac{200 \times 10^3 \times 470 \times 120}{1.5 \times 10^9}$$

$$= -9.93 \text{MPa}$$

原截面受压边缘混凝土压应变为：

$$\varepsilon_{c1} = \frac{\sigma_{c1}}{E_c} = -\frac{9.93}{2.8} \times 10^4 = -3.5 \times 10^{-3}$$

⑤钢板滞后应变

$$\varepsilon_{pl} = -\frac{h-x_1}{x_1}\varepsilon_{c1} = -\frac{500-165}{165} \times (-3.5 \times 10^{-3}) = 7.1 \times 10^{-3}$$

(3)加固后承载力验算

在受拉侧钢板截面积 $A_{sp}=800\text{mm}^2$，受拉侧钢板截面积 $A'_{sp}=1\,000\text{mm}^2$。

①加固后构件大小偏心判断

先假定加固后构件为大偏心受压构件，则 $\sigma_b = f_{sd} = 280\text{MPa}$。

将下面两式联立：

$$f_{cd1}bx(e_s - h_0 + x/2) = \sigma_s A_s e_s + E_{sp}\varepsilon_{sp}A_{sp}(e_s + a_s) - f'_{sd}A'_s e'_s - f'_{sp}A'_{sp}(e'_s - a'_s)$$

$$\varepsilon_{sp} = \frac{\beta h - x}{x}\varepsilon_{cu} - \varepsilon_{pd}$$

带入数据，得：

$11.5 \times 400x(1\,143.4 - 456 + x/2)$
$= 280 \times 1\,520 \times 1\,143.4 + 2.06 \times 10^5 \times \varepsilon_{sp} \times 1\,000 \times (1\,143.4 + 45) -$
$\quad 280 \times 942 \times 733.4 - 215 \times 1\,000 \times (733.4 - 45)$

$$\varepsilon_{sp} = \frac{0.8 \times 500 - x}{x} \times 0.003\,3 - 7.1 \times 10^{-3}$$

解得 $\varepsilon_{sp}=1.243 \times 10^{-3}$，则 $E_{sp}\varepsilon_{sp}=2.06 \times 10^5 \times 1.243 \times 10^{-3} = 256\text{MPa} > 215\text{MPa}$。

已经屈服，取 $\sigma_{sp}=f_{sp}=215\text{MPa}$。

将 $\sigma_{sp}=215\text{MPa}$ 代入上式解得 $x=102.7\text{mm}$。

可知 $2a'_s=90\text{mm} < x < \varepsilon_b h_0 = 0.56 \times 455 = 254.8\text{mm}$，故构件为大偏心受压构件，原假设正确。

②承载能力验算

$N_d = f_{cd1}bx + f'_{sd}A'_s + f'_{sp}A'_{sp} - f_{sd}A_s - f_{sp}A_{sp}$
$\quad = 11.5 \times 400 \times 102.7 + 280 \times 942 + 215 \times 1\,000 - 280 \times 1\,520 - 215 \times 1\,000$
$\quad = 310.6\text{kN} > N_d = 250\text{kN}$

加固后构件的承载力满足设计要求。

三、加固实例

1. 工程背景

G312线（沪霍线）某大桥位于K2320+820处，该桥于1969年10月建成通车，原桥上部结构为6×20m双曲拱桥，下部结构为混凝土重力式桥墩、U型桥台，桥高5.5m，桥面宽为净7+2×0.5m，全长152m，设计荷载：汽车—13级，拖—60级。

2. 加固目的

该桥原设计荷载为汽—13级,拖—60级。该桥经过近40年的运营,特别近年来随着交通量的增大和交通车辆载重的增加,大部分运行车辆的载重超过了该桥的设计承载力。加之该桥病害严重,承载力降低,故对该桥进行维修加固,延长其实用寿命,增强其整体性,提高该桥的承载力以满足安全使用。

3. 加固方法

(1)拱肋粘贴钢板加固

采用粘贴钢板的方法对混凝土拱肋进行加固。在拱肋底面沿拱肋纵向粘贴宽20cm厚6mm的钢板,粘贴钢板时用膨胀螺栓锚固。

(2)混凝土横系梁粘贴钢板加固

混凝土横系梁底面采用粘贴钢板加固,并与拱底面钢板焊接使其形成整体从而使拱肋的横向联系得到了加强。如图8-18所示。

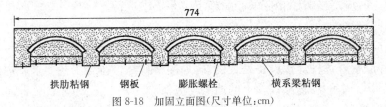

图 8-18 加固立面图(尺寸单位:cm)

4. 加固材料的主要技术指标

(1)钢板

钢板厚度为6mm,钢板采用Q345-C级可焊性好的钢材。

(2)膨胀螺栓

膨胀螺栓抗压强度标准值800MPa,屈服强度标准值300MPa,伸长率$0.3d\%$(d表示螺栓的公称直径)。

(3)粘钢胶

粘贴钢板的胶结剂采用A级胶,其胶体性能要求为:抗拉强度≥30MPa,抗拉弹性模量≥3500MPa,抗弯弹性模量≥45MPa,且不得呈脆性破坏,抗压强度≥65MPa,伸长率≥1.3%,钢板与混凝土的正拉黏结强度≥2.5MPa,且为混凝土内聚破坏,不挥发物含量(固体含量)≥99%。

5. 粘钢加固施工工艺及施工要点

(1)在钢板上钻灌胶孔和排气孔。

(2)表面处理要点如下:

①钢板表面除锈至发光,再做粗糙处理,纹路与受力方向垂直,然后用酒精或丙酮棉纱清洗钢表面除油。

②打磨混凝土表面除去表面风化层,找平冲洗烘干。

(3)钢板密封要点如下:

①配制密封胶,每次配胶量不宜超过500g,在30min内用完,以免浪费。

②用密封胶密封钢板边缘及锚固螺栓。

③在灌胶孔和出气孔上安装灌胶嘴并用密封胶黏结,密封后约 2h,即可进行下一步施工。

(4)灌胶要点如下:

①在灌胶嘴上安装塑料管,以备罐满时密封。

②配制灌注胶,每次配胶量不应超过 500g,在 2h 内用完,冬季时间可长些。

③将胶液加入灌胶器中。

④将灌胶器出口与灌胶嘴相连,加压入灌胶器打开阀门灌胶。

⑤当出气孔有胶液流出时弯折塑料管,用钢丝捆扎,等待下一出气孔胶液流出。

⑥如钢板过长,下一出口很久没有胶液流出,可将灌注口密封后,在下一出气口继续灌注。

(5)注意事项主要有以下几个方面:

①粘钢灌注胶必须符合各项技术指标要求,且必须出具相应的由有资质单位所作出的胶体物理力学性质检测报告。

②灌胶平均厚度为 2mm。

③灌胶施工时应严格按照相应的产品施工工艺要求进行。

(6)钢板焊接要求如下:

①施焊前应对所焊钢板进行检查,焊件是否平整,拼接是否密合,缝隙、坡口是否符合图纸及工艺要求,并应检查各种焊接设备是否良好,焊接材料是否符合工艺要求。焊剂和焊条在使用前均应烘干,焊剂中的脏物和焊丝上的油漆均应清除。

②焊接完毕,应仔细检查焊缝质量。焊缝质量应符合相关技术要求。

(7)钢板防腐

先将裸露在外面的钢板表面除锈,再用丙酮或酒精除去油污,然后在钢板表面涂刷底漆一遍,面漆一遍。

第四节 调整拱上建筑恒载加固方法

一、加固原理及设计要点

拱桥的主要承重构件——拱圈的轴线形状,直接影响拱圈截面内力分布。在拱桥设计中,选择拱轴线的原则是尽可能降低由于荷载产生的弯矩。最理想的拱轴线是和荷载压力线相重合,这样拱圈内只有轴力而无弯矩,以充分发挥圬工材料的抗压性能。然而,拱桥受力除恒载之外还有活载、温度变化、弹性压缩、收缩、徐变等作用,这些影响因素都会在截面上产生弯矩,因而事实上不可能获得这样的拱轴线。相对而言,拱桥恒载比重较大,一般认为拱轴线与恒载产生的压力线(不考虑弹性压缩)相重合,即为较合理的拱轴线。

调整拱上恒载加固技术,是通过调整拱上恒载的办法来调整压力线,目的在于使拱圈的压力线与拱轴线尽可能地接近以减小拱内弯矩内力。在拱桥中,恒载自重通常占有很大的比例,拱圈大部分承载力须用于承担恒载自重。如果能采取有效措施,对拱上建筑进行减载或加载调整,可以有效地改善拱圈的受力状况。对于中、小跨径的石拱桥,特别是对于实腹式圆弧拱桥,拱上填料较厚,更有条件通过调整恒载来达到改善桥梁受力状态的目的。对于大跨径石拱桥,旧危拱桥存在主拱圈开裂,拱轴线偏离设计轴线等病害,拱上恒载在桥梁承受的荷载中占有较大比例,因而可以通过调整拱上恒载,改善原主拱圈的不良受力状态。同时,对空腹式拱上建筑的拱桥,还可充分与较为成熟的钢筋混凝土套箍加固技术相结合,较大幅度的提高原桥承载力。

当桥梁承受活载的能力较差,桥梁基础承载力受到限制不能满足加固拱圈和提高活载所增加的承载力要求时,采用减轻拱上建筑自重的方法对拱桥进行改造,可减轻主拱圈的负担;同时,也可以降低对下部构造的要求,该加固方法是一种经济有效的措施。

加固设计前,应精确测量主拱圈实际线形,使得实际拱轴线与后期理论计算用拱轴线一致,从而为后期的各项工作的开展奠定良好的基础。加固设计过程中,应对恒载调整各个阶段的全桥内力进行分析;可以采用不同容重的拱上填料,改变拱上填料厚度或者在主拱拱背上增加配重等措施,来改变实际压力线的位置。调整恒载加固时,应当注意拱中轴力减小而恒载弯矩增加造成偏心矩过大的问题,重视在施工时拱圈线形的变化,防止在施工过程中因某些截面受力过大甚至造成桥梁在施工中的垮塌。

二、调整拱上建筑重量的常用方法

1. 用轻型拱上建筑取代腹拱式拱上建筑

将旧桥的拱上建筑拆除后,在主拱圈上修建钢筋混凝土刚架或桁架等其他类型的轻型拱上建筑,以减少拱圈承担的恒载,留出承担活载的空间,达到提高原桥承载能力的目的。

须指出的是,拱圈的受力性能与拱上荷载的分布(即压力线形状)及拱上建筑的联合作用有密切的联系,因而采取减轻拱上自重的措施时,必须对拱的受力状况进行详细的计算,包括改造后的运营受力状况,必要时可以考虑拱上联合作用和施工中裸拱的受力状况。以使拱圈获得最佳的受力状况,来确定减轻拱上自重的布局方案、结构型式和施工程序。必须使压力线与拱轴线尽量保持一致,并且要严格按照设计的施工程序进行拱上建筑的拆除和重建,以确保拱圈的安全和均衡受力。如果旧桥的裸拱受力满足不了要求,则应首先加固拱圈,然后再拆除和新建拱上建筑。

2. 将腹孔的重力式横墙挖空或改造成钢筋混凝土立柱

无铰拱桥的拱上横墙尺寸一般都比较大,部分横墙也没有设置横桥向小拱,故自重较大。如果将腹拱的重力式横墙挖空,设置横桥向小拱或用钢筋混凝土立柱,取代重力式横墙,可在一定程度上减轻拱上建筑的自重,提高原桥的承载能力。

3. 改变拱上填料厚度

部分拱桥特别是双曲拱桥和石拱桥通常采用较厚的拱上填料,尤其是石拱桥中的实腹式拱桥拱上填料的厚度一般都在1.0m左右,有的甚至多达几米。对此,可降低填料厚度,以实现提高桥梁承担活载能力的目标。

4. 用预制的钢筋混凝土T梁、微弯板或空心板等轻质桥面系代替腹拱体系

通常腹拱式桥面系腹孔的上方全部采用护拱和填料填平后再浇筑桥面系,并有一定区域的实腹段,故恒载自重很大。采用轻型桥面系取代原重型桥面系,取消了填料,可以较大幅度减轻恒载重量。

为提高调整恒载施工过程中的安全性,宜做好施工工序的设计。调整恒载过程中,可以采

用以下次序：

(1)应对主拱圈的裂缝进行修补。

(2)从拱脚向拱顶对称拆除拱上侧墙,并挖除拱腔填料。若旧拱圈病害较严重,则应先在桥孔下架设拱架支撑拱圈后,再对拱上建筑进行施工。

(3)对卸除恒载过程中拱腹重新出现的裂缝及拱背的裂缝进行修补。

(4)对截面尺寸较小、承载能力不足的拱圈应先加混凝土补强。

(5)重新砌筑空腹式或其他较为轻型的拱上建筑。

(6)铺设桥面铺装。

三、加固实例

1. 工程概况

某大桥位于四川省巴中市某县省道 S202 线(广开路)上。该桥是一座悬链线空腹式石拱桥,全长 100.77m,净跨径 70m,净矢高 14m,主拱圈厚度 1.4m;平昌岸有一引孔,净跨径 15m,净矢高 5m,拱圈厚度 0.7m;设计荷载等级为原汽—20、挂—100。该桥建于 1996 年,至本次加固之前已使用 8 年。

由于原桥施工过程中,主拱圈砂浆标号偏低且砌筑极不密实,造成拱架卸掉后主拱轴线严重变形,与设计拱轴线相比最大变形值近 40cm。另外,由于砂浆不饱满,拱石受力不均匀,导致部分拱石存在开裂的现象;由于桥面系排水不畅,造成主拱局部渗水。针对上述病害,如是采用拆除重建方案,势必中断交通影响整个公路工程的改建速度,造成 300 万元以上的直接经济损失,并造成相当不好的社会影响。因此,决定对该桥采用加固技术予以提高原桥承载力。如图 8-19、图 8-20 所示。

图 8-19 大桥加固前的外貌

图 8-20 加固后的大桥外貌

2. 拱上恒载调整内容和幅度(表 8-3)

恒载调整分析比较 表 8-3

项 目	调整前(m³)		调整后(m³)		恒载减小幅度(%)
	材料类型	工程量	材料类型	工程量	
桥面铺装	水泥混凝土	480	基层换填为轻质碳渣水稳层	225	34
			增设钢筋混凝土面层	136	
栏杆	石砌栏杆	26	轻型预制钢筋混凝土栏杆	13.5	48
拱上填料	砂、砾石	230	换填为轻质碳渣	230	53

3. 拱上恒载调整实施工序

针对大桥存在施工质量较差，拱腹砂浆砌缝宽度过大、不饱满，有空缝，栏杆和桥面破损等病害及主拱圈承载力不足问题，加固设计采用了安全、高效、经济的综合整治技术。

除了基于调整拱上恒载的拱桥加固改造技术外，为了加强主拱圈的整体性、封闭砂浆空洞和不饱满处，主拱圈还需采用高压灌浆机进行灌浆处理。为了提高原桥的受力整体性和承载力，增强结构的耐久性能，采用钢筋混凝土套箍封闭主拱圈技术对该桥拱圈进行加固。为了增强拱上建筑与主拱圈的连接，提高桥梁整体性，拟采取增设横墙底座技术予以加固处理。桥面系进行减载、改造、增强处理。

(1) 高压灌浆加固技术

为了增强主拱圈的受力整体性及防止砂浆裂缝的扩展，采用高压灌浆加固技术进行处治。要求用灌浆机进行灌浆，灌浆压力介于 1.2~2.5MPa，灌浆水泥强度等级不低于 42.5MPa，水泥砂浆强度等级不低于 M20。

(2) 钢筋混凝土套箍加固技术

为了提高原桥的受力整体性和承载力，增强结构的耐久性能，采用钢筋混凝土套箍封闭主拱圈技术对该桥主拱圈进行加固。主拱圈两侧面全拱采用统一的加固层厚度；拱背和拱腹加固层自拱脚向拱顶从 14cm 至 11cm 依次递减。施工过程中，拱顶实腹段 24m 范围内的拱腹混凝土采用锚喷混凝土，其余区段混凝土利用拱弧度纵向浇筑。为提高钢筋混凝土套箍强度、刚度及耐久性能，按水泥重量的 1% 掺入早强剂。要求严格按照加固设计图施工，以达到新增钢筋混凝土套箍与原结构协调变形、共同受力及提高原主拱圈抗风化、水蚀能力的目的。

(3) 桥面系改造增强技术

桥面系进行了减载处理：由于该桥栏杆多处损毁，全桥统一更换为轻型的预制钢筋混凝土栏杆；由于原桥桥面存在一定程度的破损，现通过增设钢筋混凝土桥面予以加固增强，同时基层更换为轻质碳渣水稳层。钢筋混凝土桥面采用全幅施工，施工时应注意钢筋的连接要牢固。

根据该桥的病害现状，主要采用高压灌浆增强主拱圈、增大原主拱圈截面提高整体刚度加固整治技术。这两种技术加固工序为：高压灌浆→现浇及喷射复合主拱圈加固层，为保证施工质量，主拱圈的加固施工一定要严格按照下面的施工步骤进行施工：

①灌浆阶段：该阶段为在保持原桥状态不变的情况下，进行主拱圈和两桥台及引孔主拱圈的灌浆，直到达到强度进行下一步的施工。

②减载阶段：该阶段为大桥的减载阶段，减载部分包括。

a. 桥面系（包括栏杆和桥面铺装）。

b. 平昌岸靠近拱顶的第一个腹拱圈右半部分腹拱圈以上的恒载全部减掉，包括侧墙。

c. 主拱圈跨中实腹段平昌岸主拱圈以上的恒载全部减掉，包括侧墙。

d. 主拱圈跨中实腹段巴中岸主拱圈以上的拱上填料减掉 30cm。

e. 其余区段卸掉腹拱圈拱顶以上的填料，保留侧墙。

③施工第一段套箍层：施工时一定要从两拱脚对称浇筑，第一段套箍施工 3m 时，进行混凝土养护，待达到 70% 混凝土强度以上后再进行后续施工。

④施工第二段套箍层:待第一段套箍层达到强度方可进行施工,施工时一定要从上一加固层位置对称浇筑。

⑤施工第三段套箍层:待第二段套箍层达到强度方可进行施工,施工时一定要从上一加固层位置对称浇筑。

⑥施工第四段套箍层:待第三段套箍层达到强度方可进行施工,施工时一定要从上一加固层位置对称浇筑。

⑦第四段套箍层加固后减载阶段:待第四段套箍层达到强度后,进行减载,减载部分包括。
a. 主拱圈跨中实腹段靠巴中岸的恒载全部减掉。
b. 巴中岸靠近跨中的第一个腹拱圈拱顶以上左半部分的恒载全部减掉。

⑧施工第五段套箍层:减载后进行第五段套箍层的加固施工,施工时一定要从上一加固层位置对称浇筑,其中拱腹混凝土采用喷射施工。

⑨拱上建筑及桥面系加固施工:待第五段套箍层达到强度方可进行施工。

第五节 改变结构体系加固方法

改变结构体系法是通过改变桥梁结构体系以调整结构内力分布最终实现提高承载能力的加固方法。不同结构体系其受力性能是不尽相同的,通过改变既有结构的体系来改善其受力状况,主动改善原结构受力薄弱截面,以改善和提高桥梁承载能力。采用该方法,需要对原结构进行全面调查,对其承载潜能进行正确评价,用周密、细致和可靠的计算分析确定体系转换的方法和施工工艺流程,以达到加固、增强的目的。

一、梁拱结合体系加固法

清除拱上建筑及实腹段范围内的填料,然后浇筑钢筋混凝土桥面板或安装预应力混凝土桥面板,并用混凝土将拱上建筑与桥面板相结合,从而加强拱上建筑刚度,使原来单一的拱式体系转化为梁拱体系,使整个体系向拱—梁组合体系转化,如图8-21所示。

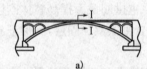
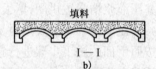
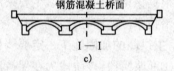

图8-21 梁拱结合体系加固示意图

二、转换桥形加固法

1. 将箱板拱、箱肋拱等腹式拱桥转换成拱桁结合拱

拆除原拱桥上建筑,将原桥由箱板拱、箱肋拱等腹拱式拱桥转换为拱桁结合体系,以减轻拱上建筑重量,并使拱圈主要承受全部活载及活载引起的轴力。拆除拱上建筑时,如旧桥是钢筋混凝土拱,应保留横墙脚钢筋,以便桁架结点固定到主拱圈上。如旧桥是石拱桥或横墙下无钢筋时,应加设一定数量的锚固钢筋,用于锚固桁架的腹杆。桁架腹杆以采取三角形为宜,它的下结点较少,可减少构造上的困难,桁架拱的布置如图8-22所示。

2. 将箱板拱、箱肋拱、双曲拱和石拱桥转换为刚架拱

当钢筋混凝土拱横墙底座无钢筋，或石拱桥改造为桁架有一定困难时，可将拱上结构改造为刚架拱，如图 8-23 所示。计算结果表明，刚架拱在空腹范围内主拱圈的弯矩要比上述拱式桥梁小，而且拱脚弯矩也将减少得特别多。

图 8-22 拱桁结合体系加固示意图

图 8-23 拱上结构转换为刚架拱示意图

对双曲拱来讲，不仅改善了双曲拱自身的受力状况，同时也减轻了拱上建筑的重量，起到了卸载的作用。从另一个角度来说，加固过程中首先卸载双曲拱桥的拱上建筑，使拱肋截面加大部分能充分参与承担拱上建筑的重量，提高了拱肋截面加大部分的使用效率，也能提高桥梁的承载能力。

但是，必须说明的是，此法加固施工时，须拆除旧桥拱上结构。因此，要特别注意使拱受力平衡，防止倒塌。图 8-24 所示为拆除拱上结构时的步骤，在拆除过程中，必须由跨中对称地向拱脚方向进行，两侧的拆除进度基本一致，应控制在计算许可值的范围内。

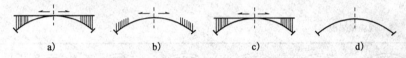

图 8-24 拱上结构拆除方法步骤

三、加固实例

1. 桥梁概况

湖州市八一线某桥为双曲拱桥，1966 年建造，原桥总长 31.2m，为单孔双曲拱桥，主拱净跨径 24m，净矢跨比为 1/6，行车道宽 7.0m，附设 2×0.5m 护轮带，栏杆宽度 2×0.2m，全桥宽度 8.4m。由于桥梁使用年代久远，且近年来桥梁经常处于超载运营状态，交通量大；日积月累之下，有些建桥材料的性质逐渐发生退化、衰变，使得该桥拱圈及上部结构腹拱等部位发生了不同程度的病害；桥台基础也出现了一定程度的沉降。

为了适应城市交通发展的需要，1991 年在该桥两侧进行了拓宽改造，两侧各新建一座钢筋混凝土刚架拱桥。

2. 桥梁主要病害特征

桥梁加固前，经外观检查和无损检测，该桥主要病害特征如下：

(1) 主拱圈与小拱圈脱离，最大处有 50mm；跨中有一条贯穿裂缝，缝宽 2.0~9.0mm，随车辆通行，上下抖动。

(2) 老桥与两侧新建桥梁设置的联系梁大部分断裂，钢筋锈蚀严重。

(3) 主拱肋之间横系梁接头处混凝土剥落、露筋、钢筋锈蚀。

(4) 拱上建筑裂缝较多，腹拱圈病害较多。

(5) 经超声—回弹综合法检测拱肋混凝土强度发现，实测混凝土强度低于原设计强度，混

凝土强度降低。

(6)主拱圈拱顶轻微下沉。

(7)主拱肋未发现明显裂缝,桥台基本完好,未发现明显水平位移。

3.加固方案

经检测认为,双曲拱桥部分需加固方能保证该桥安全运营,满足正常使用要求。

通过对原桥现状及病害调查分析,确定将双曲拱桥改变结构体系为刚架桥的加固处理方案。

(1)拆除原桥拱上建筑构件

将原桥的拱上建筑及桥面系全部拆除,拱板、拱波也拆除,仅保留住拱肋;下部结构经检测基本可以满足设计要求而不做变动。

(2)对原有拱肋进行加固

保留原有拱肋横系梁,改造和新增拱肋间横系梁为厚20cm的横隔板,以保证拱肋之间有足够的横向联系。为了不损伤主拱肋,主拱肋的横向联系间采用厚8mm的Q235钢板抱箍,钢抱箍与原拱肋间采用环氧树脂黏结,横隔板与钢抱箍之间焊接连接。横隔板采用二次浇筑完成,第一次浇筑至拱肋顶,待拱波安装之后再进行二次浇筑。

主拱圈横向联系改造如图8-25所示。拱肋—横隔板连接图与拱肋CRFP加固图,如图8-26所示。

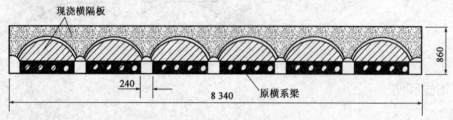

图8-25 主拱圈横向联系改造示意图(尺寸单位:mm)

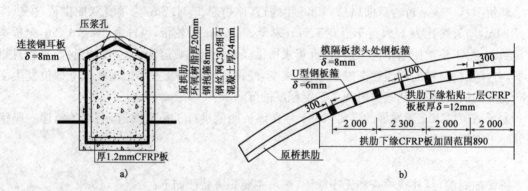

图8-26 拱肋—横隔板连接图与拱肋CRFP加固图(尺寸单位:mm)

(3)改建上部结构体系

①重新预制拱波,浇筑拱板混凝土。预制拱波前需先进行现场放样,内配4@6×6cm钢丝网,拱背拉毛;连接横隔板钢筋与拱板钢筋,第二次浇筑横隔板混凝土;绑扎拱板钢筋,浇筑拱板混凝土,形成主拱圈。为了保证拱肋、拱波、拱板混凝土能够充分黏结,防止新老混凝土的收缩差异所引起的裂缝,需对拱肋接触面进行凿毛处理,并涂刷混凝土界面剂,拱肋

和拱波接触面采用环氧树脂黏结,拱板采用微膨胀混凝土浇筑。经改造后结构体系成为刚架体系,既能保证设计要求,弥补双曲拱肋的不利情况,又能与两侧新建的桥梁保持结构体系的一致。

②待拱板混凝土强度达到 25MPa 后,在拱脚区段立支架进行拱上结构——钢筋混凝土上弦杆的浇筑以及桥面行车道板的浇筑。

③重做桥面系以及铺装,根据现场实际的桥面高程曲线,放样施工,桥面混凝土内配 $10cm \times 10cm$、$\phi 10mm$ 的钢筋网;面层摊铺 6cm 沥青混凝土。

(4)加固拱脚局部

拱脚区域台身采用钻孔植筋,钢筋为 $\phi 12@50 \times 50cm$、外挂 $\phi 6@15$ 钢丝网,采用 C30 细石混凝土粉刷表面,厚 5cm。

全桥加固改造内容及成桥体系,如图 8-27 所示。

图 8-27　全桥加固改造内容及成桥体系图(尺寸单位:mm)

4.施工关键技术

(1)施工要点

①原拱上建筑的拆除严格按照对称、均衡、分层进行,确保施工过程中结构的稳定,不损坏拟留用的主拱肋构件。

②原桥拆除过程中随时对主拱圈变形进行观测。

③对保留的主拱肋进行全面质量检查,包括强度测试,内部探伤以及几何线形观测等。

④新结构的安装浇筑严格按照程序施工,并实时对拱圈变形进行观测。

⑤精确测量主拱肋拱背曲线及拱肋实际间距,按照实际尺寸放样预制拱波。

⑥严格质量管理,确保预制拱波与主拱肋间的黏结质量以及横隔板与主拱肋钢抱箍的连接质量,确保主拱结构的整体稳定性。

(2)施工程序

拆除桥面结构→拆除拱上填料及侧墙→拆除拱上上弦梁结构→拆除主拱圈以上部分→拆除主拱圈拱板→拆除主拱圈拱波→用碳纤维板加固主拱肋→施工主拱肋横向联系→施工主拱肋预制拱波→裸拱拱肋顶钻孔植筋,浇筑拱板混凝土→在拱圈上搭设支架,现浇拱上上弦梁→施工桥面系,铺设沥青混凝土桥面铺装层→拆除作业和改建加载作业均从拱脚向拱顶进行,并随时观测拱圈变形。

5.加固效果

湖州市八一线锁苕双曲拱桥,在承载能力不足、病害异常多、不能满足正常使用要求的情况下，采用CFRP加固拱肋、改双曲拱桥结构体系为刚架结构体系的改造方法，工程工期仅用3个月时间，加固后经检测达到预期目标，加固改造取得了成功。

第六节　拱桥吊杆更换技术

自20世纪70年代国内开始兴建带有吊杆构造的拱桥，目前该类桥梁已相当普及。近年来，国内吊杆拱桥也多次发生事故，其原因很多，有使用维护不当、车祸或人为事故、环境因素等，也可能存在计算理论、设计方法上的失误。这类桥梁的检测和结构损伤诊断与防治工作得到越来越多的关注。自宜宾小南门大桥吊杆断裂垮塌事故以来，吊杆拱桥备受关注，尤其加强了对吊杆的防护及检测力度，以便对病害严重的吊杆及时进行更换，避免此类事故的再次发生。工程界高度重视吊杆拱桥的养护与管理，关于结构检测与使用寿命评估的研究已成为热点。如图8-28、图8-29所示。

图8-28　宜宾小南门大桥吊杆断裂垮塌

图8-29　新疆孔雀河桥吊杆断裂垮塌

吊杆是中下承式拱桥十分重要的构件。由于人们对吊杆的防腐、疲劳性能等认识不足，早些年建成的一些拱桥在使用过程中吊杆出现了锈蚀、破损等一些典型的问题，严重影响了拱桥的耐久性，埋下了安全隐患。随着我国桥梁事业的发展，针对这些问题的工程实践和科学研究正在紧锣密鼓地进行，但是要彻底地解决这些问题仍需时日。对于吊杆出现问题的拱桥，更换吊杆是解除拱桥安全隐患的有效办法。

一、吊杆病害产生原因

1.吊杆破损形式

（1）吊杆防护措施失效

吊杆破损的外在表现为钢丝（索）因受到腐蚀而断裂，其根本原因应归结为防护措施的失效，如吊杆护套破裂等。吊杆护套的破裂直接导致钢丝（索）与空气和水接触，引起腐蚀破坏。

（2）钢丝（索）与下锚头连接处的破损

防护措施不当就会导致下锚头的破损，从而无法保证钢丝（索）与下锚头连接处封闭、不渗漏水。

（3）短吊杆的破坏

短吊杆处于拱肋和桥道系交界附近，自由长度小，抗弯刚度相对较大，在车辆荷载和温度荷载下，短吊杆与桥道系相连节点会随桥道系产生纵向水平位移，引起吊杆倾斜，相当于给吊杆施加了不同程度的周期性剪力作用,极易造成吊杆的疲劳引起破坏。

2. 吊杆破损的原因

引起吊杆损坏的原因很多,归结起来主要有设计构造、腐蚀和疲劳等方面。

(1)构造不合理

包括吊杆防护构造设计和拱桥构造设计的不合理两个方面。早期吊杆采用防护套和灌注砂浆的方法。由于吊杆受到外力反复作用,吊杆内的砂浆出现开裂,一旦空气和水渗入,容易造成吊杆内钢材锈蚀引起断裂;拱桥构造设计不合理,主要体现在桥道系布置与短吊杆方面。由于短吊杆位于拱肋与桥道系附近,在温度变化下桥道系发生伸长或缩短,而变化量最大处恰好在短吊杆附近,具有一定抗弯刚度的短吊杆在外力作用下极易引起破坏。

(2)疲劳破坏

疲劳是造成吊杆失效的主要原因之一,中、下承式混凝土拱桥吊杆的主要受力部位为吊杆内的钢丝(索),吊杆的疲劳问题就归结为钢材的疲劳。吊杆疲劳破坏的影响因素主要有:吊杆的位置、吊杆间距、吊杆横截面积、吊杆抗弯刚度、混凝土收缩和徐变等。

二、更换吊杆施工

吊杆更换过程,可分为安装临时吊杆、拆除原吊杆和安装新吊杆三个阶段。安装临时吊杆的主要目的是承担原吊杆的荷载。这样即使原吊杆拆除,整个结构的受力也不会发生很大的变化,保证吊杆更换期间桥梁的安全。

在原吊杆的荷载向临时吊杆转移过程中,为了使临时吊杆与原有吊杆之间的荷载能够平稳转换,宜采取逐级卸载的方法。即先张拉完成每级荷载,然后切断原吊杆相应荷载比例的钢丝,切除位置宜选择在桥面附近。重复以上步骤,直到旧吊杆完全割断,从而实现了第一次等效置换。

在安装新吊杆的过程中,要将临时吊杆上的拉力转移到新吊杆上。施工方法与原吊杆拆除时的程序基本一致,不同之处只是临时吊杆的索力是用千斤顶逐级放松的。张拉之前先利用千斤顶对新吊杆进行预紧张拉,然后再张拉新吊杆。张拉步长与拆除旧吊杆时步长一致,同时放松临时吊杆,并使张拉的新吊杆力等于放松的临时吊杆力,直到临时吊杆力全部转移到新吊杆上,从而实现了第二次等效置换。

新吊杆张拉并完全调整到位后,拆除临时吊杆体系,转移到对下一对吊杆的更换。

因此,在吊杆更换过程中存在两次索力等效置换问题。要将索力控制在设计范围之内,如控制不好,会影响结构受力,影响桥面变形,甚至导致桥面开裂。

目前国内有多座危旧吊杆拱桥进行了吊杆更换,取得了良好的效果,积累了宝贵的经验。

三、加固实例

1. 桥梁概况

德阳市区某大桥位于四川省德阳市内,是一座连接东西两岸市区主干道的城市桥梁。该桥于1992年开工建设,1995年竣工投入使用。桥梁全长307m,桥宽为33m,包括5m人行道+2.5m绿化带+18m行车道+2.5m绿化带+5m人行道,设计荷载为汽—20、挂—100,人群荷载4.5kN/m²。如图8-30所示。

桥跨结构为26.65m简支梁+54.85m刚架桥+27.88m简支梁+90m中承式提篮拱桥+

27.88m 简支梁＋54.85m 刚架桥＋26.65m 简支梁。简支梁和刚架桥的主梁均按预弯预应力钢筋混凝土结构进行设计（预弯预应力钢筋混凝土新结构在完成了短期和长期荷载试验并经专家评审后首次应用于该桥梁）。提篮拱矢跨比为 1/2，拱平面倾斜角 13°；提篮拱和拱跨横梁及桥道板均按普通钢筋混凝土结构设计。

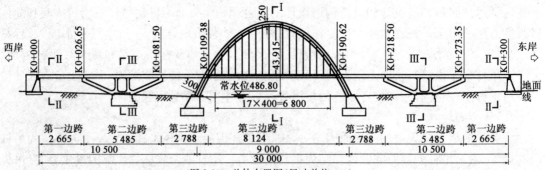

图 8-30　总体布置图（尺寸单位：cm）

2. 中承式拱桥的主要病害

拱肋混凝土：裂缝较少，拱圈在桥面横梁附近有混凝土局部脱落、露筋锈蚀情况。

拱桥横梁：梁底有横向分布裂缝，裂缝宽度 0.08～0.30mm，深度约 76～110mm。

拱桥纵梁：裂缝较少，底部及侧面局部混凝土脱落较多。

拱桥桥面板：桥面板底部有水泥抹浆、油毡等杂物，并有多处局部漏水等。

吊杆下锚头锚杯打开检测发现，锚杯内均有积水甚至充满整个锚杯，下锚固钢丝有锈斑。对吊杆表观状况进行了详细检测，并选择部分吊杆（共 6 根）打开保护层进行内部钢丝的检测。吊杆外防护表面裂痕、鼓包、麻面情况较多。从抽检的 6 根吊杆打开可见，吊杆钢丝锈蚀严重，锈层厚度最大达到 2.2mm，钢丝锈坑深度达到 1.8mm。打开检测的吊杆钢丝锈蚀面积，上游吊杆所检测的锈蚀钢丝面积损失介于 3.96%～22.56%，下游吊杆所检测 3 根吊杆中最大锈蚀钢丝面积损失分别为 18.00%、24.08%、34.32%。

与理论索力值相比，上游侧吊杆索力变化量介于 −15.42%～7.07%，下游侧吊杆索力变化量除 1 号吊杆为 37.5%外，为 −17.61%～0.03%。与 2005 年实测索力值相比，上游侧吊杆索力变化量介于 −19.54%～14.82%，下游侧吊杆索力变化量介于 −19.96%～21.90%。实测吊杆索力，与理论值及邻近的 2005 年测试值相比有较大的变化；部分吊杆索力变化幅度超过 10%，表明拱结构受力出现较显著变化。

桥梁的静载试验结论：在荷载效率系数为 0.80～1.00 的试验荷载作用下，桥梁拱肋挠度结构校验系数为 0.43～0.79，略小于 0.6～1.0 的合理范围；简支梁及刚架桥的挠度结构校验系数为 0.42～0.73，略小于 0.5～0.90 的合理范围。拱肋应力校验系数为 0.34～0.67，略小于 0.60～1.00 的合理范围；简支梁及刚架桥应力校验系数为 0.47～0.72，均在 0.40～0.80 的合理范围之内。静载试验结果表明桥梁结构承载能力满足设计荷载等级要求。

本桥梁建设于 1992～1995 年，在当时时代背景下，普遍存在桥梁施工队伍技术人员匮乏，施工水平不高，管理相对宽松等不足；检测过程中，发现该桥存在局部混凝土缺陷、钢筋保护层厚度不足等问题，导致桥梁在使用 13 年后存在多处结构局部蜂窝麻面、脱落、露筋、锈蚀、渗水等现象。

第八章 拱桥上部结构加固技术

拱桥吊杆普遍锈蚀严重,是国内同时代建造的中承式拱桥的一个通病,主要限于当时国内吊缆制作耐久性防护技术相对较差,致使此类拱桥的吊杆一般在使用10～15年后即需更换。据了解,国内同类拱桥吊杆的有效使用年限一般为10～15年;本桥梁吊杆已使用14年,且本次桥梁检测表明吊杆钢丝普遍锈蚀严重,近两年吊杆变化尤其明显,故应及时更换。基于本桥的1/2矢跨比主拱结构特点和桥梁美观的考虑,原设计的吊索上锚点位于拱肋混凝土箱内。本次吊杆更换需要对拱肋进行结构性开窗处理,以满足操作人员和设备进出拱箱需要,又考虑便于后期多次换索的需要,拱肋结构性开窗后不做结构性恢复。

3. 吊杆更换施工

吊杆更换施工主要包括以下三个步骤:拆除旧吊杆、安装新吊杆与调索。

(1) 拆除旧吊杆

① 在拱肋腹板拟开窗区域周围粘贴钢板作局部加强处置。

② 按设计要求开凿人孔及设备兼通风孔,进行开凿区域附近结构状态的观测。

③ 在需换吊杆的桥道系横梁下完成临时支墩基础及支墩的施工。

④ 在桥道系横梁下安装顶升千斤顶,在旧吊杆下端安装张拉千斤顶,张拉旧吊杆以拆除吊杆的下锚环。

⑤ 在临时支墩上用千斤顶顶紧桥道系横梁的同时,利用旧吊杆下端千斤顶逐步卸载松索,在桥道系横梁高程无明显变化条件下实现由旧吊杆支撑转移至临时支墩支撑。

⑥ 在旧吊杆上端安装辅助缆索,通过辅助缆索略微提起上锚头,以便拆除上锚环。

⑦ 放松辅助缆索,使旧吊杆沿拱箱和桥道系横梁吊杆套筒退出。如图8-31所示。

(2) 安装新吊杆

① 通过拱箱和桥道系横梁吊杆套筒放下辅助缆索与新吊杆上锚头连接。

② 逐渐收紧辅助缆索,使新吊杆上锚头穿过桥道系横梁和拱箱吊杆套筒,就位并安装上锚环。

③ 在桥道系横梁下安装千斤顶缓慢张拉新吊杆,同时放松临时支墩上的千斤顶的支撑,在桥道系横梁高程无明显变化条件下实现由临时支墩支撑转移至新吊杆支撑。

④ 调节吊杆下端千斤顶使张拉力和桥面高程均满足设计要求。

⑤ 旋紧吊杆下锚具的锚环后,使张拉千斤顶卸载并拆除。

⑥ 对套筒内外吊杆及锚具进行防护处理。

⑦ 待全桥吊杆更换完成后,对拱肋上的所有施工孔作结构性恢复。如图8-32、图8-33所示。

(3) 调索

① 吊杆更换完成后,进行索力测量。

② 根据吊杆索力和桥梁结构线形测量结果,优化和确定调索方案,使调索数量最少。

③ 实施索力调整,使调整后的索力和桥梁结构线形满足设计要求。

④ 吊杆更换效果分析。

对主跨中承式拱桥拱肋开孔和吊杆更换各施工阶段和后期的使用阶段分析表明,主拱结构和桥面系结构各阶段的应力及变形均明显小于现行规范的允许应力限值,吊杆工作的安全系数为4.1,说明本桥梁的施工和使用各阶段是安全的。

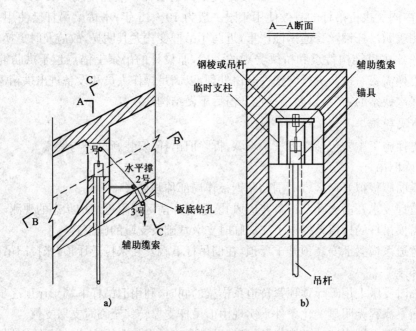
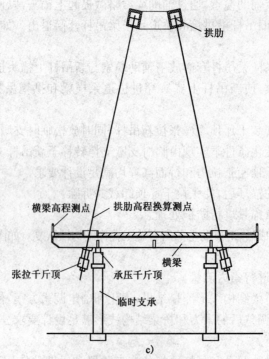

图 8-31 利用辅助缆索放吊杆施工示意图

图 8-32 安装新吊杆(一)

图 8-33 安装新吊杆(二)

第七节 其他加固方法与技术

一、体外预应力加固方法与技术

1. 外部预应力加固法

目前,用外部预应力加固桥梁上部结构的方法多用于梁桥,对于拱圈纵向开裂或横向开裂,以及桥台产生位移、拱顶下挠的拱式桥梁,也有用此法加固的工程实例。

在拱桥加固中采用的体外预应力加固方法,主要有钢板箍套钢筋拉杆加固法、钢筋混凝土拉杆法。通过顺桥向设置的钢筋混凝土拉杆或钢拉杆施加预应力进行加固,具体施工工艺与后张法预应力梁桥的施工方法相同。

为降低拱脚水平推力,可采用钢杆件拉紧法。为了降低拱脚的水平推力,防止拱脚位移,提高拱的承载能力,也可在拱圈根部凿开混凝土,外露钢筋后焊接拉杆铆座(或在清理混凝土表层后以环氧砂浆黏结铆座),装置拉杆螺栓(带有花篮螺丝伸缩装置的拉杆)铆固拱脚后施加预拉力,如图 8-34 所示。采用钢拉杆的加固措施,使桥下净空大幅度降低,将会影响通航,故仅用于一般不通航河道上的桥梁。

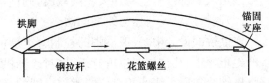

图 8-34 钢拉杆加固

用双银锭腰铁钳入,卡牢相邻拱石的加强拉紧法。对石砌拱桥采用锁牢整体拱圈的办法,可使相邻拱石得到加强。该法在我国古代桥梁建造中最早使用,始于隋代建造的河北赵州桥,银锭腰铁如图 8-35 所示。

2. 钢板箍或钢拉杆与锚栓锚固加固法

石拱桥亦可在拱圈的跨中和 1/4 处加设三道(或多道,视具体情况而定)钢板箍(钢板厚可用 6~8mm)或钢拉轩,用螺栓在拱底及拱侧钻孔锚固,并注意将锚固点设在拱圈厚度的 1/3 处,如图 8-36 所示。锚固孔用环氧砂浆或膨胀水泥砂浆填塞牢固,钢拉杆以一根垂直放置的槽钢作为螺帽衬点,并兼作拉杆连接件。拉杆布置在拱腹及拱上侧墙顶面以下 50~60cm 处,固定在槽钢上后,通过扭力扳手逐步收紧螺帽,向拱圈和侧墙施加预应力,以阻止裂缝发展,对桥梁进行加固补强。

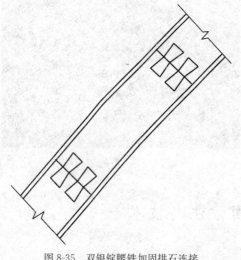

图 8-35 双银锭腰铁加固拱石连接

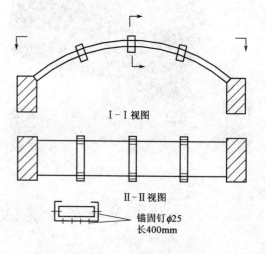

图 8-36 拱桥钢板箍与螺栓锚固法

二、调整主拱圈内力加固方法与技术

1. 调整拱轴线与压力线加固法

(1) 局部调整拱轴线加固方法

拱轴线不仅决定了拱圈的线形,更重要的是决定主拱圈的内力分布,同时还与经济合理性及施工安全等密切相关。理想的拱轴线,是与拱上各种荷载的压力线相重合,这时主拱截面上只有轴向压力而无弯矩及剪力,应力分布均匀,能充分利用圬工材料的良好抗压性能。因此,在加固过程中可以调整拱轴线,使拱轴线和压力线尽量相吻合,来改善拱圈的受力情况。通常的做法是从局部或者全跨加大拱圈截面,调整实际拱轴线的位置使其与压力线趋于吻合。

(2) 调整拱轴线与压力线加固法

在拱桥的设计中,一般拱脚的控制弯矩是负弯矩,拱顶的控制弯矩是正弯矩。如果能在拱脚产生正弯矩、在拱顶产生负弯矩,这对改善拱圈的受力是有利的。根据上述原理,可以通过调整拱轴线与压力线的相对位置改善拱圈的受力状况,达到加固补强的目的。

在空腹式拱桥中,由于腹孔部分的恒载重量是通过腹孔墩以集中力的形式作用于主拱圈上,恒载就不是分布作用了,如图 8-37a)所示。因此,恒载压力线就不能与光滑的悬链线吻合,仅与其三铰拱的恒载压力线保持五点重合,其他截面两者存在偏离,如图 8-37b)所示。一般在实腹段的范围内(从拱顶至 1/4 点附近),压力线在拱轴线之上,而在空腹段的范围内,压力线则大多在拱轴线之下,拱轴线与压力线存在一个正弦波的曲线差。由于实腹段恒载决定的拱轴系数 $m_{实}$ 比空腹段恒载决定的 $m_{空}$ 要大,而用五点重合法确定拱轴线时,实际采用的拱轴系数 $m_{轴}$ 由于要兼顾实腹与空腹两部分,故 $m_{轴}$ 必然介乎 $m_{实}$ 与 $m_{空}$ 之间,即 $m_{实}>m_{轴}>m_{空}$。鉴于从拱顶到 1/4 点附近恒载,压力线是与实腹段的恒载相对应的,其拱轴系数比 $m_{轴}$ 大,故该段的压力线应在拱轴线上,而从 1/4 点到拱脚的恒载压力线是与空腹段部分的恒载相对应,其拱轴系数比 $m_{轴}$ 小,因而,该段的压力线应在拱轴线之下。众所周知,压力线与拱轴线的偏离会在拱内产生附加内力,如图 8-37c)所示。由其引起附加赘余力在拱顶产生负弯矩,而在拱脚产生正弯矩,与拱顶、拱脚的控制弯矩相反,对拱顶、拱脚有利,可以改善主拱的受力状况,如图 8-37d)所示。

具体做法是:当拱脚负弯矩较大造成拱脚上缘开裂但拱顶截面尚有一定富余时,采取减薄拱上填料厚度或桥面厚度的措施以减轻恒载重量,或用轻质填料更换原重质填料,使恒载压力线上升,在全拱圈产生一定幅度的正弯矩;此时,拱脚负弯矩减小,但拱顶正弯矩增大,如图 8-38a)所示。当拱顶正弯矩较大造成拱顶下缘开裂但拱脚截面尚有一定富余时,可采取增加桥面厚度、增大拱上恒载重量的方法,或采用重质填料更换原桥轻质填料,使恒载压力线降低,在全拱圈范围内产生一定幅度的负弯矩;此时,拱顶的正弯矩减小,但拱脚的负弯矩将增加,如图 8-38b)所示。通过调整拱轴线与压力线的相对关系,使全拱所有截面的荷载效应都不超过其抗力,从而达到提高承载力、加固补强的目的。

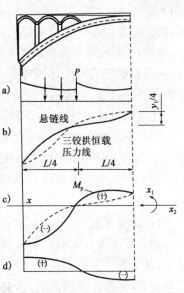

图 8-37 拱轴线调整

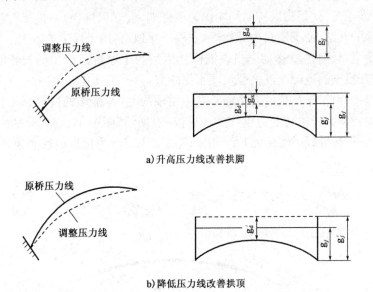

图 8-38 主拱圈压力线调整示意图

综上所述,由于拱受力状况与拱轴线的变化关系很大,对主拱圈变形不大的拱式桥梁可直接按上述途径调整拱轴线与压力线;对主拱圈变形过大的拱桥,尤其是双曲拱桥,实际拱轴线往往与压力线偏差较大。这种情况下,若单独采用对主拱圈截面补强的措施,已不能有效改善主拱圈的受力状况,更需要对拱轴线和压力线进行调整,改善主拱圈的受力状况,才能真正起到加固改造的作用。

(3)双曲拱桥加固注意事项

需要特别指出的是:对于拱顶塌陷的双曲拱桥,不能随意采取加厚拱上填料或桥面厚度来进行加固。因为拱圈的受力是与拱上恒载的分布和拱轴线的形状关系密切,仅仅增加桥面厚度,特别是在拱顶区段增加厚度,不但达不到加固的目的,反而会使拱圈的受力状况进一步恶化,加剧拱顶下沉。如果需要调整拱上填料厚度或加厚桥面板时,必须对拱圈的受力进行详细计算分析,确定合理的加固方案,千万不能盲目地增加拱上自重。如果遇到这种情况,通常是采取以下途径进行加固:

①绘制拱顶、拱脚、$L/4$ 等控制截面的压力影响线。

②根据影响线和拱圈的变形状况,调整拱上恒载分布。通过采用不同容重的拱上填料改变拱上填料厚度和用轻型栏杆更换石栏杆等措施,改变实际压力线的位置。

③局部加大拱圈截面,调整实际拱轴线的位置使其与压力线趋于吻合。

2. 顶推加固法

(1) 顶推工艺

建于软土地基上的拱桥,往往由于地基松软而产生水平位移和沉降,使拱轴线下沉,拱肋开裂,从而影响拱桥的正常使用。为消除拱桥产生水平位移而引起的损坏,可采用顶推工艺使拱轴复位,调整主拱圈内力,达到加固的目的。运用顶推工艺可以在保证断面整体性完好的前提下,恢复原桥的承载能力。它比其他现有方法更经济实用,可在不损坏原桥外貌、不缩小通航净空的情况下,完成桥梁的加固工作。

所谓"顶推工艺"就是将拱桥的一端作为顶推端,设立顶推横梁,横梁与拱肋紧紧相连,凿除拱脚与支座的联结,使支座自由。然后,安放千斤顶,利用千斤顶的推力沿拱轴线向上、向跨中方向顶推横梁,从而拱圈移动。当顶推位移值相当于原桥已产生的位移时,停止顶推。然后,对拱脚离开拱座的空隙上灌高强快硬水泥砂浆,待砂浆硬化后,再放松千斤顶,顶推完成。

顶推过程中,由于千斤顶的合力中心在主拱轴线上,顶推端的拱脚将不存在弯矩,且主拱圈的结构图式将从无铰拱转变为单铰拱,如图 8-39 所示,图中 M_A、M_1 分别为顶推前恒载偏离弯矩和位移 Δ(包括恒载弹性压缩)所产生的弯矩;M_B、M_1 为顶推后在非顶推端产生的前述两种弯矩。

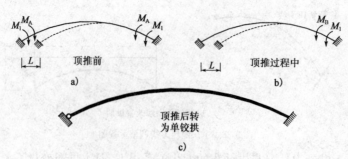

图 8-39 拱桥顶推时结构图式的变化

(2) 顶推控制值的确定

顶推前需进行顶推工艺的设计计算,其主要内容有:

①顶推横系梁的设计

设计顶推横系梁的目的是要千斤顶推力完全可靠地传给主拱圈,保证拱脚部分主拱圈受力均匀。

②千斤顶的布置和数量的确定

千斤顶宜沿主断面均匀布置,尽量使横系梁或主拱受力均匀,各千斤顶的合力中心应在主拱断面重心轴上。所需要千斤顶数量由恒截轴向力的大小确定,可按式(8-56)估算:

$$h \geqslant N/K \times P \tag{8-56}$$

式中:h——所需千斤顶数量(台);

N——上部结构在拱脚产生的恒载内力,$N = H \times \cos\varphi_0 + r \times \sin\varphi_0$;

P——台千斤顶的最大负荷;

K——千斤顶的机械效率,取 $K=0.8$。

(3)顶推位移值下列原则确定

①根据实测位移量。

②根据拱顶实测下沉值和拱顶推力影响线推算。

③顶推直至桥上或缘石出现负弯矩为止。

(4)顶推施工

①机具仪表设备的准备。

②人员组织配备。

③对全桥进行全面检测及资料准备。检测内容有:对拱轴线,桥面,桥台各控制点作水准测量;丈量跨径和矢高;记录裂缝位置和宽度等。

④观测设备。做好顶推过程中观测的准备工作,事先确定出仪器安装位置,并安装上量测仪器。

⑤凿开支座与拱脚结合部。凿开支座与拱脚结合部分的目的,在于使拱脚与拱座分开并能自由移动,凿开部位如图 8-40 所示。

⑥设置横梁,安置千斤顶。用于传递顶推力的横系梁,一般可用钢筋混凝土梁,也可用钢梁(工字钢或槽钢)。用高强螺丝将横梁沿横桥方向紧固在主拱圈上,以传递顶推力。

用于顶推的横系梁及千斤顶的安放位置如图 8-41 所示。

⑦试顶。在上述准备工作就绪后,即可开始试顶。通过试顶可熟悉操作过程并检查千斤顶、油路管道、仪表等是否正常,否则必须进行调整。

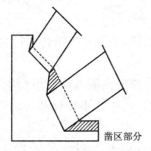

图 8-40 支座与拱脚凿除部位

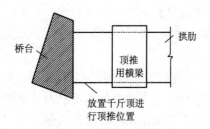

图 8-41 顶推横梁及千斤顶安放位置示意图

⑧顶推施工。正式顶推时须封闭桥上交通,以确保安全。非顶推端拱脚上部的桥面伸缩缝必须清理。根据预顶时的主拱应变增大速度,按预估的顶推量实行分级顶推。每顶一级检查一次,内容是千斤顶行程是否同步或漏油,同一断面上的上、下游应变是否相等,桥上是否有新的裂缝出现等,发现有意外情况就应停止顶推,待分析原因后再确定是否继续顶推。当顶推

到预定顶推值时,更应注意对各部位进行检查。

⑨浇灌快硬水泥砂浆或灌注环氧砂浆。顶推到预定顶推量或发生异常现象,需停止顶推工作时,在顶出的空隙内应立即填灌快硬水泥砂浆或灌注环氧砂浆,并做好砂浆试块。

⑩顶推结束。在上述工作全部完成后,顶推工作即告结束,此时卸除设备、拆下支架,顶推完成。

(5)加固实例

【实例一】

江苏省徐州某桥为单孔40m,矢跨比1/8的钢筋混凝土四肋刚架拱桥,桥面宽9m+2×1.5m,设计荷载汽—20、挂—100,桥台为山形空心台,土沉井基础,地基为中密亚黏土和亚砂土。1980年4月通车后因南台后方农灌压力涵漏水冲刷路基,使桥台缺角,至11月发现拱顶下缘开裂,继而裂缝增多,并迅速发展,至贯通全肋且向桥面延伸,缝宽6mm。桥台下沉约10mm,估计相对水平位移59mm。

鉴于该桥自1981年后裂缝发展已渐缓慢,桥台位移亦趋稳定,且主拱除拱顶附近外其他部分基本完好,全桥刚度尚可,因此在竣工后34个月,用顶推法调整拱脚位移。其方法是在北台每肋处布置4台1MN千斤顶并安装牛腿夹具,每肋施力至2.28MN(平均)时,北拱脚水平移67mm(平均),桥面出现裂缝,即停止顶推。实测北拱脚相应抬升33mm,弦杆支点北端内移8.7mm,南端外移41mm,拱顶抬升146mm。停止顶推后在北拱座空缝内填塞混凝土(用早强水泥),养生48h后,放松千斤顶,测得拱脚水平向回缩47mm,即消除已发生的水平位移59mm之后,跨径比发生位移前缩短3.3mm。顶推后检查,拱顶区段裂缝基本闭合,所有径向裂缝均不明显。南半跨拱肋与微弯板之间的水平裂缝略有增大,南台斜撑和拱座处拱肋出现正弯矩裂缝,斜撑裂缝基本贯通,宽2～5mm。因此又在拱顶下缘主筋旁各焊一根φ25mm钢筋,在上弦杆支座处垫以钢板并涂以黄油,其他部位用水泥砂浆修补。

顶推后第4天所做的静载试验证实,该桥位加固后,可承载79t重的车辆。此后约130d检查,发现在此期间拱顶下沉10mm,桥台相对位移1mm。原有裂缝修补后未再开裂,未发新的裂缝。

【实例二】

安徽省宿县地区某桥为2孔27m,矢跨比1/3的双曲拱桥,明挖基础组合式桥台,1976年建成。

1980年检查,发现拱顶累计下沉15cm,且在继续发展,部分拱圈开裂。该桥施工质量尚好。经分析,产生病害的主要原因是桥台断面不足,受推力后产生水平位移和转动,致使拱圈下沉,因此决定用顶推法调整位移。

施工时,在距台后背约10～16m处开挖填土,开挖至路面以下2.45m后,改挖立井作为作业场,用两台YQMN千斤顶,用顶进法将受力管往桥台方向顶进,与原台组合受力,以改善桥台之受力状态。受力管为直径138cm的钢筋混凝土圆管,顶进后,管内以片石混凝土填充,如图8-42所示。

加固后恢复通车以来,情况良好。

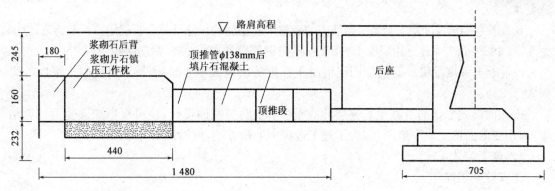

图 8-42 某桥顶推加固示意图(尺寸单位:cm)

三、钢筋混凝土套箍封闭拱肋加固技术

钢筋混凝土套箍封闭拱肋加固技术,在原拱脚外层环状封闭钢筋混凝土层进行加固。该加固方法沿拱脚增设一层钢筋混凝土套箍层,利用新增设钢筋混凝土套箍层与原拱肋的共同协调变形、承担活载,达到提高桥梁承载力、防水蚀、抗风化的目的。该技术的优点是:

①可以不中断交通。

②利用圬工材料在三向受压情况下其抗压强度将提高的原理,采用钢筋混凝土套箍环状加固桥梁。

③钢筋混凝土套箍层采用现浇施工,可达到较高的混凝土强度,能克服喷射混凝土强度低的劣势。

1. 受力特性

钢筋混凝土套箍加固拱肋技术,主要应用于肋拱桥拱脚区段的加固,其计算理论与增大截面法加固相近,最主要的区别在于钢筋混凝土套箍加固拱脚较纯粹的增大截面法加固在"套箍效应"方面有明显优势。

增设钢筋混凝土套箍层后,原拱肋混凝土处于三向受压状态。由于侧压限制,使得混凝土内部裂缝的产生和传播发展受到阻碍;荷载作用下拱肋稳定裂缝传播扩展的开始,会因侧压限制而分别被延缓和推迟,使原拱肋强度得到提高,这就是钢筋混凝土套箍加固拱肋技术的"套箍效应"。由于钢筋混凝土套箍产生"套箍效应",使得原拱脚在三向受压状态下强度提高,因此加固后桥梁的极限承载力有一定幅度的提高。

2. 构造要求及施工工艺

(1)构造设计

①锚杆

采用钢筋混凝土套箍加固拱肋,其锚杆构造可参照钢筋混凝土复合主拱圈加固实腹式石拱桥技术选用。

②钢筋混凝土套箍加固层

a. 尺寸。钢筋混凝土套箍加固层的设计尺寸应按照本章所述内容计算确定。一般而言,在满足强度前提下,尺寸越小越经济,且恒载负面影响效应越小,但过小的尺寸又难以满足构

造要求。

b. 套箍层钢筋及间距。套箍层钢筋应结合整个套箍层的尺寸计算分析确定。一般而言,纵向主筋,取 Φ16~Φ28,主筋间距应取 15~25cm;横向钢筋取 Φ14~Φ25,钢筋间距应取 20~30cm。

c. 混凝土强度等级。套箍加固层混凝土强度等级应大于 C25,而拱顶段混凝土强度等级应大于 C30。

d. 截面形式。钢筋混凝土套箍层的截面可沿拱肋等截面设计,也可根据加固受力计算结果,采用变截面形式。一般而言,为了施工过程中架模方便,可沿拱脚等截面设计。

(2)施工工艺

① 安设砂浆锚杆

a. 施工工序。放样并作标志→钻孔→高压水流清孔→安设砂浆锚杆→检查密实度。

b. 砂浆的标号和稠度。砂浆应具有足够的标号,以满足锚固锚杆的要求;同时还应具有合适的稠度。如砂浆太稠,则锚杆不易和原主拱圈黏合在一起;如砂浆太稀,则锚固孔内砂浆容易溢漏且标号不易达到。砂浆稠度可根据实际现场试验情况确定。

② 主拱圈表面凿毛

主拱圈凿毛应使之表面粗糙,以达到增强与套箍层黏结的目的。

③ 布设纵环向钢筋

纵向、环向钢筋的布设对钢筋混凝土套箍层整体刚度具有重要的影响,其具体工艺要求如下:

a. 纵向钢筋、环向钢筋与锚杆交接处一律采用点焊,而其余纵、环向钢筋交接处均作绑扎处理。

b. 纵向钢筋在主拱圈拱座、拱上横墙上应通过高标号砂浆锚入圬工砌体。

c. 钢筋的接长、绑扎、焊接均应满足规范要求。

④ 现浇混凝土套箍层

现浇混凝土套箍层是钢筋混凝土套箍加固拱桥的核心工作,有关工艺要求如下:

a. 混凝土浇筑顺序。套箍层混凝土浇筑采用从两拱脚往拱顶方向对称施工的方式。浇筑分单元段进行,单元段长度的划分应考虑施工队伍材料准备情况、工期要求、外加剂掺量、脱模时间等因素,由现场试验结果确定。在一个单元段内,浇筑混凝土顺序为主拱肋腹面→拱肋两侧面→拱背。

b. 浇筑方法。拱肋两侧及拱背混凝土的现浇相对较简单,在此不再赘述。在此仅介绍施工难度相对较大的拱腹混凝土浇筑方法。

钢筋混凝土套箍加固拱肋,一般加固拱脚部位,主要利用主拱圈纵向弧度、依靠现浇混凝土的自重从拱脚往拱顶方向逐段施工。

c. 外加剂的应用。由于旧桥加固工期要求短,后期施工需前期施工结构尽快达到强度以便参与受力,故现浇混凝土可以根据现场条件及施工需要在满足规范和其他各项要求的前提下掺入适量的早强剂、膨胀剂、减水剂,以利于加固工程快速、安全、顺利地进行。

四、增设横系梁加固技术

增设横系梁能够加强拱肋之间的横向联系和整体性,提高拱肋间的横向刚度,使其整体受力性能得以提高,避免在偏、重荷载作用下单肋承受过大应力而发生过大的变形。

横系梁设置的位置应该符合肋拱桥的受力特点,从两方面改善肋拱桥的活载横向分布系数:

(1)增设拱肋间横系梁

①可采取加大横系梁的截面尺寸,增加原有横系梁的配筋,提高横系梁的强度和刚度。这种加固方式可以提高横系梁位置的截面刚度,改善拱肋的荷载分布情况,但对于拱肋其他的薄弱部位的改善情况效果一般。

②可在拱肋的横向分布薄弱位置增设新横系梁。增设新横系梁可以改善拱肋的受力分布,但新增横系梁位置及构造形式对拱肋受力的影响非常大,一旦加固不合理,则可能加剧原有结构的破坏。

(2)增设横向联系拉杆

增设横向联系拉杆可以减小原有横系梁所承担的荷载。当横系梁结构偏弱时,特别是当横系梁出现环向裂缝时,这说明横系梁的抗拉能力不足。在这种情况下,增设横向联系拉杆可以改善原有横向联系的拉应力,限制拱肋在横向的水平位移,提高拱肋的横向稳定性。

(3)增设立柱、纵梁间横系梁,加强横向整体性

采用补充设置斜撑的方法,钢筋混凝土斜撑构件做成"X"形刚性交接构造,各端部以钢筋植入立柱再浇筑混凝土,使斜撑与立柱构成整体,上下路幅之间增设横系梁将两幅的立柱连接成整体。设置斜撑增加了立柱的稳定性,与增设的横系梁一道共同提高拱上立柱的整体性,使得从上部结构传来的荷载能更合理地传递到各拱肋上。

第九章 桥梁下部结构加固技术

第一节 概 述

桥梁的承载能力是否满足正常营运的需求,不仅与上部结构有关,也与桥梁重要组成部分的下部结构有关。墩台和基础直接承受上部结构的作用(包括恒载和活载)并传递给地基。下部结构的状况,也直接影响承载能力和正常使用,部分桥梁承载能力的降低和主要病害的产生,就是由于下部结构的病害引起的。因此,在桥梁加固改造工作中,下部结构的加固改造应该引起高度重视。

一、加固的前提条件

桥梁下部结构尤其是基础部分,是隐蔽工程且多数处于水下或地下,所以难以直接观察和判断。因此,对于桥梁的下部构造加固改造,无论是加固前的检测与病害原因分析、判断,还是具体的加固设计与加固方法,相对于上部构造来说难度都可能更大。在针对具体的桥梁下部结构实施加固改造前,首先应在对现场检测资料分析与判断的基础上,确定下部构造是否具有加固改造的价值,然后从加固技术和施工工艺上分析能否实现加固改造的目的。具备加固改造价值,同时又能实施加固改造施工,是加固改造的前提,否则,无论是从技术与安全上,还是经济上,都应考虑拆除桥梁、重建新桥的方案。

对于跨河桥梁,应检查基础的冲刷,分析其对桥梁稳定性的影响;考虑基础的埋置深度是否满足要求,还应考虑久经压实的桥梁地基土是否允许承载力的提高,以及桩底和周边土支承力及摩擦力的提高系数。应分别对墩、台及基础各部位进行强度、稳定性及裂缝宽度验算,并在充分考虑已发现的病害基础上评定其使用功能及承载力。对于技术状况特别差、难以加固改造的墩、台及基础结构,或加固改造的施工工艺复杂、把握性不大的工程,应慎重考虑加固利用的决策。

二、加固的方法

桥梁下部结构主要由桥墩、桥台和基础组成。其加固可分为墩台加固和基础加固两个方面。公路桥梁下部结构主要的加固方法如下,各种方法计算、设计和施工要点均与上述章节所述相似,在此不一一赘述。

(1)盖梁加固方法:施加体外预应力加固、增大截面加固、粘贴钢板或纤维复合材料加固等。

(2)桥墩加固方法:钢筋混凝土套箍加固、粘贴(钢板、碳纤维等)加固、加桩(柱)加固,如图9-1、图9-2所示。

(3)桥台加固方法:台后加孔减载加固、台后增设拉杆、撑墙或挡土墙加固、钢筋混凝土围带或钢箍加固。

(4)基础加固方法:扩大基础加固、增补桩基加固、水泥灌浆加固、钢筋混凝土套箍加固。

(5)地基加固方法:换土垫层法、水泥搅拌桩、振冲碎石桩、砂石桩灰土挤密桩、强夯法等。

图 9-1　钢筋混凝土套箍加固桥墩

图 9-2　粘贴碳纤维加固墩柱

三、加固设计

(1)增大基础加固计算应考虑两阶段受力,基底面积应根据现行《公路桥涵地基与基础设计规范》(JTG D63—2007)的规定由地基强度验算确定。

①当基底只承受轴心荷载时

$$P = \frac{N}{A} \leqslant [f_a] \tag{9-1}$$

式中:A——基础底面面积;

N——作用短期效应组合在基底产生的竖向力;

P——基底平均压应力。

②当基底单向偏心受压,承受竖向力 N 和弯矩 M 共同作用时,除满足上式外,尚应符合下列条件:

$$P_{max} = \frac{N}{A} + \frac{M}{W} \leqslant \gamma_R [f_a] \tag{9-2}$$

式中:N——基底最大压力;

M——由作用短期效应组合产生于墩台的水平力和竖向力对基底重心轴的弯矩;

W——基础底面偏心方向面积抵抗矩。

③当基底双向偏心受压,承受竖向力 N 和绕 x 轴弯矩与绕 y 轴弯矩共同作用时,除第一

个式子外,尚应符合下列条件:

$$P_{\max} = \frac{N}{A} + \frac{M_x}{W_x} + \frac{M_y}{W_y} \leqslant \gamma_R [f_a] \tag{9-3}$$

(2)增补桩基加固计算应考虑两阶段受力和新、旧桩基支撑条件、桩径等方面的差异。增补桩基数量及群桩基础沉降量计算,应根据现行《公路桥涵地基与基础设计规范》(JTG D63—2007)规定进行。

墩台基础的最终沉降量(图 9-3)由下式确定:

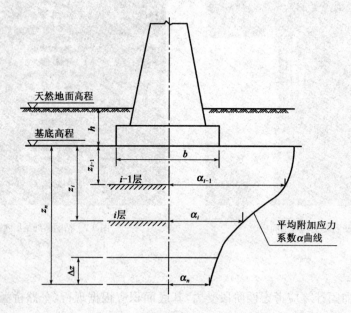

图 9-3 基底沉降计算分层示意图

$$s = \psi_s s_0 = \psi_s \sum_{i=1}^{n} \frac{P_0}{E_{si}} (z_i \bar{\alpha}_i - z_{i-1} \bar{\alpha}_{i-1})$$

$$P_0 = P - \gamma h \tag{9-4}$$

式中:s——地基最终沉降量(mm);

s_0——按分层总和法计算的地基沉降量(mm);

ψ_s——沉降计算经验系数,根据地区沉降观测资料集经验确定;

P_0——对应于荷载长期效应组合时基础底面处附加压应力(kPa);

E_{si}——基础底面下第 i 层土的压缩模量(MPa),应取土的"自重压应力"至"土的自重压应力与附加压应力之和"的压应力段计算;

z_i、z_{i-1}——基础底面至第 i 层土、第 $i-1$ 层土底面的距离(m);

$\bar{\alpha}_i$、$\bar{\alpha}_{i-1}$——基础底面计算点至第 i 层土、第 $i-1$ 层土底面范围内平均附加压应力系数;

P——基底压应力(kPa),当 $z/b > 1$ 时,P 采用基底平均压应力;$z/b \leqslant 1$ 时,p 按压应力图形采用距最大压应力点 $b/3 \sim b/4$ 处的压应力(对梯形图形,前后端压应力差值较大时,可采用上述 $b/4$ 处的压应力值;反之,则采用上述 $b/3$ 处压应力值),以上 b

为矩形基底宽度；

h——基底埋置深度(m)，当基础受水流冲刷时，从一般冲刷线算起；当不受水流冲刷时，从天然底面算起；如位于挖方内，则由开挖后底面算起；

γ——h 内土的重度(kN/m^3)，基底为透水地基时水位以下取浮重度。

(3) 基础冲刷加固。

①基础的冲刷深度应取现有河床断面计算最大冲刷深度。

②拦沙坝顶、底面高程应按实际冲刷深度计算。

③桩基承载能力验算应考虑冲刷深度变化的影响。采用抛石防护的桩基，其承载力应计入抛石的负摩阻力。

(4) 对未设置防撞设施，可能被撞击的桥梁，应进行防撞验算或专题研究。

(5) 下部结构加固后，应对全桥进行整体验算。

(6) 当地基强度满足要求而缺陷仅仅表现为不均匀沉降、变形过大时，采用扩大基础底面积的加固方法，主要由地基变形计算加以选定。当基础底部扩大部分的地基承载力不足时，可采取在扩大部分基础下增加一定数量的桩，以提高地基承载力，桩的数量根据地基变形计算来加以选定。

(7) 增补桩基一般与原桩基的直径、长度不同，在同一基础下，可能存在两种以上的形式。由于单桩承担的荷载与该桩的材料性能、桩身的规格尺寸及桩的入土情况等因素有关，而这些因素又综合反映在单桩设计承载力上，因此按单桩设计承载力来分配沉降计算荷载是较合理的。

四、构造要求

下部结构加固前应先处理裂缝、缺陷等病害。当采用预应力加固盖梁、柱、薄壁墩台、空心墩等钢筋混凝土构件时，原构件混凝土强度等级不宜低于C25；采用其他方法加固时，原构件混凝土强度等级不宜低于C15；当桥下净空不足、影响桥梁的安全使用时，可降低道路路面高程、加高墩台或调整支座垫石厚度。构造要求如下：

(1) 钢筋混凝土套箍加固

①钢筋混凝土墩台出现环向裂缝时，沿裂缝布置一道套箍，套箍高度不小于1.5m，厚度250～400mm。

②钢筋混凝土墩台竖向裂缝可用数个套箍加固，每隔一定高度设置一道，其宽度视裂缝分布和宽度而定，厚度采用100～200mm。

③被加固墩台为圬工结构时，套箍宜与注浆锚杆共同使用，锚杆间距根据墩台结构尺寸确定，一般为1.5～2.0m。外露锚具应进行防腐处理。

④套箍混凝土强度等级不低于C25，配筋率不小于0.4%。

⑤套箍钢筋应与原结构可靠连接。当采用植筋技术时，桥梁主要构件的混凝土强度等级不得低于C25，其他构件混凝土强度不低于C20；桥梁受力植筋用胶黏剂应采用A级胶；仅按构造要求植筋时可采用B级胶；采用植筋锚固的桥梁结构，其长期使用的环境温度不应高于60℃；对处于特殊环境(如高温、高湿、介质腐蚀等)的桥梁结构进行植筋时，除应按国家现行有关标准的规定采取相应的防护措施外，尚应采用耐环境因素作用的胶黏剂。

(2)用支撑梁法加固扩大基础的桥台时,钢筋混凝土支撑梁顶面高程不得高于计算冲刷线。

(3)扩大墩台基础加固,当抗剪承载力不足时,应采取增加承台厚度、在重力式桥台两侧加设钢筋混凝土侧墙等措施,有条件时可在台前新基础下增加短桩。

(4)增补桩基加固时,新增桩的构造、布置、间距等应考虑对既有基础的影响。新增桩与旧桩的间距可适当减小。

(5)基础冲刷加固要求如下:

①浆砌片石铺砌范围:桥墩上游6~8m,下游8~12m。

②扩大基础(或承台)底掏空宜采用抛石、铅丝笼等措施防护,其加固高度要达到基础底面以上1.0m,坡度不大于1:1。

(6)加桩时,可以扩大原来承台尺寸或在原有承台上再加一层新承台,把上部传来的荷载通过新承台传递到新桩。为使上部荷载由墩身很好地传递给新建承台,可在新建承台与既有承台接触范围内,将原承台凿成锯齿状剪力键,设置钎钉;也可采用植筋法连接新老承台,即通过植入的钢筋承接和传导弯矩及剪力,并使新旧混凝土形成有机整体,以达到扩大原承台尺寸的目的。

第二节 盖梁加固方法

盖梁可采用施加体外预应力、增大截面、粘贴钢板或纤维复合材料等方法加固。上述几种方法的原理在前面几章已经做了详细的介绍。下面是某盖梁加固的实例。

一、工程概况

某桥为3跨连续梁桥,跨径布置为55m+100m+55m,采用三角挂篮悬臂浇注施工。中墩采用高桩承台,为减轻结构自重,桥墩采用部分空心的实体桥墩,顶面设实体墩帽即盖梁,支座垫石处总厚2m,支座之间墩帽厚1.5m,横向挑出墩身1m设牛腿,如图9-4所示。2号墩0号块张拉后发现盖梁有裂缝。裂缝位于盖梁南北两侧,裂缝宽度约为0.08~0.15mm。2号墩1号块,待浇注完成后,裂缝宽度继续发展,最宽处达到0.35mm,裂缝位置如图9-5所示。1号墩盖梁出现裂缝,裂缝宽度为0.04~0.1mm。

二、裂缝的成因分析

从整体稳定来分析,因为设计支座中心在桥墩实体边界内345mm处,因此开裂后结构强度及稳定是可以得到保证的。目前裂缝是由于单元受力变形引起较大拉应力,配筋又不足,以及混凝土收缩等原因所致。

1.支座位置

横向两边支座布置偏外,引起偏心作用,使盖梁上端受到拉应力,如图9-6所示。

2.盖梁顶面配筋

盖梁顶面配筋数量不足,导致产生裂缝。

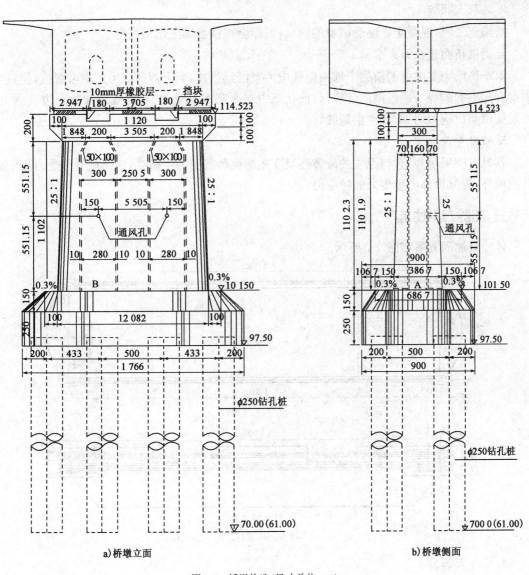

图 9-4 桥墩构造(尺寸单位:cm)

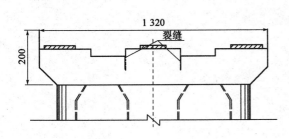

图 9-5 2 号墩发生裂缝位置(尺寸单位:cm)

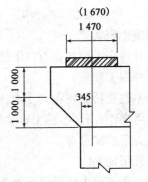

图 9-6 支座位置(尺寸单位:cm)

3. 混凝土收缩

盖梁施工时,混凝土收缩受墩身的约束,可能会在接触面上出现裂缝。

4. 横梁横向预应力束张拉

由于箱梁中支座处的横梁下部横向预应力束已经张拉,而上部预应力束尚未张拉,使整个横梁有起拱的趋势。通过横向计算,目前状态中支座基本不受力,而荷载均加载在边支座上,使盖梁顶面拉应力增加,故产生裂缝。

5. 临时支座

临时支座采用沙箱,将原先的硫黄砂浆支座的面荷载变为点荷载,盖梁挑臂段受力集中而且更偏外,盖梁顶部产生更大的拉应力。

三、加固方案比选

体外束加固方案如图 9-7 所示。

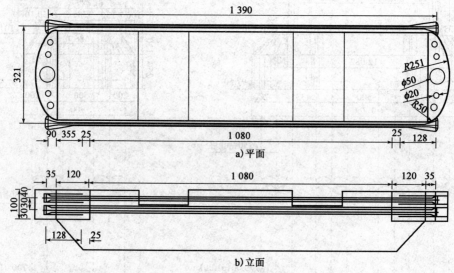

图 9-7 体外束加固方案(尺寸单位:cm)

1. 体外束加固

由图 9-7 可得,在盖梁外侧采用体外预应力束进行加固,两侧各设 2 根钢束,钢束间距为 400mm,一个盖梁设 4 根钢束。张拉的两端采用圆弧形钢板为传力结构,钢板中间开孔,可使浇注混凝土密实。

体外预应力束加固有以下优点:

①加固工期短。

②不改变桥梁现在的受力体系。

③可操作性较大,施工容易控制。

该方案的缺点有:

①费用较高。

②改变了原来桥梁盖梁外观,可能造成景观上的不协调。

③工种配合较多,施工工序较复杂。

2. 填补槽口加强

原设计盖梁留有槽口,现考虑采用槽口补强及植入加强筋,以便增大盖梁上缘抗拉性能,并增大截面面积,如图 9-8 所示。

该方案的优点有:

①操作简单,容易可行。

②造价较省。

该方案的缺点有:

①需要凿除一部分混凝土,使原钢筋外露,才能进行补强和焊接。

②不能彻底解决盖梁的裂缝问题,保证不了盖梁的耐久性及整体性。

3. 钻孔体内张拉预应力束+填补槽口加强

在方案 2 的基础之上,在横向盖梁的两侧钻孔后,钢束穿入孔内形成体内束张拉,并结合补槽的方式进行钢筋补强,如图 9-9 所示。

图 9-8　填补槽口加强加固方案　　　图 9-9　钻孔体内张拉预应力束+槽口补强加固方案

优点主要有:

①不改变结构受力状态,可操作性较强。

②可确保盖梁加固的耐久性和安全性。

③盖梁原设计尺寸和外观改变较小,保证了桥梁景观的协调性。

④与体外预应力束加固方案相比,工程费用低。

缺点是:钻孔是该方案的关键环节,控制有一定难度,需要有施工经验及相应设备的专业公司进行施工。

4. 支座内移

如图 9-10 所示,调整支座的位置,将两侧支座内移,减小盖梁悬臂端的受力。

优点有:

①改善了悬臂端的受力情况。

②不改变桥梁外观。

缺点有:

①操作难度极大。

②彻底改变了桥梁现阶段的受力情况,带来后期的一系列问题。

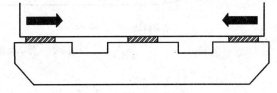

图 9-10　支座内移加固方案

5. 填充悬臂端

在桥墩承台处立模,在桥墩两侧浇筑钢筋混凝土,填充原来的悬臂端。

优点有:

大大改善了悬臂端的受力情况,并消除了盖梁悬臂端。

缺点有：

①墩身较高，后浇混凝土对盖梁加固作用不大，且浇筑钢筋混凝土还需重新立模和有一定养护时间，施工周期较长。

②改变了桥梁的墩身外形，构造不美观。

四、加固方案的确定

从安全性、耐久性为基本考虑点，以不改变现阶段结构的受力情况为出发点，并结合经济性、施工操作难度、加固时间等，经过综合比较，确定采用方案三，即体内钻孔张拉预应力束＋槽口补强方案。考虑对已有裂缝的不同效果，采用先张后填法一次张拉预应力束的实施方案，即在桥墩盖梁两侧施加横向体内预应力束及在墩顶凹槽处连接钢筋浇筑混凝土。此方案可以满足结构的安全性和耐久性要求，施工风险及困难均在钻孔阶段。通过咨询一些施工单位，钻孔精度可以达到要求，具有可操作性。

加固措施：

①用钻机在盖梁两侧钻孔，水平向从两侧各打 3 个直线孔，在盖梁两侧悬臂下斜向上往凹槽各打 6 个孔，在盖梁凹槽处采用半径为 4m 的弯钢管连接，以形成弯起钢束孔，采用 6 根 15 束 $\phi15.24$ 的钢束两端弯起两端张拉，钢束的直线部分从盖梁凹槽处穿过以抵抗该处较大的横向拉应力。钢束的弯起部分从盖梁挑臂根部处穿过，以抵抗由边支座引起的该处较大的竖向剪力。

②将端部凿开并放置锚具及钢筋网片，凹槽处凿出原盖梁钢筋焊接补强，浇筑锚下以及凹槽处的混凝土，同时对未穿钢束的孔洞注浆填充。待混凝土强度达到 90％的设计强度时张拉预应力束。盖梁两侧补齐钢筋并浇筑封锚混凝土。封锚处的钢筋布置为：下缘配置上下两层 $\phi32$ 钢筋，横向间距为@100mm 的束筋，从而可以减小挑臂端部由纵向拉应力引起的裂缝，之后浇筑封锚混凝土，封锚后梁端高度增加至 1.8m，如图 9-11 所示。

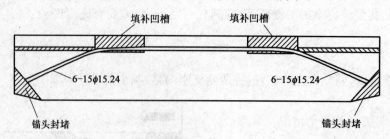

图 9-11 横向加固预应力束布置

第三节 墩柱加固方法

桥墩的加固可采用的方法有围带加固法、钢筋混凝土套箍加固法、增大截面、钢套管内灌注混凝土、粘贴纤维复合材料或钢板等。

(1) 围带加固。墩身发生纵向贯通裂缝，可用钢筋混凝土或钢箍进行加固。如因基础不均匀下沉引起自下而上的裂缝，则应先加固基础，后再采用灌缝或加箍的方法进行加固。

(2)钢筋混凝土套箍加固。墩台损坏严重(如大面积裂缝、破损、风化、剥落)时或是粗石圬工及砌石圬工的墩台,一般可用钢筋混凝土"箍套"加固,其尺寸应能满足通过箍套传递所有荷载或大部分荷载的需要。同时,改造墩台顶部,浇筑支承于箍套上新的、强大的钢筋混凝土板代替旧的支承垫石,以使箍套与原结构共同工作。

(3)桥墩损坏水下修补加固。砖石或钢筋混凝土墩台表层出现缺陷,且墩台身处于常水位下时,可分别根据不同情况采用不同的加固方法。水深在3m以下时,可筑草袋围堰,然后将水抽干。当水难以抽干时,则可浇水下混凝土封底后再抽,抽水后以砌石或混凝土填补冲空部位。

此种情况的修补,也可不抽水而将钢筋混凝土薄壁套箱围堰下沉到损坏处附近河底,在套箱与桥墩间浇筑水下混凝土以包裹损坏或冲空部位。水深在3m以上时,以麻袋装干硬性混凝土,通过潜水作业将袋装混凝土分层填塞冲空部位,并应注意要比原基础宽出0.2~0.4m。

第四节 桥台加固方法

一、支撑法加固

对因墩台尺寸不足,难以承受台背土压力而往桥孔方向产生倾斜或滑移的埋置式桥台,可采用修筑撑壁法进行加固,如图9-12所示。

对于单孔小跨径桥台,为防止桥台滑移,可在两台之间加建水平支撑,如整跨浆砌片石撑板,或用钢筋混凝土支撑梁进行加固。

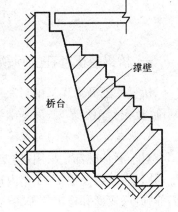

图9-12 撑壁法加固埋置式桥台

二、增建辅助挡土墙加固

对于因桥台台背水平土压力太大而引起的桥台倾斜,应设法减小桥台后壁的土压力,可在台背加建一挡土墙,以增强挡土能力,如图9-13所示。

三、减轻荷载法

筑于软土地基上的桥台,常由于填土较高而受到较大侧向土压力作用,从而使桥台产生前移,以致发生倾斜。此时,一般可更换台背填土,减小土压力,即采用减轻桥台基础所受荷载的方法进行加固,如图9-14所示。

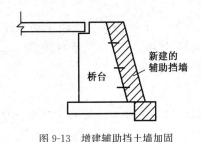

图9-13 增建辅助挡土墙加固　　　　图9-14 减轻荷载法加固

四、加柱（桩）加固

竖向承载力不足时可采用此法。一般可在台前增加一排桩，并浇筑盖梁，以分担上部结构传来的力。打桩或钻孔桩时可利用原桥面作脚手架，在桥面开洞、插桩。盖梁可单独受力，也可联结旧盖梁、旧桩共同受力。

五、增厚台身加固

梁式桥台背土压力过大，台身强度不足，桥台向桥孔方向位移时采用此法。可挖去台背填土，加厚台身（桥台胸墙），施工时注意新旧混凝土结合牢固。

六、更换台后填土并加便梁加固

为减轻桥后水平压力，需用具有较大内摩擦角的大颗粒土壤或干砌片石、砖石等更换桥台后面填土，同时在台后架设新增便梁。

第五节　基础加固方法

一、桥梁基础存在的问题

桥梁基础分为浅基础和深基础两类。浅基础可分为刚性扩大基础、单独和联合基础、条形基础、筏板和箱形基础；深基础可分为桩基础、沉井基础、混合基础。

1. 基础沉降和不均匀沉降

对于深基础都是采用嵌岩或埋入地下较深层，则它所表现的沉降或位移在施工中逐级表现，并且在以后使用1～2年内达到稳定。除非特殊的外界力（如地震、滑坡等）的作用，一般它们的强度、变形和稳定性都能达到工程要求。

浅基础由于埋设浅、结构简单、施工方便、造价较低，是建筑物最为常见的基础形式。在地基压密或软土地基上的桥梁，往往出现沉降特别是不均匀沉降，对桥梁结构产生极大的危害，应加以观测、分析并做好防范工作。

2. 基础滑移和倾斜

（1）基础由于经常受到洪水冲刷而发生滑移，一般与洪水冲刷深度有密切关系。因此，关键问题在于如何确定洪水冲刷深度上。

（2）由于河床在种种因素影响下，造成了桥台前临河面地基土层的侧向压力减小，使基础产生侧向滑移。

（3）桥台基础的地基强度弱化、台背高填方路堤，如果处理不当往往会造成主动土压力过大使桥台前倾；或者土体下沉，使桥台台座前移或台顶后仰，导致基础移动、桥台倾斜。

（4）沉井和桩的抗滑移性能较好，但也有滑移和倾斜的可能。

3. 基础底面压力分布异常

刚性基础的底面压力分布与荷载、基础深度、地基刚度分布等有关。基础底面压力分布不当，将引起基础开裂等病害，如图9-15、图9-16所示。

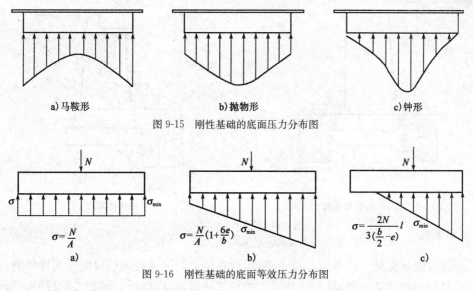

图 9-15　刚性基础的底面压力分布图

图 9-16　刚性基础的底面等效压力分布图

桩基础土体病害如图 9-17 所示。

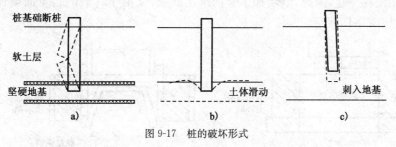

图 9-17　桩的破坏形式

二、桥梁基础加固方法

墩台基础加固的常用方法有：扩大基础加固法、增补桩基法（打入桩或钻孔灌注桩）和人工地基加固（改良地基）法等。

1. 扩大基础加固法

扩大桥梁基础底面积的加固方法，称为扩大基础加固法。此法适用于基础承载力不足，或埋置太浅，而墩台又是砖石或混凝土刚性实体式基础时的情况。扩大基础底面积应由地基强度验算确定。当地基强度满足要求而缺陷仅仅表现为不均匀沉降变形过大时，采用扩大基础面积的方法进行加固，主要由地基变形计算来加以选定。

在刚性实体式基础周围加石砌圬工或混凝土，以扩大基础的承载面积，如图 9-18 所示。

扩大基础加固法可按下列顺序进行：

(1) 通常在必须加宽的范围内先打板桩围堰，如墩台基底土壤不好时，应做必要的加固。

(2) 挖去堰内土壤至必要的深度，以保证墩台的安全。

(3) 在堰内把水抽干后铺砌石块（浆砌），或做混凝土基础。

(4) 新旧基础要注意牢固结合，施工时可加设连接（锚固）钢筋或插以钢销，以使加固扩大基础和旧基础牢固地结合成一整体。

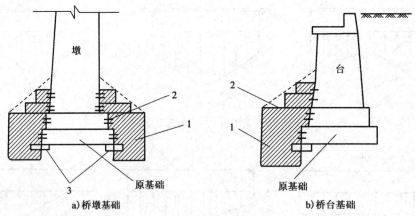

图 9-18 扩大基础加固示意图
1—扩大基础；2—新旧基础结合；3—丁石

(5)立模，浇筑混凝土并养生。对于拱桥，可在桥台两侧加设钢筋混凝土实体耳墙，并将耳墙与原桥台用钢销联结起来，从而达到增大桥台基础面积，提高桥台承载力的目的。加固后耳墙与原桥台联结在一起，因此，既增加了竖向承压面积，又由于耳墙的自重而增加了抗水平推力的摩阻力，如图 9-19 所示。

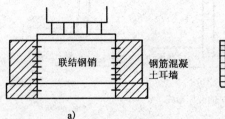 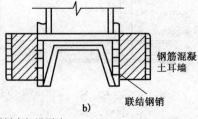

图 9-19 拱桥桥台加设耳墙

当拱脚前有一定的填土时，可在台前加建新的扩大基础，并可将改建为变截面的拱肋支承到新基础上，新老基础之间用钢销进行联结，有条件时在台前新基础下增加短桩，以提高承载力，如图 9-20 所示。

2. 增补桩基加固法

在桩式基础的周围，补加钻孔桩或打入钢筋混凝土预制桩并扩大原承台，以此提高基础承载力、增加基础稳定性，这种加固法称为增补桩基加固法。增补桩基础加固法有多种，可在桩基础的周围补加钻孔桩，也可打入预制桩或静压加桩，并扩大原承台，以此提高基础承载力、增加基础稳定性。加固方法如图 9-21 所示。

通过增设基桩(钻孔桩或打入桩)，扩大原承台，墩台部分荷载传至新桩基上。

图 9-20 拱桥桥台加固

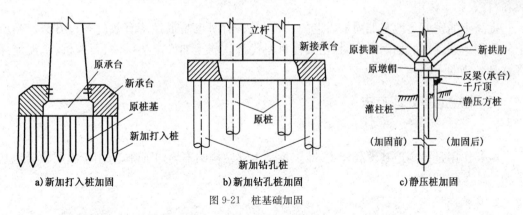

图 9-21 桩基础加固

对单排架桩式桥墩,采用打桩(或灌注桩)加固时,若原有桩距较大(4~5倍桩径),可在桩间插桩;若原有桩距较小且通航净跨允许缩小时,可在原排架两侧增加桩数,成为三排式的墩桩。当在桩间加桩时,需凿除原盖梁并浇筑新盖梁,将新旧桩顶连接成一体。此时,要注意验算盖梁在加桩顶部能否承受与原来方向相反的弯矩,如不能承受,则必须加固原有盖梁或重新浇筑盖梁。加固原有盖梁时,可在盖梁顶部增设钢筋。

当桥台垂直承载力不足时,一般可在台前增加一排桩并浇筑盖梁,以分担上部结构传来的压力。打桩(或钻孔桩)时可利用原有桥面脚手架,在桥面上开洞插桩。增浇的盖梁可单独受力,也可与旧盖梁联结在一起,使旧盖梁、旧桩及新桩一起受力,如图 9-22 所示。

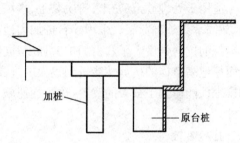

图 9-22 桥台前加桩示意图

对于多跨拱桥,为预防因其中某一跨遭到破坏使整体失去平衡而引起其他拱跨的连锁破坏,可根据情况,对每隔若干拱跨中的一个支墩采取加固措施。其方法是在支墩两侧加斜向支撑,或加大该墩截面,使得一跨遭到破坏时,只影响若干拱跨而不致全部毁坏。由于受桥下净空影响,拱桥桥墩的加桩可采用静压加桩方法。

增补桩基加固墩台基础的优点,是不需要抽水筑坝等水下施工作业,且加固效果显著。该方法的缺点,是需搭设打桩架(或钻孔架)和开凿桥面,对桥头原有架空线路及陆上、水上交通均有一定的影响。

第六节 地基加固方法

一、概述

桥梁结构是通过桥梁基础与地基共同作用来承担桥梁结构的上部荷载。当桥梁结构地基的承载力不足或沉降过大不能满足要求时需要进行地基加固处理。近 20 年来,地基加固技术得到了很快的发展,新材料、新工艺、新理论不断出现,工程实践应用也取得了很大的成功。但从其原理来说可以分为两大类:一类是提高土体的密度;另一类是用其他材料来代替软弱土,掺和、打入到土体中。

提高土的密度是地基加固最古老的一种方法，有时也是最经济有效的一种方法。当压密土体不能达到预期的加固效果时，用其他材料代替软弱土如换土垫层法、石灰桩、水泥搅拌桩等就是必要的手段。

二、常规地基处理方法

1. 换土垫层法

主要作用是提高地基承载能力，减少桥梁上部结构的不均匀沉降，适用于浅层软弱地基及不均匀地基的处理。

2. 水泥搅拌桩

此方法主要适用于处理淤泥、淤泥质土、粉土、砂性土、泥炭土等各种成因的饱和软黏土，含水率较高且地基承载力标准值不超过 120kPa 的黏性土地基，其可以最大限度地利用原状土的承载力。水泥搅拌桩可以形成防渗帷幕，并具有施工工期短、无公害、成本低等优点。

3. 振冲碎石桩

适用于处理砂土、粉土、粉质黏土、素填土和杂填土地基，其桩体与原来的软土组成一个整体，共同承受外部荷载。采用碎石桩加固地基可以提高地基承载力，减小地基沉降。因为碎石桩本身的抗剪强度大于软土的抗剪强度，同时软土与碎石桩合成的混合体，其抗剪强度增大，从而使地基整体的抗剪性能得到很大的提高。另一方面，由于碎石桩的透水性较好，因此地基的排水性能得到了很大的改善，这为加速软土地基固结、减小桥梁地基工程沉降提供了重要的条件。

4. 砂石桩

主要适用于砂土及素填土、杂填土地基，是利用桩的挤密作用和在施工中的振动作用，使桩周围土的密度增大，从而使地基的承载能力提高，压缩性降低。砂石桩在松散砂土和粉土地基中的作用可以概括为挤密作用、振密作用、抗液化作用。在黏性土地基中的作用可以概括为置换作用、排水作用。

当软弱地基层较厚时，可用砂桩法改善地基的承载能力。施工时，将钢管或木桩打入基础周围的软弱土层中，然后将桩或管拔出，在形成的洞内灌入干燥的粗砂、砾砂，然后捣实，形成砂桩，达到提高地基土的密实度的目的。在含水饱和的砂土或粉砂土中，由于易坍孔，灌砂困难，可采用砂袋套管法与振冲法来加固地基。

5. 灰土挤密桩

适用于处于地下水位以上的湿陷性黄土、素填土和杂填土等地基，可处理地基深度达 5m 以上。灰土挤密桩主要适用于消除大厚度黄土地基的自重湿陷性，可以利用成孔侧向挤密，回填重锤夯实，使处理深度大大提高。当地基土的含水率大于 24%，饱和度大于 65% 时，不宜采用这种方法。

6. 强夯法

适用于处理碎石土、砂土、低饱和度的粉土与黏性土、湿陷性黄土、杂填土和素填土等地基。强夯法加固地基后可以提高地基承载力达 4 倍以上，其加固影响深度可达 10m，可以消除地基土的液化与黄土的湿陷性。

7. 注浆加固(化学方法)

在墩台基础之下,于墩台中心直向或斜向钻孔或打入管桩,通过孔眼及管孔,用一定压力把各种浆液(加固剂)灌入土层中,通过浆液凝固,把原来松散的土固结为有一定强度和防渗性能的整体,或把岩石裂缝堵塞起来,从而达到加固地基、提高地基承载力的目的。不同情况下注浆加固的作用有:

①填充圬工砌体内的空隙,使其形成整体,从而提高砌体强度。

②填充土壤或岩石的空洞和裂缝,从而堵塞土壤或岩石的渗流孔道,提高其承压能力,减少渗流冲刷可能性。若空洞大,应使用水泥砂浆;若为裂缝,应使用水泥浆。

③填充砂子和砾石的孔隙,提高其承压能力。

④挤密较软弱的土层,形成复合地基,使地基承载能力得到提高。

注浆法根据注浆压力的不同,可分为静压注浆和高压喷射注浆两大类,如图 9-23 所示。

注浆加固时各种浆液材料的选择应遵循以下原则:

①浆液应是真溶液而不是悬浊液,浆液黏度低,流动性好,能进入细小裂缝。

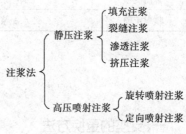

图 9-23 注浆法的分类

②浆液凝胶时间可在大范围内随意调节,易准确控制,浆液凝胶可在瞬间完成。

③浆液的稳定性好,在常温常压下,长期存放不改变性质,不发生任何化学反应。

④浆液无毒无嗅,对环境不污染,对人体无害,属非易爆物品。

⑤浆液对注浆设备、管路、混凝土结构物、橡胶制品无腐蚀,并容易清洗。

⑥浆液固化时无收缩现象,固化后与岩石、混凝土等有一定黏结性。

⑦浆液结石体有一定抗压和抗拉强度,不龟裂,抗渗性能和防冲刷性能好。

⑧结石体耐老化性能好,能长期耐酸、碱、盐、生物细菌等腐蚀且不受温、湿度影响。

⑨材料来源丰富,价格低廉;浆液配制方便,操作容易。

加固墩台基础,所采用的方法和注浆材料一般因地质情况不同而异。静压注浆和高压喷射时不同浆液材料的地质适用范围如表 9-1 所示。

不同浆液材料的适用性 表 9-1

类 别		注浆材料	卵石碎石	粗粒组						细粒组	
				砾石			砂粒			粉粒	黏粒
				粗	中	细	粗	中	细		
静压注浆	无机类	单液水泥浆	√	√	√	√	√				
		黏土水泥浆	√	√	√	√					
		水玻璃水泥浆	√	√	√						
		水玻璃水泥浆·氯化钙	√	√√	√	√	√				
		水玻璃类	√	√	√	√	√	√	√		

续上表

类 别		注 浆 材 料	卵石碎石	粗 粒 组						细粒组	
				砾石			砂粒			粉粒	黏粒
				粗	中	细	粗	中	细		
静压注浆	有机类	铬木素类	√	√	√	√	√	√	√	√	
		丙烯酰胺类	√			√	√	√	√	√	
		脲醛树脂类	√			√	√	√	√		
		糖醛树脂类	√			√	√	√	√		
		聚氨酯类	√			√	√	√	√		
高压旋喷		纯水泥浆		√	√	√	√	√	√		√
喷射定喷		纯水泥浆			√	√	√	√	√		√

第七节 支座更换方法

一、支座的更换方法

桥梁支座是连接桥梁上部结构和下部结构的重要构件,一旦出现病害将影响到上下部结构的使用寿命和交通安全。目前,很多新建的公路桥梁选用橡胶支座。特别是对于高速公路,桥梁橡胶支座的用量大,病害多时有发生。因此,桥梁支座特别是橡胶支座的更换问题,是桥梁加固的一项重要内容之一。

常见的支座更换的方法有以下几种。

1. 枕木满布式支架法

(1)工作原理:在地面上设置枕木,以枕木为基础,设置满布式或部分木支架至桥梁梁体处,在支架上安置千斤顶顶升梁体,如图 9-24 所示

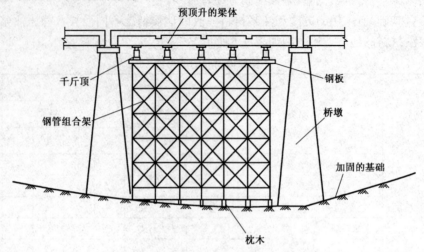

图 9-24 枕木满布式支架法更换支座示意图

(2)优点:架设设备比较简单,施工方法简单易于操作。对于小跨度的梁桥,用支架法施工具有一定的优势。

(3)缺点:支架法施工工期长、支架和模板用钢材、木材量大、成本高,不适宜桥墩过高的场合。

2. 桥面钢导梁法

(1)工作原理:支撑位置在桥面上,支撑面为顶升梁相邻跨的梁体。在顶升梁上绑扎钢带,安置钢梁,以相邻跨梁体为支撑基础,配合顶升设备,抬升梁体,如图9-25所示。

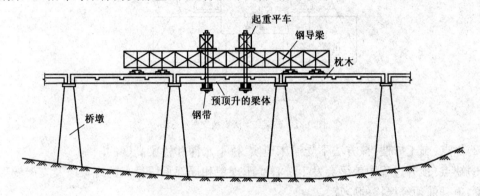

图9-25 桥面钢导梁法更换支座示意图

(2)优点:对桥下场所无要求,适用于多种桥梁类型,整个起梁过程都在桥上进行,不影响桥下通航、通车要求。

(3)缺点:钢梁长度有限制,跨径不可过大;要求用较大吨位千斤顶,对桥面局部压力较大,有可能损伤梁体。

3. 端部整体顶升法

(1)工作原理:以地面为支撑,在墩台两侧建立顶升基础,然后用贝雷梁、槽钢、螺栓连接成受力钢梁(也可用钢管墩作为传力构件),受力钢梁上架千斤顶,在梁两端同步整体顶升,如图9-26所示。

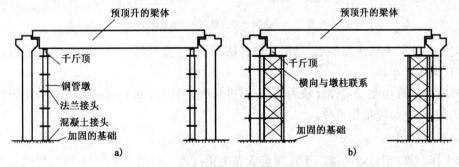

图9-26 端部整体顶升法更换支座示意图

(2)优点:对桥下通车影响不大,可自由通行,能满足桥下不中断交通的要求。与采用少数大吨位的千斤顶相比较,无须为应力集中设置过大的传力杆及横梁。

(3)缺点:对桥跨下的地基基础要求较高,需建顶升基础,工序时间长,工期较长。

4. 鞍型支架法

(1) 工作原理：用桥墩本身做支撑在盖梁上搭设支架，设计成"鞍型支架"，放置千斤顶来顶升梁体，如图 9-27 所示。

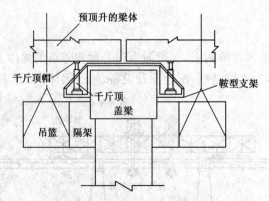

图 9-27　鞍型支架法更换支座示意图

(2) 优点：施工方便，该方法不受河床地质、桥下水深和桥梁高度的限制。

(3) 缺点：顶升过程中盖梁会发生偏心受压现象和局部承压过高的现象以及支架变形过大的现象，顶升前须经严格的验算。

5. 钢扁担梁法

(1) 工作原理：支撑位置在桥面上，支撑面为顶升梁相邻跨的梁体，在顶升梁上打孔，绑扎钢带，安置钢扁担梁，以相邻跨梁体为支撑基础，配合顶升设备抬升梁体，如图 9-28 所示。

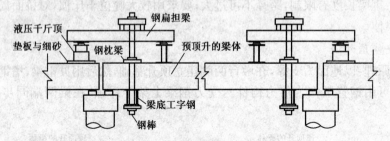

图 9-28　钢扁担梁法更换支座示意图

(2) 优点：对桥下场所无要求，适用于多种桥梁类型，整个起梁过程都在桥上进行，不影响桥下通航、通车要求。

(3) 缺点：钢扁担梁结构设计较为复杂，需进行专门计算；要求用较大吨位千斤顶，对桥面局部压力较大，有可能损伤梁体。

6. 扁型千斤顶法

(1) 工作原理：把超薄的液压千斤顶安放在主梁与盖梁的狭小的空间内，直接顶升梁体，如图 9-29 所示。

(2) 优点：机具设备很少，成本低廉；工序简单，施工快速，中断交通时间很短；对桥下场所无要求，适用于多种桥梁类型。

(3) 缺点：由于扁型千斤顶的特殊构造，导致其行程较短，可能需要多次顶升才能到位。

上述6种桥梁支座更换方法各自有不同的优缺点，适应不同的环境，更换方法上各有长处。现针对高墩简支转连续梁桥提出3种新的支座更换方法：钢蝴蝶梁法、钢套箍法和气囊顶升法。

图9-29 扁型千斤顶法更换支座示意图

7.钢蝴蝶梁法

(1)工作原理：支撑位置在盖梁上，通过液压千斤顶顶升蝴蝶梁的翅梁来提升梁体，如图9-30所示。

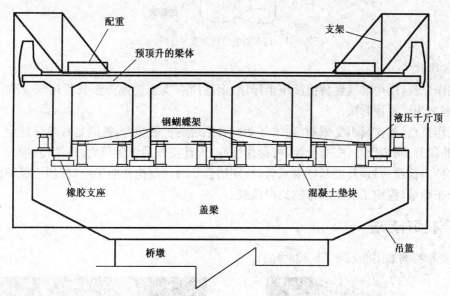

图9-30 钢蝴蝶梁法更换支座示意图

(2)优点：充分利用盖梁这个平台，施工方便，无大型机具设备；对环境的适应能力很强，不受河床地质、桥下水深和桥梁高度的限制。

(3)缺点：要求盖梁较为宽大能安放液压千斤顶且千斤顶数量较多。

8.钢套箍法

(1)工作原理：通过圆箍与桥墩混凝土之间的摩擦力提供竖向支撑，放置液压千斤顶顶升梁体，如图9-31所示。

(2)优点：充分利用桥梁本身的结构，可以通过增长钢套箍的长度提高其承载能力，对环境的适应能力很强，不受河床地质、桥下水深和桥梁高度的限制。

(3)缺点:要求盖梁较为宽大能安放液压千斤顶且千斤顶数量较多。

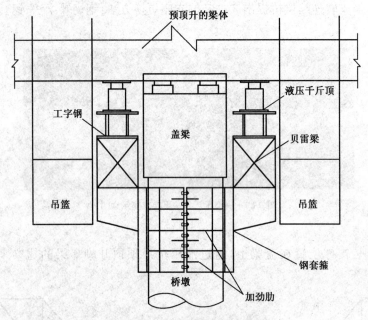

图 9-31　钢套箍法更换支座示意图

9.气囊顶升法

(1)工作原理:用集群气囊替换液压千斤顶,上述所有支座更换方法只要用气囊取代千斤顶都可以称之为气囊顶升法。

(2)工作特点:起重量不受限制,通过气动提升系统的扩展组合,能满足百吨级甚至千吨级桥梁构件的顶升;同步控制,安全受控;可操作性好,气动提升系统体积大,重量轻;顶升过程平稳,无附加冲击荷载;对顶升的基础要求低,特别适合临时预制构件的工程;有利于保护桥梁构件,采用分布荷载,避免了液压起重的集中荷载。

二、梁体顶升方法

梁体顶升实例如图 9-32～图 9-36 所示。

图 9-32　浙赣线玉山下镇跨线桥

图 9-33　甬金高速公路澄潭江大桥

第九章 桥梁下部结构加固技术

图 9-34 开阳高速公路某桥

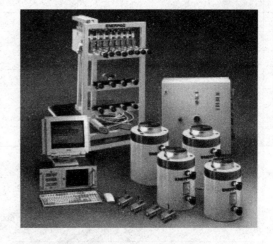

图 9-35 监测控制系统

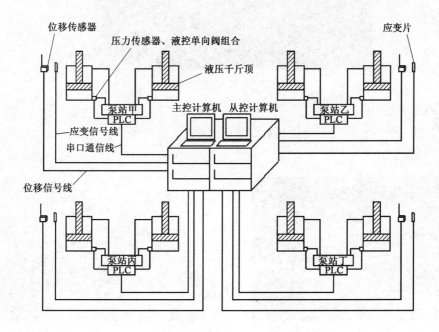

图 9-36 多液压缸同步控制系统

三、支座更换实例

1. 桥梁概述

丫髻沙大桥(图 9-37)位于广州环城高速路西南环段,跨越珠江主、副航道和丫髻沙岛。大桥全长 1 084m,主桥采用三跨连续自锚中承式钢管混凝土拱桥,其主跨以 360m 一跨跨过珠江的主航道。丫髻沙大桥主桥跨径组合为 76m+360m+76m,桥宽 36.5m,双向 6 车道,大桥在 2000 年 6 月建成通车。广州丫髻沙大桥支座型号、数量与性能见表 9-2。

广州丫髻沙大桥支座型号、数量与性能　　　　表 9-2

位　置	支座类型	数量	单个支座顶升吨位(t)	设　备
边跨 8 号、11 号墩顶部	GPZ12500DX 盆式橡胶支座	4 个	1 900	100t 千斤顶
钢横梁下及立柱顶部	抗震球形钢支座 960mm×700mm×180mm	4 个	300	
钢横梁下及立柱顶部	抗震球形钢支座 960mm×700mm×210mm	60 个	300	
合　计		68 个		

图 9-37　丫髻沙大桥全貌

2. 支座病害情况

丫髻沙大桥主桥受到环境及车辆超载严重的影响，支座出现严重锈蚀、扭转、异常声响等无法修复的问题，如图 9-38 所示。

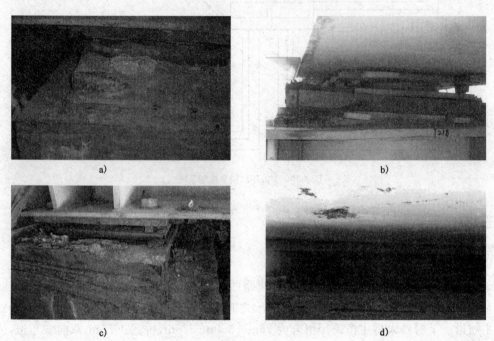

图 9-38　支座病害图示

3. 支座更换方案

对全桥支座进行更换。新支座采用性能较好的抗震球形钢支座替换原桥的盆式支座。采用同步顶升工艺进行全桥支座的更换，如图 9-39 所示。

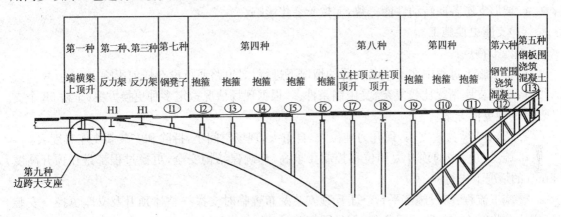

图 9-39　广州丫髻沙大桥支座更换方案

（1）新支座性能。

①防腐体系。支座主体结构采用 ZG20Mn，摩擦副的不锈钢材料为 316L 不锈钢，采用耐腐蚀、耐老化的全封闭密封防腐系统，从而提高支座的耐久性，如图 9-40 所示。

图 9-40　新支座照片

②新支座优点：

a. 球形支座通过球面传力，不会出现力的缩颈现象，作用在混凝土上的反力比较均匀。

b. 球形支座通过球面的滑动来实现支座的转动过程，特别适用于大转角的要求。

c. 球形支座各向转动性能一致，无橡胶老化影响。

（2）支座更换施工。

①施工特点：

a. 整个施工过程中在不中断交通的情况下进行，对道路通行没有任何影响。

b. 现场支座情况比较复杂，受限制条件多，根据现场情况拟定多种更换方案（全桥68个支座，有9种更换方案）。

c. 12 500kN 盆式支座，顶升力吨位大，自重大，现场空间小，拆除和安装新支座难度大。

d. 施工过程中的顶升力和位移控制要求高，为确保结构安全，更换过程都是在顶升高度5mm 的情况下进行。

②施工流程：搭设施工平台→千斤顶安装及布置临时支撑→整体顶升及支座更换→安装新支座及临时支撑卸除→梁复位、保护罩安装。

第十章 桥梁抗震加固技术

第一节 地震灾害及其对桥梁的危害

强烈的地震,对公路桥梁构成了严重威胁。地震致使桥梁损坏,阻碍援救工作的开展,加大了地震造成的损失。因此,桥梁抗震加固具有重要的现实意义。桥梁抗震图 10-1 为美国 Cypress 高架桥在 1989Loma Prieta 地震中损毁。桥梁抗震应做到预防为主、兼顾治理;对现有的桥梁,应做好全面调查,建立档案,做好抗震加固工作。

图 10-1　美国 Cypress 高架桥在 1989 Loma Prieta 地震中损毁

一、基本术语

1. 震源、震中、震中距、震源深度及震中区

震源:地球内部发生地震的地方称为震源。

震中:震源在地表的投影位置称为震中。

震中距:地面上任何地方或观测站到震中的直线距离,称为震中距。

震源深度:从震中到震源的距离称为震源深度。

震中区:震中附近地区称为震中区,地震破坏最严重的地区,称为极震区。

2. 地震波

地震引起的振动以波的形式从震源向各个方向传播,称为地震波。地震波根据波动位置和形式可分为体波和面波。

体波:是通过地球内部传播的地震波,又分为纵波和横波。纵波(P)也称为压缩波,质点振动方向与震波前进方向一致。靠介质的扩张与收缩而传递,其传播速度为 5~6km/s,摧毁力较小。横波(S)也称为剪切波,质点振动方向垂直于波传播方向,各质点间发生周期性剪切振动,传播速度为 3～4km/s,摧毁力较强。

面波:沿地表面传播的波。它的传播速度最小,为 3km/s 左右,但振幅大,故对地面的破坏力最大。面波又分为 Rayleigh(R)波,Love wave(L)波。Rayleigh(R)波,质点与传播方向和地表面方向组成的平面内作椭圆运动,而与该平面垂直的水平方向没有振动,在地面上呈滚动形式。Love(L)波传播时,质点在与传播方向相垂直的方向运动,即地面水平运动或在地面上呈蛇行运动。

垂直于地面的纵波,可以产生竖直振动,横波的质点振动方向与地震波的前进方向垂直,产生水平振动。两波相比,纵波的传播速度为横波的 1.8 倍,影响范围为 80～110km,周期为 0～0.5s;横波的影响范围为 160km 以上。地震时,纵波先到,横波后到。横波到时,地面呈现剧烈震荡,危害性也较大。因此,除特殊工程外,只考虑横波的影响。

3. 地震震级

震级是表示地震本身强度大小的等级,是地震震源释放出能量大小的一种量度。它定义为:据震中 100 km 处标准地震仪(周期 0.8s,阻尼系数 0.8,放大倍数 2 800)实测最大水平地动位移的对数来确定。例如:当测得振幅为 10mm,即 10 000μm 时,它的对数为 4,地震震级定为 4 级。

4. 地震烈度

地震对地表和地表建筑物的影响和破坏程度,称为地震烈度,见表 10-1。

中 国 地 震 烈 度　　　　　　　　　　表 10-1

烈度	在地面上人的感觉	房屋震害程度		其他震害现象	水平向地面运动	
		震害现象	平均震害指数		峰值加速度 (m/s²)	峰值速度 (m/s)
Ⅰ	无感					
Ⅱ	室内个别静止中的人有感觉					
Ⅲ	室内少数静止中的人有感觉	门、窗轻微作响		悬挂物微动		
Ⅳ	室内多数人、室外少数人有感觉,少数人梦中惊醒	门、窗作响		悬挂物明显摆动,器皿作响		
Ⅴ	室内普遍、室外多数人有感觉,多数人梦中惊醒	门窗、屋顶、屋架颤动作响,灰土掉落,抹灰出现微细裂缝,有檐瓦掉落,个别屋顶烟囱掉砖		不稳定器物摇动或翻倒	0.31(0.22～0.44)	0.03(0.02～0.04)

续上表

烈度	在地面上人的感觉	房屋震害程度		其他震害现象	水平向地面运动	
		震害现象	平均震害指数		峰值加速度 (m/s^2)	峰值速度 (m/s)
Ⅵ	多数人站立不稳,少数人惊逃户外	损坏——墙体出现裂缝,檐瓦掉落,少数屋顶烟囱裂缝、掉落	0~0.10	河岸和松软土出现裂缝,饱和砂层出现喷砂冒水;有的独立砖烟囱轻度裂缝	0.63(0.45~0.89)	0.06(0.05~0.09)
Ⅶ	大多数人惊逃户外,骑自行车的人有感觉,行驶中的汽车驾乘人员有感觉	轻度破坏——局部破坏,开裂,小修或不需要修理可继续使用	0.11~0.30	河岸出现坍方;饱和砂层常见喷砂冒水;松软土地上地裂缝较多;大多数独立砖烟囱中等破坏	1.25(0.90~1.77)	0.13(0.10~0.18)
Ⅷ	多数人摇晃颠簸,行走困难	中等破坏——结构破坏,需要修复才能使用	0.31~0.50	干硬土上亦出现裂缝;大多数独立砖烟囱严重破坏;树梢折断;房屋破坏导致人畜伤亡	2.50(1.78~3.53)	0.25(0.19~0.35)
Ⅸ	行动的人摔倒	严重破坏——结构严重破坏,局部倒塌,修复困难	0.51~0.70	干硬土上许多地方有裂缝;基岩可能出现裂缝、错动;滑坡坍方常见;独立砖烟囱倒塌	5.00(3.54~7.07)	0.50(0.36~0.71)
Ⅹ	骑自行车的人会摔倒,处不稳状态的人会摔离原地,有抛起感	大多数倒塌	0.71~0.90	山崩和地震断裂出现;基岩上拱桥破坏;大多数独立砖烟囱从根部破坏或倒毁	10.00(7.08~4.14)	1.00(0.72~1.41)
Ⅺ		普遍倒塌	0.91~1.00	地震断裂延续很长;大量山崩滑坡		
Ⅻ				地面剧烈变化,山河改观		

注:表中的数量词:"个别"为10%以下;"少数"为10%~50%;"多数"为50%~70%;"大多数"为70%~90%;"普遍"为90%以上

(1)基本烈度。是指一个地区今后一定时期内,在一般场地条件下可能遭遇的最大地震烈度,即现行《中国地震烈度区划图》规定的地震烈度,见表10-2。

中国地震震级　　表10-2

名　称	震级(M)	名　称	震级(M)
大地震	$M \geqslant 7$	微小地震	$3 > M \geqslant 1$
中地震	$7 > M \geqslant 5$	极微小地震	$1 > M$
小地震	$5 > M \geqslant 3$		

(2)抗震设防烈度。是按国家规定的权限批准作为一个地区抗震设防依据的地震烈度,一般情况下取基本烈度。

5.近震远震

当某地区受地震影响来自震中烈度与该地区设防烈度相等或比它大一度的地震时,按近震考虑;当某地区受地震影响可能来自震中烈度比该地区设防烈度大二度或二度以上的地震时,按远震考虑。

二、地震分类

1.按成因分类

(1)构造地震:主要是地壳断裂引起的地震,普遍影响强烈而范围广。
(2)火山地震:火山喷发时岩浆或气体对岩层的冲击引起的地震,范围小而为数少。
(3)陷落地震:由地壳陷落引起,其数量少、影响小。
(4)人工诱发地震:水库储水或向地下灌水造成的;地下爆炸引起的。

2.按震源深度分类(表10-3)

按震源深度分类　　表10-3

名　称	震源深度(km)	名　称	震源深度(km)	名　称	震源深度(km)
浅源地震	0～70	中源地震	70～300	深源地震	>300

3.按震级大小分类

按震级大小,地震可分为弱震(震级小于2级)、有感地震(震级2～5级)、中强地震(震级5～7级)和强震(震级大于7级)。

三、土的性质与土层反应

1.基岩的加速度

地震中,不同的地质条件有不同的反应,把局部土壤条件的反应绘成反应谱可以形成描述局部土质条件的函数。

(1)基岩或其他地质构造形成的土:剪切波速大于800m/s;坚硬的砂土、砾石或超固结黏土:在10m深处,剪切波速大于400m/s。

(2)密实的砂土、砾石或中硬性黏土:在深10～50m深处,剪切波速会从200m/s增加到350m/s。

(3)松散非黏性沉积土,有或没有软黏土夹层:20m深处,剪切波速小于200 m/s;软黏土为主的土层到硬黏性土夹层:20m深处,剪切波速小于200m/s。

采用贯入度就可确定以下三类土质,见表10-4。

土 壤 分 类 表10-4

项 目	土 类		
	A类土	B类土	C类土
标准贯入度锤击数 N	$N>35$	$35>N>15$	$20>N$
无侧向抗压强度(MPa)	>0.4	>0.51	>0.15
典型相对密度值(%)	>90	60~90	30~50

2. 断层错位

由于桥梁常跨越两种不同的岩层中,这样在地震中会造成两种岩层的位移差异而形成错位现象,导致桥台之间或桥墩之间产生永久性相对位移,这对桥梁是极不利的。然而,桥梁跨越断层位置时,错位上限可以通过距上次地震时间加上桥梁期望使用年限乘以沿断层的相对位移来计算。一般来讲,在地震区平均相对位移变化幅度,可以从每年几毫米到100mm,如图10-2所示。

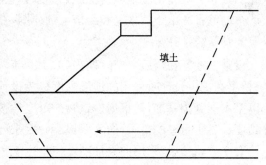

图10-2 地震造成岩层的错位示意图

3. 滑坡

地震会导致许多塌方,对于桥梁来讲,桥台或桥墩附近土体某一部分的可能移动塌方和块体滑动,或者导致路堤侧向扩展,这些都对桥梁极为不利,如图10-3、图10-4所示。

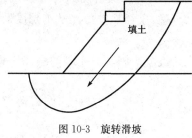

图10-3 旋转滑坡

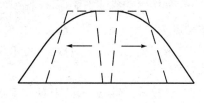

图10-4 侧向扩展

4. 液化

在土体中,如果排水不畅,土体被压缩,体积减小就会导致孔隙水压力的增加。当压力到达覆盖土层压力时,有效应力等于零,砂土完全丧失其抗剪强度,就转化为液化状态。在地震中,饱和砂土液化引起的流滑现象,是桥台发生灾难性破坏的主要原因。由于松散沉积土被液化,使得土层产生显著的位移。

四、桥梁抗震标准

桥梁尽管结构简单、受力明确,但是在遭受烈度低于抗震规范要求的地震作用下也可能会发生破坏。与相应的建筑结构比较来讲,由于建筑结构内部体系的高次超静定,有必要的备用的荷载传递路线,因此结果大大优于桥梁,这警示我们:桥梁的结构体系的简单并不是一件单纯的幸事。要注意到地震有识别结构薄弱点的特性,地震中在这些位置可能发生破坏。

1. 桥梁抗震设防要求

(1)对于一般地段的桥梁,要做到基本不坏、不需整修、或略有破坏,经过一般修整后即可按原来设计标准继续使用。这里的一般地段是指:相对于抗震危险地段、软弱黏性土层和液化土层。实践证明,一般地段的桥梁,震害都较轻,使用不多的抗震投资就可起到避免或减轻震害的目的。

(2)对于修建在抗震危险地段、软弱黏性土层或可液化土层上的桥梁,要求是略有破坏,经过一般整修或短期抢救即可维持通车。

所谓抗震危险地段,就是地震断层及邻近地段和在地震时可能发生大规模滑破、崩塌、软性黏土层和可液化土层地段,在强烈地震时,会出现大规模的地表错动、崩塌、液化,对桥梁造成严重的危害。由于技术上和经济上的原因,在这种地段修建的桥梁设防要求应有所降低。

2. 桥梁的设计烈度

设某一地区在今后一定时期内(如100年),可能遭遇到的最大地震烈度,称为地震基本烈度;桥梁在抗震设计时采用的地震烈度称为设计烈度,即一切抗震强度验算与构造措施的采用都以基本烈度为基准,并根据建筑物的重要性按照地震规范作适当调整,调整后的烈度称为设计烈度。对于重要的桥梁,通常要提高一度来处理。

对于公路桥梁,采用的设计烈度应根据工程的重要性和修复的难易程度,在基本烈度的基础上按下列情况分别处理:

(1)干线上特别重要的桥梁,按国家批准权限报请批准后,其设计烈度可比基本烈度提高一度采用。

(2)二级公路上桥梁和三级公路上抗震重点桥梁,设计烈度应按基本烈度采用。

(3)对于三级公路上一般桥梁,四级公路上抗震重点桥梁,设计烈度可比基本烈度低一度,但基本烈度为7度时不再降低。

(4)对于四级公路上一般桥梁,可不设防或采用简易的抗震措施。对于临时公路工程可不设防。

(5)对于政治、经济或国防上具有重要意义的三、四级公路上桥梁,设计烈度可按二、三级公路标准执行。

(6)对于立体交叉跨线桥,设计烈度不低于下线工程所采用的桥梁。

(7)对于岩石地基上的桥梁设计烈度,设计烈度比基本烈度降低一度采用。对于岸坡滑移和可液化地基上的桥梁烈度,可在基本烈度上提高后按刚性地基考虑。

3. 桥梁抗震设防起点

经调查,在7度的地震条件下,大多数桥梁基本完好或仅有轻微破坏。所以在一般情况下,可以把以设计烈度表示的抗震设防起点定为8度;对一般工程,当其所在地区的基本烈度为8度时,均应考虑抗震设防;在下列工程,其抗震设防起点为7度:

(1)修建在地震时可能发生大滑坡、崩塌地段的桥梁。

(2)修建在软弱黏性土层、饱和砂层等可液化土层上的桥梁。

(3)连续梁、T形刚构、大跨悬臂梁桥。

五、地质地形对桥梁的危害

由于地震波传播到地基,使桥基受到因地震而引起的水平和竖直振动,这种振动必将导致桥梁本身也产生水平和竖直振动,从而产生了水平和竖直惯性荷载(或称地震荷载),使桥梁各部受力和变形。在惯性荷载中以水平惯性荷载对桥梁的影响较大,而且顺桥向的水平惯性荷载在结构中产生的地震应力远比横桥向的水平惯性荷载产生的地震应力大。竖直惯性荷载只对某些不对称的或双悬、单悬臂结构的桥梁产生较大的地震应力,因此在《公路工程抗震设计规范》中规定对框架桥、大跨径悬臂梁桥、T形刚构等桥型才计入竖向地震荷载的影响。

在惯性力中水平的要比垂直的力大,顺桥向的要比横桥向的力大,主要原因是:
(1)墩台在顺桥向的刚度远比横桥向小,墩台在顺桥向的抗弯能力远比横桥向的要小。
(2)墩台在顺桥向的搭接长度远比横桥向的富裕度要小,从而容易在顺桥向造成落梁。
(3)各梁各墩在顺桥向为串联结构,而横桥上为并联结构,从而使地震荷载和相对位移在顺桥向,出现较大的传递和不均匀分配。

山顶的桥梁比山脚的桥梁破坏要大,这是地形放大作用的结果。

对于岸坡的桥,岸坡滑移产生的动土压力是造成桥梁震害的主要原因。在地震作用下,岸坡出现滑移,滑移土体对桥墩、桥台都产生了动土压力,这种土压力可以产生在台背也可产生在台背地面以下的土体,并沿着岸坡滑移方向移动,这种现象产生的桥梁震害往往较重。

地基土质的性质和稳定性对桥梁震害的影响:砂性土和软黏土地区,抗剪能力很低,在地震中很容易冒水、液化、地基失效和滑移,使墩台下沉和倾斜,导致桥梁大幅度破坏甚至倒塌。

我国将场地土分为三类,一般来讲,一类土抗震性好,地震时其上的建筑物即使出现震害也较轻;三类土在强震的作用下,力学性质能发生了根本变化,导致地基失效,故震害一般较严重,见表10-5。

场 地 土 分 类　　　　表10-5

场地土分类名称	岩 土 类 别
一类土	稳定岩石(包括未风化和风化的岩石)
二类土	除一、三类场地土外的一般稳定土
三类土	饱和松砂、软塑至流塑的轻亚黏土、淤泥或淤泥土、冲填土、松软的人工土等

注:场地土:建桥场地较广范围的地面以下10~20m深度内的土层。

在砂性土和软黏土地区,地震将使土的剪力大幅度降低,从而降低了土的承载能力,使墩台下沉和倾斜。特别是砂性土地区地下水极易从桩周夹带细砂从底层冒出地面,导致墩台大幅度下沉。构造地裂缝使桥台产生水平、竖直、倾斜变形。这些变形均为大幅度的变形,如墩台变形有时可达210cm,这种变形将导致桥梁产生严重破坏。

由于砂土液化、地基失效和岸坡滑移,亦将导致桥梁大幅度破坏乃至倒塌。岸坡在地震力作用下出现滑移,滑移土体对桥墩、桥台都产生了动土压力(台背在地震中产生的土压力,称为动土压力),这种移动动土压力不仅在台背地面以上的土体中存在,而且在台背地面以下的土体中也存在,不是突变临空面的桥墩土体也会出现这种移动动土压力,并将沿着岸坡滑移方向移动。对出现岸坡滑移的桥梁,其震害往往较重,而且震害主要是由这种移动动土压力所造成。因此,对出现岸坡滑移的桥梁,移动动土压力是造成桥梁震害的主要原因。

地震对工程结构的破坏情况,随结构类型的不同、抗震措施的多少而有差别,即便是在等烈度区内的同类结构,其破坏程度也不尽相同。对桥梁而言,若强烈地震时桥梁震毁而中断交通,则将影响抗震救灾工作的进行。同时桥梁落梁往往还会砸断墩身、出现全桥被震毁的严重震害。

1. 桥梁震害基本规律

大量调查资料表明,无论是梁式桥或拱桥,震害都有它的规律性,这些规律表明了震害与烈度高低和地基地质的关系,以及顺桥向和横桥向震害的区别。

(1)高烈度震害比低烈度震害严重。惯性荷载、岸坡滑移产生的移动动土压力、地基失效产生的墩台变位、土的动土压力都是随烈度的增加而增加的。因此,烈度高则震害严重,烈度低则震害较轻。一般来说,在稳定地基上烈度为 8 度时,才使桥梁产生震害,但岸坡滑移和地基失效的桥梁,烈度为 7 度(有时 6 度)时就使桥梁产生震害。

根据唐山、丰南地震中单排桩梁式桥的震害调查统计表明:当烈度为 7 度时,有 37.5% 桥梁受到中等程度的破坏,6.3% 受到严重破坏;当烈度为 8 度时,中等破坏程度达 50%,并产生桥梁严重破坏和塌桥震害;当烈度为 9 度及以上时,桥梁倒塌和严重破坏的达到 100%。可见桥梁震害与烈度高低的关系甚为密切。实际案例表明了"烈度高、震害重,烈度低、层害较轻"这一基本规律。

(2)岸坡滑移和地基失效的桥梁比稳定地基上的桥梁震害严重。在三类场地土上的桥梁要比在一、二类场地土上的桥梁受到的震害严重。建桥场地处较广范围的地面以下 10~20m 深度内的土层称为场地土。它的好坏对地震时桥梁产生的反应具有重要影响。

一般说来,一类土抗震性较强,地震时其上的建筑物即使出现震害也较轻。三类土在强震的作用下,物理力学性质能发生根本变化而导致地基失效,故震害一般较严重。

岸坡滑移对墩台将产生很大的水平土压力,使桥梁产生严重破坏,地基产生大幅度的变位,导致桥梁产生严重震害。有岸坡滑移的桥梁,当烈度为 7 度时就会倒塌,而在稳定的地基土上的桥梁,则往往要在 9 度或 9 度以上时才会倒塌。

(3)顺桥向震害比横桥向震害严重。在大量调查的桥梁震害实例中,所有梁桥和拱桥的倒塌或严重破坏都出现在顺桥的方向,而横桥方向仅出现中等程度的破坏,极个别桥梁发生边梁落梁现象。主要原因是:

①墩台在顺桥向的刚度远比横桥向为小,亦即墩台顺桥向的抗弯能力远比横桥向为小。

②桥梁在墩台顺桥向的搭接长度远比墩台横桥向的富余宽度为小,从而容易在顺桥向造成落梁。

③各梁各墩在顺桥向为串联结构,而横桥向为并联结构,从而使地震荷载和相对位移在顺桥向出现较大的传递和不均匀分配。

2. 桥梁震害

(1)地基状况。依据地基对地震的反应,分为刚性地基和非刚性地基。这主要是按照两种地基中的桥梁的动力图式和基本受力有着本质不同,形成明显的两种类型震害。刚性地基:是指在地震中基础不发生位移、倾斜、岸坡不发生滑移现象的地基,一类土和二类土在地震中多属于刚性地基。非刚性地基:是指在地震中地表以下土层出现液化和岸坡出现滑动的地基,墩台出现位移、沉降的地基，见表 10-6。

两种类型的地基震害表现形式　　　　　　表 10-6

刚 性 地 基	非 刚 性 地 基
(1)地震中，可以认为是近似绝对刚性，任意两点之间将不会出现大幅度的相对位移； (2)桥梁墩台及桩基认为是弹性固结桩； (3)桥墩的相对位移不应大于地面在地震中的相对位移；相对位移值与烈度的关系为： 　烈度(度)　　8　　　9　　　10 　位移(cm)　5～20　10～40　20～80 (4)主要的震害是在桥梁结构上； (5)设计烈度低于 9 度，跨径不大于 30m 的单板拱桥，可不设抗震强度和稳定计算	(1)在地震中，产生岸坡裂缝，土体滑移； (2)台背的土体沉降，推移桥台向河心移动和转动； (3)烈度为 7 度或 7 度以上，会使桥墩台倾斜、移动、开裂、折断； (4)岸坡滑移使桥梁的总长出现大幅度的变化：缩短、拉长； (5)地基液化，土体结构遭到破坏，土层呈现流动现象，引起桥梁墩台下沉、倾斜，桥梁引到下沉

(2)桥梁结构。

①梁式桥震害。

a. 地震位移引起的结果：

落梁引起的桥梁损坏。在地震中，对于活动支座，这种无约束活动节点处的位移过大，使得桥跨在纵向的相对位移超出了支座所控制的长度范围引起梁滑落，造成桥梁的破坏，这种问题常见于高墩柱的多跨梁桥、排架简支梁桥、斜交梁桥。这里斜交桥要比正交桥有更大的位移，这主要是桥在减小跨度时，有一种使梁发生转动的趋势，使在锐角处有失去支撑的可能。这种力很大，即使在活动支座处安装了约束螺栓，也会被拉断造成桥梁破坏。

地基软弱导致位移过大。这种状况通常发生在软土地基或可液化地基土上。在地震时，地基承载力下降或者发生液化，造成与振动无关的过大竖向或横向的位移，使梁掉落。

桥梁结构相互冲击破坏。由于低估了地震的位移，使得相邻结构之间的预留间距不足，导致两梁之间和梁与桥台之间发生冲击，造成桥梁破坏。这种问题主要发生在高度不同的相邻结构或墩柱跨度之间的结构。这也说明在结构设计上，相同高度的上部结构，对抗震是有利的。

桥台沉陷。这与软土和桥台填土的不完全固结有着密切联系。在地震中，桥台遭受填方的沉陷及桥台转动而破坏。在地震加速度的作用下，作用在桥台上的纵向土压力增大，桥梁与桥台之间的冲撞会产生相当大的被动土压力，增强了桥面以下的横向土压力及上部结构之间的冲撞；不够密实的天然土和填土有向桥梁方向坍塌的趋势，上部的运动推着桥台的下部向内运动，上部又顶撞，造成桥台的转动和沉陷。

b. 墩柱弯曲强度和延性破坏。直到 20 世纪 70 年代，人们才认识到塑性铰区域提出的必要性：由于弯曲刚度不足，在考虑地震反应特性时，一般采用较低的横向水平地震力。由于弹性分析所采用的墩柱弯曲设计方法的保守性，认为实际值与设计值相差甚大，具有足够的安全；但是实际强度值比设计值小得多，这与弹性设计过程没能提供延性的细节措施有密切关系。房屋框架的抗震设计，通常要求在两端设置塑性铰，使柱子避免非弹性反应，如图 10-5 所示。

墩柱弯曲强度。在地震中钢筋接头处成为墩柱弯曲破坏薄弱处，特别是距墩底一半墩柱高度范围内是地震中极易破坏而成为抗震设防的重点，这里配筋承受的应力同其他截面一样大，但又是钢筋接头集中地点。

图10-5　地震引起墩柱剪切破坏

弯曲延性不足。延性即韧性，是指结构经过远远大于屈服位移的几个周期性变形，而强度不会有明显折减的性质。当位移延性水平为2～3倍时，在塑性铰区域内的混凝土压应力超过无侧限抗压能力的情况，混凝土保护层剥落，压碎区会很快扩展到核心区域，纵向钢筋屈服，强度迅速降低，最后结构不能承载重力荷载而破坏，这时混凝土保护层剥落后，在搭接钢筋处的箍筋会失去约束作用。

梁配筋过早切断。这是在桥墩的1/2高处发生的问题。在地震作用下，在桥墩中部呈现弯曲—剪切现象，而配筋是根据设计弯矩包络图进行切断的，这些位置如果采用了较短的钢筋搭接，这种缺陷还会恶化，如图10-6所示。

c.墩柱剪切破坏。混凝土的剪力传递、沿弯曲—剪切斜裂缝的骨料咬合程度、遭受到轴向力后的拱式反应，以及箍筋的水平连接作用产生的桁架机制等，都影响着混凝土墩柱的截面剪切强度，如图10-7所示。

图10-6　地震引起墩柱弯曲强度和延性破坏

图10-7　地震引起墩柱剪切破坏

剪切机理是以一种相当复杂的方式相互影响的，如果桁架机制的箍筋一旦屈服，弯曲—剪切裂缝的宽度将迅速增加，骨料咬合作用产生的混凝土抗剪机理的强度也随之折减。其结果是：剪切破坏是脆性的而且伴随着迅速的强度衰减，因而延性的地震反应不适合于分析非弹性剪切变形。

d.盖梁破坏。在地震中存在着三个明显的缺陷：抗剪能力，特别时地震所引起的惯性力与重力相一致的结构区域；盖梁的负弯矩钢筋的过早切断；伸入盖梁末端的钢筋锚固不足。由于这些原因，往往造成盖梁在地震中遭受损坏，如图10-8、图10-9所示。

图10-8 盖梁破坏(一)

图10-9 盖梁破坏(二)

e.节点破坏。这个部位是地震中结构破坏的重点,往往发生剪切破坏。这里要承受来自各个连接结构的单元体的水平剪力和竖向剪力的组合,造成受力状态成倍的增加,而设计中是没有这些剪力分析的。在这些部位往往会产生剪切、扭转、弯曲的组合效应,成为释放力的集中点,如图10-10所示。

f.基脚破坏。可能会有以下几种情况:一是基脚受到地基的保护,摆动较小而受损较小;二是它的破损在地面下,不易发现。因此,通过分析,难以发现基脚的设计存在一些缺陷:基脚弯曲强度问题、基脚剪切强度问题;柱底区域内的节点剪切强度问题;柱底配筋的延伸和锚固问题;抗拉桩与基脚连接问题,这些都是基脚的薄弱处,应引起注意。

g.钢结构破坏。原来认为钢结构的性能是很优异的,结构轻,强度也能得到保证。但是由于它

图10-10 节点破坏

的部件或部分结构的屈服,造成整个结构的破坏的情形是很常见的,因此也要引起足够的重视,如图10-11所示。

a)

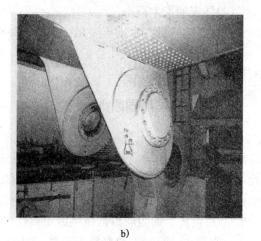

b)

图10-11 地震引起钢结构破坏

②拱式桥梁的震害。

a. 单孔跨径拱桥的震害。在刚性地基上的拱桥,直接受到地震惯性荷载和台背的动土压力,在地震作用下,此时拱平面内的基本振型呈现反对称的两个波动形式,因而拱脚和拱的1/4跨产生很大的弯矩,因此是最薄弱环节之一;特别是拱脚,最易出现剪切位移和弯曲开裂。拱的横向稳定性远比纵向大,即使烈度高达10度时,主拱横向也不会出现重大破坏。岸坡滑移引起震害,在地震烈度9度时,两岸岸坡的滑移下将两桥台推向河心,可以使整个桥台倾斜,上部结构全部坠毁于河中,或者可能是两桥台之间跨径伸长,拱顶下陷,拱脚拱脚出现严重裂缝;双曲拱桥在地震烈度为7度时,就出现裂缝。

基础严重下沉,由于不均匀性的沉降,导致桥梁结构破坏,甚至整个桥倒塌的严重震害。

b. 多孔拱桥的震害。在刚性地基上的拱桥,主要问题在桥墩台的刚度上。墩台的刚度大足以承受恒载的单项推力时,其抗震能力与震害性质将与单拱相同;刚度较差时,墩越多,则抗震能力越差,将会出现墩身开裂、折断、落拱等现象。顺桥方向的震害比横桥方向的震害要大。

连拱在地震力的作用下产生的地震内力等与拱顶内力加墩顶变位所产生的内力,而且变位的大小与墩的抗推刚度和连拱跨数有关。

在非刚性地基上的拱桥,岸坡滑移引起两边孔跨径明显缩短,往往导致边孔跨的拱脚、拱顶及1/4跨处严重开裂、破损,出现拱桥倒塌;基础的沉陷和液化使得墩台下沉、倾斜、开裂,从而引起桥上部结构的一连串的破损、开裂或者塌落。

第二节 桥梁抗震加固方法

一、桥梁抗震加固的优先权

对于大量已建的低标准桥梁,或许多已建成的桥梁,在设计时并没有考虑到抗震修复,应作优先加固处理。首先,确定哪些最危险的桥需要马上加固处理,哪些可以以后处理等。这种优先方案,应结合考虑到大量的地震问题、结构问题和社会问题。特别应注意到:

(1)强震的发生概率。

(2)结构易损性,个别重要结构或敏感结构。

(3)地震破坏造成的社会后果,桥梁破坏对社会的影响程度,桥梁破坏后对其他救护的影响程度。

二、桥梁抗震加固原则

在《公路养护技术规范》中,对桥梁抗震加固作了如下规定:在烈度为8度及8度以上的地震地区的公路桥梁均应局部加强其抗震薄弱的部分,如支座处、基桩与承台或盖梁与立柱联结处,基桩断面变化处等,以提高桥梁抗震能力或减小惯性力。对现有桥梁或被震坏的桥梁,要根据其不同结构形式,针对薄弱环节,进行加固处理。

(1)桥梁抗震加固应根据桥梁的重要性、烈度高低、修复的难易程度和地基状况分别处理。

一般来讲,重要的、修复难度高的、烈度高的、跨径大的桥梁应全面加固;对于一般的桥梁可作一般性处理;对于小桥要注意支座(特别是活动支座)的处理。

(2)抗震加固应充分考虑到桥梁正常营运和使用情况下的要求,应使加固后的桥梁达到桥梁在温度条件下和车辆荷载下的正常工作要求。

(3)抗震加固时,应结合震害的状况加以分析,针对薄弱环节部位,采取切合实际有效的加固措施。

(4)归纳桥梁破坏情况。顺桥向比横桥向震害严重,因此,加固时应对顺桥加固予以高度重视;地基液化是基础下沉、滑移、倾斜、断裂的主要原因;梁的纵横向移动、撞击、落梁、落拱或整体倒塌;拱上建筑物开裂、拱圈变形、开裂、折断、坍塌;行架扭曲、位移、塌落;支座剪断、倾斜、变位等。

(5)重要线路应保证与相邻的公路连通,与旧桥、旧路、渡口相连,综合利用。

三、桥梁抗震要求

为了适应桥梁对抗震的要求,针对震害状况和桥梁所出现的各种薄弱环节,提高桥梁结构抗震能力,具有十分重要的意义。

(1)简支梁、连续梁、系杆拱等梁式体系,必须设置阻止梁墩横桥向相对位移结构,以阻止梁墩间在地震力的作用下产生的相对横桥向位移;对于悬臂梁和T形刚构也应采取措施,安置抗横向位移的装置。

(2)对活动支座,均应采用限制其位移、防止其歪斜的措施。

(3)对于简支梁应做好防止落梁的措施。具体为:

①烈度为8度或8度以上的地震区。刚性地基上的简支梁,在支座处采用挡板、螺栓、钢夹板等措施,防止梁的脱落;在桥台的接缝处,在保证胸墙和台顶抗剪强度的前提下,采用梁端搭接长度为 $L \geqslant 1.5(N+1)\delta$($N$为全桥孔数,$\delta$为梁端的伸缩缝值)。

②位于烈度为7度和7度以上的地震区。非刚性基上的简支梁,当岸坡在地震时出现滑动时,应采取深基础并设置到稳定层中的措施,同时加大墩台和桩基在顺桥向的抗推刚度,必要时采用斜桩;采用连续排架式墩柱;全桥设置地支撑或全桥范围内铺砌河床;避开液化地层等措施。

(4)对于桩柱式墩和柱式墩,柱(桩)与盖梁、承台连接处的配筋,不应少于桩和柱身的最大配筋,以加强地震中易出现震害的薄弱部位。

(5)对于砖石混凝土墩台,应考虑提高墩台帽与墩的连接,以及墩台本身基础连接处、截面突变处和施工缝处的抗剪强度。

(6)桥台的胸墙应予加强。在胸墙与梁端之间宜填充缓冲材料,如沥青、油毛毡、橡胶及一些聚酯材料等。

(7)砖石、混凝土墩台和拱圈的最低砂浆等级应按现行《公路桥涵设计规范》的要求提高一级。

(8)无论梁式桥、拱桥都应尽量避免在不稳定的河岸修建,在不得已的情况下修建大桥、中桥时,应合理布置桥孔,避免将桥台布设在地震时可能滑动的岸坡上和岸坡突变处。

(9)大跨径拱桥的主拱圈宜采用抗扭刚度较大、整体性较好的断面形式,如箱形拱、板拱等。当主拱采用组合断面时,应加强组合截面横向连接强度,对双曲拱桥应加强肋波间的连接。

(10)大跨径拱桥不宜采用二铰拱和三铰拱。当小跨径拱桥采用二铰板拱时,应采取防止落拱构造措施,如加长拱座斜面或设置防落牛腿等。

(11)砖石、混凝土空腹式的拱上建筑,除靠近墩台的腹拱采用三铰或二铰外,其余腹拱宜采用连续结构。

(12)拱桥宜尽量减轻拱上建筑重量。

(13)刚性地基地震烈度为9度时,或非刚性地基烈度为7度时的单孔及连孔拱桥与端腹孔,均应采取防止落拱构造,包括加长拱座斜面、设置防落牛腿以及将主拱钢筋深入墩台帽内。

(14)除上述有关抗震构造要求以外,应对具有抗震要求的桥梁结构,特别要加强施工质量的保证措施,以确保设计对施工的质量要求。

四、梁桥上部结构抗震加固方法与技术

桥梁在加固前,必须先进行评价:①按照详细的地震分析结果来评判桥梁的失效或损伤程度是否值得加固。②确定加固的程度。这里是集中反映桥梁加固中必须要去考虑的经济、结构安全和社会问题综合的结果。

上部结构的失效和伸缩缝中支承面纵桥向的长度不足、梁抗弯刚度不足、抗弯强度不足、与柱中塑性变形有关,因此,这些都是必须考虑的问题。

1. 伸缩缝加固

伸缩缝位移较大时,有两种加固方法:一是设置拉杆,限制相对位移;二是提高伸缩缝的位移量。通常两种方法同时采用。

(1)设置拉杆。设置拉杆限制结构位移的同时,也可在相邻框架间传递纵向地震力。它们之间的相互作用是复杂的,并不能用简单的弹性分析方法就能获得结果。基于伸缩缝相对复杂的模型进行的非弹性动力分析,表明他们的最大纵向位移可由下式估算出来:

$$\Delta_{lr} = |\Delta_{L_1}| - |\Delta_{L_2}| \tag{10-1}$$

$|\Delta_{L_1}| - |\Delta_{L_2}|$表明较软框架和铰刚框架最大位移的绝对值。

如不采用非弹性动力分析,要确立适当刚度和强度的拉杆引起的位移折减值,是一件困难的事情。但是,在许多桥梁中对伸缩缝恰当的处理还是采用拉杆来锁住伸缩缝,如图10-12所示。

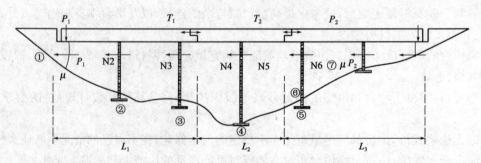

图10-12 锁固伸缩缝的地震力

一般认为老桥结构的收缩、徐变都已结束,只剩下热膨胀需要考虑。如果跨内伸缩缝被锁住,通过伸缩装置的最大地震力相对来说就可以计算出来。如图中最大的纵向惯性力F就是抗力单元超强抗力的总和:

$$F = \mu P_1 + \sum_{2}^{6} N_i + \mu P_7 \tag{10-2}$$

P_1 和 P_7 为桥台上的轴向力,μ 为摩擦系数,所以单位长度上的地震惯性力为:

$$f = \frac{F}{L_1 + L_2 + L_3} \tag{10-3}$$

对地震反应方向,穿过柱 3 和 4 间的伸缩缝产生的最大拉应力为:

$$T_1 = \mu P_1 + N_2 + N_3 + fL_1 \tag{10-4}$$

柱 4 和 5 之间的伸缩缝为:

$$T_2 = fL_3 - N_5 - N_6 - \mu P_1 \tag{10-5}$$

伸缩缝的锁固包括:缝中的灌浆和施加的预应力。以预应力来锁固的基本方式如图 10-13 所示。

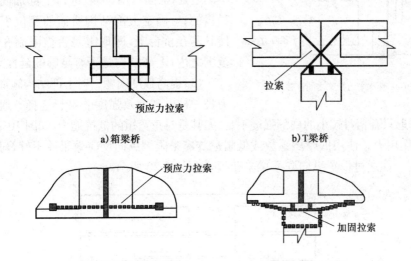

a) 箱梁桥　　　　　　　　　b) T 梁桥

c) 预应力拉索加固梁的接头处　　　d) 预应力拉索加固梁的接头处

图 10-13　连接上部构造伸缩缝的拉索杆

(2) 拓宽支撑面。当锁固方式不利或实践上有困难时,更多的是采用扩大伸缩缝的有效支撑面,而不是采用柔性拉杆限制位移来处理。拓宽墩台台帽的做法相对来说是简单和经济的。桥台上或简支梁下的支承宽度,可通过桥台或墩排架边上增设牛腿托架来实现;对于跨中的牛腿部位采用悬挂梁的方式给予解决,如图 10-14～图 10-18 所示。

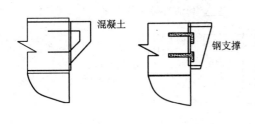

图 10-14　采用托架支撑图

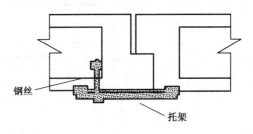

图 10-15　采用悬挂梁(可在上面)

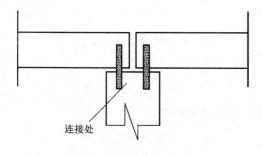

图 10-16　板梁与墩台连接图

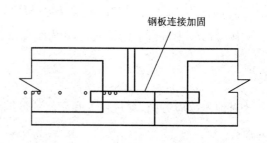

图 10-17　悬背挂梁侧面钻孔加固

2. 上部结构抗弯能力

上部结构经过评价已确定抗弯能力不足,故需加固,在此需要确定的事情:加固效果问题,这里多与前面桥梁的上部加固方法类似,在此仅说明不同之处;加固费用,一般进行上部加固费用都是昂贵的;应确定上部结构所需的变位程度是否会使其落在桥台上,即地震是否被限制在纵向反应范围之内;上部结构是否有足够的延性承受等。

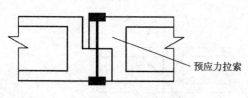

图 10-18　悬背梁与挂梁之间连接

（1）提高强度问题。对上部结构施加外部预应力是一种提高有效强度的可行选择。通常在上部结构的支承附近只有相对较小的局部强度不足,尤其是对正弯矩的抵抗能力,如图 10-19 所示。

（2）减小作用力。使用低摩擦系数或低阻尼支座来限制纵向反应效果并不好,对于整体结构地震力削弱只能通过设置纵向联系梁来获得,如图 10-20 所示。

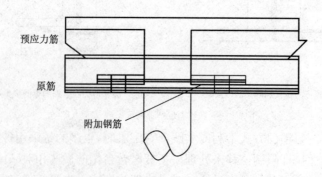

图 10-19　支撑部位加固

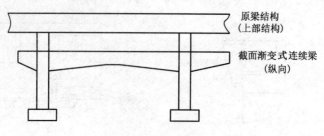

图 10-20　纵向连接加固

五、拱桥上部结构抗震加固方法与技术

一般来讲,大跨径拱桥比小跨径拱桥更易遭受震害;高墩台比低墩台更易遭受震害;多孔连续拱桥比单孔拱桥更易遭受震害;双曲拱桥比板式拱桥更易遭受震害;坦肋式拱桥和桁架拱桥也是地震破坏的重要桥型,这些都应引起重视。拱桥的加固,主要以整体加固为主,并对薄弱部位如拱圈、支座和基础进行强化处理。

1. 石拱桥

在拱圈的跨中、1/4跨处增设三道钢板、钢筋混凝土、预应力混凝土锚箍拱圈,对于拱上建筑的处理与梁式桥的方式类同,如图10-21所示。

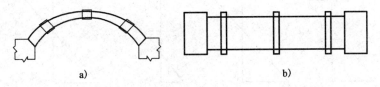

图 10-21 石拱桥的加固——拱圈钻孔锚固法

2. 双曲拱桥

在拱波和拱肋之间的裂缝,可以用环氧混凝土、混凝土进行压浆处理;拱板上增设钢筋网并用混凝土填筑,厚度应达10cm;钢筋网的搭接应保证拱圈的整体性;拱肋之间采用加强筋或梁进行连接;对桥墩、桥台的拱脚处采用加强钢筋再浇筑混凝土进行增强处理,此时要注意负弯矩作用的影响,如图10-22所示。

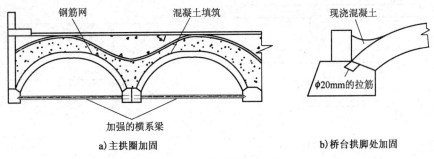

a) 主拱圈加固　　　　　　　　b) 桥台拱脚处加固

图 10-22 双曲拱桥拱圈加固

六、墩台及基础抗震加固方法与技术

在桥梁抗震加固设计中,基础加固可能是最昂贵的,所以,根据原来结构的受损状况,考虑到在受力状态下地震对整体结构的影响,确定出加固方法。除了地基土液化及斜坡上土体滑移所引起损害外,其他应进行基础专项性考虑。

1. 盖梁—柱节点区的加固

(1) 减少盖梁中的地震力作用。在地震中,盖梁所承受的作用力大大超过其强度时,此时减弱地震作用力最有效方法是增加横系梁。如果横梁位置较高,将有效地减少地震对盖梁的影响;如果横梁位于柱的中部,则减小柱承受的弯矩;如果位于柱的底部,则对柱桩起保护作

用,如图 10-23 所示。

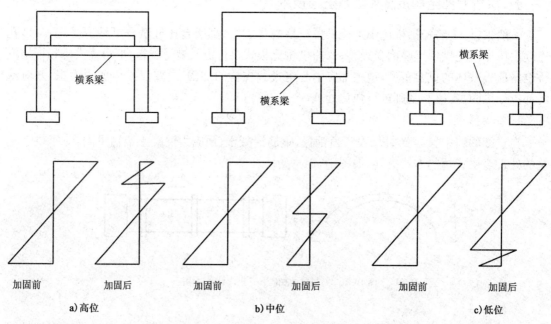

图 10-23 横系梁位置与弯矩图示意图

(2)提高盖梁的抗弯强度。通常盖梁加固的原则是:提高盖梁的抗弯强度,在原盖梁两旁添加钢筋混凝土支承梁;在原盖梁底部添加钢筋混凝土支承梁;在盖梁端部添加垫板进行预应力整体加固,如图 10-24 所示。

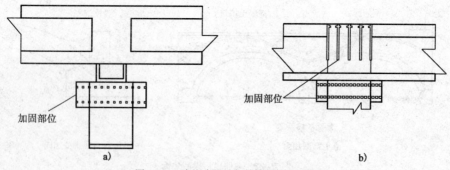

图 10-24 支座支承上部结构整体式盖梁

(3)提高盖梁的抗剪强度。拱圈截面或部分截面的支承梁,可以通过配置横向钢筋来提高盖梁的抗剪能力;通过预应力方式可达到提高抗弯能力或抗剪能力;还可通过周边粘贴钢板或纤维结构来达到此目的。

在应用时都是根据盖梁的弯曲强度、剪切强度及弯曲包络图进行设计与验算。

(4)提高盖梁的抗扭强度。采用闭合箍筋箍住盖梁横截面,箍筋与混凝土形成一个管套把盖梁包裹其中,以提高盖梁的抗扭强度。对于整体式盖梁,可以采用施加轴向预应力来抑制扭转裂缝扩展,提高其抗扭强度。

(5)修复的可行性处理。在评估结构状态时,要求注意到在强烈的地震作用下,连接节点损伤的可能性,随后对连接节点进行修复或更换。在连接节点失效的情况下,必须确保其不能危及到结构自身的承载能力,如图10-25所示。

(6)连接节点预加应力。在连接节点功能逐步失效时,可以采用预加应力进行恢复。通过提高盖梁的抗弯能力、抗剪强度,以减少连接节点的裂缝扩展,大力改善结构的强度、延性及对能量的吸收能力,防止由弯矩作用引起节点区的破碎。

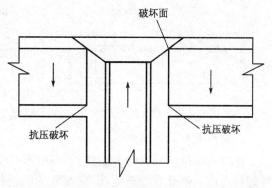

图10-25 连接节点破坏后可能出现的贯穿式剪切破坏

(7)用外套层加固结构连接节点。在较大的水平拉应力作用下,连接节点在中等角位移状况下,逐渐失去功能,作为侧向抗力超静定的结构,采用混凝土、钢或复合材料外套层套住连接节点进行加固。加套内部的空心部位应采用混凝土、聚酯混凝土填筑。这种加固方式增加了连接节点的厚度,从而减小了节点的应力,并能把外部外套层所承受的节点力传递到盖梁和立柱上去,使结构的受力反应极限延性系数得到提高。包裹层中还可以根据情况加预应力,效果会更好。

(8)更换节点。采用上述加固方法都不能达到要求,在地震中可能丧失侧向抵抗能力或已破坏,唯一可补救的办法就是更换节点。一般采用临时支架支承上部结构,进行更换工作。

2. 提高基础稳定性

在地震中,基础摇摆可认为是隔震的一种措施,说明这种隔震方式有效地削减了桥墩和上部结构的地震影响。需要说明一个问题,基础抗倾覆能力如果小于柱子的抗弯能力,基础将发生摇摆,并不表明这种摇摆比柱底形成塑性铰更有倒塌危险。但是,基础的摇摆一般是不能接受的,这主要是摇摆位移会在上部结构中造成一系列的破坏,这就需要进行加固。其加固方法有以下几种:

(1)锚杆法。把基础锚固于土中,或是通过连接杆穿过基础,把承台与混凝土桩连接起来,以提高基础的抗倾覆能力。这种结构有一个很大的缺点,就是当拱脚负弯矩发展到一定程度时,会造成基础顶面裂缝,如图10-26所示。

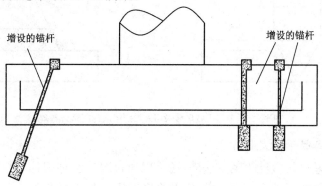

图10-26 增设锚固筋

(2)采用增大基脚平面尺寸。在基础周边增设周边桩,在周边桩之上增设一个钢筋混凝土覆盖层,并与原基础联结成整体,以增大基础的稳定性,如图10-27所示。

(3)增设阻尼装置。在桥梁纵向增设上部结构与桥台之间阻尼装置,限制墩台的摇晃幅度,这种方法适合长桥的上部连续结构。

(4)连续梁法。在相邻墩柱之间基础上设置连续梁,起到增强基础稳定的效果。

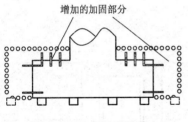

图10-27 承台的加厚与增大

3. 提高基础抗弯能力

提高基础抗弯强度的方法如下:在原来基础顶面处增添钢筋混凝土覆盖层,并用暗销与原基础相连接。基础顶面凿毛,四周设置的暗销传递界面剪应力,此摩擦系数取为 $\mu=1.0$。还可以采用预应力钢筋穿过原基础核心后施加预应力;在基础底面采取增设钢筋网等措施。

4. 提高基础抗剪能力

基础抗剪强度不足比抗弯强度的不足更麻烦,这是因为在原基础有限的尺寸范围内提高抗剪强度是一种困难的事情。图10-28、图10-29示出了提高基础抗剪能力的措施,可供参考。

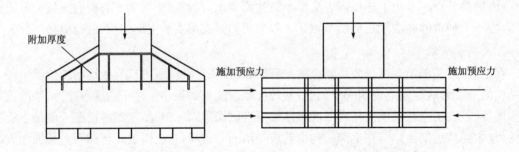

图10-28 附加厚度和采用长销承台预加应力及贯穿式销栓

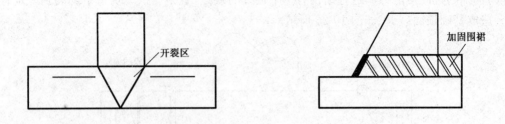

图10-29 节点失效区域采用外加围裙法加固桥台基础

5. 提高基础整体性和稳定性方法

除了前述提高基础抗震能力的方法外,还可以通过对柱墩加斜撑、对排架桩加斜撑、在桥台后加挡土墙、增设桥孔、前面增设护壁,以及将轻型桥台改建为重力式U形桥台等多种方法进行加固,以提高桥梁的抗震能力,如图10-30所示。

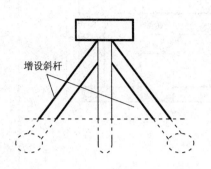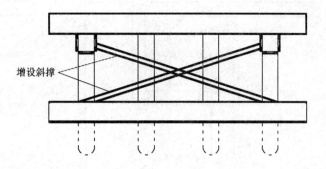

a) 主墩两侧斜撑加固及排架桩的斜撑加固

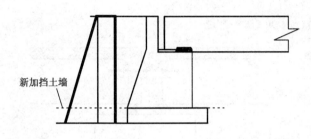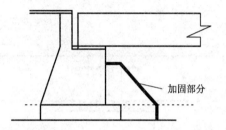

b) 桥台用挡墙加固及台前增设扶壁加固

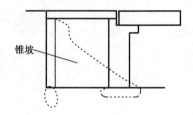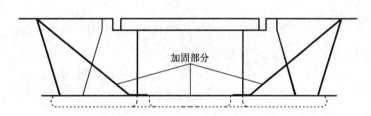

c) 后台增设桥孔及桥台改建为U字型桥台

图 10-30　提高基础整体性和稳定性

第三节　地震防落梁方法

防落梁装置的构造如图 10-31～图 10-33 所示，亦可采用其他更为可靠的构造措施。

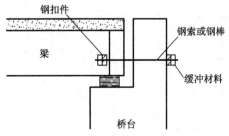

图 10-31　桥台处拉杆式防落梁构造

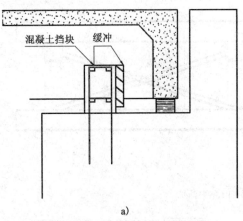
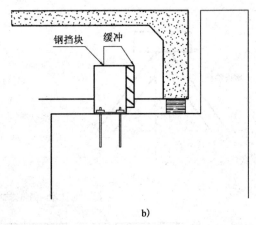

图 10-32　桥台处挡块式防落梁构造

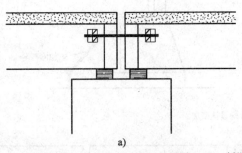
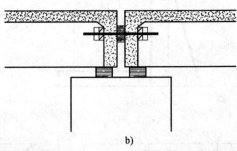

图 10-33　桥墩处拉杆式防落梁构造

防落梁装置应满足如下要求：

(1) 有足够的变形能力，不影响主梁的正常使用功能。

(2) 不妨碍支座的移动或转动等功能，便于支座的维护管理。

(3) 有足够的强度，能有效防止地震落梁。

纵桥向拉杆限位装置在 E2 地震作用下应保持在弹性范围内。纵桥向拉杆限位装置的设计力宜按伸缩缝左右联梁体较小质量乘以相应地面加速度峰值来计算。其附属连接装置、既有结构锚固部位等应能够承担 1.25 倍的拉杆限位装置的极限承载力。

横向位移约束装置在 E1 地震作用下应保持弹性状态，在 E2 作用下可进入塑性，但须具有足够的塑性变形能力。考虑到受力的不均匀性，横向约束装置应将分析计算得到的数值提高 25%。

桥台前墙应适当加强，并在梁与梁之间和梁与桥台前墙之间加装橡胶垫或其他弹性衬垫。其构造示意如图 10-34、图 10-35 所示。

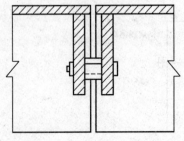

图 10-34　梁与梁之间的缓冲设施

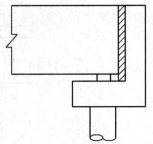

图 10-35　梁与桥台之间的缓冲设施

桥面不连续的简支梁（板）桥和挂梁，宜采用挡块、螺栓连接和钢夹板连接等防止纵、横向落梁措施。连续梁和桥面连续简支梁（板）桥应采取防止横向落梁措施。

第四节　地震防地基土液化方法

桥梁墩台的抗震能力强弱与地基好坏直接有关，对于软弱黏性土和可液化砂土地基，地震时往往会出现严重震害。因此，对液化土的鉴定（或者说对抗液化能力的分析）以判断地基在地震中能否液化，对桥梁抗震具有重要意义。

关于地基是否液化的分析，各国都有不同的研究，我国自唐山地震后，亦有一些单位联合进行了一些调查研究工作。从地质年代越老越不易发生液化，从勘察手段方面考虑，则以标准贯入击数 $N_{63.5}$ 的修正值为判断的依据。

液化的产生，除了土层必须饱和外，还与砂土的粒径组合、密实程度、土层上面的压载大小、排水条件以及地震历时长短等因素有关。因此，对于饱和砂土和饱和黏砂土是否发生液化，各个建设领域的判断方法不尽相同。

当饱和砂土和饱和黏砂可能液化时，一般认为这些土层的竖向承载力和水平承载力均接近于零，这是因为地震区液化层内土的竖向承载力和侧向摩擦力会大大降低。降低的程度不仅与地震烈度有关，为安全考虑一般认为是零。实际上，很少碰到从地面或一般冲刷线起某一较大深度内整个深度均为可液化层的情况，而往往是可液化土层与非液化土层交替形成的土层，甚至其中可液化的平面范围不很大，对比较复杂的情况，必须根据桥的大小、高矮、形式、重要性、修复难易程度、土层情况、地震烈度等具体情况做具体分析确定。

一、桥梁地基的液化判别

存在饱和砂土或饱和粉土（不含黄土）的地基，除6度设防外，应进行液化判别。如果存在液化土层的地基，应根据桥梁的抗震设防类别、地基的液化等级，结合具体情况采取相应措施。当在地面以下20m范围内有饱和砂土活或饱和粉土（不含黄土）符合下列条件之一时，可初步判别为不液化或不考虑液化影响：

①地质年代为第四纪晚更新世（Q_3）及其以前时，烈度为7、8度时可判为不液化。

②粉土的黏粒（粒径小于0.005的颗粒）含量百分率，7度、8度和9度分别小于10％、13％和16％时，可判为不液化土。

用于液化判别的黏粒含量系采用六偏磷酸钠作分散剂测定，采用其他方法时应按有关规定换算。

③天然地基桥梁，当上覆非液化土层厚度和地下水位深度符合下列条件之一时，可不考虑液化影响：

$$d_u > d_0 + d_b - 2 \tag{10-6}$$

$$d_w > d_0 + d_b - 3 \tag{10-7}$$

$$d_u + d_w > 1.5d_0 + 2d_b - 4.5 \tag{10-8}$$

式中：d_w——地下水位深度(m)，按设计基准期内年平均最高水位采用，也可按近期内年最高水位采用；

d_u——上覆盖非液化土层厚度(m)，计算时将淤泥和淤泥质土层扣除；

d_b——基础埋置深度(m)，不超过 2m 时，应采用 2m；

d_0——液化土特征深度(m)，可按表 10-7 采用。

液化土特征深度　　　　　　　　　　　　　表 10-7

饱和土类别	7 度	8 度	9 度
粉土	6	7	8
砂土	7	8	9

初步判别认为需进行进一步液化判别时，可采用标准贯入试验判别地下 15m 深度范围内的液化；桩基或埋深大于 5m 的基础，尚应判别 15～20m 范围内土的液化。当饱和土标准贯入锤击（未经杆长修正）小于液化判别标准贯入锤击数临界值 N_{cr} 时，应判为液化土。当有成熟经验时，尚可采用其他判别方法。

在地面下 15m 深度范围内，液化判别标准贯入锤击数临界值可按下式计算：

$$N_{cr} = N_0[0.9 + 0.1(d_s - d_w)]\sqrt{3/\rho_c}\,(d_s \leqslant 15) \qquad (10\text{-}9)$$

在地面以下 15～20m 范围内，液化判别标准贯入锤击数临界值可按下式计算：

$$N_{cr} = N_0(2.4 - 0.1d_w)\sqrt{3/\rho_c}\,(15 \leqslant d_s \leqslant 20) \qquad (10\text{-}10)$$

式中：N_{cr}——液化判别标准贯入锤击数临界值；

d_s——饱和土标准贯入点深度(m)；

ρ_c——黏粒含量百分率(%)，当小于 3 或为砂土时，应采用 3；

N_0——液化判别标准贯入锤击数基准值，应按表 10-8 采用。

液化判别标准贯入锤击数基准值 N_0　　　　　　　　　　表 10-8

区划图上的特征周期(s)	7 度	8 度	9 度
0.35	6(8)	10(13)	16
0.4、0.45	8(10)	12(15)	18

注：①特征周期根据场地位置在《中国地震动参数区划图》(GB 18306—2001)上查取；
②括号内数值用于设计基本地震动加速度为 0.15g 和 0.3g 的地区。

对存在液化土层的地基，探明各液化土层的深度和厚度，按下式计算每个钻孔的液化指数：

$$I_{LE} = \sum_{i=1}^{n}\left(1 - \frac{N_i}{N_{cri}}\right)d_i w_i \qquad (10\text{-}11)$$

式中：I_{LE}——液化指数，见表 10-9；

n——在判别深度范内每一个钻孔标准贯入试验点的总数；

N_i、N_{cri}——i 点标准贯入锤击数的实测值和临界值，当实测值大于临界值时应取临界值的数值；

d_i——i 点所代表的土层厚度(m)，可采用与该标准贯入试验点相邻的上、下两标准贯

入试验点深度差的一半,但上界不高于地下水位深度,下界不深于液化深度;
w_i——i 土层单位厚度的层位影响权函数值(单位为 m^{-1})。若判别深度为 15m,当该层中点深度不大于 5m 时应采用 10,等于 15m 时应采用零值,5～15m 时应按线性内插法取值;若判别深度为 20m,当该层中点深度不大于 5m 时应采用 10,等于 20m 时应采用零值,5～20m 时应按线性内插法取值。

地基的液化等级   表10-9

液化等级	轻 微	中 等	严 重
判别深度为 15m 的液化指数	$0<I_{lE}\leq 5$	$5<I_{lE}\leq 5$	$I_{lE}>15$
判别深度 20m 的液化指数	$0<I_{lE}\leq 6$	$6<I_{lE}\leq 18$	$I_{lE}>18$

二、桥梁地基的抗液化的处理

根据上面介绍,我们可以比较准确的判别桥梁地基是否会在地震发生时产生震动液化。为了避免桥梁承载能力因震动液化而降低,必须对可能液化的地基采用抗液化措施进行加固。由于各类不同的地基,其液化等级(液化程度)不一样,采用的抗液化的措施和具体的技术要求也不尽相同。不同液化等级地基的抗液化措施,可根据桥梁重要性类别及液化等级按表 10-10 选择。

抗液化措施   表10-10

桥梁重要性类别	地基液化等级		
	轻 微	中 等	严 重
A、B类	部分消除液化沉陷,或对基础和上部结构处理	全部消除液化沉陷,或部分消除液化沉陷对基础和上部结构处理	全部消除液化沉陷
C类	基础和上部结构处理,也可不采取措施	基础和上部结构处理,或更高要求的措施	全部消除液化沉陷,或部分消除液化沉陷对基础和上部结构处理
D类	可不采取措施	可不采取措施	基础和上部结构处理,或其他经济措施

抗液化措施可根据桥梁的重要性及加固的费用情况,选择全部消除地基液化沉降或部分消除地基液化沉降的措施。全部消除地基液化沉降的措施,应符合下列要求:
①采用桩基时,桩端伸入液化深度以下土层中的长度(不包括桩尖部分),应按计算确定。
②采用深基础时,基础底面应埋入液化深度以下的稳定土层中,其深度不应小于 1m。
③采用加密法(如振冲、振动加密、挤密碎石桩、强夯等)加固时,应处理至液化深度下界,且处理后复核地基的标准贯入锤击数不宜小于液化判别标准贯入锤击数的临界值。
④用非液化土替换全部液化土层。
⑤采用加密法或换填土法处理时,在基础边缘以外的处理宽度,应超过基础底面下处理深度的 1/2 且不小于基础宽度的 1/5。

部分消除地基液化沉降的措施，应符合下列要求：

①处理深度应使处理后的地基液化指数减少，其值不应大于5。

②加固后复核地基的标准贯入锤击数不宜小于液化判别标准贯入锤击数临界值。

③基础边缘以外的处理深度应超过基础底面下处理深度的1/2，且不小于基础宽度的1/5。

为减轻地基震动液化对桥梁的影响，对桥梁的基础和上部结构也需要进行处理。基础和上部结构的处理可综合采用下列各项措施：

①选择合适的基础埋置深度。

②调整基础底面面积，减少基础偏心。

③加强基础的整体性和刚度。

④减轻荷载，增强上部结构的整体刚度和均匀性，避免采用对不均匀沉降敏感的上部结构形式等。

当地基内有液化土层时，液化土层的承载力（包括桩侧摩阻力）、土抗力（地基系数）、内摩擦角和内聚力等，可根据液化抵抗系数 C_e 予以折减。

$$C_e = N_i / N_{cr} \tag{10-12}$$

式中：C_e——液化抵抗系数；

N_i、N_{cr}——实际标准贯入锤击数和标准贯入锤击数临界值。折减系数 α 可按表10-11采用。

土层液化影响折减系数　　　　　　　　表10-11

C_e	$d_s(m)$	α
$C_e \leqslant 0.6$	$d_s \leqslant 10$	0
	$10 < d_s \leqslant 20$	1/3
$0.6 < C_e \leqslant 0.8$	$d_s \leqslant 10$	1/3
	$10 < d_s \leqslant 20$	2/3
$0.8 < C_e \leqslant 1.0$	$d_s \leqslant 10$	2/3
	$10 < d_s \leqslant 20$	1

注：表中 d_s 为饱和土标准贯入点深度(m)。

在计算液化土层以下地基承载力时，应考虑其上土层的重力。

在基础周围增加封闭的地下连续护壁，是为了抵抗地基的剪切变形、隔断间隙水压上升，局部地防止基础下面的地基液化。如图10-36a)所示。

固化法是将从承台底面直到持力层的地基进行固化，以防止在地震时液化。加固后的基础由固化后土体的竖直、水平承载力来承受作用于承台的外力。该方法为高压旋喷桩施工方法，即在承台及周围钻孔，高压注入水泥浆进行机械搅拌，形成旋喷桩。为了检测固化后的强度，又需从承台往下钻取岩芯。这有可能钻断承台中的钢筋，若钢筋损伤较多，应按实际状况进行承台的检算并采取相应加固措施。由于是用水泥压浆加固，本法不适合于软弱黏土层和腐殖土层，较适宜于砂土及持力层较浅的地基。如图10-36b)所示。

增加桩基同时需扩大承台，除扩大承台截面外有的还同时采取对承台施加预应力的加固措施。承台的扩大部分应与旧承台可靠连接，根据增加抗弯或抗剪能力的要求，加固的部位和配筋虽有所差异，但其施工技术要求和一般结构加固相同。

增加的桩基应穿过液化土层到持力层。

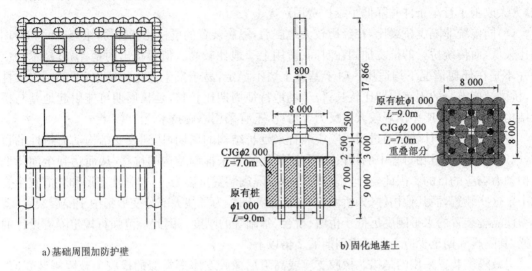

a) 基础周围加防护壁　　b) 固化地基土

图 10-36　防止地基土液化的加固方法

第五节　桥梁减隔震方法

在桥梁抗震设计中,引入隔震技术的目的就是利用隔震装置在满足正常使用功能要求的前提下,达到延长结构周期,消耗地震能量,降低结构的响应。因此,对于桥梁的隔震设计,最重要的因素就是设计合理、可靠的隔震装置,并使其在结构抗震中充分发挥作用。即桥梁结构的大部分耗能、塑性变形应集中于这些装置,允许这些装置中在罕遇地震作用下发生大的塑性变形和存在一定的残余位移,而结构其他构件的响应基本为弹性或有限塑性。应注意到,当隔震装置采用的是铅芯橡胶支座或高阻尼橡胶支座时,已改变了传统钢支座等提供的约束关系,其与传统的钢支座不同,不再是提供简单的"固定"、"可动"约束条件,而是弹性约束条件。为设计人员提供了一种比较自由的方式来确定分配到下部结构各构件中的水平力,改善了整个桥梁下部结构的受力。此外,在桥梁结构中使用隔震装置还具有以下一些优点:

(1)通过设计隔震系统,可改善降低后的地震力在下部结构各支座间的分布,以保护桥墩、桥台,必要时还保护上部结构。

(2)对结构横向地震反应采用隔震系统,可以调节横向刚度,因而可改善结构的扭转平衡,降低地震力。当上部结构隔震段在平面图上又细又长时,有时可以通过调节隔震支座的横向刚度使得下部结构的刚度近似相等,从而达到调节结构的地震反应的目的。

(3)上部结构隔震可用来减小或消除在设计水准地震下下部结构变形超出弹性范围的现象,在难以检查或修复的地方,如部分埋置的桥墩和它们的基础,可避免在这些部位发生严重的非弹性变形。

(4)采用隔震系统后,在同等造价情况下可获得比传统抗震设计高的抗震性能,如保护墩柱。

这些隔震支座在正常使用条件下,由温度、收缩、徐变等变形引起的抗力很小,这为城市高架桥梁中超多跨连续梁桥的采用,即减少伸缩缝的使用提供了可能,使连续梁桥一联的长度增加,大大改善了行车条件并降低了维护费用。

(5)同传统非隔震桥梁比,在经历较大地震后,隔震装置的更换比较容易,维修时间和费用均比较低,而传统桥梁的抗震加固在时间、费用上一般比较高。值得指出的是,隔震技术的应用并不是在任何情况下均适用。对于基础土层不稳定,易于发生液化的场地;下部结构柔性大,桥梁结构本身的固有周期比较长;位于场地特征周期比较长,延长周期可能引起地基与桥梁结构共振以及支座中出现较大负反力等情况,不宜采用隔震技术。

桥梁减隔震设计就是通过引入隔震装置来延长结构的周期,达到改变结构动力特性的目的,以避开地震能量相对集中的频段,并利用耗能装置来抑制结构的位移,从而达到全面降低结构动力响应的目的。因此,在地震作用下应以隔震装置抗震为主,非弹性变形和耗能宜主要集中于这些装置,而其他构件(如桥墩等)的抗震为辅。为了使大部分变形集中于隔震装置,就必须使隔震装置的水平刚度远低于桥墩、桥台、基础等的刚度。因此规范强行规定隔震设计的桥梁,其隔震周期至少应为非隔震周期的2倍以上。

当减隔震装置采用的是铅芯橡胶支座或高阻尼橡胶支座等类似的橡胶型减隔震装置时,已改变了传统钢支座等对桥梁提供的约束关系,与传统的钢支座不同,不再是提供简单的"固定"、"可动"约束条件;而是弹性约束条件。这也就使得结构的振动响应成为整体。这就给设计人员提供了一种比较自由的方式来确定分配到下部结构各桥墩、桥台间的水平力,改善了整个桥梁下部结构的受力。由于橡胶隔震支座的引入,桥梁的响应是整体的,各桥墩的响应是相互耦连的。随着计算机软件的发展,较复杂的分析计算完全可由计算机来完成,也并不会增加设计人员的工作量。因此,在本规范中,对于隔震桥的分析,其分析模型一般建议采用全桥模型,而不必沿用过去规范中所采用的简化单墩模型等。减隔震结构一般比较柔,在地震作用下结构的变形一般比较大,同普通桥梁相比,伸缩缝、挡块等因素对减隔震桥梁动力响应的影响比较显著。因此,在进行减隔震桥梁动力响应校核时,应对这些因素给予适当考虑。

由于弹性反应谱分析方法的简洁性,其已为大多数设计人员所熟悉,且在一定条件下,使用该分析方法进行减隔震桥梁的分析仍可得到较理想的计算结果。尤其在初步设计阶段,可帮助设计人员迅速把握结构的动力特性和响应值,因此,它仍是隔震桥梁分析中一种十分重要的分析方法。但由于目前大多数减隔震装置的力学特性是非线性的,必须借助于等效线性化模型才能采用反应谱分析方法。由于隔震装置的非线性特性,在分析开始时,隔震装置的设计位移是未知的,因而其等效刚度、等效阻尼比也是未知的,所以弹性反应谱分析过程是一个迭代过程。正是由于隔震装置的非线性特性及其与桥墩非线性特性的相互影响以及隔震桥响应对伸缩装置、挡块等防落梁装置的敏感性等因素,如果需要合理的考虑这些因素的影响时,宜采用非线性动力时程分析方法。因此要求,在进行抗震性能校核时,采用非线性动力时程分析方法进行分析。

由于单自由度反应谱分析方法在分析模型,以及采用等效刚度、等效阻尼比来近似描述非线性减隔震装置等方面的局限性,对于规则性桥梁,可得到满意的计算结果。此处限制在E2地震作用下,隔震桥梁的基本周期(隔震周期)应是未采用隔震技术桥梁基本周期的三倍以上的条件下,才允许采用单自由度反应谱分析方法,主要是由于隔震装置的非线性特性影响,通过分析研究表明,当满足该条件时,隔震桥梁的动力响应比较简单,可由单自由度反应谱分析方法得到比较好的计算结果；对于比较复杂的桥型，或场地条件、减隔震装置力学特性等比较特殊时，单自由度反应谱分析方法给出的计算结果有时并不理想。因此，本规范在大量研究的基础上，同时借鉴国外规范的要求，对单自由度反应谱分析方法的适用条件给出一些限制。

由于减隔震装置是减隔震桥梁中的重要组成部分，它们必须具有设计要求的预期的性能。因此，规范要求在实际采用减隔震装置前，必须对预期减隔震装置的性能和特性进行严格的检测实验。原则上须由原形测试结果来确认隔震系统在地震时的性能与设计相符。检测实验包括减隔震装置在动力荷载下、静力荷载下的试验两部分。并依据相关的试验检测条文、检测规程等进行。

第六节 梁体复位方法

简支或连续梁板桥的梁体移位，是梁式桥地震灾害中最多的损坏形式。弯、坡、斜桥的支座设置不当也可能产生梁体移位。移位严重者造成落梁破坏。梁体移位往往与结构开裂、支座破损和移位、抗震挡块破坏同时发生，进行加固设计和施工时应综合考虑。

梁体复位施工与更换支座的顶升、回落梁板基本相同，差别仅在于复位需要平面移动。竖向与水平移动应交错进行。

顶、移梁板过程中应保证梁体稳定，不产生滑移、倾斜，也不应使千斤顶受力时间过长。

第十一章　桥梁加固施工组织与管理

第一节　施　工　准　备

　　桥梁加固施工前的准备工作是在桥梁施工之前必须认真进行的重要工作,是桥梁加固施工组织管理中主要的工作内容之一。做好施工前的各项准备工作,是桥梁施工能够顺利进行,达到好、快、省、安全地完成施工任务的重要保证,应对此予以足够的重视。

　　在施工前,应对加固桥梁技术状况进行复查,并将复查结果通知有关单位。在桥梁的加固施工过程中,应加强观测与检查,及时反馈信息指导施工。桥梁加固工程施工是对在役桥梁缺陷和病害的处理,与新、改建相比,情况更复杂,动态施工在加固工程中尤为重要。必须加强施工前的复查和施工中的观测与检查,及时反馈信息指导施工。在施工前,若发现原结构或相关工程隐蔽部位的构造有严重缺陷或与设计不相符的情况,应通知设计单位修改方案。施工过程中若出现异常变形、裂缝有较大较快发展,应立即停止施工,采取有效措施进行处理,经确认后方可继续进行。加固完工后,应检验加固效果,特大桥与技术复杂桥梁应进行荷载试验。

　　施工准备,应包括桥梁技术状况检查、材料检验、机具设备标定等方面的内容。

第二节　施工组织设计

　　以安全为纲,根据项目要求,结合已有施工力量、机具与人员,编制合理的施工组织方案,充分考虑内部和外部因素,对于每一项工作都得做到责任权利分明,对突发情况有相应应急预案,同时充分考虑环境保护要求。结合具体的施工项目,编制项目预算,合理分配和调度资金,做好资金的统筹安排。

　　桥梁加固工程施工组织设计,首先进行的是工程实施的初步计划,在加固工程实施前,必须对现状进行详细明确的分析,对桥梁的设计结构和施工结构图做到充分了解,从而从整体上把握桥梁加固工程。准备工作完成后就要开始下一步的实施方案。通过实地考察做出客观的估计,从而设计出工程预算。

一、施工组织

1. 人员组织

　　调配精通的专业技术人员,按照精干高效原则,组织及管理施工人员。管理人员不宜过多,主要4人(项目经理、技术负责人、质量安全负责人、材料员各1人),专业施工人员根据施工需求调整。

2. 机械设备组织

根据施工、质量、安全要求配置,包括自有机械设备和租赁机械设备。

3. 材料及构配件

材料及构配件的采购,选择信誉好、质量高的生产厂家。进场后,取样试验,确定质量合格后方可使用,进入施工现场的材料由专人管理、分类存放,并标识清楚。加工制作、使用安装,严格执行设计文件及规范、标准和操作规程,确保高质量。

二、临时设施

1. 布置原则

统筹安排,合理布局,减少干扰,便于管理,节约用地,确保安全并符合环保要求。

2. 临时生活住所

尽可能利用原场地砖瓦房并新搭建活动板房,设置伙房、宿舍、办公室、会议室等生产生活场所。

3. 临时用电

尽可能租用或临时架设输电线路,低端线路全部使用电缆至施工现场,并配备发电机组作为备用电源。

4. 临时用水

临时用水分为施工用水和生活用水两部分,从附近村镇接引自来水,否则到就近用水罐车拉水。

5. 临时场地

临时场地分为施工场地和生活办公场地

6. 临时通信

主要管理人员配备移动电话,作为工程调度指挥、联络使用。

三、主要工程项目的施工方案

(1)各施工工艺尽可能采取平行流水作业。
(2)关键工艺必须严格按标准工艺流程控制。

四、施工管理

1. 员工的管理

工种搭配要合理,特别是对专业技术要求高的工种必须满足要求,可以考虑建立首席技师制度;工人的生活设施要满足安全、舒适的要求,同时引导他们之间建立平等互相尊重的和谐关系;工作时间和劳动强度要合理安排。

2. 材料的管理

材料主要分为材料采购、使用和回收几个环节,应该做到以合理的价格采购到符合要求的材料,合理的损耗范围内使用,有回收价值的材料应全部回收。

3. 机械和工艺的管理

机械配备要基本满足工程项目的需求,租赁和购买相结合(因为租赁公司的机械设备利用率高、保养及时,更新换代快,更容易满足工程需要),每一种机械必须有严格的操作规范,其使用和维修必须严格按照规范操作。对于每一工艺要有严格的操作规程,在项目进行过程中要有一定的手段控制其工艺流程。

4. 施工后续工作

施工后续工作包括质量保证等资料的提交、计量工作、保质期维修,施工总结等。

五、质量控制

建立健全质量管理体系,严格按规范、规程、设计文件施工。认真执行业主代表、工程监理提出的工程管理措施和施工意见,发现问题及时整改。各环节、各时段、各分项、各工种,实施:事前交底—过程控制—检查验收—监督认可质量管理程序,确保工程质量合格率达100%。

第三节 施工安全与环境保护

桥梁加固施工必须严格遵守安全操作规程,建立健全安全生产管理制度,以确保安全、文明与环保的完成全部加固施工工作。

一、安全防控

1. 交通安全

建全安全防控体系,按规定进行现场围护,设置交通警示牌,实施交通管制,保证正常通行和交通安全。

2. 人员安全

保证人身安全是养路职工的基本责任,必须认真执行有关法令和规章制度,贯彻执行"安全第一,预防为主"的方针。经常对施工人员进行安全施工教育,强化安全意识,提高执行安全措施的自觉性,将安全措施贯穿施工全过程。从事桥涵养护作业的人员,必须经过专业培训,熟悉本职业务,熟悉主管路段内的基本状况,掌握安全技能,落实防范措施,防患于未然。未经安全技术教育的任职人员及新工人,不得上岗作业。

作业人员工作之前应充分休息,不得酗酒,严格执行规章制度。作业时要身着作业服,佩戴上岗证。作业中注意警示防护,确保行车和人身安全。

3. 产品质量安全

(1)原材料、构配件、商品混凝土必须符合标准设计要求;采取可靠措施,保证大型构件运输、吊装过程的安全;采取可靠措施,保证拆除过程的成品安全。

(2)桥梁加固施工应采取必要措施保障化学材料施工安全。采用化学材料施工时,应符合以下规定:

①配制化学浆液的易燃原料,应密封保存,远离火源。

②配制及使用场地必须通风良好,操作人员防护应符合有关劳动保护要求。

③工作场地严禁吸烟、明火取暖，并配备相关的消防设施。

④施工完成后现场及结构内不应遗留有害化学物质。

桥梁加固施工应尽量减少对交通的影响，对于不中断交通的桥梁加固施工，必须采取有效安全措施。

4.结构的施工安全

桥梁加固施工应严格控制对原结构的损伤。对处于受力状态下的结构构件进行加固时，若对原结构有削弱，应采取限载或支架支撑措施。所搭设的支架应按最不利荷载进行的验算。

二、文明施工

1.文明施工的内容

内容包括：人员持证，制度上墙，机械归类，材料码放，进出控制，道路通畅。

2.应急预案

结合项目的施工特点，编制详细的人为或自然因素引起的工程突发事故的应急预案，并进行演练。其内容要详尽，责任和权力要明确。

3.交通管控措施

桥梁加固施工，应减少对交通的影响。对于不中断交通桥梁的加固施工，必须采取以下交通管控措施：

(1)施工前应与公路及交通相关管理部门办理有关手续，按批准的时间、范围进行施工。

(2)严格按现行《公路养护安全作业规程》设置警示牌、限速牌、反光锥和其他安全设施。桥下有通航要求时，应布置航行标志和警示灯。

(3)桥梁加固前，作业区路段各公路出入口及作业区前方适当位置应设置公告信息牌，并向社会发布相关公告信息。

(4)桥梁加固施工前，应制订由于交通事故、车辆故障等引起的交通堵塞应急预案，在突发事件发生后及时启动。

三、环保施工

桥梁加固施工，应采取必要措施保护生态环境。

桥梁加固施工宜在晴天和白天进行。必须在不良天气或夜间施工时，应有相应的施工保障措施。

参 考 文 献

[1] 中华人民共和国行业标准.JTG H11—2004 公路桥涵养护规范[S].北京:人民交通出版社,2004.
[2] 中华人民共和国行业推荐性标准.JTGT J21—2011 公路桥梁承载能力检测评定规程[S].北京:人民交通出版社,2011.
[3] 中华人民共和国行业推荐性标准.JTGT H21—2011 公路桥梁技术状况评定标准[S].北京:人民交通出版社,2011.
[4] 中华人民共和国行业推荐性标准.JTGT J22—2008 公路桥梁加固设计规范[S].北京:人民交通出版社,2008.
[5] 中华人民共和国行业推荐性标准.JTGT J23—2008 公路桥梁加固施工技术规范[S].北京:人民交通出版社,2008.
[6] 中华人民共和国国家标准.GB 50367—2013 混凝土结构加固设计规范[S].北京:中国建筑工业出版社,2013.
[7] 中华人民共和国行业标准.JGJ/T 23—2011 回弹法检测混凝土抗压强度技术规程[S].北京:中国建筑工业出版社,2011.
[8] 中国工程建设标准化委员会标准.CECS 02:2005 超声回弹综合法检测混凝土强度技术规程[S].北京:中国建筑工业出版社,2005.
[9] 中国工程建设标准化委员会标准.CECS 21:2000 超声法检测混凝土缺陷技术规程[S].北京:中国计划出版社,2000.
[10] 贺拴海.基于动力试验的钢筋混凝土梁式桥预测研究[D].浙江:浙江大学,2000.
[11] 周旭东.喷射混凝土在板桥加固中的应用研究[D].西安:长安大学,2005.
[12] 鲍卫国.桥梁检测与加固维修[D].天津:河北工业大学,2000.
[13] 曾小刚.桥梁损伤及加固策略研究[D].重庆:重庆交通学院,2005.
[14] 徐犇.桥梁检测与维修百问[M].北京:人民交通出版社,2002.
[15] 胡大琳.桥涵工程试验检测技术[M].北京:人民交通出版社,2002.
[16] 杨文渊,徐犇.桥梁维修与加固[M].北京:人民交通出版社,1989.
[17] 郭永琛,叶见曙.桥梁技术改造[M].北京:人民交通出版社,1991.
[18] 王国鼎,袁海庆,陈开利,等.桥梁检测加固[M].北京:人民交通出版社,2003.
[19] 蒙云,卢波.桥梁加固与改造[M].北京:人民交通出版社,2004.
[20] 谌润水,胡钊芳,帅长斌.公路旧桥加固技术与实例[M].北京:人民交通出版社,2003.
[21] 谌润水,胡钊芳.公路桥梁荷载试验[M].北京:人民交通出版社,2003.
[22] 武春山,张德成,刘治新等.桥梁养护与加固技术[M].北京:人民交通出版社,2010.
[23] 福建省公路管理局,东南大学.公路桥梁养护维修与加固改造技术[M].北京:人民交通出版社,2013.
[24] 张俊平.桥梁检测与维修加固[M].北京:人民交通出版社,2011.
[25] 交通运输部.2013年公路水路交通运输行业发展统计公报,2014.
[26] 单成林.旧桥加固设计原理及计算示例[M].北京:人民交通出版社,2007.
[27] 黄平明.梁桥的大边梁加固法研究[J].西安公路交通大学学报,1999(4):22-23.
[28] 黄平明,王达,等.喷射混凝土在梁桥加固中的应用[J].长安大学学报,2005(6):39-42.
[29] 李昌铸,王晓晶,等.我国公路桥梁管理系统(CBMS)的开发与推广应用[J].公路交通科技,1999(s1):23-26+30.

[30] 段香英,王乐,李华.桥梁评估方法研究[J].交通标准化,2004(10):24-28.

[31] 许汉铮,黄平明,等.双曲拱桥病害分析与加固方法研究[J].公路,2004(4):28-33.

[32] 邵容光.对桥梁耐久性问题的几点思考[J].江苏交通科技,1999(1):127-128.

[33] 张芳.评价和维修混凝土桥梁需要考虑的耐久性问题[J].国外公路,1995(6):25-30.

[34] 梁建.公路旧桥的加固与管理[J].公路,2001(4):40-43.

[35] 章日凯,王常青.桥梁荷载试验[J].交通标准化,2005(12):69-72.

[36] 张彦玲,李运生,王海龙.既有桥梁承载力评估方法研究[J].国防交通工程与技术,2003(1):33-36.

[37] 贾春来,杨怀军,张一兵.对桥梁养护与管理的几点思考[J].黑龙江交通科技,2004(6):44-49.

[38] 张广义,郝国华,刘亚利.浅谈一般公路桥梁的日常养护[J].山西交通科技,2004(4):61-62.

[39] 安井刚.唐通公路义井大桥的维修与加固[J].交通科技,2003(6):21-23.

[40] 李友好,赵豫生.某病害桥横向体外预应力加固实践[J].重庆交通学院学报,2005,24(2):18-21.

[41] 朱艳,孙九春,李家东.高强复合玻璃纤维材料在盐城市旧桥加固中的应用[J].森林工程,2003(5):49-51.

[42] 彭克,余泗海.南港立交维修加固工程施工工艺要点[J].交通科技,2004(3):71-73.

[43] 殷增民,刁文治,杨金生,等.大跨度混凝土连续刚构桥的加固[J].天津建设科技,2004(4):30-32.

[44] 杨春林.一座主跨140m连续刚构桥的加固[J].中南公路工程.2003年,28(4):73-74.

[45] 杨华堡.拱背加固减载法在拱桥改造中的应用[J].广东公路交通,2005(3):34-36.

[46] 谢来发,谌润水,胡钊芳.改变拱上建筑体系的双曲拱桥加固拓宽技术[J].公路与汽运,2003(6):66-68.

[47] 刘焕富.大明桥加固浅谈[J].内蒙古公路与运输,2003(4):21-22.

[48] 王淼,史建平.旧桥墩基础加固技术[J].公路与汽运,2005(5):117-118.

[49] 皮军云.铁路既有线桥墩基础加固[J].铁道建筑科技,2002(6):16-18.

[50] 李志祥.高压喷射灌浆技术在桥墩基础加固工程中的应用[J].东北水利水电,2000(4):16-17.

[51] 唐广利,黄明友.谈如何做好桥面铺装层的维修和养护[J].中国科技信息,2005(17):150.

[52] 舒国明,马敬坤,林桂銮.桥面铺装破坏综合分析[J].中外公路,2006(1):159-161.

[53] 黄裕锋,康小东.桥梁支座的更换[J].中国市政工程,2005(3):36-30.

[54] 曹先星,李建军.浅谈公路桥梁伸缩缝改造施工质量控制[J].华东交通大学学报,2005,22(5):27-29.

[55] 张舍.浅谈公路桥梁病害的起因、检测与加固[J].安徽建筑工业学院学报(自然科学版),2005(1):39-43.

[56] 杨国俊.桥梁结构物混凝土外观质量控制[J].公路交通技术,2005(2):100-102.

[57] 邓小军.桥梁养护与加固技术[DB/OL].(2013-3-16)http://wenku.baidu.com/view/8edfcc40e45c3b3567ec8bbf.html

[58] 单成林.混凝土桥梁加固设计原理[DB/OL].(2008-11)http://wenku.baidu.com/view/d5de2a7302768e9951e738d6.html

[59] 姜海波,管民生.桥梁检测与加固[DB/OL].(2007-3)http://wenku.baidu.com/view/840a6588680203d8ce2f24ea.html

[60] 宋一凡.在役桥梁承载力评定方法[DB/OL].(2010-12-31)http://wenku.baidu.com/view/38466ad2240c844769eaee20.html

[61] 肖汝诚.桥梁结构养护与加固理念[DB/OL].(2012-4-26)http://wenku.baidu.com/view/37f6400403d8ce2f00662380.html

[62] 胡兆同.公路结构物抗震加固改造-桥梁[DB/OL].(2008-9)http://wenku.baidu.com/view/54e990c189eb172ded63b7cf.html

[63] 程寿山.公路桥梁承载能力检测评定规程[DB/OL].(2011-9)http://wenku.baidu.com/view/82caba

687375a417876f8f44.html

[64] 张臣.公路桥梁技术状况评定标准[DB/OL].(2011-9)http://wenku.baidu.com/view/6d5dfef0f61fb7360b4c65a5.html

[65] 许宏元.公路桥梁加固设计规范,公路桥梁加固施工技术规范[DB/OL].(2008-12)http://wenku.baidu.com/view/53b9fed7b9f3f90f76c61bbe.html

[66] 中华人民共和国行业推荐性标准.JTG/T J21-01—2015.公路桥梁荷载试验规程[S].北京:人民交通出版社,2015.

[67] 中华人民共和国行业标准.CJJT 233—2015.城市桥梁检测与评定技术规范[S].北京:中国建筑工业出版社,2015.

[68] 叶见曙.公路旧桥病害与检查[M].北京:人民交通出版社,2012.

[69] 叶见曙.桥梁病害及成因[DB/OL].(2011-9).http://wenku.baidu.com/view/a2768e47a8956bec0975e390.html